E-Book inside.

Mit folgendem persönlichen Code können Sie die E-Book-Ausgabe dieses Buches downloaden.

```
azrx6-p56r6-
01800-mi1w1
```

Registrieren Sie sich unter
www.hanser-fachbuch.de/ebookinside
und nutzen Sie das E-Book
auf Ihrem Rechner*, Tablet-PC
und E-Book-Reader.

Der Download dieses Buches als E-Book unterliegt gesetzlichen Bestimmungen bzw. steuerrechtlichen Regelungen, die Sie unter www.hanser-fachbuch.de/ebookinside nachlesen können.
* Systemvoraussetzungen: Internet-Verbindung und Adobe® Reader®

W. Sihn, A. Sunk, T. Nemeth, P. Kuhlang, K. Matyas

Produktion und Qualität

Bleiben Sie auf dem Laufenden!

Hanser Newsletter informieren Sie regelmäßig über neue Bücher und Termine aus den verschiedenen Bereichen der Technik. Profitieren Sie auch von Gewinnspielen und exklusiven Leseproben. Gleich anmelden unter

WWW.HANSER-FACHBUCH.DE/NEWSLETTER

In der Praxisreihe Qualitätswissen, herausgegeben von Kurt Matyas, sind bereits erschienen:

Jörg Brenner
Lean Production
Praktische Umsetzung zur Erhöhung der Wertschöpfung
ISBN 978-3-446-44263-4

Franz J. Brunner
Japanische Erfolgskonzepte
Kaizen, KVP, Lean Production Management, Total Productive Maintainance, Shopfloor Management, Toyota Production Management, GD^3 – Lean Development
3., überarbeitete Auflage
ISBN 978-3-446-44010-4

Franz J. Brunner
Qualität im Service
Wege zur besseren Dienstleistung
ISBN 978-3-446-42241-4

Franz J. Brunner, Karl W. Wagner,
unter Mitarbeit von Peter H. Osanna, Kurt Matyas, Peter Kuhlang
Qualitätsmanagement
Leitfaden für Studium und Praxis
6., überarbeitete Auflage
ISBN 978-3-446-44712-7

Bernd Klein
Kostenoptimiertes Produkt- und Prozessdesign
ISBN 978-3-446-42131-8

Wilhelm Kleppmann
Versuchsplanung
Produkte und Prozesse optimieren
8., überarbeitete Auflage
ISBN 978-3-446-43752-4

Veit Kohnhauser, Markus Pollhamer
Entwicklungsqualität
ISBN 978-3-446-42796-9

Karl Koltze, Valeri Souchkov
Systematische Innovation
TRIZ-Anwendung in der Produkt- und Prozessentwicklung
ISBN 978-3-446-42132-5

Kurt Matyas
Instandhaltungslogistik
Qualität und Produktivität steigern
6., aktualisierte Auflage
ISBN 978-3-446-44614-4

Arno Meyna, Bernhard Pauli
Zuverlässigkeitstechnik
Quantitative Bewertungsverfahren
2., überarbeitete und erweiterte Auflage
ISBN 978-3-446-41966-7

Stephan Sommer
Taschenbuch automatisierte Montage- und Prüfsysteme
Qualitätstechniken zur fehlerfreien Produktion
ISBN 978-3-446-41466-2

Konrad Wälder, Olga Wälder
Statistische Methoden der Qualitätssicherung
Praktische Anwendung mit MINITAB und JMP
ISBN 978-3-446-43217-8

Johann Wappis, Berndt Jung
Null-Fehler-Management
Umsetzung von Six Sigma
5., überarbeitete Auflage
ISBN 978-3-446-44630-4

Wilfried Sihn, Alexander Sunk,
Tanja Nemeth, Peter Kuhlang,
Kurt Matyas

Produktion und Qualität

Organisation, Management, Prozesse

Praxisreihe Qualitätswissen
Herausgegeben von Kurt Matyas

HANSER

Die Autoren:

Wilfried Sihn ist Professor am Institut für Managementwissenschaften der Technischen Universität Wien und leitet den Bereich Betriebstechnik und Systemplanung. Außerdem leitet er die Fraunhofer Austria Research GmbH mit dem Geschäftsbereich Produktions- und Logistikmanagement.

Alexander Sunk und Tanja Nemeth sind wissenschaftliche Mitarbeiter am Institut für Managementwissenschaften, Bereich Betriebstechnik und Systemplanung der Technischen Universität Wien sowie bei der Fraunhofer Austria Research GmbH, Geschäftsbereich Produktions- und Logistikmanagement.

Peter Kuhlang leitet das MTM-Institut und die MTM-Akademie der Deutschen MTM-Vereinigung e.V. Ebenfalls lehrt er an der Technischen Universität Wien und der Montanuniversität Leoben.

Kurt Matyas ist Vizerektor für Lehre an der Technischen Universität Wien sowie Universitätsprofessor am Institut für Managementwissenschaften, Bereich Betriebstechnik und Systemplanung.

Bibliografische Information der Deutschen Nationalbibliothek:

Die Deutsche Nationalbibliothek verzeichnet diese Publikation in der Deutschen Nationalbibliografie; detaillierte bibliografische Daten sind im Internet über <http://dnb.ddb.de> abrufbar.

Print-ISBN 978-3-446-44735-6
E-Book-ISBN 978-3-446-44991-6

Die Wiedergabe von Gebrauchsnamen, Handelsnamen, Warenbezeichnungen usw. in diesem Werk berechtigt auch ohne besondere Kennzeichnung nicht zu der Annahme, dass solche Namen im Sinne der Warenzeichen- und Markenschutzgesetzgebung als frei zu betrachten wären und daher von jedermann benutzt werden dürften.

Alle in diesem Buch enthaltenen Verfahren bzw. Daten wurden nach bestem Wissen dargestellt. Dennoch sind Fehler nicht ganz auszuschließen.

Aus diesem Grund sind die in diesem Buch enthaltenen Darstellungen und Daten mit keiner Verpflichtung oder Garantie irgendeiner Art verbunden. Autoren und Verlag übernehmen infolgedessen keine Verantwortung und werden keine daraus folgende oder sonstige Haftung übernehmen, die auf irgendeine Art aus der Benutzung dieser Darstellungen oder Daten oder Teilen davon entsteht.

Dieses Werk ist urheberrechtlich geschützt.

Alle Rechte, auch die der Übersetzung, des Nachdruckes und der Vervielfältigung des Buches oder Teilen daraus, vorbehalten. Kein Teil des Werkes darf ohne schriftliche Einwilligung des Verlages in irgendeiner Form (Fotokopie, Mikrofilm oder einem anderen Verfahren), auch nicht für Zwecke der Unterrichtsgestaltung – mit Ausnahme der in den §§ 53, 54 URG genannten Sonderfälle –, reproduziert oder unter Verwendung elektronischer Systeme verarbeitet, vervielfältigt oder verbreitet werden.

© 2016 Carl Hanser Verlag München
www.hanser-fachbuch.de
Lektorat: Dipl.-Ing. Volker Herzberg
Herstellung: Cornelia Rothenaicher
Satz: Kösel Media GmbH, Krugzell
Coverrealisierung: Stephan Rönigk
Druck und Bindung: Kösel, Krugzell
Printed in Germany

Inhalt

Vorwort 1

1 Grundlagen des Produktions- und Qualitätsmanagements 3
1.1 Historische Entwicklungen 3
1.2 Überblick über die Organisation eines Unternehmens 7
    1.2.1 Leitungssysteme 8
        1.2.1.1 Einliniensystem 9
        1.2.1.2 Mehrliniensystem 10
        1.2.1.3 Stabliniensystem 10
    1.2.2 Organisationsformen 11
        1.2.2.1 Funktionale Organisation 11
        1.2.2.2 Divisionale Organisation 13
        1.2.2.3 Matrixorganisation 15
        1.2.2.4 Prozessorientierte Organisation 16
    1.2.3 Unternehmensführung 18
    1.2.4 Vision, Mission, Werte und Strategie eines Unternehmens 18
    1.2.5 Zieldefinition und -problematik 20
1.3 Der Wertschöpfungsprozess 23
1.4 Weitere Begriffsbestimmungen 25
    1.4.1 Produktentstehungsprozess (PEP) 25
    1.4.2 Arbeitssysteme 25
    1.4.3 Industrial Engineering 26

2 Grundlagen der Fertigungsorganisation 27
2.1 Arbeitsteilung 27
    2.1.1 Geschichte der Arbeitsteilung 28
    2.1.2 Art- und Mengenteilung 30
        2.1.2.1 Mengenteilung 30
        2.1.2.2 Artteilung 30
    2.1.3 Arbeitsstrukturierung 31

2.2	Fertigungstypen		33
	2.2.1	Einzelfertigung	34
	2.2.2	Serienfertigung	35
		2.2.2.1 Reine Serienfertigung	35
		2.2.2.2 Variantenreiche Serienfertigung	35
		2.2.2.3 Sortenfertigung	36
		2.2.2.4 Chargenfertigung	36
	2.2.3	Massenfertigung	36
	2.2.4	Kontinuierliche Fertigung oder Prozessfertigung	36
2.3	Fertigungsprinzipien		37
	2.3.1	Verrichtungsprinzip	37
		2.3.1.1 Werkstattfertigung	37
		2.3.1.2 Werkbankfertigung	39
	2.3.2	Flussprinzip	40
		2.3.2.1 Reihenfertigung	40
		2.3.2.2 Fließfertigung	41
		2.3.2.3 Wanderfertigung	43
	2.3.3	Platzprinzip – Baustellenfertigung	43
	2.3.4	Gruppenprinzip – Zentrenfertigung	45
		2.3.4.1 Bearbeitungszentren	45
		2.3.4.2 Flexible Fertigungszelle	45
		2.3.4.3 Flexibles Fertigungssystem	45
		2.3.4.4 Fertigungsinseln	46
3	**Arbeitsplanung**		**49**
3.1	Aufgaben der Arbeitsplanung		50
	3.1.1	Erzeugnisgliederung – Stücklistenerstellung	52
		3.1.1.1 Aufgaben und Aufbau einer Stückliste	52
		3.1.1.2 Grundformen von Stücklisten	53
		3.1.1.3 Stücklistenauflösung	58
	3.1.2	Arbeitsplanerstellung	59
		3.1.2.1 Arbeitsplandaten	60
		3.1.2.2 Anwendungsfelder des Arbeitsplans	62
		3.1.2.3 Arbeitsablaufplanung	63
		3.1.2.4 Arbeitszeitplanung	63
	3.1.3	Arbeitsmittelplanung	63
	3.1.4	Arbeitsstättenplanung	64
	3.1.5	Bedarfsplanung je Einheit	65
		3.1.5.1 Arbeitsmittel	65
		3.1.5.2 Arbeitskraft	65
		3.1.5.3 Material	65

3.1.6	Arbeitskostenplanung	66
3.1.7	Investitionsplanung als langfristige Planungsaufgabe	66

3.2 Taktabstimmung: Planung einer Fließproduktion 66
    3.2.1 Maximal zulässige Taktzeit 67
    3.2.2 Minimale Anzahl der Stationen (Personen) 67
    3.2.3 Optimale bzw. Soll-Taktzeit 67
    3.2.4 Vorranggraf und Vorrangmatrix 67
    3.2.5 Zuteilung von Arbeitsvorgängen zu Arbeitsstationen 69
    3.2.6 Heuristische Regeln zur Bandabgleichung 70
    3.2.7 Beispiel zur Rangwert-Methode 71
    3.2.8 Bandwirkungsgrad 72

4 Produktionsplanung und -steuerung (PPS) 73

4.1 Grundproblematik der PPS 73
    4.1.1 Zielverschiebung 74
    4.1.2 Zielkonflikte in der Produktionsplanung und -steuerung 75

4.2 Überblick über die Aufgaben der PPS 77

4.3 Planungsaufgaben der PPS 79
    4.3.1 Produktionsprogrammplanung 79
        4.3.1.1 Dimensionen des Produktionsprogramms 80
        4.3.1.2 Änderung des Produktionsprogramms 81
        4.3.1.3 Absatzplanung 82
        4.3.1.4 Bestandsplanung 84
    4.3.2 Mengenplanung 84
        4.3.2.1 Primärbedarfsplanung 85
        4.3.2.2 Sekundärbedarfsermittlung 86
        4.3.2.3 Bedarfsermittlungsmethoden 87
    4.3.3 Termin- und Kapazitätsplanung 87
        4.3.3.1 Durchlaufzeit eines Arbeitsvorgangs 89
        4.3.3.2 Durchlaufterminierung 93
        4.3.3.3 Kapazitätsterminierung 94
        4.3.3.4 Kapazitätsabstimmung 95
        4.3.3.5 Kann Kapazität bevorratet werden? 97
        4.3.3.6 Dilemma der Termin- und Kapazitätsplanung 98

4.4 Allgemeine Steuerungsaufgaben der PPS 98
    4.4.1 Auftragsveranlassung 98
        4.4.1.1 Auftragsfreigabe 98
        4.4.1.2 Verfügbarkeitsprüfung 99
        4.4.1.3 Arbeitsverteilanweisung 99
        4.4.1.4 Materialtransportsteuerung 100

	4.4.2	Auftragsüberwachung		100
		4.4.2.1 Arbeitsfortschrittsüberwachung		100
		4.4.2.2 Ressourcenüberwachung		100
		4.4.2.3 Produktionsüberwachung		101
		4.4.2.4 Kundenauftragsüberwachung		101
		4.4.2.5 Kundenauftragsbezug		101
	4.4.3	Entscheidung über Eigen- oder Fremdfertigung		102
	4.4.4	Datenverwaltung		102
4.5	Aachener PPS/ERP-Modell			103
4.6	Modell zur Fertigungssteuerung			105
	4.6.1	Aufgaben		106
	4.6.2	Stellgrößen		109
	4.6.3	Regelgrößen		109
	4.6.4	Logistische Zielgrößen		110
4.7	Steuerungskonzepte in der PPS			110
	4.7.1	Grundlegende Steuerungsprinzipien		111
		4.7.1.1 Push-Prinzip		111
		4.7.1.2 Pull-Prinzip		111
	4.7.2	Just-In-Time (JIT)		112
	4.7.3	Just-In-Sequence (JIS)		113
	4.7.4	KANBAN		114
	4.7.5	Fortschrittzahlen		117
	4.7.6	Belastungsorientierte Auftragsfreigabe (BOA)		119
	4.7.7	Constant Work in Process-Steuerung (Conwip)		122
	4.7.8	Engpass-Steuerung		125

5 Produktionskennlinien ... 129

5.1	Überbegriff „Logistische Kennlinien"			129
5.2	Trichtermodell			132
	5.2.1	Kennzahlen für Produktionskennlinien		133
		5.2.1.1 Auftragszeit je Arbeitsvorgang		133
		5.2.1.2 Durchführungszeit je Arbeitsvorgang		134
		5.2.1.3 Maximal mögliche Leistung		135
		5.2.1.4 Durchlaufzeit		136
		5.2.1.5 Terminabweichung		138
	5.2.2	Trichtermodell und Durchlaufdiagramm		139
		5.2.2.1 Leistung und Bestand		141
		5.2.2.2 Trichterformel		142
5.3	Ideale Produktionskennlinien			143
	5.3.1	Idealer Mindestbestand		144

	5.3.2	Maximal mögliche Leistung	147
	5.3.3	Konstruktion idealer Kennlinien	147
5.4	Approximierte Produktionskennlinien		149
	5.4.1	Approximierte Leistungskennlinien	151
	5.4.2	Approximierte Kennlinien für Zeitgrößen	153
	5.4.3	Anwendungsvoraussetzungen und Parameter	155
5.5	Einsatzmöglichkeiten von Produktionskennlinien		156
	5.5.1	Logistische Positionierung	158
	5.5.2	Produktionscontrolling	161
	5.5.3	Anwendung in der PPS	162
	5.5.4	Auswahl von Planungs- und Steuerungsstrategien	162
	5.5.5	Auswahl der Produktionsstruktur	162

6 Lean Management ... 163

- 6.1 Von Lean Production zu Lean Management ... 163
- 6.2 Vermeidung von Verschwendung ... 166
- 6.3 Produktionssysteme ... 170
  - 6.3.1 Definition Produktionssystem ... 170
  - 6.3.2 Das Wesen und die Bestandteile von Produktionssystemen ... 171
  - 6.3.3 Das Toyota Produktionssystem (TPS) ... 171
  - 6.3.4 Fraunhofer Produktionssystem ... 172
  - 6.3.5 GPS der Deutschen MTM-Vereinigung ... 173
- 6.4 Methoden der Lean Production ... 174
  - 6.4.1 Wertstromdesign („Value Stream Mapping") ... 175
    - 6.4.1.1 Überblick ... 175
    - 6.4.1.2 Auswahl einer Produktfamilie ... 177
    - 6.4.1.3 Wertstromanalyse (Ist-Zustand Erfassung) ... 178
    - 6.4.1.4 Wertstromdesign (Gestaltung eines Soll-Zustands) ... 183
    - 6.4.1.5 Umsetzung des Soll-Zustands ... 191
  - 6.4.2 Single Minute Exchange of Die (SMED) ... 192
    - 6.4.2.1 Vorgangsweise beim Rüsten ... 194
    - 6.4.2.2 Einführung von SMED ... 194
  - 6.4.3 Poka Yoke ... 198

7 Grundlagen der Logistik ... 199

- 7.1 Begriffsabgrenzung ... 199
- 7.2 Ziele der Logistik ... 200
- 7.3 Logistische Systeme ... 201
- 7.4 Funktionsbereiche der Logistik ... 202

7.5	Kernbausteine der Logistik		204
	7.5.1	Kernbaustein „Lagern"	205
		7.5.1.1 Funktionen der Lagerhaltung	205
		7.5.1.2 Merkmale von Lagersystemen	205
		7.5.1.3 Lagertypen bzw. -mittel	207
	7.5.2	Kernbaustein „Kommissionieren"	210
		7.5.2.1 Grundprinzipien von Kommissioniersystemen	210
		7.5.2.2 Manuelle und automatische Kommissioniersysteme	211
	7.5.3	Kernbaustein „Fördern"	212
		7.5.3.1 Anforderungen an Fördersysteme	212
	7.5.4	Kernbaustein „Transportieren"	212
		7.5.4.1 Straßenverkehr	213
		7.5.4.2 Schienenverkehr	214
		7.5.4.3 Schiffsverkehr	214
		7.5.4.4 Luftverkehr	216
		7.5.4.5 Rohrleitungsverkehr	216
	7.5.5	Kernbaustein „Umschlagen"	216
7.6	Distributionslogistik		217
	7.6.1	Kenngrößen der Distributionslogistik	217
	7.6.2	Distributionskette	219
		7.6.2.1 Horizontale Distributionsstruktur	220
		7.6.2.2 Vertikale Distributionsstruktur	221
7.7	Materialwirtschaft		222
	7.7.1	Ziele und Objekte der Materialwirtschaft	222
	7.7.2	Analyseinstrumente der Materialstrukturierung	223
		7.7.2.1 Die ABC-Analyse	223
		7.7.2.2 Die XYZ-Analyse	225
		7.7.2.3 Die GMK-Analyse	226
7.8	Beschaffungslogistik		226
	7.8.1	Strategische Gestaltungsfelder der Beschaffung	227
	7.8.2	Operative Gestaltungsfelder der Beschaffung	228
8	**Ganzheitliches Qualitätsverständnis**		**231**
8.1	Qualitätsmanagement nach DIN ISO 9000		231
	8.1.1	Der Qualitätsbegriff	232
	8.1.2	Begriffsabgrenzungen im Qualitätsmanagement	233
		8.1.2.1 Qualitätsmanagement (QM) und Qualitätsmanagementsystem (QMS)	233
		8.1.2.2 Qualitätsplanung	234
		8.1.2.3 Qualitätssicherung (QS)	234
		8.1.2.4 Qualitätslenkung	235

	8.1.2.5	Qualitätsverbesserung	235
	8.1.2.6	Qualitätspolitik	235
	8.1.2.7	Prozess	235
	8.1.2.8	Prozessmodell	235
8.1.3	Normenüberblick zum Thema Qualitätsmanagement		235
8.1.4	8 Grundsätze des Qualitätsmanagements – DIN EN ISO 9000		236
8.2	KANO-Modell der Kundenzufriedenheit		237
8.3	Kontinuierliche Verbesserung		239
8.3.1	KAIZEN		241
	8.3.1.1	Methoden und Werkzeuge	241
	8.3.1.2	Der KAIZEN-Schirm	241
	8.3.1.3	KAIZEN und Innovation	242
	8.3.1.4	Standards im klassischen Sinne und als Zielzustand	243
8.3.2	Betriebliches Vorschlagswesen (BVW)		244
8.3.3	Kontinuierlicher Verbesserungsprozess (KVP)		244
8.3.4	Verbesserungsarbeit in Gruppen		244
	8.3.4.1	Qualitätszirkel	244
	8.3.4.2	KVP-Workshop	245
	8.3.4.3	Q-Verbesserungsteam	245
8.3.5	Corporate Capability Management (CCM)		246
	8.3.5.1	Die drei Sektoren des CCM-Ansatzes	247
	8.3.5.2	Verwertungssektoren (Sammeln, Bewerten und Umsetzen)	248
8.4	Qualitätsbezogene Kosten		248
8.4.1	Kostenkategorien des Qualitätsmanagements		248
8.4.2	Qualitätsbezogene Kostenarten		249
	8.4.2.1	Prüfkosten	249
	8.4.2.2	Fehlerverhütungskosten	249
	8.4.2.3	Fehlerkosten	250
	8.4.2.4	Fehlerfolgekosten	250
8.4.3	Modelle der qualitätsbezogenen Kosten		251
	8.4.3.1	Das tätigkeitsorientierte Modell	252
	8.4.3.2	Das wirkungsorientierte Modell	253
	8.4.3.3	Die Verlustkostenfunktion	254
8.4.4	Nutzen des Qualitätsmanagements		255
8.4.5	Qualitätsbezogene Leistungsarten		256
	8.4.5.1	Nutzleistung	256
	8.4.5.2	Stützleistung	257
	8.4.5.3	Blindleistung	257
	8.4.5.4	Fehlleistungen	257
	8.4.5.5	Wirkungsbereich der Prozessleistungsarten in der traditionellen Kostengliederung	257

9 Werkzeuge und Methoden des Qualitätsmanagements ... 259

9.1 Grundlegende Werkzeuge des Qualitätsmanagements ... 259
    9.1.1 Die sieben Qualitätswerkzeuge (Q7) ... 260
        9.1.1.1 Fehlersammelliste oder Datensammelblatt ... 260
        9.1.1.2 Histogramm ... 260
        9.1.1.3 Pareto-/ABC-Analyse ... 261
        9.1.1.4 Brainstorming ... 261
        9.1.1.5 Ishikawa- oder Ursache/Wirkungs-Diagramm ... 261
        9.1.1.6 Korrelationsdiagramm ... 261
        9.1.1.7 Qualitätsregelkarte ... 261
    9.1.2 Die sieben neuen Managementwerkzeuge (M7) ... 262
        9.1.2.1 (Inter-)Relationendiagramm ... 262
        9.1.2.2 Affinitätsdiagramm ... 263
        9.1.2.3 Matrixdiagramm ... 263
        9.1.2.4 Baumdiagramm ... 263
        9.1.2.5 Portfolio ... 263
        9.1.2.6 Entscheidungsbaum ... 263
        9.1.2.7 Netzplan ... 263
    9.1.3 Die 6W-Hinterfragetechnik ... 264
    9.1.4 5S-Programm ... 265

9.2 Einführung in fortschrittliche Methoden des Qualitätsmanagements ... 267
    9.2.1 Methodengliederung in Folge des Produktentstehungsprozesses ... 267
    9.2.2 Integrierte Produktentwicklung ... 268
        9.2.2.1 Quality Gates ... 268
        9.2.2.2 Simultaneous Engineering ... 269
    9.2.3 Fehler-Möglichkeits- und Einfluss-Analyse (FMEA) ... 269
        9.2.3.1 Arten der FMEA ... 270
        9.2.3.2 Durchführung einer FMEA ... 271
    9.2.4 Quality Function Deployment (QFD) ... 273
    9.2.5 Null-Fehler-/Six Sigma-Management ... 275
        9.2.5.1 Verbesserungsprojekte zur Optimierung von Prozessen ... 275
        9.2.5.2 Die Six Sigma-Roadmap ... 276
        9.2.5.3 Erfolgsfaktoren für Six Sigma ... 278

10 Qualitätsmanagementsysteme ... 281

10.1 Mit Konzepten und Modellen ein spezifisches QMS entwickeln ... 281
10.2 Total Quality Management als Konzept für ein QMS ... 283
    10.2.1 Historische Entwicklung von TQM ... 283
    10.2.2 Begriffsbestimmung ... 285
    10.2.3 Einführung von TQM ... 286

10.3	Excellence als Konzept für ein QMS	287
10.4	Der prozessorientierte Ansatz der ISO 9001 als Modell für ein QMS ...	288
	10.4.1 Begriffsbestimmungen	288
	10.4.2 Die Einbeziehung des prozessorientierten Ansatzes	289
10.5	Das EFQM-Modell für Excellence als Modell eines QMS	291
	10.5.1 Modellbeschreibung	292
	10.5.1.1 Haupt- und Teilkriterien des EFQM-Modells	293
	10.5.2 RADAR-Logik	297
	10.5.3 Der unternehmerische Regelkreis	298
	10.5.4 Schlüsselprozesse	300
	10.5.5 Gegenüberstellung der ISO 9000 und EFQM-Modell	301
	10.5.5.1 Einsatzgebiete der ISO und des EFQM-Modells	304
	10.5.5.2 Vergleichender Überblick ISO-EFQM	305
	10.5.6 Levels of Excellence	306
	10.5.6.1 Committed to Excellence (Verpflichtung zu Excellence)	307
	10.5.6.2 Recognised for Excellence (Anerkennung für Excellence)	308
	10.5.6.3 European Quality Award (Teilnahme an einem Qualitätspreis)	308
	10.5.7 Selbstbewertung	308
10.6	Qualitätspreise als Modelle für ein QMS	309
	10.6.1 Nutzen von Qualitätspreisen	310
	10.6.2 Kritische Reflexion von Qualitätspreisen	311
10.7	Aufbau und Einführung eines QMS	312
	10.7.1 Systemverständnis bezüglich QMS	312
	10.7.2 Aufbau eines Qualitätsmanagementsystems	313
	10.7.2.1 Dokumentation des Qualitätsmanagementsystems	314
	10.7.2.2 Qualitätsmanagement-Handbuch	315
	10.7.2.3 QM-Prozessbeschreibungen	316
	10.7.3 Einführung eines Qualitätsmanagementsystems	318
	10.7.3.1 Entscheidung der obersten Leitung	319
	10.7.3.2 Festlegung der Qualitätspolitik und der Qualitätsziele ..	320
	10.7.3.3 Schulung der Mitarbeiter	321
	10.7.3.4 Analyse des IST-Zustandes	322
	10.7.3.5 Erstellung der Dokumentation:	323
	10.7.4 Audit	324
	10.7.4.1 Bedeutung des Audits	324
	10.7.4.2 Auditarten	324
	10.7.4.3 Interne Audits	325
	10.7.5 Zertifizierung	326
	10.7.5.1 Ablauf der Zertifizierung	326
	10.7.5.2 Nutzen einer Zertifizierung	328

		10.7.6	Management Review	328
			10.7.6.1 Vorbereitung des Management-Reviews	329
			10.7.6.2 Durchführung des Management-Reviews	330
			10.7.6.3 Ergebnisse des Management-Reviews	331

11 Integrierte Managementsysteme ... 333

- 11.1 Geschichtliche Entwicklung ... 333
  - 11.1.1 Diversifizierung ... 334
  - 11.1.2 Integration ... 334
- 11.2 Integrationskomponenten eines IMS ... 335
  - 11.2.1 Arbeitsschutz- und Sicherheitsmanagementsystem (AMS) ... 335
    - 11.2.1.1 ASchG ... 335
    - 11.2.1.2 Arbeitsschutzmanagementsysteme (OHSAS 18001:2007) ... 337
    - 11.2.1.3 Safety Certificate Contractors (SCC) ... 338
  - 11.2.2 Umweltmanagementsystem (UMS) ... 339
    - 11.2.2.1 Ziele eines Umweltmanagementsystems (UMS) ... 339
    - 11.2.2.2 Vorteile für das Unternehmen ... 340
    - 11.2.2.3 ISO 14000 für Umweltmanagementsysteme ... 340
    - 11.2.2.4 Die Ökobilanz ... 341
    - 11.2.2.5 EG-Öko-Audit- oder EMAS-Verordnung ... 342
  - 11.2.3 Risikomanagementsystem (RMS) ... 343
  - 11.2.4 Energiemanagementsystem (EnMS) ... 343

12 Produktionsinstandhaltung ... 345

- 12.1 Instandhaltung im Wandel ... 346
  - 12.1.1 Erste Generation ... 347
  - 12.1.2 Zweite Generation ... 347
  - 12.1.3 Dritte Generation ... 347
  - 12.1.4 Heute: Vierte Generation ... 348
- 12.2 Maßnahmen der Instandhaltung ... 349
  - 12.2.1 Begriffe ... 349
  - 12.2.2 Inspektion ... 352
  - 12.2.3 Wartung ... 354
  - 12.2.4 Instandsetzung ... 355
  - 12.2.5 Verbesserung ... 356
- 12.3 Kostenbetrachtung ... 357
- 12.4 Ausfallrate ... 358
- 12.5 Instandhaltungsstrategien ... 360
- 12.6 Total Productive Management (TPM) ... 362

13 Zeitstudium ... 365

13.1 Begriffsdefinition von Zeitstudium ... 365
13.2 Weitere Begriffsbestimmungen ... 367
13.3 Gliederung der Auftragszeit und der Belegungszeit ... 368
    13.3.1 Die Auftragszeit ... 368
    13.3.2 Die Belegungszeit ... 372
13.4 Einteilung und Beschreibung ausgewählter Zeitermittlungsmethoden ... 372
    13.4.1 Selbstaufschreibung ... 373
    13.4.2 Multimomentaufnahme ... 375
        13.4.2.1 Multimoment-Zeitmessverfahren (MMZ) ... 376
        13.4.2.2 Multimoment-Häufigkeitsverfahren (MMH) ... 376
    13.4.3 Befragen ... 376
    13.4.4 Zeitmessung ... 377
    13.4.5 Zeitaufnahme ... 377
        13.4.5.1 Fortschrittszeitmessung ... 378
        13.4.5.2 Einzelzeitmessung ... 378
        13.4.5.3 Leistungsgrad ... 379
    13.4.6 Schätzen/Vergleichen ... 380
    13.4.7 Berechnen ... 381
    13.4.8 Prozessbausteinsysteme (Systeme vorbestimmter Zeiten) ... 382
        13.4.8.1 MTM-Verfahren ... 382
        13.4.8.2 Work-Factor ... 385
    13.4.9 Planzeiten ... 386

14 Kennzahlen und Kennzahlensysteme ... 387

14.1 Kennzahlen – Definitionen ... 387
14.2 Funktion von Kennzahlen ... 388
14.3 Risiken von Kennzahlen ... 388
14.4 Kennzahlkategorien ... 389
14.5 Kennzahlarten ... 390
14.6 Darstellung von Kennzahlen ... 391
14.7 Praxisrelevante Kennzahlen ... 393
    14.7.1 Kennzahlen im Produktionsmanagement ... 393
    14.7.2 Kennzahlen im Qualitätsmanagement ... 395
14.8 Kennzahlensysteme – Definition ... 396
14.9 Traditionelle Kennzahlensysteme ... 397
14.10 Anforderungen an ein Kennzahlensystem ... 398
14.11 Praxisrelevante traditionelle Kennzahlensysteme ... 399

14.11.1 DU-PONT-Kennzahlenmodell 399
14.11.2 Return-on-Quality 400
14.12 Performance Measurement 403
14.13 Balanced Scorecard 404
    14.13.1 Die Perspektiven der Balanced Scorecard 405
    14.13.2 Finanzperspektive 406
    14.13.3 Kundenperspektive 407
    14.13.4 Interne Prozessperspektive 408
    14.13.5 Lern- und Entwicklungsperspektive (Wissensperspektive) 409
    14.13.6 Ausschnitt einer Balanced Scorecard 410
    14.13.7 Ursachen-Wirkungskette 410
    14.13.8 Grundregeln für die Einführung der Balanced Scorecard 412

15 Technologie- und Variantenmanagement 413

15.1 Grundlagen des Technologiemanagements 413
    15.1.1 Begriffe und Definitionen 413
    15.1.2 Elemente des Technologiemanagements 415
        15.1.2.1 Technologiefrüherkennung 416
        15.1.2.2 Technologiebewertung 419
        15.1.2.3 Technologieplanung 420
        15.1.2.4 Technologiestrategie 421
15.2 Grundlagen des Variantenmanagements 422
    15.2.1 Begriffe und Definitionen 422
    15.2.2 Variantenmanagement 425
    15.2.3 Komplexitätskosten 429
    15.2.4 Komplexitätstreiber 430
    15.2.5 Methoden des Variantenmanagements 431

16 Literaturverzeichnis 437

17 Abbildungsverzeichnis 443

18 Tabellenverzeichnis 451

19 Formelverzeichnis 453

20 Abkürzungsverzeichnis 457

Index 459

Vorwort

Produktion und Qualität sowie deren operatives und strategisches Management sind seit jeher eng miteinander verbunden. Weiterentwicklungen in einer Disziplin wurden in die jeweils andere übernommen und an deren spezielle Gegebenheiten angepasst. Auch haben Denkweisen, Methoden und Werkzeuge beider Disziplinen in anderen betrieblichen Anwendungsbereichen Einzug gefunden und werden noch immer erfolgreich angewandt. Trotzdem – oder gerade deswegen – sind diese beiden Disziplinen sowohl in der Literatur und auch in universitären Lehrplänen getrennt voneinander aufzufinden. Das vorliegende Buch „Produktion und Qualität – Organisation, Management, Prozesse" bietet einen grundlegenden Einblick in das strategische und operative Managen von produzierenden Unternehmen und deren Prozessen. Es zeigt zudem Entwicklungen im Rahmen von „Industrie 4.0" als auch neue Ansätze der Ideengewinnung im Rahmen des kontinuierlichen Verbesserungsprozesses (KVP) auf.

Dieses Buch richtet sich sowohl an Praktiker, die ihr Fachwissen vertiefen und aktualisieren wollen, als auch an Studierende techno-ökonomischer Studienrichtungen an Universitäten und Fachhochschulen. Dieses Buch vermittelt umfangreiches Grundlagenwissen vermitteln, um sich ein Bild über betriebliche Gegebenheiten und Problemstellungen verschaffen zu können – und um diese verstehen zu können. Besonderes Augenmerk wird auf die Vermittlung von System- und Methodenkompetenz gelegt, damit Leserinnen und Leser durch die erworbene Expertise für das Lösen praktischer Aufgabenstellungen gerüstet werden.

Das vorliegende Buch ist das Resultat eines langjährigen Entstehungsprozesses und wurde am Institut für Managementwissenschaften (IMW), Bereich für Betriebstechnik und Systemplanung an der TU Wien verfasst. Ein großes Dankeschön möchten wir an dieser Stelle Herrn Univ.-Doz. Dr. Franz J. Brunner aussprechen, dessen unaufhörliche Begeisterung für das Thema sowie sein Tatendrang uns dazu ermutigt haben dieses Buch zu veröffentlichen. Darüber hinaus haben uns sowohl sein „Taschenbuch Qualitätsmanagement – Leitfaden für Studium und Praxis" als auch die gesamte „Praxisreihe Qualitätswissen" inspiriert und wertvolle Inhalte und Anregungen geliefert.

Ein besonderer Dank gilt Klaudia Kovacs, die uns in den letzten Wochen und Monaten mit sehr viel Engagement und Gewissenhaftigkeit bei der finalen Aufbereitung der Grafiken und Überarbeitung der Texte unterstützt hat.

Viel Freude beim Lesen!

Wien, April 2016

Wilfried Sihn, Alexander Sunk, Tanja Nemeth,
Peter Kuhlang, Kurt Matyas

1 Grundlagen des Produktions- und Qualitätsmanagements

Dieses Kapitel beschreibt einerseits die historischen Entwicklungen im Produktions- und Qualitätsmanagement bis hin zum heutigen State-of-the-art. Andererseits werden grundlegende Begriffe definiert und voneinander abgegrenzt, auf denen in den unterschiedlichen Kapiteln immer wieder Bezug genommen wird.

■ 1.1 Historische Entwicklungen[1]

Produktionsmanagement per se ist kein neues Konzept. In der Praxis war schon beim Bau der ägyptischen Pyramiden Produktions- und auch Projektmanagement unabdingbar, um ein solches Projekt erfolgreich beenden zu können. Vorläufer von Unternehmen nach heutigem Verständnis gab es bereits im römischen Reich zur Herstellung von Rüstungen und Tonwaren. Nichtsdestotrotz herrscht in der Literatur weitgehende Einigkeit darüber, dass das moderne Management mit der industriellen Revolution im 19. Jahrhundert entstanden ist. Der Grundstein für die erste industrielle Revolution bildete die Entwicklung der Dampfmaschine 1784. Aber auch neue ökonomische Ideen wie „The Wealth of Nations" (1776) von Adam SMITH spielten eine tragende Rolle. Mit der Elektrifizierung der Produktion erfolgte die zweite industrielle Revolution. Es wurden Fließbänder mit elektrischem Antrieb entwickelt und in verschiedenen Bereichen eingesetzt. Als Initialzündung wird heute die Einführung einer Fließbandproduktion in einem Schlachthof 1870 in den USA verstanden. Die dritte industrielle Revolution begann mit der Integration von Informations- und Kommunikationstechnologie (IKT) in die Produktion, als SPS-Steuerungen betriebliche Abläufe automatisieren konnten.

Aktuell befinden wir uns in der vierten industriellen Revolution mit dem Titel „Industrie 4.0". Ausgehend vom deutschsprachigen Raum werden damit Innovationen in Produkten, Produktionstechnologien und Prozessen vorangetrieben, um

---

[1] vgl. Steven, 2007, S. 8 f

damit zum Nutzen für den Kunden neuartige Services und Produkte anbieten zu können. Moderne IKT – Stichwort „Cloud Computing" – soll dabei die vollständige Vernetzung von der realen Produktion mit einer virtuellen Planungsumgebung in Echtzeit ermöglichen. Im Rahmen von zahlreichen Forschungsprojekten wird derzeit an Lösungen für Unternehmen und Kunden gearbeitet. Abgesehen vom Produktions- und Qualitätsmanagement werden Themen wie Datensicherheit, Übertragungsstandards, Datenqualität und damit die vollständige Integration von bestehenden, oft isolierten Insellösungen behandelt. Im amerikanischen Raum wird diese Revolution ähnlich gesehen und unter dem Namen „Advanced Manufacturing" geführt.

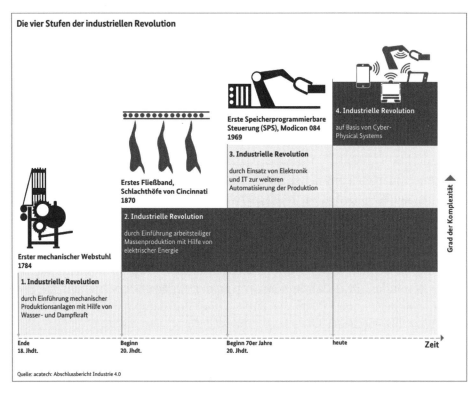

Bild 1.1 Die vier Stufen der industriellen Revolution[2]

Für viele Neuerungen und Entwicklungen in der Managementwissenschaft spielt die Automobilindustrie eine tragende Rolle. Analog zu den vier Stufen der industriellen Revolution gibt es auch Revolutionen in diesem nach Innovationen strebendem Sektor, die im Nachhinein als solche definiert wurden.

---

[2] acatech, Abschlussbericht Industrie 4.0, 2015

Henry FORD führte bereits zu Beginn des 20. Jahrhunderts systematische Verbesserungen bei den Fertigungsverfahren und der Arbeitsorganisation ein. Er orientierte sich dabei an der „wissenschaftlichen Betriebsführung" von Frederic Winslow TAYLOR. Mit dem Funktionsmeistersystem (erste Mehrliniensysteme), der Standardisierung von Bauteilen und Portionierung der Arbeit in einfache, überschaubare und leicht kontrollierbare Tätigkeiten wurden damals überwältigende Produktivitätssteigerungen erreicht.

Nach dem 2. Weltkrieg erfolgte ein Wandel der Märkte von Verkäufermärkten zu Käufermärkten. Kunden verlangten Produkte, die stärker auf ihre individuellen Bedürfnisse abgestimmt waren. Mit den herkömmlichen Methoden der Massenfertigung ließ sich dies jedoch nicht erreichen. Ausgehend von der japanischen Automobilindustrie, kam es daher zu der so genannten zweiten Revolution in der Automobilindustrie, die in den 1990er Jahren auch unter der Bezeichnung Lean Production bekannt wurde. In den letzten 30 Jahren wurde aufgrund des raschen technologischen Fortschritts eine Vielzahl von neuen Produktionssystemen entwickelt (siehe Bild 1.2).

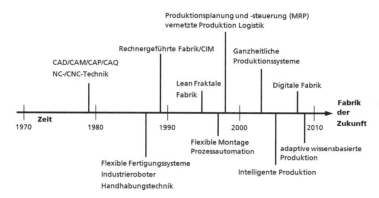

Bild 1.2 Entwicklung der Produktion[3]

Auch das Qualitätsmanagement kann auf eine Historie bis ins alte Ägypten zurück blicken, als Zeichnungen vom Pyramidenbau und Längenmessungen von qualifizierten Messkräften durchgeführt wurden. Die Wurzeln des heutigen Qualitätsmanagements gehen jedoch auf die USA der 1920er und 1930er Jahre zurück. Der Taylorismus hatte einen schädlichen Einfluss auf die Produktqualität. Die strikte Arbeitsteilung und somit Trennung der Bestimmungsgrößen Zeit, Kosten, Menge und Qualität hatte zur Folge, dass es z. B. in der Fertigung nicht mehr darauf ankam, fehlerfreie Produkte zu erstellen, sondern nur „einfach durch die Qualitätskontrolle zu kommen". Um diesem Problem entgegen zu wirken, wurden statisti-

---
[3] Fraunhofer IPA/IFF Universität Stuttgart, 2012, F.2

sche Prüfungen („Economic Control of Quality"[4]) und Stichprobenpläne und -tests (Shewhart-Regelkarten: „Statistical Process Control") eingeführt. In den 1950er und 1960er Jahren drang die Philosophie des Vorbeugens und der kontinuierlichen Verbesserung aus Japan durch, welches auch unter dem Begriff Kaizen[5] bekannt wurde. Qualität war hier nicht mehr nur für die Abteilung Qualitätskontrolle beschränkt, sondern auch Mitarbeiter wurden mit in die Verantwortung genommen und qualitätsorientiert motiviert. Die Industrialisierung des Handels und die Globalisierung führten in den 1980er Jahren zu einem radikalen Wandel. Die Prüfung der Produktqualität reichte nicht mehr aus, die Beherrschung der gesamten Prozesskette vom Zulieferer bis zum Kunden wurde zur Managementaufgabe. Die Unternehmen mussten sich ganzheitlich auf Qualitätsmanagement konzentrieren. Dies führte zu einer Fülle von Qualitätssicherungssystemen. In den 1990er Jahren wurde zwecks der Vereinheitlichung die bis heute gültige ISO-9000-Reihe und das ISO-Zertifizierungssystem entwickelt. So wird das kundenorientierte Qualitätsmanagement als ganzheitliche Aufgabe gesehen, in der alle Prozesse eines Unternehmens im Zusammenhang mit der Kundenzufriedenheit stehen (siehe Bild 1.3).[6]

---

[4] In dem 1934 erschienen Buch „Economic Control of Quality of Manufactured Product" beschreibt Walter Andrew Shewart seine Idee, die erforderlichen Prozesslenkungen auf der Basis von Stichprobenergebnissen regelmäßig entnommener und geprüfter Strichproben durchzuführen.
[5] Japanisches Management-Konzept, welches in den 50er Jahren vom Japaner Taiichi Ohno erfunden wurde.
[6] vgl. Bartel, 2010, S. 3f

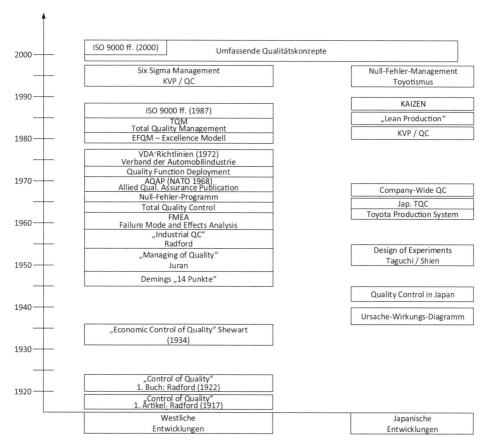

Bild 1.3 Entwicklungen und Meilensteine im Qualitätswesen

■ 1.2 Überblick über die Organisation eines Unternehmens

Im Hinblick auf die bestmögliche Erfüllung der betrieblichen Ziele ist es erforderlich, dafür zu sorgen, dass die verschiedenen Teilaufgaben nicht isoliert und unkoordiniert erreichen werden. Dies geschieht im weitesten Sinne durch die Schaffung einer Organisation. In dieser Organisation werden Anordnungs- und Kontrollbeziehungen sowie Kommunikationsbeziehungen verschiedener Art erfasst.[7]

Eine Organisation ist definiert, als die *„auf Dauer angelegte, planvolle und methodische Zuordnung von Mensch und Sachmittel, um für deren bestmögliches Zusammen-*

---

[7] vgl. Nagel, 1991, S. 115

wirken zum Zwecke der dauerhaften Erreichung vorgegebener Ziele, die günstigsten Bedingungen zu schaffen."[8]

Organisation muss immer mit Blick auf das Unternehmen als Ganzes gesehen werden. Entsprechend den beiden zentralen Aufgabenbereichen der Organisation, Betriebsaufbau und Arbeitsablauf im Betrieb unterscheidet man Aufbauorganisation und Ablauforganisation.

Die **Aufbauorganisation** gliedert das Unternehmen in organisatorische Teileinheiten (Abteilungen, Stellen, Gremien), ordnet ihnen Aufgaben und Kompetenzen zu und sorgt für die Koordination der einzelnen Teileinheiten.[9]

Gegenstand der **Ablauforganisation** ist der Ablauf des betrieblichen Geschehens und die Ausübung der betrieblichen Funktionen innerhalb der Teileinheiten. Im Mittelpunkt steht hierbei die Arbeit als zielbezogene menschliche Handlung, aber auch die Ausstattung der Teileinheiten mit den zur Aufgabenerfüllung notwendigen Informationen und Sachmittel.[10]

Während durch die Aufbauorganisation eine klare Verteilung und Abgrenzung der betrieblichen Aufgaben herbeigeführt und damit eine bestimmte Ordnung der Zuständigkeit und Verantwortung erreicht werden soll, versteht man unter Ablauforganisation die Ordnung der Arbeitsabläufe in zeitlicher und räumlicher Hinsicht.

1.2.1 Leitungssysteme[11]

Jede Stelle mit Leitungsbefugnis, das heißt mit Anordnungsgewalt über andere Stellen, wird als Instanz bezeichnet. Der Instanzenaufbau ist dokumentiert durch die hierarchische Rangordnung der einzelnen Stellen. Die Anzahl der Rangstufen, auch als Instanzentiefe bezeichnet, hängt in der Regel von der Unternehmensgröße ab. Die Lenkungsspanne oder Leitungsspanne gibt an, wie groß die Zahl der Stellen sein soll, die einer gemeinsamen Leitungsinstanz unterstellt werden sollen. Die Leitungsspanne ist von der Aufgabenstellung der einzelnen Stellen sowie von den Kommunikations- und Kontrollmöglichkeiten abhängig. Sie wird überdies auf höheren Rangstufen geringer sein als auf unteren.

Durch das Leitungssystem in dem Unternehmen werden dessen Befehlswege (der Instanzenzug) und in bestimmter Form das Verhalten derjenigen festgelegt, die an die im Instanzenzug übermittelten Anordnungen gebunden sind. Typische Leitungssysteme sind in der Folge kurz erläutert:

---

[8] Richter, 1999, S. 52
[9] vgl. Schulte-Zurhausen, 2010, S. 14
[10] vgl. Schulte-Zurhausen, 2010, S. 14
[11] vgl. Lechner; Egger; Schauer, 2008, S. 115

1.2.1.1 Einliniensystem[12]

Das Einliniensystem (siehe Bild 1.4) ist die straffste Organisationsform. Bei diesem System liegt ein durchgehender Befehlsweg ("Linie") von der obersten unternehmerischen Leitungsstelle bis zum Verrichtungsträger auf der untersten Ebene vor. Man nennt dieses System deshalb auch: "Prinzip der Einheit der Auftragserteilung".

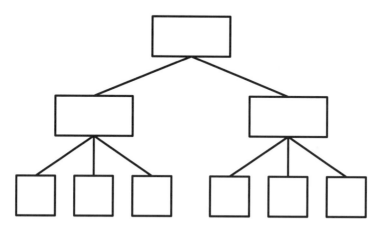

Bild 1.4 Einliniensystem[13]

Vorteile des Einliniensystems:

- Relativ einfacher organisatorischer Aufbau
- Eindeutige Unterstellungsverhältnisse
- Klare Abgrenzung der Kompetenz- und Verantwortungsbereiche
- Hohe Transparenz bezüglich der Aufgabenverteilung
- Genauer Instanzenweg

Nachteile:

- Fehlende Dynamik
- Lange Instanzenwege
- Starke Beanspruchung der jeweiligen Vorgesetzten
- Probleme bei der Informationsfilterung
- Unflexible Entscheidungsfindungen

---

[12] vgl. Bühner, 2004, S. 152f; Kiener, 2009, S. 46
[13] Lechner; Egger; Schauer, 2008, S. 116

1.2.1.2 Mehrliniensystem[14]

Im Gegensatz zum Einliniensystem erhält beim Mehrliniensystem (siehe Bild 1.5) jede Organisationseinheit Weisungen von mehreren übergeordneten Stellen. Das Mehrliniensystem bezeichnet man auch als „Prinzip des kürzesten Weges".

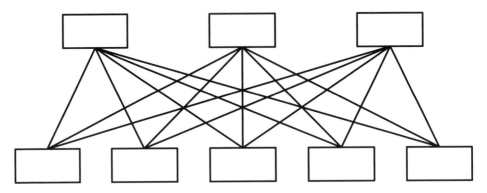

Bild 1.5 Mehrliniensystem[15]

Vorteile des Mehrliniensystems:

- Spezialisierung durch Aufteilung der einzelnen Funktionen auf mehrere Vorgesetzte
- Kurze Weisungs- und Informationswege
- Große Beweglichkeit der Führungskräfte

Nachteile:

- Gefahr der Aufgabenüberschneidung
- Gefahr der Überschneidung, wenn Kompetenzen der Führungskräfte nicht klar getrennt sind
- Mehrere Vorgesetzte können leistungshemmend auf einen Mitarbeiter wirken

1.2.1.3 Stabliniensystem[16]

Das Stabliniensystem (Bild 1.6) beruht im Grundsätzlichen auf der Konstruktion des Einliniensystems, das um Stabstellen (grünes Dreieck) ergänzt wird. Stabstellen haben lediglich beratende Funktionen und in der Regel keine Weisungsbefugnis. Die Stäbe sind für grundlegende Probleme zuständig und sollen die Instanzen entlasten, indem sie die anstehenden Entscheidungen vorbereiten.

---

[14] vgl. Bühner, 2004, S. 152 f; Kiener, 2009, S. 46 f
[15] Lechner; Egger; Schauer, 2008, S. 117
[16] vgl. Bühner, 2004, S. 153 f; Kiener, 2009, S. 47 f

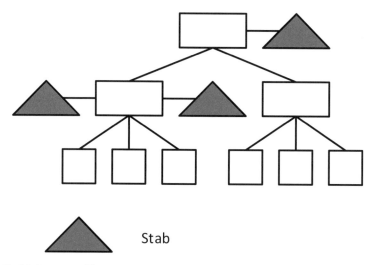

Bild 1.6 Stabliniensystem[17]

Vorteile des Stabliniensystems:
- Einheitlicher Instanzenweg
- Einschaltung von Spezialisten
- Klare Zuständigkeitsverhältnisse

Nachteile:
- Konfliktgefahr durch unterschiedlichen Zeithorizont und Sachverstand zwischen Stab und Linie
- Linie setzt Ideen der Stabsstellen evtl. nicht um
- Keine wirksame Einflussnahme auf die Linie durch fehlende Entscheidungsbefugnis des Stabes

1.2.2 Organisationsformen

1.2.2.1 Funktionale Organisation[18]

Bei der funktionalen Organisation (siehe Bild 1.7) werden die Bereiche, die unmittelbar der Unternehmensführung unterstellt sind, nach den wichtigsten Funktionen untergliedert (Beschaffung, Konstruktion, Produktion, Verkauf usw.). Die Grundlage bildet dabei ein Einlinien- oder Stabliniensystem.

---

[17] Lechner; Egger; Schauer, 2008, S. 118
[18] vgl. Bühner, 2004, S. 127ff

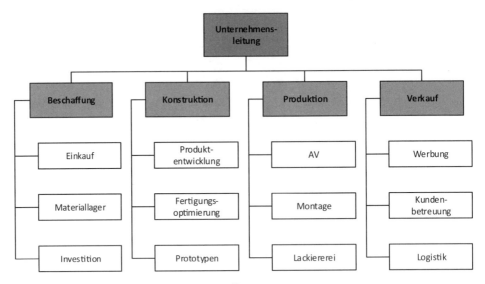

Bild 1.7 Klassische funktionale Organisation[19]

Vorteile der funktionalen Organisation:

- Spezialisierung durch Zusammenfassen ähnlicher Tätigkeiten
- Größenvorteile (so kann z. B. der Einkauf für alle Produkte erfolgen)
- Begrenzter Bedarf an fachlich spezialisierten Führungskräften
- Einfache Strukturen mit klar abgegrenzten, gut kontrollierbaren Aufgabenbereichen

Nachteile:

- Hoher Koordinationsbedarf wegen den vielen Schnittstellen
- Einzelne Funktionsbereiche sind stark abhängig von den Leistungen der anderen Bereiche
- Bereichsegoismen/Silo-Effekt (es wird nur auf die eigene Abteilung Rücksicht genommen – der Blick auf das Gesamte geht verloren, siehe Bild 1.7)
- Bei Pannen → gegenseitige Schuldzuweisungen

Die Bild 1.8 zeigt die negativen Eigenschaften einer funktionalen Organisationsgliederung.

---

[19] vgl. Lechner; Egger; Schauer, 2008, S. 120

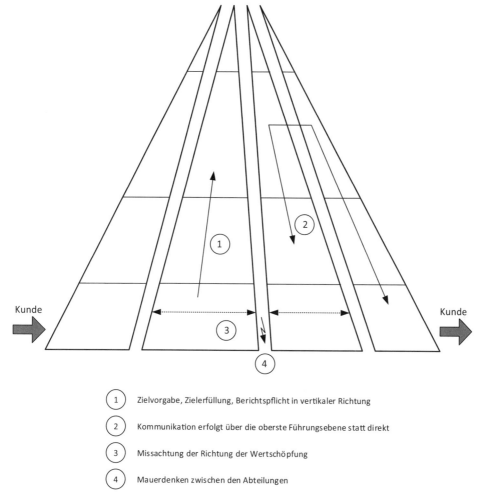

1	Zielvorgabe, Zielerfüllung, Berichtspflicht in vertikaler Richtung
2	Kommunikation erfolgt über die oberste Führungsebene statt direkt
3	Missachtung der Richtung der Wertschöpfung
4	Mauerdenken zwischen den Abteilungen

Bild 1.8 Negative Eigenschaften funktionaler Organisationsgliederungen

1.2.2.2 Divisionale Organisation[20]

Bei divisionalen Organisationen (Regionalorganisation) wird das Gesamtunternehmen in einzelne Sparten bzw. Divisionen durch Anwendung des Objektprinzips unterteilt. Diese Sparten können gebildet werden durch gleichartige Produkte oder Produktgruppen, Kundengruppen oder geographische Regionen. Funktionen wie beispielsweise Finanzwesen und Personalwesen werden zentral in den Zentralabteilungen geführt (siehe Bild 1.9).

---

[20] vgl. Bühner, 2004, S. 141 ff; Bergmann; Garrecht, 2008, S. 69 f

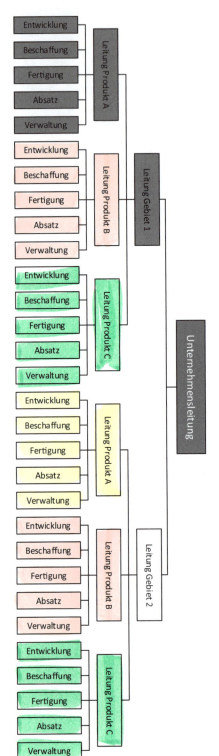

Bild 1.9 („Multi"-)divisionale Organisationsform[21]

[21] vgl. Lechner; Egger; Schauer, 2008, S. 121

Vorteile der divisionalen Organisation:
- Ungeteilte Konzentration auf Produkte, Kunden oder Regionen
- Sehr gute Kenntnisse der Produkte, Kunden oder Regionen
- Leichte Steuerung

Nachteile:
- Gefahr von Doppelgleisigkeiten (mehrfach benötigte Funktionen, Verlust von Größenvorteilen)
- Mögliches Konkurrenzdenken zwischen den Sparten
- Erschwerte Kapazitätsauslastung
- Erschwerte Integration neuer Produkte, Kunden oder Märkte

1.2.2.3 Matrixorganisation[22]

Eine Matrixorganisation (siehe Bild 1.10) ist eine Form der Mehrlinienorganisation, bei der auf derselben hierarchischen Ebene zwei unterschiedliche Gliederungsprinzipien kombiniert werden. Die Verrichtungsgliederung (Gliederung nach Funktionsbereichen wie z.B. Verkauf, Produktion oder Marketing) bildet die vertikale Dimension (die Linieninstanz). Im Gegensatz dazu bildet die Objektgliederung (Gliederung nach Märkten, Produkten oder Regionen) die horizontale Dimension (die Matrixinstanz). Die in den Schnittpunkten angesiedelten Matrixstellen müssen sowohl Aufgaben für die Matrixinstanz als auch für die Linieninstanz erfüllen.

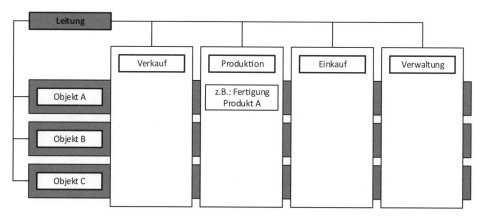

Bild 1.10 Matrixorganisation[23]

---

[22] vgl. Junge, 2010, S. 93; Bergmann; Garrecht, 2008, S. 71 f
[23] vgl. Lechner; Egger; Schauer, 2008, S. 121

Vorteile der Matrixorganisation:

- Innovative Problemlösungen unter Berücksichtigung von unterschiedlichen Standpunkten
- Kurze Kommunikationswege
- Flexible Anpassung der Organisation an die Markt- und Wettbewerbserfordernisse
- Vorrang der Sachkompetenz vor der hierarchischen Stellung

Nachteile:

- Gefahr von Kompetenzkonflikten und Machtkämpfen
- Hoher Kommunikationsbedarf
- Schwerfällige, lange dauernde Entscheidungsfindungen
- Gefahr zu vieler Kompromisse
- Großer Bedarf an qualifizierten Führungskräften
- Zurechnungsprobleme für Erfolg und Misserfolg

1.2.2.4 Prozessorientierte Organisation [24]

Die prozessorientierte Organisation (siehe Bild 1.11) verlangt eine konsequente Ausrichtung der Organisation auf die Geschäftsprozesse. Konsequente Prozessausrichtung beinhaltet, dass die Gesamtverantwortung für die Prozesse bei einem Prozessverantwortlichen liegt und dieser zu entscheiden hat, wie die Prozesse umgesetzt werden. Die funktionale Gliederung des Unternehmens wird dabei de facto aufgehoben. Funktionen sind nur noch als Stabstellen zu verstehen, die bestimmte Teilprozesse bearbeiten und Spezialaufgaben übernehmen. Dies können fachliche Aufgaben oder bestimmte übergreifende Aufgaben sein. Der Wechsel von der vertikalen Organisation zur horizontalen Organisation wird vollzogen.

Die Prozessverantwortlichen (Process-Owners) spielen in der prozessorientierten Organisation eine zentrale Rolle. Er ist für die Steuerung und Optimierung des Prozesses verantwortlich. Zu seinen wichtigsten Aufgaben gehören:

- Kontinuierliche Prozessverbesserung initiieren und verfolgen
- Tägliche Steuerung und Optimierung des Prozesses
- Berichterstattung zur Prozesszielerreichung
- Einschulung neuer Mitarbeiter hinsichtlich des Prozesses und seiner Vorgaben
- Ernennung und Führung von Teilprozessverantwortlichen
- Koordination mit anderen Prozessnahtstellen
- Einberufung von regelmäßigen Prozessteammeetings

---

[24] vgl. Wagner; Käfer, 2008, S. 11 ff

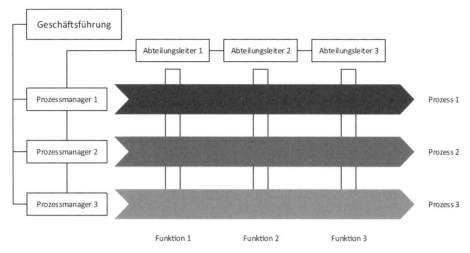

Bild 1.11 Prozessorientierte Organisation[25]

Wie in der nachfolgenden Bild 1.12 schematisiert, verantwortet der Prozessverantwortliche die interfunktionale Abdeckung sämtlicher, vorzugsweise operativer, Unternehmensbereiche, die mit dem betrachteten Prozess in Verbindung stehen.

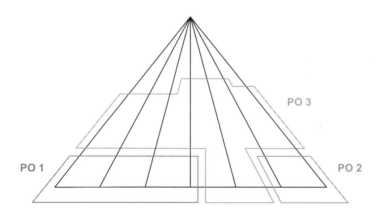

PO ... Processowner (Prozessverantwortlicher)

Bild 1.12 Zuständigkeit des Prozessverantwortlichen

---

[25] Wagner; Käfer, 2008, S. 12

1.2.3 Unternehmensführung

Die beschriebenen Organisationsformen können als Rahmen betrachtet werden, in dem der Vorgang der Unternehmensführung, der ja nichts anderes als ein Entscheidungs- und Problemlösungsprozess ist, abläuft. Unter Führung wird eine personenbezogene Handlung verstanden, bei der eine oder mehrere Personen auf andere Personen einwirken, um bestimmte Ziele zu erreichen. Vor jeder Einwirkung (Anweisung) ist aber die Art der Einwirkung zu entscheiden. War es früher möglich sich bei Entscheidungen allein auf die Intuition zu verlassen, erfordern heute komplexe Vorgänge eine Vorbereitung, in der Informationen aus Unternehmen und Umwelt zunächst gewonnen und anschließend in einem Willensbildungsprozess (Problemlösungsprozess) entscheidungsreif verarbeitet werden.

Der Vorgang der Unternehmensführung lässt sich daher als Folge von

- Informationsgewinnung,
- Willensbildung (Problemlösung),
- Entscheidung,
- Willensdurchsetzung (Anweisung) in
- Richtung bestimmter Ziele

auffassen.

1.2.4 Vision, Mission, Werte und Strategie eines Unternehmens[26]

Bild 1.13 Werte, Vision, Mission

---

[26] Wagner; Käfer, 2008, S. 26 ff

Grundsätzlich müssen Unternehmen und somit auch deren Mitarbeiter folgenden Punkten auseinandersetzen:

- **Werte:** „Was sind unsere grundsätzlichen Einstellungen?"
- **Vision:** „Wo wollen wir hin?"
- **Mission:** „Wozu sind wir als Organisation da?"

Eine **Vision** drückt kurz und prägnant die Vorstellung aus, wie das Unternehmen in einer erfolgreichen Zukunft aussehen soll. Um die Erwartungen, Bedürfnisse und Ansprüche des Kunden in die Prozesse der Produkt- und Dienstleistungserstellung integrieren zu können, ist es unerlässlich, sie bereits in das „große Bild" von der Zukunft einfließen zu lassen. Die Frage, die jeder Vision zugrunde liegen soll, muss sich demnach von „Wie sehen wir unser Unternehmen in der Zukunft (in 5 Jahren)?" zu „Wie sehen unsere Kunden unser Unternehmen in fünf Jahren?" ändern.

Zeichnet eine Vision ein Bild vom zukünftigen Zustand eines Unternehmens, so ist es die Aufgabe der **Mission**, den Zweck und Grund für dessen Existenz darzulegen. Nach innen transportiert die Mission eine klare Aussage über den Sinn des Handelns im Rahmen der täglichen Arbeit der Mitarbeiter, nach außen erzeugt sie gezielt Erwartungen über Art und Qualität der Leistungserstellung beim Kunden.

Zusammen mit den gemeinsamen **Wertvorstellungen** der im Unternehmen tätigen Menschen sind Vision und Mission die Träger der normativen Ebene. Sie drücken die Richtung, Absichten und Prinzipien des Unternehmens aus und bilden die ideologische Basis, aus der sich sämtliche Unternehmensziele ableiten lassen.

Ausgehend von der generellen Sicht der Vision und Mission ist es Aufgabe der Unternehmensführung, daraus **konkrete Zielvorstellungen** abzuleiten, die in letzter Konsequenz in Maßnahmen münden, die von den Mitarbeitern umgesetzt werden können. **Strategien** und **strategische Ziele** bilden dabei das Bindeglied zwischen normativer und operativer Ebene. Ihre eindeutige Messbarkeit lässt den jeweiligen Grad der Zielerreichung erkennen, wodurch erst ein systematisches Steuern möglich gemacht wird.

Strategien erklären, was das Unternehmen langfristig erreichen will, indem sie die wesentlichen Absichten und die Prinzipien ihrer Erreichung definieren. Strategien geben Antwort auf die Fragen:

- Was will das Unternehmen langfristig erreichen?
- Wie will es das erreichen?

Dabei muss besonders auf die unternehmensweite Gültigkeit, die Freiheit von Widersprüchen und die eindeutige Verbindung zu Vision und Mission geachtet werden. Eine Strategie zu haben bedeutet noch nicht, dass sie auch die richtige ist.

Aus jeder Strategie muss sich zumindest ein strategisches Ziel ableiten lassen. Meistens besitzen Strategien Bündel von strategischen Zielen, deren Aufgabe es ist zu spezifizieren, was mit welchen Mitteln innerhalb welchen Zeitraums erreicht werden soll. **Strategische Ziele** müssen folgenden Ansprüchen gerecht werden:

- Sie müssen eindeutig sein.
- Sie müssen Zustände oder Resultate beschreiben, nicht Tätigkeiten oder Verhalten.
- Sie müssen messbar sein (quantifizierbar).
- Sie müssen einen Erfüllungszeitraum oder -zeitpunkt aufweisen.
- Sie müssen erreichbar sein.

Die Qualität strategischer Ziele definiert sich über ihre Klarheit, Genauigkeit und Messbarkeit. Spätestens zu diesem Zeitpunkt erkennen Unternehmen, ob ihre Strategien in konkrete Handlungen umsetzbar sind und damit in der Realität bestehen können. Genau an dieser Stelle ist die Nahtstelle der normativen zur operativen Ebene einer Organisation – also im Besonderen zum Prozessmanagement.

1.2.5 Zieldefinition und -problematik[27]

Grundsätzlich ist ein Unternehmen, z. B. in der produzierenden Industrie, bestrebt, Gewinne zu erwirtschaften. Unternehmensziele bilden eine Zielhierarchie an deren Spitze das Globalziel steht. Beim Globalziel (Leitbild) handelt es sich um ein verhältnismäßig abstrakt formuliertes Ziel der Unternehmenspolitik (z. B. langfristige Existenzsicherung durch Erhalt oder Steigerung des Unternehmenswertes, oder Schaffung von nachhaltig wirtschaftenden Produktionen). Ausgehend vom Globalziel lassen sich weitere Unternehmensziele ableiten, die sich wiederum in drei verschiedene Ebenen zuordnen lassen:

- Strategische Ziele: Planungshorizont > 5 Jahre; betrifft Unternehmen
- Taktische Ziele: Planungshorizont 3–5 Jahre; betrifft Unternehmensbereiche
- Operative Ziele: Planungshorizont 1–2 Jahre; betrifft Mitarbeiter

Strategische Ziele sollen bei Entscheidungen über viele Jahre hinweg eine Orientierung bieten. Sie lassen sich im Allgemeinen nicht unmittelbar erreichen. Daher müssen aus den strategischen Zielen taktische und operative Ziele abgeleitet werden. Im Gegensatz zu den strategischen Zielen, die nur durch das gesamte Unternehmen erreicht werden können, sollen taktische und operative Ziele so gewählt werden, dass sie von einzelnen Bereichen bzw. Personen umgesetzt werden können (siehe Bild 1.14).

---

[27] vgl. Pfeifer, 2010, S. 78 ff

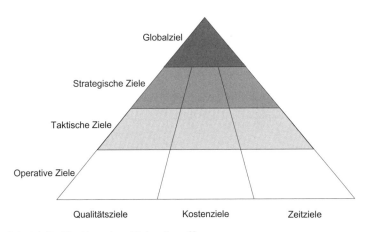

Bild 1.14 Prinzipielle Struktur eines Zielsystems[28]

Zusätzlich unterscheidet man auf jeder Ebene des Zielsystems drei Zielarten: Qualitätsziel, Kostenziel und Zeitziel. Diese können nicht gleichzeitig ein Optimum erreichen und müssen daher je nach Situation sorgfältig ausbalanciert werden. In diesem Zusammenhang spricht man auch vom **„magischen Dreieck"** (siehe Bild 1.15).

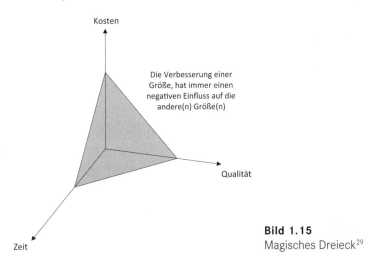

Bild 1.15
Magisches Dreieck[29]

Wie bereits in Abschnitt 1.2.5 erwähnt, müssen in einem Unternehmen meist mehrere Ziele gleichzeitig erreicht werden, d. h. es entstehen unterschiedliche Beziehungen zwischen den einzelnen Zielen:

---

[28] Pfeifer, 2010, S. 78
[29] Pfeifer, 2010, S. 79

- **Konkurrierende Ziele**

    Diese Zielbeziehung wird auch Zielkonflikt genannt, da die Zielerreichung von Ziel A negative Auswirkung auf das Erreichen von Ziel B hat, d. h. eine gleichzeitige Erfüllung des einen Ziels ist ohne Wirkungseinbußen des anderen Ziels nicht möglich. Wenn bspw. der Verkauf ein breites Sortiment möchte, die Fertigung jedoch hohe Stückzahlen, so handelt es sich um konkurrierende Ziele (siehe Bild 1.16a).

- **Komplementäre Ziele**

    Bei dieser Zielbeziehung unterstützt die Erfüllung von Ziel A gleichzeitig das Erreichen von Ziel B. So ist z. B. eine Umsatzerhöhung meist mit einer Liquiditätsverbesserung verbunden (siehe Bild 16b).

- **Neutrale (indifferente) Ziele**

    Ziele sind neutral, wenn die Erfüllung von Ziel A das Erreichen von Ziel B nicht beeinflusst. Beide Ziele sind voneinander unabhängig, wie z. B. das Anstreben kurzer Durchlaufzeiten hat nichts mit Personalfluktuation zu tun (siehe Bild 1.16c).

- **Ziele stehen im Verhältnis**

    Zielbeziehungen dieser Art sind entsprechend der Aufbauorganisation des Unternehmens zu sehen (Oberziel – Unterziel bzw. Gesamtziel – Teilziel). Analog zur Pyramide der Stellen gibt es auch eine solche der Ziele. Sind Rentabilität bzw. Liquidität für die Unternehmensführung relevante Oberziele, dann sind für den Leiter der Fertigung Kapazitätsnutzung, Kostenminimierung, Qualitäts- und Termineinhaltung die Teilziele. Für den Lagerleiter sind die Verfügbarkeit der Teile und die Lagerkostenminimierung (konkurrierende) Teilziele (siehe Bild 1.16d).

- **Ziel A ist wichtiger als Ziel B**

    Beispiel: Die Liquidität kann kurzfristig wichtiger sein als Rentabilität. Die Insolvenzstatistik zeigt, dass die häufigste Insolvenzursache Illiquidität ist.

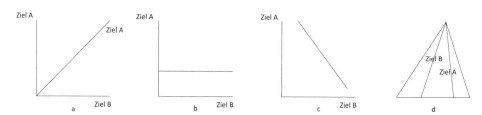

Bild 1.16 Zielbeziehungen[30]

---

[30] vgl. Jung, 2009, S. 34

1.3 Der Wertschöpfungsprozess

Produktion ist die Kombination von Gütern (Produktionsfaktoren) und Dienstleistungen zum Erzeugen eines anderen Gutes (Produkt). Produktionsfaktoren sind Werkstoffe, menschliche Arbeitskraft, Energie, Informationen und Betriebsmittel.

Werden die Produktionsfaktoren als Input und das Produkt als Output betrachtet, steht dazwischen die sogenannte Aktivität, also die Produktion mit den ihr zugrunde liegenden Technologien. Diese Umwandlung von Gütern erfolgt mit der Zielsetzung, dem Input einen zusätzlichen Wert hinzuzufügen. Es wird auch von „added value" gesprochen. Der Prozess selbst wird als Wertschöpfung bezeichnet (siehe Bild 1.17).[31]

Bild 1.17 Produktion als Prozess zur Transformation von Faktoren in Produkte[32]

Grundlegende Kennzahlen zur Bewertung der Wertschöpfung

„Die Wirtschaftlichkeit ist das Verhältnis eines Ergebnisses (Output) in Wertgrößen (Erlöse, Erträge…) zum Mitteleinsatz (Input) in Wertgrößen (Kosten, Aufwendungen…)." Basierend auf dem ökonomischen Prinzip geht es im Rahmen der Leistungserstellung darum, so zu handeln, dass der angestrebte Output mit einem Minimum an Input (**Minimalprinzip**) erreicht wird bzw. dass der Output bei gegebenem Input möglichst groß ausfällt (**Maximalprinzip**). Je höher die Wirtschaftlichkeit der Leistungserstellung, desto höher ist die Wertschöpfung bezogen auf den Wert des Inputs. Die Wirtschaftlichkeit drückt die monetär bewertete Ergiebigkeit einer wirtschaftlichen Tätigkeit aus.[33]

$$\text{Wirtschaftlichkeit} = \frac{\text{Zielerreichung (Ausbringung, Leistung) [€]}}{\text{Kosten des Mitteleinsatzes [€]}} \qquad (1.1)$$

Der Erfolg dieser Faktorkombination, also die Relation von Output zu Input, kennzeichnet die Ergiebigkeit eines Prozesses. Die Produktivität und die Renta-

---

[31] vgl. Kistner; Steven, 2009, S. 55
[32] vgl. Kistner; Steven, 2009, S. 55
[33] vgl. Kuhlang, 2010, S. 5

bilität sind (neben der Wirtschaftlichkeit) die zentralen Relationen zur Bestimmung der **Ergiebigkeit**[34].

$$\text{Ergiebigkeit} = \frac{\text{Output}}{\text{Input}} \tag{1.2}$$

*„Bei der Ermittlung der **Produktivität** gehen in den Zähler des Quotienten Leistungen und in den Nenner des Quotienten der Faktoreinsatz ein. Die Produktivität repräsentiert somit eine leistungsorientierte Ergiebigkeit eines Prozesses.*[35]*"*

$$\text{Produktivität} = \frac{\text{Leistung}}{\text{Faktoreinsatz}} \tag{1.3}$$

*„Bei der Ermittlung der **Rentabilität** gehen in den Zähler des Quotienten das Finanzergebnis und in den Nenner des Quotienten der Kapitaleinsatz ein. Die Rentabilität repräsentiert somit eine finanzorientierte Ergiebigkeit eines Prozesses.*[36]*"*

$$\text{Rentabilität} = \frac{\text{Finanzergebnis}}{\text{Kapitaleinsatz}} \tag{1.4}$$

Oder:

$$\text{Rentabilität} = \frac{\text{Gewinn}}{\text{Kapital}} \cdot 100\% = \text{Umsatzrentabilität} \cdot \text{Kapitaldrehung} \tag{1.5}$$

$$\text{Umsatzrentabilität} = \frac{\text{Gewinn}}{\text{Umsatz}} \cdot 100\% \tag{1.6}$$

$$\text{Kapitaldrehung} = \frac{\text{Umsatz}}{\text{Kapital}} \tag{1.7}$$

Die Beeinflussungsmöglichkeiten der Rentabilität in Form der bekannten DU-PONT-Pyramide dargestellt (siehe entsprechendes Kapitel).

Effizienz ist ein Kriterium, um den Wert einer Produktion zu generieren und Verschwendung zu vermeiden. Diese ist gegeben, wenn nur durch eine Erhöhung des Aufwands der reale Ertrag erhöht werden kann bzw. eine Minderung des Aufwands eine Reduktion des Ertrags impliziert.[37] Den Zusammenhang zwischen effizienten Kombinationen von eingesetzten Faktoren zur Produktion bezeichnet man als **Produktionsfunktion**.

---

[34] vgl. Kuhlang, 2010, S. 5
[35] Kuhlang, 2010, S. 6
[36] Kuhlang, 2010, S. 6
[37] vgl. Dyckhoff, 2006, S. 142

$$x_j = \phi(r_1, r_2, \ldots, r_n,) \tag{1.8}$$

Wobei r_i (i = 1, ..., n) die Faktoreinsatzmenge und x_j die Ausbringungsmenge darstellt. Die Produktionsfunktion gibt Aufschluss über:

- eine Änderung der Ausbringungsmenge bei Variation einer oder mehrerer Produktionsfaktoren;
- die erforderliche Kombination von Faktoreinsatzmengen um eine bestimmte Ausbringung x zu erreichen.

Bekannte Produktionsfunktionen sind:

- Leontief-Produktionsfunktion (limitationale Produktionsfunktion)
- Gutenberg-Produktionsfunktion (limitationale Produktionsfunktion)
- Cobb-Douglas-Produktionsfunktionen (substitutionale Produktionsfunktion)

1.4 Weitere Begriffsbestimmungen

1.4.1 Produktentstehungsprozess (PEP)[38]

Der PEP besteht in seiner ursprünglichen Form aus den Phasen „Produktentwicklung", „Prozessentwicklung" sowie „Betrieb und Verbesserung" und beschreibt somit einen Ordnungsrahmen für das vorliegende Buch. In den unterschiedlichen Phasen werden Ansätze, Methoden und Werkzeuge aus dem Produktions- und/oder Qualitätsmanagement angewandt, um gesetzte Ziele erreichen zu können.

1.4.2 Arbeitssysteme[39]

Mit Hilfe von Arbeitssystemen sind beliebig komplexe Arbeitsprozesse beschreibbar, die an einem oder mehreren Arbeitsplätzen vollzogen werden. Sie ordnen sich im Unternehmen als Subsysteme eines Produktionssystems ein, mit deren Hilfe der Produktionsprozess und die daran beteiligten Ressourcen veranschaulicht werden können.

Die Bestimmungsgrößen eines Arbeitssystems sind:

- Aufgabe: Zweck des Arbeitssystems.
- Input: Arbeitsvoraussetzungen in Form von Arbeitsobjekten (z.B. Rohstoffen), Informationen, Energie.

---

[38] vgl. Kuhlang, 2015
[39] vgl. Bokranz, 2012

- Mensch: Jene Ressource, die Aktionen in Form von Arbeitshandlungen vollzieht.
- Arbeits- oder Sachmittel: Jene Ressource, die Aktionen in Form technischer Operationen vollzieht („Betriebsmittel").
- Ablauf: Das zeitlich-logische Zusammenwirken von Mensch und Arbeits-/Sachmittel bei der Transformation des Inputs in einen Output.
- Output: Arbeitsergebnisse in Form von Arbeitsprojekten, Informationen, Energie, Abfällen.
- Umwelt: Physikalische, chemische, biologische, aber auch organisatorische und soziale Wirkungsgrößen, die das Systemverhalten und die Eigenschaften der Bestimmungsgrößen, insbesondere der Ressourcen, beeinflussen.

1.4.3 Industrial Engineering

Der Begriff Industrial Engineering ist in der Literatur sehr vielfältig beschrieben und umfasst im angelsächsischen Sprachraum unterschiedliche Aspekte des Produktions- und auch Qualitätsmanagements als in der deutschsprachigen Literatur.[40]

Im MTM-Handbuch definieren BOKRANZ und LANDAU Industrial Engineering „für die Planung und Durchführung komplexer Rationalisierungsvorhaben, bei denen typischerweise technische, arbeitswirtschaftliche, organisatorische, betriebswirtschaftliche und juristische Probleme zu lösen sind, mit der Absicht, die Produktivität, Wirtschaftlichkeit oder Rentabilität eines Unternehmens oder seiner Bereiche zu verbessern". Sie erweitern diese interdisziplinäre Sicht um psychologische, pädagogische und informationswissenschaftliche Fragestellungen und weisen auf die hohe Bedeutung der Betrachtung des gesamten Produktentstehungsprozesses im Industrial Engineering hin.[41]

Diese Sichtweise liegt auch dem vorliegenden Buch zugrunde.

---

[40] vgl. Kuhlang, 2012b
[41] vgl. Bokranz, 2012

2 Grundlagen der Fertigungsorganisation

Die industrielle Entwicklung hat mit zunehmenden Stückzahlen und mit wachsender Vielfalt der Produkte eine große Anzahl von Organisationsformen der Fertigung/Produktion entstehen lassen. Stückzahlen, Vielfalt und Art der Arbeitsteilung sind beispielsweise wichtige Einflussgrößen der Fertigung.

2.1 Arbeitsteilung

BÜCHER definierte 1946 in seinem Werk *„Arbeitsteilung und soziale Klassenbildung"* vier Formen der Arbeitsteilung[1]:

- *Berufsbildung:* Ausgehend von der Arbeitsteilung zwischen Mann und Frau kommt es zur Ausgliederung einzelner Funktionen aus dem Haushalt, die verselbstständigt werden.
- *Berufsspaltung:* Die in sich komplexen Berufe werden nochmals gespalten, z. B. Schmied in Hufschmied, Nagelschmied etc. (Spezialisation).
- *Arbeitszerlegung:* Zerlegung eines Produktionsprozesses in mehrere, jeweils auf eine Person oder Personengruppe entfallende Teilprozesse. Die Arbeitszerlegung führt evtl. zur Zerlegung eines Betriebes in mehrere Teilbetriebe (Produktionsteilung).
- *Territoriale Arbeitsteilung:* Jedes Gebiet (als Einheit) spezialisiert sich auf die standortmäßig günstigste Produktion.

Im Produktionsmanagement ist hauptsächlich die Form der *Arbeitszerlegung* relevant und wird im Folgenden synonym zum Begriff Arbeitsteilung verwendet.

---

[1] vgl. Bücher, 1946

2.1.1 Geschichte der Arbeitsteilung

Die Geschichte des Studiums der menschlichen Arbeit zeigt eindrucksvoll, welche Bedeutung der Arbeitsteilung für die dauernden Produktivitätserhöhungen zukommt. Drei markante Beispiele seien zitiert:

- **AUGUSTINUS** (4. Jh.) beschreibt die Tätigkeiten in einer Silberschmiede:
  „Ein kleines Gefäß geht, um fertig zu werden, durch die Hände vieler Arbeiter, obwohl es von einem, der seine Kunst vollkommen versteht, hergestellt werden könnte. Aber man glaubt, der Menge der Arbeiter sei am besten gedient, wenn jeder einzelne einen besonderen Teil der Fabrikation schnell und leicht erlerne, damit nicht alle genötigt würden, sich in langer Zeit und mit viel Mühe im ganzen Gebiet des betreffenden Handwerks auszubilden."

- **ADAM SMITH** (1723–1790), der Klassiker der Nationalökonomie, schildert in seinem berühmten Buch „An Inquiry into the Nature and Causes of the Wealth of Nations" die Vorteile der Arbeitsteilung anhand des berühmten Beispiels der Stecknadelfertigung:

  „Ein Arbeiter, der noch niemals Stecknadeln gemacht hat und auch nicht dazu angelernt ist (erst die Arbeitsteilung hat daraus ein selbständiges Gewerbe gemacht), so dass er auch mit den dazu eingesetzten Maschinen nicht vertraut ist (auch zu deren Erfindung hat die Arbeitsteilung vermutlich Anlass gegeben), könnte, selbst wenn er sehr fleißig ist, täglich höchstens eine, sicherlich aber keine zwanzig Nadeln herstellen. Aber so, wie die Herstellung von Stecknadeln heute betrieben wird, ist sie nicht nur als Ganzes ein Gewerbe. Sie zerfällt vielmehr in eine Reihe getrennter Arbeitsgänge, die zumeist zur fachlichen Spezialisierung geführt haben. Der eine Arbeiter zieht den Draht, der andere streckt ihn, ein dritter schneidet ihn, ein vierter spitzt ihn zu, ein fünfter schleift das obere Ende, damit der Kopf aufgesetzt werden kann. Auch die Herstellung des Kopfes erfordert zwei oder drei Arbeitsgänge. Das Ansetzen des Kopfes ist eine eigene Tätigkeit, ebenso das Weißglühen der Nadel, ja, selbst das Verpacken der Nadeln ist eine Arbeit für sich. Um eine Stecknadel anzufertigen, sind somit etwa 19 verschiedene Arbeitsgänge notwendig, die in einigen Fabriken jeweils verschiedene Arbeiter besorgen, während in anderen ein einzelner zwei oder drei davon ausführt. Ich selbst habe eine kleine Manufaktur dieser Art gesehen, in der nur 10 Leute beschäftigt waren, so dass einige von ihnen zwei oder drei solcher Arbeiten übernehmen mussten. Obwohl sie nun sehr arm und nur recht und schlecht mit dem nötigen Werkzeug ausgerüstet waren, konnten sie zusammen am Tage doch etwa 12 Pfund Stecknadeln anfertigen, wenn sie sich einigermaßen anstrengten. Rechnet man für ein Pfund über 4000 Stecknadeln mittlerer Größe, so waren 10 Arbeiter imstande, täglich etwa 48 000 Nadeln herzustellen, jede Person also ungefähr 4800 Stück. Hätten sie indes alle einzeln und unabhängig voneinander gearbeitet, noch dazu ohne besondere Ausbildung, so hätte der einzelne gewiss nicht einmal 20, vielleicht sogar keine einzige Nadel am Tag zustande gebracht. Mit

anderen Worten, sie hätten mit Sicherheit nicht den zweihundertvierzigsten, vielleicht nicht einmal den vierhundertachtzigsten Teil von dem produziert, was sie nunmehr infolge einer sinnvollen Teilung und Verknüpfung der einzelnen Arbeitsgänge zu erzeugen imstande waren."

Adam SMITH führt die enorme Steigerung der Arbeitsmenge, die die gleiche Anzahl von Menschen infolge der Arbeitsteilung zu leisten vermag, auf drei verschiedene Faktoren zurück:

1. *„Die größere Geschicklichkeit jedes einzelnen Arbeiters"* (gemeint ist hier der Einübungseffekt bei hoher Spezialisierung)
2. *„Die Ersparnis an Zeit, die gewöhnlich beim Wechsel von einer Tätigkeit zur anderen verloren geht"* (Übergangszeit im heutigen Sprachgebrauch)
3. *„Die Erfindung einer Reihe von Maschinen, welche die Arbeit erleichtern, die Arbeitszeit verkürzen und den Einzelnen in den Stand setzen, die Arbeit vieler zu leisten".*

■ **HENRY FORD** (1863-1947) setzte mit der ersten Fließfertigung einen Meilenstein in der industriellen Entwicklung. Der Erfolg wurde im Wesentlichen durch das – damals neuartige – Bestreben erzielt „die Arbeit zu den Arbeitern hinzuschaffen, statt umgekehrt". Dabei wurden durch Ford's Grundregeln

1. *„Ordne Werkzeuge wie Arbeiter in der Reihenfolge der bevorstehenden Verrichtungen, so dass jeder Teil während des Prozesses der Zusammensetzung einen möglichst geringen Weg zurück-zulegen hat."*
2. *„Bediene dich der Gleitbahnen oder anderer Transportmittel, damit der Arbeiter nach vollendeter Verrichtung den Teil, an dem er gearbeitet hat, stets an dem gleichen Fleck – der sich selbstverständlich an der handlichsten Stelle befinden muss – fallen lassen kann. Wenn möglich, nutze die Schwerkraft aus, um den betreffenden Teil dem nächsten Arbeiter zuzuführen."*
3. *„Bediene dich der Montagebahnen, um die zusammenzusetzenden Teile in handlichen Zwischenräumen an- und abfahren zu lassen."*

eine *„Verminderung der Ansprüche an die Denktätigkeit des Arbeitenden und eine Reduzierung seiner Bewegungen auf das Mindestmaß"* erreicht.

Diese Zerlegung der Arbeit in kleinste Elemente *(„Der Mann, der den Bolzen eintreibt, setzt nicht gleichzeitig die Schraubenmutter auf; wer die Mutter anbringt, schraubt sie nicht fest.")* erforderte nur kurze Anlernzeiten und kam der damaligen Struktur der Arbeitnehmer entgegen, denn zu Beginn des 20. Jahrhunderts war die Schulbildung gering, der Anteil der Einwanderer groß und viele der Beschäftigten waren bäuerlicher Herkunft.

2.1.2 Art- und Mengenteilung[2]

Unter Art- bzw. Mengenteilung versteht man die Verteilung eines Arbeitsauftrages nach Art bzw. Menge auf mehrere Menschen.

2.1.2.1 Mengenteilung

Mengenteilung ist die Verteilung eines Arbeitsauftrages auf mehrere Menschen derart, dass jeder den gesamten Ablauf an einer Teilmenge ausführt (siehe Bild 2.1).

Beispiel: Herstellung von Schränken. Bei Mengenteilung fertigt jeder Arbeiter an einem Arbeitsplatz einen Schrank, wobei an jedem Arbeitsplatz alle Arbeitsgänge ausgeführt werden.

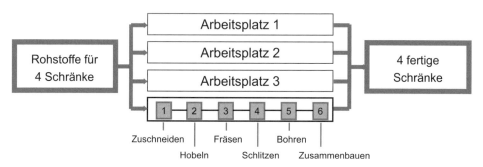

Bild 2.1 Mengenteilung

2.1.2.2 Artteilung[3]

Artteilung ist die Verteilung eines Arbeitsauftrages auf mehrere Menschen derart, dass jeder einen Teil des Gesamtablaufes eines Auftrages an der Gesamtmenge ausführt (siehe Bild 2.2).

Beispiel: Bei der Artteilung fertigen ebenfalls vier Arbeiter vier Schränke. Die Aufteilung in Zuschneiden, Hobeln, Fräsen, Schlitzen, Bohren, Zusammenbauen erfolgt jedoch so, dass jeder eine andere Art Arbeit an der Gesamtmenge ausführt. Ziel der Artteilung ist es, durch Spezialisierung die Mengenleistung zu erhöhen.

---

[2] vgl. Göldner, 1964, S. 162
[3] vgl. Göldner, 1964, S. 163

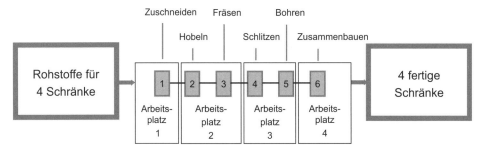

Bild 2.2 Artteilung

2.1.3 Arbeitsstrukturierung[4]

Da die fortschreitende Zerlegung des Produktionsprozesses den einzelnen Arbeitnehmern immer geringere Möglichkeiten zur persönlichen Entfaltung ließ, ist eine Gegenbewegung gegen diesen **Taylorismus** bzw. **Fordismus** entstanden, deren Oberbegriff Arbeitsstrukturierung lautet.

Unter Arbeitsstrukturierung wird Humanisierung mit dem Ziel verstanden, dass „bei Erhalt oder Steigerung der Leistung die Arbeitsinhalte möglichst mit den Fähigkeiten und Zielen des einzelnen Mitarbeiters übereinstimmen".

Verschiedene Maßnahmen der Arbeitsstrukturierung werden anhand möglicher Umorganisationen einer Fließfertigung in den folgenden Abbildungen gezeigt. Gemeinsames Kennzeichen der Maßnahmen ist das Rückgängigmachen extremer Arbeitsteilung (im REFA-Sprachgebrauch durch Übergang von Artteilung auf Mengenteilung).

Bild 2.3 „Konventionelle" Fließfertigung

Ausgehend von einer „konventionellen Fließfertigung" bestehend aus 6 Stationen mit weitest gehender Arbeitsteilung, wird durch Einrichtung von 2 parallelen Linien mit je 3 Arbeitsplätzen eine Arbeitserweiterung **(job enlargement)** vorgenommen (siehe Bild 2.4). Hierbei haben sich gegenüber der konventionellen Fließ-

---

[4] vgl. Schlick, 2010, S. 506 ff

fertigung die Taktzeit und die Zahl der Tätigkeiten je Person verdoppelt und die je Person bearbeitete Menge halbiert.

„Job enlargement"

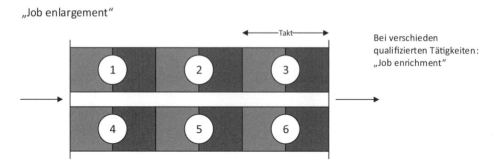

Bild 2.4 Job enlargement

Ist diese Arbeitserweiterung durch Zusammenfassung verschieden qualifizierter Tätigkeiten zustande gekommen, kann gleichzeitig von Arbeitsbereicherung **(job enrichment)** gesprochen werden.

Ein zusätzlicher regelmäßiger Arbeitsplatzwechsel **(job rotation)** bewirkt eine Ausdehnung des Tätigkeitsspielraumes gegenüber der konventionellen Fließfertigung auf das 6-fache (siehe Bild 2.5).

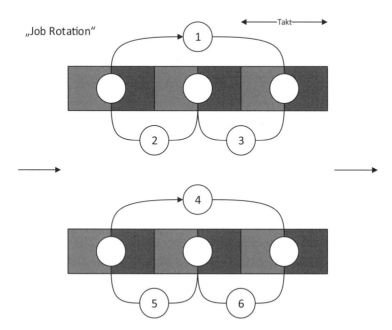

Bild 2.5 Job rotation

Sind der Wechsel und überhaupt die Art der Zusammenarbeit nicht reglementiert, wird von einer **autonomen Arbeitsgruppe,** der Organisationsform mit maximalem Handlungsspielraum gesprochen (siehe Bild 2.6).

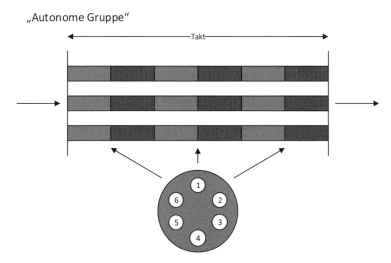

Bild 2.6 Autonome Gruppe

■ 2.2 Fertigungstypen[5]

Das Merkmal Fertigungstyp, oft auch Prozesstyp oder Fertigungsart genannt, charakterisiert die Häufigkeit der Leistungswiederholung im Produktionsprozess. Als maßgebende Kriterien zur Differenzierung des Merkmals dienen die durchschnittliche Auflagenhöhe der Erzeugnisse (Losgröße) und die durchschnittliche Wiederholhäufigkeit der Erzeugnisse pro Jahr (Auflagefrequenz). Folgende grundlegende Fertigungstypen werden unterschieden:

- Einzelfertigung (Prozesstyp 3)
- Serienfertigung (Prozesstyp 2)
- Massenfertigung (Prozesstyp 1)

Der Fertigungstyp hat einen wesentlichen Einfluss auf die Gestaltung der gesamten Produktion, so zum Beispiel auf die Anordnung der Arbeitsplätze, ihre Verkettung, den Materialfluss, die Möglichkeit zur Mechanisierung und Automatisierung und vielem mehr. Die folgende Bild 2.7 stellt einen Vergleich der wichtigsten Fertigungstypen hinsichtlich verschiedener Kriterien dar.

---
[5] vgl. Luger; Geisbüsch; Neumann, 1999, S. 121 ff

Merkmale \ Fertigungstyp	Einzelfertigung	Serienfertigung	Massenfertigung
Stückzahl	keine Wiederholung	begrenzte Wiederholung	unbegrenzt Wiederholung
Stückkosten	hoch	niedrig durch Kostendegression	minimal durch hohe Kostendegression
Mitarbeiterqualifikation	vorwiegend Facharbeiter	Facharbeiter und angelernte Arbeiter	vorwiegend angelernte und ungelernte Arbeiter
Maschinen	Universalmaschinen	Universal- und Spezialmaschinen	vorwiegend Spezialmaschinen
Automatisierungsgrad	sehr niedrig	mittel	sehr hoch
Flexibilität	sehr hoch	begrenzt	sehr gering
Produktvorgabe	auftragsorientiert	programm- und auftragsorientiert	programmorientiert
Produktionsstandardisierung	keine	möglich	hoch
Aufwand für PPS	hoch	mittel	gering
Anwendungsgebiete	Großmaschinenbau, Schiffsbau	PKW-Produktion	Normteile, Tabakindustrie

Bild 2.7 Vergleich der wichtigsten Fertigungstypen

In Unternehmen herrscht oftmals die Meinung, dass die Organisation der Fertigung/Produktion in allen Bereichen an den Kriterien der Einzelfertigung orientiert werden muss, weil sich die produzierten Endprodukte in verschiedenen Details unterscheiden und somit den Charakteristika der Einzelfertigung entsprechen.

Betrachtet man die Aufträge im Detail, so wird häufig deutlich, dass viele Aufträge nur marginale Unterschiede aufweisen. Viele, oftmals wichtige Baugruppen sind in jedem oder in vielen Aufträgen identisch vorhanden. Für die Produktion solcher Baugruppen kann so nicht von Einzelfertigung gesprochen werden. In solchen Fällen ließen sich alternative Fertigungstechniken mit höherem Automatisierungsgrad einsetzen, wodurch Herstellungskosten gesenkt werden können.

An diesem Beispiel wird deutlich, dass die Entscheidung, welcher Fertigungstyp vorliegt, nicht pauschal auf Fertigprodukt-Ebene getroffen werden kann, wenn die Produktionsbereiche neu gestaltet werden sollen. Aus dieser Erkenntnis lassen sich in vielen Fällen erhebliche Rationalisierungspotenziale ableiten.

2.2.1 Einzelfertigung

Die Einzelfertigung zeichnet sich dadurch aus, dass die Produkte nur einmal oder in nur sehr geringer Auflagenhöhe produziert werden. Eine Wiederholung der Leistungserstellung gleicher oder fast gleicher Erzeugnisse findet nicht statt. Zwar kann später dasselbe Produkt noch einmal produziert werden, doch liegt hier eigentlich keine Wiederholung des Produktionsprozesses vor, da die Wiederholung des Prozesses nicht planbar ist und der Prozess neu geplant werden muss.

2.2.2 Serienfertigung

Die Serienfertigung kennzeichnet sich durch die wiederholte Produktion ein und desselben Produkts. Der Produktionsprozess ist aber im Gegensatz zu der Massenfertigung durch die zu produzierende Stückzahl begrenzt. Abhängig von der Größe der Serie (Klein- oder Großserie) erfolgt von Zeit zu Zeit eine Umstellung der Produktionsanlage auf neue Produkte oder Produktvarianten.

Für die Definition der Serienfertigung ist insbesondere die Bestimmung der Seriengröße problematisch. Es hat sich herausgestellt, dass firmenspezifisch unterschiedliche Vorstellungen herrschen, was unter einer Klein- oder einer Großserie zu verstehen ist. Für einen Kfz-Hersteller sind beispielsweise 1000 Fahrzeuge eine Kleinserie. Hingegen können in der Baumaschinenbranche 1000 verkaufte Einheiten bereits eine Großserie darstellen.

2.2.2.1 Reine Serienfertigung

Von reiner Serienfertigung spricht man, wenn Produkte, zwischen denen eine partielle Übereinstimmung im Produktionsprozess besteht, zu großen Stückzahlen zusammengefasst werden, um die Fertigung zu vereinheitlichen (z. B. Produktion von PKW vor 30 Jahren).

2.2.2.2 Variantenreiche Serienfertigung

Aufgrund steigender Kundenanforderungen ist die heutige Produktionslandschaft von variantenreicher Serienfertigung sehr stark geprägt. Sämtliche kundenspezifischen Anforderungen müssen heutzutage mit flexiblen und wandlungsfähigen Ressourcen gefertigt werden können. Früher hat Henry Ford sein „Modell T" in Massenproduktion (siehe unten) auf einer darauf 100 % abgestimmten Produktionslinie fertigen lassen. Heutzutage existieren real mehrere Millionen Möglichkeiten an Konfigurationen des kundenindividuellen Automobils, das auf ein und derselben Linie gefertigt werden muss. Dementsprechend steigen die Anforderungen an Organisation, Personal und Abläufe, um trotzdem qualitativ hochwertige Erzeugnisse produzieren zu können.

Diese Entwicklung, die auch kleinere Losgrößen je Variante mit sich bringt, kann auf sämtliche Branchen und Geschäftsmodelle übertragen werden. Unternehmen müssen in der Lage sein, mit den auftretenden Schwierigkeiten umgehen zu können und diese erfolgreich meistern. Ansonsten ist ein Scheitern vorprogrammiert.

2.2.2.3 Sortenfertigung

Im Gegensatz zur reinen Serienfertigung werden bei der Sortenfertigung gleiche Rohmaterialien zugrunde gelegt. Die verschiedenen Sorten können auf denselben Produktionsanlagen mit minimalen produktionstechnischen Umstellungen produziert werden (z. B. Produktion von Schuhen).

2.2.2.4 Chargenfertigung

Kennzeichen der Chargenfertigung sind sich ständig ändernde Ausgangsbedingungen, die das Produktionsergebnis von Charge zu Charge unterschiedlich ausfallen lassen. Als Charge wird jene Menge bezeichnet, die in einem Produktionsvorgang hergestellt wird. Während die Produktqualität innerhalb der Charge konstant ist, ergeben sich Abweichungen im Vergleich mit anderen Chargen (z. B. Einfärben von Textilien, Weinproduktion).

2.2.3 Massenfertigung

Eine Massenfertigung liegt vor, wenn die Erzeugnisse in sehr hohen Stückzahlen ununterbrochen auf den gleichen Betriebsmitteln und immer in derselben Reihenfolge der Arbeitsschritte produziert werden. Der Unterschied zur Serienfertigung liegt in der Absicht, ein Erzeugnis zeitlich und mengenmäßig „unbegrenzt" herzustellen (z. B. Normteile).

2.2.4 Kontinuierliche Fertigung oder Prozessfertigung

Kennzeichnend für diesen Fertigungstyp ist, dass das fertige Erzeugnis nicht in Stück abzählbar ist. Dies gilt sowohl für feste, flüssige als auch gasförmige Medien, z. B. Papierindustrie, Erdölindustrie. Der Output kann demzufolge in [kg], [m^3], [m^2] usw. je Zeiteinheit gemessen und angegeben werden.

2.3 Fertigungsprinzipien[6]

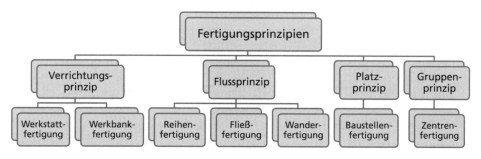

Bild 2.8 Einteilung der Fertigungsprinzipien

Unter dem Begriff **Fertigungsprinzip** (in der Literatur werden auch die Begriffe „Produktionsprinzipien" und „Produktionsform" verwendet) versteht man die räumliche Anordnung und die zeitliche Bindung der Produktionsmittel zueinander, die Einbindung des Menschen und die Art des Durchlaufs der Werkstücke durch die Produktion. Die Festlegung des Fertigungsprinzips hat entscheidenden Einfluss auf die Materialdurchlaufzeiten sowie den Koordinationsaufwand für die Sicherstellung eines optimalen Produktionsablaufs.

Es gilt eine Produktionsform zu wählen, die folgende Faktoren im Unternehmen optimiert:

- Hohe Kapazitätsauslastung
- Minimierung der Lagerbestände
- Verringerung der Durchlaufzeiten
- Hohe Termintreue
- Kundenorientierte Problemlösung

2.3.1 Verrichtungsprinzip

2.3.1.1 Werkstattfertigung

Die Werkstattfertigung funktioniert nach dem Verrichtungsprinzip. Arbeitssysteme mit gleichen oder gleichartigen Tätigkeiten werden in den Betrieben räumlich zusammengefasst (siehe Bild 2.9). Dabei handelt es sich im Grunde ebenfalls um Einzelplatzarbeit, mit dem Unterschied, dass die Werkstattfertigung durch das Vorherrschen der Maschine bestimmt wird (wird auch als **maschinelle Werkbankfertigung** bezeichnet). Zwischen den verschiedenen Werkstätten wandert

---

[6] vgl. Bühner, 2004, S. 237 ff; Lödding, 2008, S. 95 ff

das Material ohne einheitlichen Fluss hin und her. Da die Bearbeitungszeiten meist sehr stark variieren können, kommt es zu Stauungen vor den Maschinen.

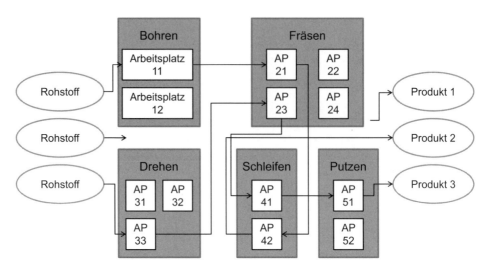

Bild 2.9 Schema einer Werkstattfertigung

Aufgrund der oben genannten Probleme wird die Werkstattfertigung vorwiegend zur Produktion leicht zu fördernder und lagernder Einzelteile und zur Produktion von Kleinserien eingesetzt.

Vorteile:

- Hohe Anpassungsfähigkeit bei Absatzschwankungen
- Hohe Flexibilität bezüglich Änderung der Art und Menge des Produktionsprogramms
- Hohe Flexibilität bezüglich Änderung der Produktionsabläufe
- Hohe Produktivität an den einzelnen Arbeitsplätzen durch Spezialisierung
- Motivationsgrundlage für Arbeiter durch interessante und abwechslungsreiche Tätigkeiten
- Geringe Störanfälligkeit bei Betriebsmittel- oder Personalausfall, da auf andere Maschinen ausgewichen werden kann
- Geringe Störanfälligkeit bei Materialzufuhrproblemen, da jedes Arbeitssystem bei Lieferschwierigkeiten mit der Ausführung anderer Aufträge betraut werden kann
- Geringerer Kapitalbedarf im Vergleich zum Flussprinzip
- Möglichkeit der Selbstbestimmung des Arbeitstempos durch den Arbeiter nach momentaner Leistungsfähigkeit, Motivation und Disposition
- Möglichkeit der Einzel- und Serienfertigung

Nachteile:

- Zeitlich lückenlose Abstimmung der Arbeitsgänge und Arbeitsgangfolgen für mehrere Erzeugnisse gleichzeitig ist nicht möglich, weil dadurch auf der einen Seite Engpässe und auf der anderen Seite Überkapazitäten entstehen würden
- Häufiges Umrüsten der Maschinen erforderlich und dadurch bedingte schlechte Betriebsmittelauslastung
- Lange Lagerzeiten, hoher Lagerraumbedarf und daraus resultierende hohe Lagerkosten bzw. hohe Kapitalbindung
- Lange Durchlaufzeiten (betragen in der Regel ein Vielfaches der Bearbeitungszeit) und meistens mangelnde Liefertreue
- Unübersichtliche Materialflüsse und allgemein schlechte Transparenz
- Lange Transportwege und daraus resultierend hohe Transportkosten
- Hoher Steuerungsaufwand (sowohl in der Produktion als auch beim Transport) durch unübersichtlichen Produktionsablauf
- Hohe Qualifikation der Mitarbeiter notwendig
- Meistens hohe Qualifikation der Mitarbeiter notwendig

2.3.1.2 Werkbankfertigung

Das Kennzeichen der Werkbankfertigung ist die Einzelplatzarbeit mit isolierten Arbeitsplätzen (siehe Bild 2.10). Es wird mit Handwerkzeugen, Kleinmaschinen und Vorrichtungen gearbeitet. Alle erforderlichen Betriebsmittel müssen im Griffbereich des Arbeiters angeordnet sein.

Die Werkbankfertigung wird vorwiegend im Handwerksbereich ohne großen Maschinenaufwand zur Herstellung von Einzelstücken angewandt. In der Industrie wird die Werkbankfertigung hauptsächlich in Reparaturabteilungen und Hilfsbetrieben wie Werkzeugbau und Modelltischlerei angewandt.

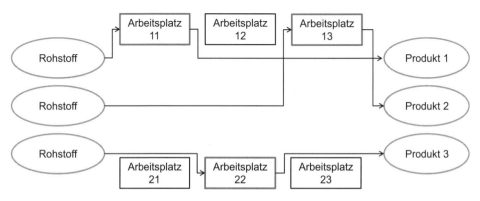

Bild 2.10 Schema der Werkbankfertigung

2.3.2 Flussprinzip

2.3.2.1 Reihenfertigung

Die Reihenfertigung funktioniert nach dem **Flussprinzip**. Die Arbeitsplätze sind nach der geplanten Reihenfolge des Arbeitsablaufes angeordnet, allerdings gibt es keine exakte zeitliche Abstimmung der einzelnen Arbeitsplätze, sondern nur eine gewisse Harmonisierung des Arbeitsablaufes in Form einer groben Leistungsabstimmung. Die Weitergabe der Werkstücke zum nachfolgenden Arbeitsplatz erfolgt nicht in einem bestimmten Rhythmus. Zwischen den einzelnen Arbeitsplätzen sind unregelmäßig große Vorratspuffer eingerichtet (siehe Bild 2.11).

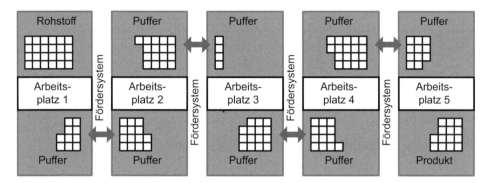

Bild 2.11 Schema der Reihenfertigung

Die Reihenfertigung wird angewandt, wenn Fließfertigung zwar erwünscht, aber wegen der Unmöglichkeit einer genauen zeitlichen Abstimmung nicht realisiert werden kann (z. B. bei häufigem Typenwechsel). Die Haupteinsatzgebiete des Flussprinzips sind die Vorfertigung und Montage in der Serien- und Massenfertigung.

Vorteile:
- Transparenter Materialfluss
- Kürzere Förderwege
- Gute Betriebsmittelauslastung
- Größere Flexibilität als die Fließfertigung bei eventuellen Umstellungen der Erzeugnisse
- Kostenvorteile durch Spezialisierung der Arbeitsplätze auf bestimmte Zwecke
- Einfache Kontrolle der Produktion

Nachteile:
- Verlangt große Mengen und eine gewisse Gleichmäßigkeit der Produkte
- Störanfälligkeit des Gesamtarbeitssystems nimmt zu
- Betriebsmittel müssen stationiert werden
- Nur für große Stückzahlen geeignet

2.3.2.2 Fließfertigung

Sie ist eine zeitlich und räumlich streng taktgebundene Folge von Arbeitsgängen mit genauer Leistungsabstimmung, ohne Zwischenstapel und nur begrenzten Puffermöglichkeiten. Im Idealfall ist ein glatter Materialdurchlauf mit ständiger – höchstens durch eventuelle kurze Förderzeiten unterbrochener – Bearbeitung möglich (siehe Bild 2.12). Folgende zwei Arten der Fließfertigung werden unterschieden:

- **Fließband:** Linie, an der die Bearbeitung der Werkstücke durch Arbeiter erfolgt.
- **Fließstraße:** Linie, an der starr verkettete Maschinen die Werkstücke bearbeiten.

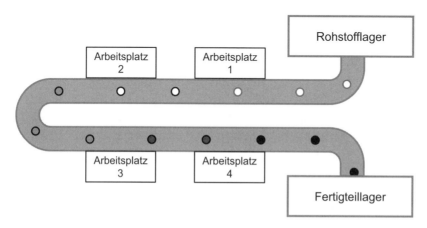

Bild 2.12 Schema der Fließfertigung

Nach der Verknüpfung von Arbeits- und Transportabschnitten werden drei Typen der Fließfertigung unterschieden:

- **Kontinuierliche Fließfertigung:** Die Bearbeitung der Arbeitsgegenstände erfolgt während des Durchlaufes, also am bewegten Objekt.
- **Taktmäßige Fließfertigung:** Bei dieser Anordnung wird am stehenden Objekt gearbeitet. Nach Ablauf der Taktzeit werden die Arbeitsgegenstände zum nächsten Arbeitsplatz transportiert oder weitergegeben.
- **Fließfertigung mit feststehenden Arbeitsplätzen:** Der Arbeitsgegenstand wird bei jeder Station vom Fördermittel an den Arbeitsplatz gebracht, und nach Beendigung der Bearbeitungen vom Arbeiter, von einem Handhabungsgerät oder von der Bearbeitungsmaschine wieder auf das Transportmittel (z. B. Förderband) gelegt. Die Materialzuführung kann durch Schieber und Abweiser selbsttätig erfolgen. Dadurch ist es möglich, an jedem Arbeitsplatz einen kleinen Zwischenpuffer zu schaffen. Durch diese Puffer wird die Fließarbeit elastischer und einige der Nachteile der Fließfertigung fallen weg (siehe Bild 2.13).

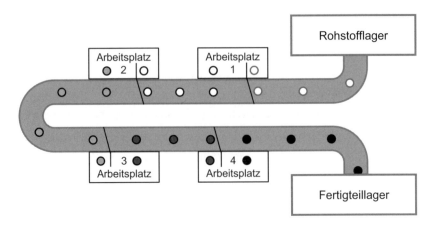

Bild 2.13 Schema der Fließfertigung mit feststehenden Arbeitsplätzen

Zur Anwendung kommt die Fließfertigung am häufigsten in der kundenanonymen Großserienfertigung bzw. Massenfertigung von konstruktiv ausgereiften, standardisierten Produkten. Insbesondere die vollautomatische Verkettung einzelner Arbeitsstationen setzt voraus, dass das Produkt vollständig automatisch handhabbar ist.

Vorteile:

- Hohe Transparenz der Produktion und übersichtlicher Materialfluss
- Kurze Durchlaufzeiten
- Geringe Bestände (geringe Kapitalbindungskosten, geringer Lagerplatzbedarf)
- Geringe Transportkosten
- Hohe Kapazitätsauslastung
- Hohe Raumnutzung
- Geringe Personalkosten
- Störungen sind sofort sichtbar
- Geringer Produktionsplanungs- und -steuerungsaufwand
- Einfache Kontrolle

Nachteile:

- Mangelnde Flexibilität gegenüber Nachfrageschwankungen
- Mangelnde Flexibilität gegenüber Änderungen des Produktionsablaufs
- Hohe Störanfälligkeit und -empfindlichkeit
- Bei einem Maschinenausfall steht die gesamte Produktion still
- Hoher Planungsaufwand
- Hoher Investitionsaufwand
- Hohe Auslastung erforderlich

- Maschinen müssen stationiert werden
- Nur für große Stückzahlen geeignet
- Monotonie am Arbeitsplatz (Beanspruchung, Motivation, Aufmerksamkeit)

2.3.2.3 Wanderfertigung

Die Wanderfertigung wird zum Beispiel im Straßenbau, Gleisbau, Rohrleitungsbau angewandt. Dabei handelt es sich um einen Sonderfall des Flussprinzips, wobei das Werkstück fest ist und die Stationen sich entlang des Werkstücks bewegen (Bild 2.14).

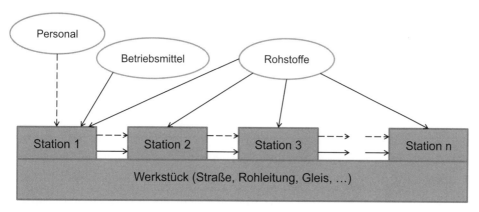

Bild 2.14 Schema der Wanderfertigung

2.3.3 Platzprinzip – Baustellenfertigung

Die Baustellenfertigung weist einen wesentlich anderen Charakter auf als die übrigen Fertigungsprinzipien, da der Arbeitsgegenstand ortsgebunden ist. Dadurch müssen die Menschen und Betriebsmittel sowie die Rohstoffe und Werkstoffe zum Platz des herzustellenden Arbeitsgegenstandes gebracht werden (siehe Bild 2.15).

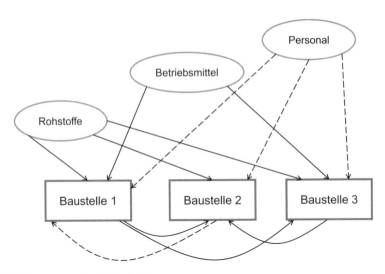

Bild 2.15 Schema der Baustellenfertigung

Die Baustellenfertigung wird vorwiegend in der Baubranche, im Großmaschinenbau, im Anlagenbau, bei Instandhaltungsarbeiten und bei ähnlichen Arbeiten, bei denen das fertige Erzeugnis nicht transportiert werden kann oder soll, angewandt.

Vorteile:
- Produkt muss nicht transportiert werden (wenn es am Einbauort produziert wird)
- Keine Beschädigung des Produkts durch Transport (wenn es am Einbauort produziert wird)
- Gute Anpassungsfähigkeit bei Störungen und Änderungen
- Reihenfolge der Arbeitsgänge in der Regel leicht änderbar
- Hohe Verwendungsvielfalt der Betriebsmittel bei Universalität des Maschinenparks

Nachteile:
- Hoher Transportaufwand, da alle Produktionsmittel auf die Baustelle transportiert werden müssen
- Hoher Transportaufwand für das Fertigprodukt (wenn es transportiert werden muss)
- Hoher Steuerungsaufwand
- Schlechte Betriebsmittelauslastung

2.3.4 Gruppenprinzip – Zentrenfertigung

Dieses Prinzip steht zwischen Werkstatt- und Fließfertigung. Bei der Zentrenfertigung werden Produktionseinheiten unterschiedlicher Funktion räumlich zusammengefasst, um eine möglichst vollständige Bearbeitung eines Teils oder einer Serie von Teilen, die produktionstechnisch miteinander verwandt sind, zu ermöglichen.

Erscheinungsformen:
- Bearbeitungszentren
- Flexible Fertigungszelle
- Flexibles Fertigungssystem
- Fertigungsinseln

Beiden Prinzipien gemein ist die Verwirklichung des Flussprinzips in kleinen Teilbereichen. Das trägt zur Reduktion der Transporte und zur Erhöhung der Übersichtlichkeit des Produktionsgeschehens und somit zu einer Vereinfachung der Planung und Steuerung bei.

2.3.4.1 Bearbeitungszentren

Bearbeitungszentren sind üblicherweise numerisch gesteuerte NC-Werkzeugmaschinen, bei denen mehrere Bearbeitungsoptionen, bspw. schneiden, bohren, fräsen etc., bei einer Aufspannung gleichzeitig ausgeführt werden können. Der Werkzeugwechsel erfolgt dabei automatisch.

2.3.4.2 Flexible Fertigungszelle

Werden mehrere gleichartige Bearbeitungszentren zu einer Einheit zusammengefasst und verfügen diese zusätzlich über einen gemeinsamen Werkstückspeicher sowie ein gemeinsames Transportsystem und eine automatische Spann- und Beladestation, dann spricht man von einer flexiblen Fertigungszelle.

2.3.4.3 Flexibles Fertigungssystem

Bearbeitungszentren bei denen sämtliche für die Bearbeitung eines Werkstücks notwendigen Werkzeuge in einem Werkzeugmagazin enthalten sind und bei denen der automatische Werkzeugwechsel aus diesem Speicher erfolgt, werden als Fertigungszellen (Produktionszellen) bezeichnet.

Werden nun mehrere Fertigungszellen durch ein automatisches Werkstückwechsel- und Werkstücktransportsystem miteinander verknüpft, entsteht ein flexibles Fertigungssystem (siehe Bild 2.16).

Ein wichtiges Merkmal eines solchen Systems ist, dass die unterschiedlichen Werkstücke das System auf verschiedenen Pfaden durchlaufen können. Die einzelnen Stationen können somit in der Reihenfolge wahlweise durchlaufen werden. Damit ist in einem flexiblen Fertigungssystem die automatisierte mehrstufige Mehrproduktproduktion möglich.

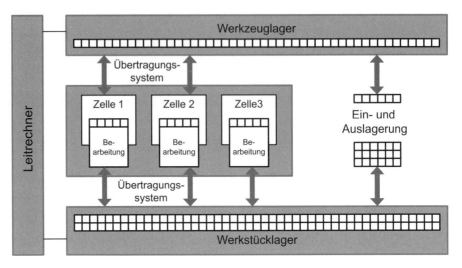

Bild 2.16 Schema eines flexiblen Fertigungssystems

Vorteile:
- Gleichzeitige Bearbeitung verschiedener Werkstücke im Gesamtsystem ist möglich
- Kleinere Losgrößen können durch den hohen Automatisierungsgrad wie bei der Serienfertigung sehr kostengünstig produziert werden

Nachteile:
- Sehr hohe Investitionskosten
- Hohe Auslastung erforderlich
- Hohe Störanfälligkeit durch die hohe Verkettung

2.3.4.4 Fertigungsinseln

Fertigungsinseln werden verstanden als die räumliche und organisatorisch zusammengefasste Anordnung sämtlicher Betriebsmittel, die erforderlich sind, um eine Gruppe ähnlicher Erzeugnisse möglichst vollständig zu produzieren (siehe Bild 2.17).

Dabei werden nicht nur die eigentlichen Fertigungsoperationen, sondern auch die organisatorischen, planerischen und kontrollierenden Funktionen an eine Gruppe von Mitarbeitern übertragen, die die Fertigungsinsel in weitgehender Selbstverantwortung betreibt.

Die Fertigungsinsel unterscheidet sich von einem flexiblen Fertigungssystem im Wesentlichen durch den deutlich geringeren Automatisierungsgrad.

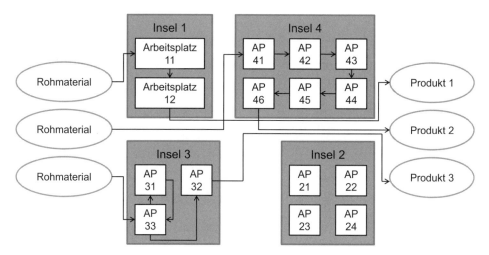

Bild 2.17 Schema einer Fertigungsinsel

Vorteile:
- Hohe Transparenz und übersichtlicher Materialfluss
- Kurze Durchlaufzeiten
- Geringe Bestände (geringe Kapitalbindungskosten, geringer Lagerplatzbedarf)
- Geringe Transportkosten
- Hohe Raumnutzung
- Verwendung von Standardmaschinen
- Geringer Produktionsplanung und -steuerungsaufwand

Nachteile:
- Schlechte Kapazitätsabstimmung
- Mangelnde Flexibilität gegenüber Änderungen des Produktionsablaufs
- Hohe Störanfälligkeit und -empfindlichkeit
- Bei einem Maschinenausfall steht die gesamte Produktion still
- Hoher Planungsaufwand

3 Arbeitsplanung

Die Arbeitsplanung ist Teil der sogenannten Arbeitsvorbereitung (kurz: AV), die in zahlreichen Industriebetrieben als Organisationseinheit Einzug gefunden hat. Die Arbeitsvorbereitung wird vielfach auch als operatives Produktionsmanagement bezeichnet. Da in der Literatur keine einheitlichen Begriffsabgrenzungen vorherrschen, wird in diesem Buch eine für uns plausible Version vorgestellt und unterschiedliche Sichtweisen zusätzlich betrachtet.

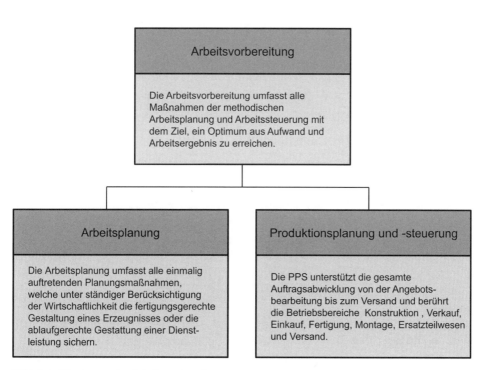

Bild 3.1 Gliederung der Arbeitsvorbereitung

Die Einordnung der Arbeitsplanung in das betriebliche Umfeld kann mit folgender Abbildung anschaulich dargestellt werden.

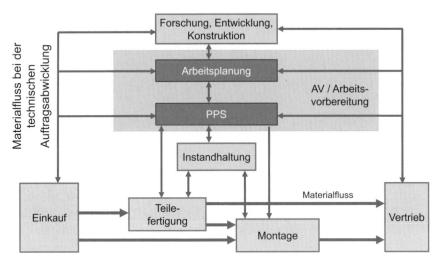

Bild 3.2 Einordnung der Arbeitsvorbereitung in das betriebliche Umfeld

3.1 Aufgaben der Arbeitsplanung

Die Arbeitsplanung hat im Wesentlichen die Frage zu klären,

- aus welchem Ausgangsmaterial,
- nach welchem Verfahren,
- mit welchen Produktionsmitteln und
- in welchem Zeitraum

ein Teil hergestellt werden soll. Daraus ergibt sich für die Arbeitsplanung eine Reihe von Aufgaben (siehe Bild 3.3), die hier näher erläutert werden.[1]

---

[1] vgl. Pulz, 2009, S. 7

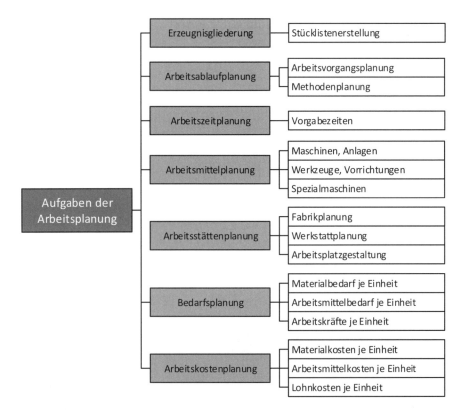

Bild 3.3 Aufgaben der Arbeitsplanung

Zielsetzung aller Aktivitäten der Arbeitsplanung ist es niedrige Herstellkosten je Mengeneinheit zu ermöglichen (vgl. Wirtschaftlichkeitsprinzipien).

Dies wird vor allem durch folgende Tätigkeiten erreicht:

- Auswahl günstiger Materialien hinsichtlich Ausgangsform und eventuell Qualität
- Auswahl geeigneter Arbeitsverfahren und Arbeitsmethoden sowie geeigneter Betriebsmittel
- Erstellung vollständiger und verständlicher Produktionsunterlagen – Arbeitspläne
- Festlegen der Arbeitsvorgänge und ihrer Reihenfolge

Der Ablauf der Arbeitsplanung entspricht häufig nicht einer simplen Reihenfolge sondern einem iterativen Prozess. Dieser wird im Normalfall mehrmals durchlaufen bis ein optimales Ergebnis erreicht wird, nachdem der Auftrag dann tatsächlich durchgeführt wird.

3.1.1 Erzeugnisgliederung – Stücklistenerstellung

Gemeinsam mit den Abteilungen Konstruktion, Fertigung und anderen involvierten Bereichen wird eine Erzeugnisgliederung durchgeführt, um die Herstellung des Erzeugnisses umzusetzen. Die Arbeitsablaufplanung legt die Folge der Arbeitsvorgänge zur Bearbeitung eines Werkstückes fest und ordnet jedem Arbeitsvorgang die geeigneten Produktionsmittel zu. Die erstellten Arbeitsunterlagen können somit in der Produktionsplanung und -steuerung (PPS) als Grundlage verwendet werden.

3.1.1.1 Aufgaben und Aufbau einer Stückliste

Neben der Zusammenstellungszeichnung stellt die Stückliste den zweiten wichtigen Informationsträger für die Beschreibung eines Erzeugnisses bezüglich dessen Herstellbarkeit dar. Sie kann direkt in der Zeichnung enthalten sein *(zeichnungsgebundene Stückliste)* oder ein separates Dokument bilden *(ungebundene Stückliste)*. Ungebundene Stücklisten sind flexibler einsetzbar und daher weit verbreitet.[2]

> *„Die Stückliste ist ein formalisiertes Verzeichnis der eindeutig bezeichneten Bestandteile einer Einheit des Erzeugnisses bzw. einer Baugruppe mit Angabe der zu seiner bzw. ihrer Herstellung erforderlichen Menge.* [3]*"*

Alle zu einem Erzeugnis gehörenden Stücklisten werden als Stücklistensatz bezeichnet. Die wichtigsten Aufgaben der Stückliste lassen sich wie folgt beschreiben:[4]

- Beschreibung der Erzeugnisstruktur
- Grundlage zur Mengenbestimmung
- Grundlage für Arbeitspläne und Bestellunterlagen
- Dokumentation des Auslieferungszustandes eines Auftrages
- Erzeugung weiterer Unterlagen der Produktion: Fertigungs- und Montagestückliste, Versandstückliste, Materialbedarfsliste, Einkaufsliste, Mengengerüst

Im Prinzip haben alle Stücklisten denselben strukturellen Aufbau, der aus folgenden Datengruppen besteht:

- Die **Kopfzeile** beschreibt das Erzeugnis (die Baugruppe) in der Regel in auftragsneutraler Form (Stamm- oder Grundstückliste). Enthält die Kopfzeile auch die genannten Auftragsdaten, handelt es sich um eine Auftragsstückliste.
- In der **Positionszeile** wird jeder im Erzeugnis (in der Baugruppe) enthaltener Gegenstand nach Art, Menge und Stückzahl beschrieben. Zusätzliche Informationen, wie Änderungszustand (kennzeichnet austauschbare Änderungen), Werk-

---

[2] vgl. Wiendahl, 2010, S. 155
[3] Arnold et al, 2008, S. 341
[4] vgl. Wiendahl, 2010, S. 156

stoffbezeichnungen, Beschaffungsart (Eigenfertigung oder Zukauf) und eventuelle Gültigkeitsvermerke (Datum oder Seriennummer) sind ebenfalls in der Positionszeile enthalten.

- **Organisatorische Stücklistenzeilen** geben Auskunft über Aussteller, sowie Informationen über Prüf- und Bearbeitungsmerkmale.

Stücklisten zeigen die Struktur von Erzeugnissen in Form von Listen. Wird eine Erzeugnisstruktur „von oben nach unten" (vom Erzeugnis bis zum Einzelteil bzw. Ausgangsmaterial) durchlaufen, entsteht die **Stückliste**.

Fragt man umgekehrt, in welchen Erzeugnissen ein bestimmter Teil enthalten ist, entsteht ein **Verwendungsnachweis**.[5]

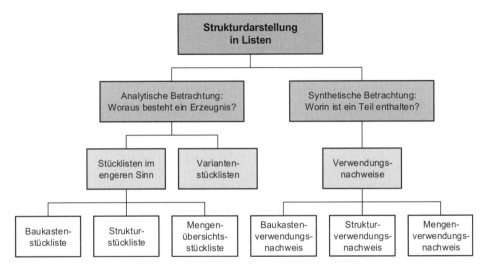

Bild 3.4 Strukturdarstellung in Listen

3.1.1.2 Grundformen von Stücklisten

Alle Stücklisten und Verwendungsnachweise lassen sich auf drei Grundformen zurückführen:[6]

- Mengenübersichtsstückliste
- Strukturstückliste
- Baukastenstückliste

Am Beispiel eines Schrägstirnradgetriebes sollen die Grundformen der Stücklisten erläutert werden.

---

[5] vgl. Wiendahl, 2010, S. 159
[6] vgl. Wiendahl, 2010, S. 159

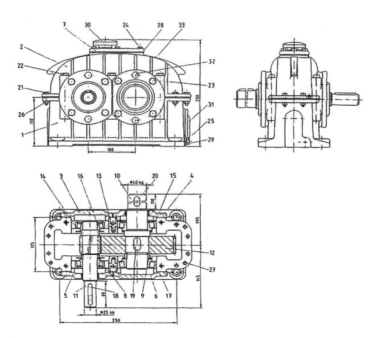

Bild 3.5 Zusammenstellungszeichnung eines Stirnradgetriebes

- **Mengenübersichtsstückliste**

Die Mengenstückliste ist die einfachste Form der Stücklistendarstellung. Es werden alle Bestandteile eines Erzeugnisses, ohne Rücksicht auf die Stellung innerhalb der Struktur, aufgezählt.

Die Anwendung beschränkt sich meist nur auf einfache Erzeugnisse mit höchstens zwei Gliederungsstufen.

Position	Benennung	Menge in Stück	Sachnummer/Norm-Kurzbezeichnung	Werkstoff
1	Gehäuseunterteil	1	9250 01	GG-20
2	Gehäuseoberteil	1	9250 02	GG-20
3	Lagerabschlussdeckel	1	9250 03	GG-20
4	Lagerabschlussdeckel	1	9250 04	GG-20
5	Lagerabschlussdeckel	1	9250 05	GG-20
6	Lagerabschlussdeckel	1	9250 06	GG-20
7	Schaulochdeckel	1	9250 07	GG-20
8	Abstandbuchse	1	9250 08	GG-20
9	Abstandbuchse	1	9250 09	GG-20
10	Welle	1	9250 10	St 50-2
11	Schrägstirnradwelle	1	9250 11	
12	Schrägstirnrad	1	9250 12	C45
13	Ölabstreifer	2	9250 13	St 37-2
14	Ölstaublech	2	9250 14	St 37-2
15	Ölstaublech	2	9250 15	St 37-2
16	Kegelrollenlager	2	DIN 720-30 306	
17	Kegelrollenlager	2	DIN 720-30 209	
18	Passfeder	1	DIN 6885-8x7x50	St 60-2K
19	Passfeder	1	DIN 6885-14x9x30	St 60-2K
20	Passfeder	1	DIN 6885-12x8x100	St 60-2K
21	Sechskantschraube	8	DIN 931-M6x25	8.8
22	Sechskantschraube	6	DIN 931-M10x20	8.8
23	Sechskantschraube	16	DIN 933-M10x25	8.8
24	Sechskantschraube	6	DIN 931-M6x70	8.8
25	Verschlussschraube	1	DIN 910-R3/8	4.5
26	Sechskantmutter	8	DIN 934-M6	6
27	Kegelstift	4	DIN 1-6x24	
28	Dichtscheibe	1	9250 28	
29	Dichtring	1	DIN 7603-C17x32x2	
30	Atmungsfilter	1	9250 30	
31	Ölplatte	1	9230 31	
32	Schutzstopfen	8	9230 32	
33	Firmenschild	1	9230 33	

Bild 3.6 Mengenübersichtsstückliste

- **Strukturstückliste**

Die Strukturstückliste zeigt die hierarchische Stellung jedes Elementes in der Erzeugnisstruktur (siehe x in der Spalte der jeweiligen Ebene). Der Vergleich mit dem Erzeugnisstammbaum zeigt, dass die Struktur systematisch, beginnend mit dem ersten Element der ersten Ebene solange durchlaufen wird bis die niedrigste Stufe in diesem Ast erreicht ist. Von da an arbeitet sich die Strukturstückliste weiter bis zum nächsten noch nicht erfassten Element. Der Nachteil liegt in der wiederholten Anführung von Baugruppen bzw. Einzelteilen (Positionen 23 und 32).

Ebene 1	Ebene 2	Ebene 3	Ebene 4	Position	Menge in Stück	Sachnummer/Norm-Kurzbezeichnung	Benennung
x				1	1	9250 01	Gehäuseunterteil
	x			13	2	9250 13	Ölabstreifer
	x			31	1	9230 31	Ölplatte
		x		25	1	DIN 910-R3/8	Verschlussschraube
		x		29	1	DIN 7603-C17x32x2	Dichtring
x				2	1	9250 02	Gehäuseoberteil
	x			7	1	9250 07	Schaulochdeckel
		x		24	6	DIN 931-M6x70	Sechskantschraube
		x		28	1	9250 28	Dichtscheibe
	x			30	1	9250 30	Atmungsfilter
	x			33	1	9230 33	Firmenschild
x					1	9250 60	Welle kpl.
	x			10	1	9250 10	Welle
		x		9	1	9250 09	Abstandbuchse
		x		12	1	9250 12	Schrägstirnrad
		x		15	2	9250 15	Ölstaublech
		x		19	1	DIN 6885-14x9x30	Passfeder
		x		20	1	DIN 6885-12x8x100	Passfeder
	x				1	9250 70	Lager W10 kpl.
		x		4	1	9250 04	Lagerabschlussdeckel
			x	23	4	DIN 933-M10x25	Sechskantschraube
			x	32	2	9230 32	Schutzstopfen
		x		6	1	9250 06	Lagerabschlussdeckel
			x	23	4	DIN 933-M10x25	Sechskantschraube
			x	32	2	9230 32	Schutzstopfen
		x		17	2	DIN 720-30 209	Kegelrollenlager
x					1	9250 61	Schrägstirnradwelle kpl.
	x			11	1	9250 11	Schrägstirnradwelle
		x		8	1	9250 08	Abstandbuchse
		x		14	2	9250 14	Ölstaublech
		x		18	1	DIN 6885-8x7x50	Paßfeder
	x				1	9250 71	Lager W11 kpl.
		x		3	1	9250 03	Lagerabschlussdeckel
			x	23	4	DIN 933-M10x25	Sechskantschraube
			x	32	2	9230 32	Schutzstopfen
		x		5	1	9250 05	Lagerabschlussdeckel
			x	16	2	DIN 720-30 306	Kegelrollenlager
			x	23	4	DIN 933-M10x25	Sechskantschraube
			x	32	2	9230 32	Schutzstopfen
x					1	9250 50	Verbindungselement
	x			21	8	DIN 931-M6x25	Sechskantschraube
	x			22	6	DIN 931-M10x20	Sechskantschraube
	x			26	8	DIN 934-M6	Sechskantmutter
	x			27	4	DIN 1-6x24	Kegelstift

Bild 3.7 Strukturstückliste

■ **Baukastenstückliste**

Die Baukastenstückliste ist grundsätzlich nur einstufig. Sofern in der jeweiligen Stufe Baugruppen auftreten, erfolgt ein Hinweis (durch ein x in der Spalte *Eigene Stückliste*). Der Vorteil dieser Stücklistenart ist, dass jeder im Erzeugnis enthaltener Teil oder jede Baugruppe nur einmal angegeben wird. Das bringt große Vorteile bei der EDV-Nutzung der Daten, da der Speicheraufwand gering ist, etwaige Änderungen nur einmal durchgeführt werden müssen und die Erstellung eines Teileverwendungsnachweises einfacher ist. Ein weiterer großer Vorteil ist, dass aus der Baukastenstückliste automatisch alle anderen Stücklistenarten ableitbar sind.

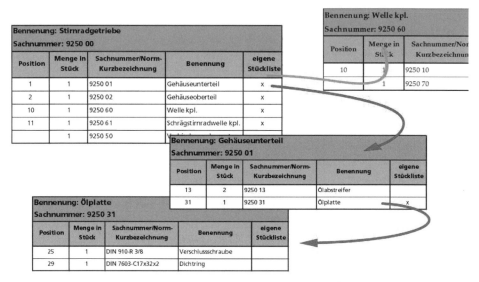

Bild 3.8 Baukastenstückliste – Stirnradgetriebe, Gehäuseunterteil, Ölplatte

3.1.1.3 Stücklistenauflösung

Die Stücklistenauflösung dient dazu alle Teile bzw. Rohstoffe und Zwischenprodukte eines bestimmten Erzeugnisses zu ermitteln. Sie erfüllt daher vor allem bei der Bedarfsermittlung für ein Erzeugnis (siehe Kapitel 4.3.2.3) und bei diversen Kostenbetrachtungen eine wichtige Funktion.

Die Auflösung der Stücklisten kann analytisch oder synthetisch erfolgen. Bei der analytischen Methode wird vom Fertigprodukt ausgegangen das stufenweise in seine Gruppen- und Einzelteile aufgelöst wird (Strukturstückliste). Die synthetische Methode geht von Einzelteilen bzw. Baugruppen aus (Baukastenstückliste).[7]

---

[7] vgl. Kottke, 1966

3.1.2 Arbeitsplanerstellung[8]

Die Ergebnisse der Arbeitsplanung werden im Arbeitsplan dokumentiert. Er ist neben Konstruktionszeichnung und Stückliste der wichtigste Informationsträger für die Produktion. Man unterscheidet vorerst zwischen einem auftragsunabhängigen Arbeitsplan (Stamm- oder Basis-Arbeitsplan), und dem auftragsabhängigen Arbeitsplan (Auftrags-Arbeitsplan). Letzterer entsteht aus dem Basis-Arbeitsplan durch Hinzufügen der Auftragsdaten (Stückzahl, Auftragsnummer, Fertigstellungstermin, Priorität).

Die Erstellung des Basis- oder Stammarbeitsplanes ist Aufgabe der Arbeitsplanung. Die auftragsabhängigen Daten des Arbeitsplanes entstehen erst im Fall seiner aktuellen Verwendung durch die Disposition und Terminsteuerung. Die folgenden Erläuterungen betreffen somit die Erstellung eines Basisarbeitsplanes.

Für den Arbeitsplaner ist es sehr wichtig, den Verwendungszweck des betreffenden Bauteiles und seine Funktion im Rahmen der übergeordneten Baugruppe zu kennen. Somit ist die zugehörige Zusammenbauzeichnung zu prüfen. Als zweite wichtige Unterlage steht dem Arbeitsplaner die Stückliste des betreffenden Erzeugnisses zur Verfügung. Daraus können für die Planung wichtige Informationen über die Stückzahl des jeweiligen Teiles entnommen werden.

Ausgehend von den Werkstück- und Baugruppenzeichnungen, sowie der zugehörigen Stückliste ist zunächst das Rohmaterial zu bestimmen. Des Weiteren sind die Produktionsverfahren in ihrer Reihenfolge festzulegen. Jedem Arbeitsvorgang sind die verfügbaren Maschinen zuzuordnen bzw. es ist eine entsprechende Fremdproduktion vorzusehen. Schließlich werden noch die Vorgabezeiten ermittelt.

Somit ist ein auftrags- und terminneutraler Arbeitsplan entstanden.[9] Er enthält folgende Informationen:

- Zu fertigendes Werkstück
- Rohmaterial
- Zu jedem Arbeitsvorgang entsprechende Maschine
- Rüstzeit
- Bearbeitungszeit
- Eventuell erforderliche Vorrichtungen

Grundsätzlich gilt: Je ähnlicher ein neues Werkstück einem bereits vorhandenen Werkstück ist, desto weniger aufwändig ist die Erstellung des neuen Arbeitsplanes.[10]

---

[8] vgl. Wiendahl, 2010, S. 199 ff
[9] vgl. Wiendahl, 2010, S. 202
[10] vgl. Pulz, 2010, S. 16

3.1.2.1 Arbeitsplandaten

Auftragsunabhängige Arbeitsplandaten:

- Allgemeine Angaben zum Arbeitsplan (Identifikation des Arbeitsplanes)
- Sachabhängige Angaben (bezogen auf den Ausgangs- und Produktionszustand)
- Arbeitsvorgangsabhängige Angaben zur genauen Beschreibung der einzelnen Arbeitsfolgen

Die Bild 3.9 zeigt einen auftragsunabhängigen Arbeitsplan für die Arbeitsvorgänge zur Herstellung einer Schrägstirnradwelle. Die Summe der Arbeitspläne spiegelt das geplante Gesamtgeschehen in der Produktion wider und enthält somit wichtige Ausgangsdaten für alle angrenzenden betrieblichen Informationssysteme.

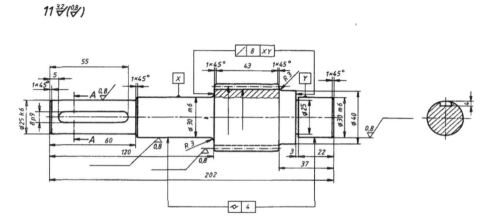

Bild 3.9 Einzelteilzeichnung der Schrägstirnradwelle

Arbeitsplan

Auftrag-Nr. 9250 11	GR-Nr.	U.-Gr	Stichwort		Bearbeiter Max Mustermann		Datum 14.12.200
Lfd-Nr.	Stk. 1	Benennung Schrägstirnradwelle		Zeichnungs-Nr.	Pos. 11	Werkstoff ST 50-2	Modell-Nr.
Von MG-Nr.	Rohmaterial Rundstange	Stück 1	Breite bzw. Ø [mm]	Höhe [mm]	Länge [mm]		Zugabe [mm]

AG-Nr.	MG-Nr.	Arbeitsvorgang	t_r	t_e	Lohngruppe	n	s	Bemerkung
1		DREHEN: Zentrierbohrung	30	0,1		4000	0,25	v=30m/min
2		Plandrehen		0,8			0,25	v=300m/min geregelt
3		Längsdrehen		3		2000	0,25	v=300m/min
4		Anfasen 2x		0,4		2000	0,25	
5		Einstechen		0,5		2000	0,25	
6		Umspannen		0,5				
7		Zentrierbohren		0,1		4000	0,25	
8		Plandrehen		0,8		2000	0,25	
9		Längsdrehen		3		2000	0,25	
10		Anfasen 2x		0,4		2000	0,75	
11		Aus- und Einspannen		0,5				
12		FRÄSEN: Zahnflankenfräsen	30	15		80		f=0,1 Zahnvorschub
13		Passfedernut fräsen		4		580		f=0,1 Zahnvorschub
14		Aus- und Einspannen		0,5				
15		SCHLEIFEN: Lagersitze schleifen	30	4		2800		v=30m/sec a=0,01mm
16		Umspannen		0,5				
17		Zahnflankenschleifen		12		2800		v=30m/sec a=0,01mm
18		Aus- und Einspannen		0,5				
19		MESSEN: Lagersitze Flankengeometrie	10	4,5				

Arbeitsplan

Auftrag-Nr. 9250 11	GR-Nr.	U.-Gr	Stichwort		Bearbeiter Max Mustermann		Datum 14.12.200
Lfd-Nr.	Stk. 1	Benennung Schrägstirnradwelle		Zeichnungs-Nr.	Pos. 11	Werkstoff ST 50-2	Modell-Nr.
Von MG-Nr.	Rohmaterial Rundstange	Stück 1	Breite bzw. Ø [mm]	Höhe [mm]	Länge [mm]		Zugabe [mm]

AG-Nr.	MG-Nr.	Arbeitsvorgang	t_r	t_e	Lohngruppe	n	s	Bemerkung
1		DREHEN: Zentrierbohrung	30	0,1		4000	0,25	v=30m/min
2		Plandrehen		0,8			0,25	v=300m/min geregelt
3		Längsdrehen		3		2000	0,25	v=300m/min
4		Anfasen 2x		0,4		2000	0,25	
5		Einstechen		0,5		2000	0,25	
6		Umspannen		0,5				
7		Zentrierbohren		0,1		4000	0,25	
8		Plandrehen		0,8		2000	0,25	
9		Längsdrehen		3		2000	0,25	
10		Anfasen 2x		0,4		2000	0,75	

Bild 3.10 Arbeitsplan für die Herstellung einer Schrägstirnradwelle

Auftragsabhängige Arbeitsplandaten:[11]

- Auftragsangaben: Identifizierung des Auftrages, Kundenname, Kostenträger, Materialbezugshinweis, Abnahmevorschriften, Losnummer (bei Zerlegung in Teillose);
- Erzeugnisangaben: Erzeugnisnummer, Baugruppennummer, Baugruppenposition;
- Angaben zum Auftragsarbeitsplan: Identifizierungsnummer, Sachbearbeitungsbereich für Rückfragemöglichkeit, Ausstelldatum;
- Mengen- und Zeitangaben: Auftragsstückzahl, Auftragszeit je Arbeitsplatz, Rohmaterialmenge;
- Terminangaben: Starttermin, Soll-Endtermin, Durchlaufzeit, Prioritäts- oder Dringlichkeitsziffer

3.1.2.2 Anwendungsfelder des Arbeitsplans

Aufgrund der Vielzahl an Daten, die in einem Arbeitsplan aufgelistet bzw. verarbeitet werden, ist dieser nicht nur für die Produktion, sondern auch für andere (Aufgaben-)Bereiche eines Unternehmens relevant.

Als Anwendungsfelder des Arbeitsplans können u. a. folgende genannt werden (siehe Bild 3.11):

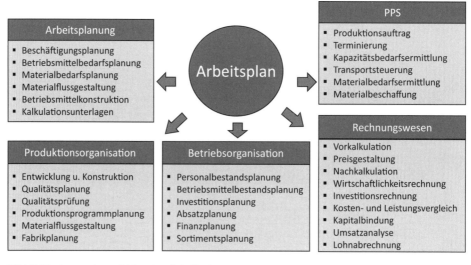

Bild 3.11 Anwendungsfelder des Arbeitsplans

---

[11] vgl. Wiendahl, 2010, S.202

3.1.2.3 Arbeitsablaufplanung

Auf Basis der Erzeugnisgliederung/Stücklisten Festlegung kann die Folge der Arbeitsschritte, die zur Herstellung eines Werkstücks notwendig sind, festgelegt werden. Dies geschieht unter Einhaltung technologischer Abhängigkeiten und Zuordnung geeigneter Produktionsmittel (siehe dazu auch Kapitel 3.2.4.). Als Ergebnis davon sind die Arbeitsvorgangsfolgen im Arbeitsplan ersichtlich.

3.1.2.4 Arbeitszeitplanung[12]

Die Arbeitszeitplanung hat die Aufgabe, Zeiten (Rüst- und Hauptzeiten) für die Ausführung einzelner Arbeitsschritte zu ermitteln, welche anschließend im Arbeitsplan verwendet werden.

Dies kann zum Beispiel mithilfe von Vorgabezeiten laut REFA durchgeführt werden (weitere Zeitermittlungsverfahren werden im Kapitel Zeitstudium erläutert).

Die Ergebnisse:

- Zeit je Einheit
- Belegungszeit von Maschinen bzw. Werkzeugen
- Auftragsdauern
- Andere Zeiteinteilungen

sind vor allem als Basis in der Produktionsplanung und -steuerung (PPS) erforderlich.

3.1.3 Arbeitsmittelplanung[13]

Die Arbeitsmittelplanung dient der konkreten Bestimmung und Auswahl der Arbeitsmittel (Maschinen und Anlagen zur Werkstückbearbeitung einschließlich Spezialmaschinen und sonstige Betriebseinrichtungen wie zum Beispiel Lagereinrichtung und Transportsysteme) für jedes einzelne Werkstück mit seinen Arbeitsgängen. Betriebsmittel, wie Vorrichtungen zur Einspannung komplizierter Werkstücke und Lehren zur Kontrolle des Arbeitsergebnisses, müssen aus Termingründen zu einem großen Teil im eigenen Unternehmen hergestellt werden. Eine sehr planungsintensive Aufgabe ist die Festlegung der Werkzeuge, Vorrichtungen und Lehren, besonders für komplizierte Werkstücke. Die Herstellung geschieht in einer von der übrigen Produktion ausgegliederten Werkstatt und ist organisatorisch meist direkt der Arbeitsvorbereitung unterstellt.

Die zentrale Aufgabe der Arbeitsmittelplanung liegt in der Abstimmung des Arbeitsmittelbestandes mit den im Betrieb durchzuführenden Aufgaben. Vor allem

---
[12] URL: www.refa-austria.at/consulting/zeit (06.11.2011)
[13] vgl. Eversheim, 2000, S. 33, S. 72–77, S. 100

geht es darum, die Wirtschaftlichkeit des Einsatzes der Arbeitsmittel ständig zu erhalten und zu verbessern. Außerdem ist es Aufgabe der Arbeitsmittelplanung, dafür zu sorgen, dass die Arbeitsmittel, soweit möglich und erforderlich, auch ergonomisch gestaltet sind.

Grundsätzlich kann man bei der Arbeitsmittelplanung zwischen Planung in quantitativer und in qualitativer Hinsicht unterschieden werden. Die quantitative Seite betrifft Anzahl, Zeitpunkt und Dauer der eingesetzten oder einzusetzenden Arbeitsmittel. Die qualitative Planung befasst sich mit dem Leistungsvermögen, das heißt mit der richtigen technischen Auslegung beziehungsweise der technischen Kapazität des Arbeitsmittels und seiner ergonomischen Gestaltung.

Für das Unternehmen ist die Arbeitsmittelplanung in mehrfacher Hinsicht von Bedeutung:

- Die Arbeitsmittelplanung beeinflusst im hohen Maße die **Herstellkosten.** Bei steigender Mechanisierung oder Automatisierung zwingt der wachsende Anteil der Fixkosten zu einer möglich hohen Auslastung und Nutzung der Betriebsmittel.
- **Sonderarbeitsmittel** (Automaten, NC-Maschinen, usw.), die speziell auf eine bestimmte Aufgabe zugeschnitten sind, können beispielsweise nur so lange gut genutzt werden wie geeignete Aufträge in ausreichender Anzahl vorliegen.
- Bei der Planung der Arbeitsmittel ist immer auch ihre **menschengerechte Gestaltung** zu beachten um eine Belastung der Arbeitnehmer zu vermeiden. Immer häufiger findet man in den Angeboten der Arbeitsmittelhersteller neben den Daten über das Leistungsvermögen auch ergonomische Daten wie beispielsweise über den von ihm verursachten Lärm, die Handkräfte für die Bedienung usw.

3.1.4 Arbeitsstättenplanung

Die Arbeitsstättenplanung reicht von der Planung eines Arbeitsplatzes über die Gestaltung von Werkstätten oder Fabrikbereichen bis zur Planung einer ganzen Fabrik. Hier ist eine Zusammenarbeit mit der gesamten Arbeitsplanung notwendig, da in der Regel der gesamte Fabrikablauf auf Ablaufplänen der einzelnen Werkstücke basiert.

Die Überwachung der Arbeitsbedingungen, die ebenfalls eine Aufgabe der Arbeitsstättenplanung ist, bezieht sich vor allem auf

- die ergonomische Gestaltung von Arbeitssystemen und
- deren Arbeitssicherheit sowie
- Maßnahmen der Arbeitsstrukturierung.

Z. B. müssen ergonomisch gestaltete Arbeitsplätze laufend daraufhin überwacht werden, ob sich die Arbeitsbedingungen durch innere oder äußere Einflüsse des Arbeitssystems verändert haben. So können Lampen verschmutzen, wodurch sich die Leuchtstärke verringert. Ältere Betriebsmittel können mehr Lärm verursachen, baulich Veränderungen in der Nachbarschaft des Arbeitssystems können eventuell die klimatischen Bedingungen ändern, und anderes.

Die Überwachung der Arbeitssicherheit wird in erster Linie von den Sicherheitsingenieuren, den Sicherheitsbeauftragten oder anderen Fachkräften für Arbeitssicherheit, sowie den Betriebsärzten wahrgenommen, da hierfür eine besondere fachliche Qualifikation erforderlich ist.

Arbeitsbedingungen sind nicht nur dann optimal und ausreichend, wenn ergonomische und arbeitssicherheitstechnische Gesichtspunkte berücksichtigt werden. Auch Fragen wie Arbeitszufriedenheit und der Nutzen eingebrachter Qualifikationen sind bei der Überwachung der Arbeitsbedingungen einzubeziehen.

3.1.5 Bedarfsplanung je Einheit[14]

Die Bedarfsplanung je Einheit hat die Aufgabe, die folgenden drei für die Durchführung eines Arbeitsganges erforderlichen Größen, nach Art und Menge zu ermitteln:

3.1.5.1 Arbeitsmittel

Jedem Arbeitsvorgang wird das jeweils kostengünstigste Betriebsmittel zugeordnet oder es wird eine entsprechend günstige Fremdproduktion veranlasst.

3.1.5.2 Arbeitskraft

Hier werden die Anzahl und der Qualifikationsgrad der erforderlichen Arbeitskräfte festgelegt (Qualifikationsgrad wird häufig in Lohngruppen ausgedrückt). Um Mitarbeiter zur Durchführung bestimmter Aufgaben einsetzen zu können, müssen Personalbedarf und -bestand bekannt und erforderlichenfalls aufeinander abgestimmt sein.

3.1.5.3 Material

Hier wird die wirtschaftlich günstigste Form des Ausgangsmaterials festgelegt. Grundsätzlich werden als Material in diesem Zusammenhang alle Rohstoffe, Werkstoffe, Hilfsstoffe, Betriebsstoffe, Halbzeuge, Einzelteile und Baugruppen verstanden.

---

[14] vgl. Wiendahl, 2010, S. 280

3.1.6 Arbeitskostenplanung[15]

Bei der Kalkulation stehen neben der kostenmäßigen Betrachtung von unterschiedlichen Arbeitsverfahren und der wirtschaftlichen Anwendung dieser Verfahren vor allem die Material-, Produktionsmittel- und Lohnkosten im Vordergrund, die pro Teil zu ermitteln sind. Die Ergebnisse der teilebezogenen Vorkalkulation dienen als Entscheidungsgrundlage für die Auswahl der kostengünstigsten Produktionsverfahrens und gehen mit den Ergebnissen der Nachkalkulation in den Soll-Ist-Vergleich ein. Das Rechnungswesen benötigt diese teilebezogenen Kosten für die Ermittlung der Selbstkosten des Erzeugnisses. Zwischen der Arbeitsplanung und dem Rechnungswesen besteht durch die Kostenplanung eine enge Aufgabenverknüpfung, die durch eine entsprechende Organisation des Informationsflusses unterstützt werden muss.

Zu den weiteren Aufgaben der Kalkulation zählt die Erstellung von Relativ-Kosten-Katalogen. Dabei werden häufig vorkommende Werkstücke die aus ähnlichen Werkstoffen und nach bestimmten Verfahren bearbeitet werden, hinsichtlich ihrer Herstellkosten untersucht und die Kostenrelationen (Kostenfaktoren) in Kataloge zusammengestellt.

3.1.7 Investitionsplanung als langfristige Planungsaufgabe[16]

Die Investitionsplanung reicht von der Planung eines Fertigungsmittel bis zur Planung von Anlagen, Arbeitsstätten, etc. Von besonderem Interesse ist hier die Planung der Arbeitsstätte. Auf die Investitionsplanung wird an dieser Stelle nicht näher eingegangen.

■ 3.2 Taktabstimmung: Planung einer Fließproduktion

Der Sinn der Taktabstimmung besteht darin den Arbeitsinhalt an einem Produkt möglichst gleichmäßig auf die minimal mögliche Anzahl von Arbeitsstationen (einer Fließproduktion) aufzuteilen. Anders gesagt sollen die Zeiten für die Ausführung der Tätigkeiten an den einzelnen Arbeitsstationen möglichst nahe der Taktzeit sein, um die maximal mögliche Produktivität der Fließproduktion zu gewährleisten.

---

[15] vgl. Eversheim, 2000, S. 89
[16] vgl. Gausemeier et al, 2009, S. 387

3.2.1 Maximal zulässige Taktzeit

Die maximal zulässige Taktzeit orientiert sich am **Kundentakt**. Errechnet wird diese durch die Arbeitszeit pro Schicht – Bandlaufzeit – dividiert durch die vom Kunden benötigte Produktionsmenge pro Schicht. Diese Bezugszahl ist ein Anhaltspunkt mit welcher Geschwindigkeit produziert werden sollte. Die maximal zulässige Taktzeit darf nicht überschritten werden, da ansonsten die benötigte Produktionsmenge nicht erreicht werden kann. Notwendige Voraussetzungen dafür sind eine schnelle Reaktionszeit bei Problemen, Eliminierung von Ursachen ungeplanter Stillstandzeiten und geringe Rüstdauer bei Montageprozessen.

$$\text{Bandlaufzeit pro Schicht} = \text{Schichtzeit} - \text{Pausenzeit} \tag{3.1}$$

oder

$$\text{Bandlaufzeit pro Schicht} = \text{Schichtzeit} \cdot \text{Bandnutzungsgrad} \tag{3.2}$$

$$\text{maximal zulässige Taktzeit} = \frac{\text{Bandlaufzeit pro Schicht}}{\text{Produktionsmenge pro Schicht}} \tag{3.3}$$

3.2.2 Minimale Anzahl der Stationen (Personen)

$$\text{minimale Anzahl der Arbeitsstationen} = \frac{\text{Zeit pro Einheit}}{\text{maximal zulässige Taktzeit}} \tag{3.4}$$

Die errechnete Anzahl der Arbeitsstationen muss auf eine ganze Zahl gerundet werden.

3.2.3 Optimale bzw. Soll-Taktzeit

$$\text{optimale bzw. Soll-Taktzeit} = \frac{\text{Zeit pro Einheit}}{\text{minimale Anzahl der Arbeitsstationen (gerundet auf ganze Zahl)}} \tag{3.5}$$

3.2.4 Vorranggraf und Vorrangmatrix

Vor der Inangriffnahme der Zuteilung von Arbeitselementen/Arbeitsvorgängen zu den Stationen muss die technologische Abhängigkeit dieser (zuerst „Bohren", dann „Gewindeschneiden") festgelegt werden. Dies geschieht durch die Vorrangmatrix (siehe Bild 3.12) und durch den daraus abgeleiteten Vorranggraph (siehe Bild 3.13).

direkter Vorgänger \ betrachtetes Element	A	B	C	D	E	F	G	H	I	J	K
A		X				X	X	X			
B			X								
C				X							
D					X						
E											X
F									X		
G									X		
H									X		
I										X	
J											X
K											

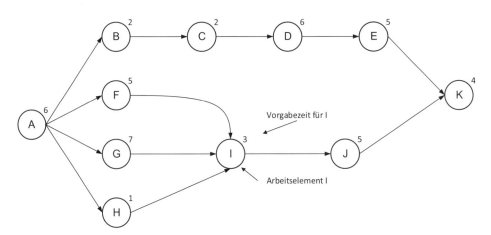

Bild 3.12 Beispiel - Vorrangmatrix

Die Vorrangmatrix ist ein Instrument zur übersichtlichen Darstellung des Arbeitsablaufs, also der Vorgänger-Nachfolger-Beziehungen der einzelnen Arbeitselemente/Arbeitsvorgänge. Durch Markierung „X" der jeweiligen Felder in der Vorrangsmatrix werden die Vorrangsbeziehungen zwischen den Arbeitselementen/Arbeitsvorgängen dargestellt.

Bild 3.13 Vorranggraph

Entsprechend den Vorrangsbeziehungen wird die Folge der Arbeitselemente im Vorranggraph dargestellt um nachfolgend die Taktzeit des Arbeitsprozesses ermitteln zu können.

3.2.5 Zuteilung von Arbeitsvorgängen zu Arbeitsstationen

Für die berechnete, maximal zulässige Taktzeit ist nun diejenige Kombination von Arbeitselementen gesucht, die

- der technologischen Abhängigkeit (Vorrang) nicht widerspricht, und
- mit einer minimalen Anzahl von Arbeitsstationen auskommt.

Des Weiteren sollte darauf geachtet werden, dass

- der Arbeitsvorgang je Station eine sinnvoll geschlossene Ablauffolge darstellt,
- Pendelbewegungen beim Materialtransport vermieden werden und
- die Vorgabezeit an jeder Arbeitsstation möglichst nahe an die optimale bzw. Soll-Taktzeit herankommt und somit der Unterschied der Bearbeitungszeiten auf den einzelnen Arbeitsstationen so gering wie möglich gehalten wird.

Vorarbeit bzw. Voraussetzung ist eine Ablaufanalyse der Arbeitselemente in Vorgangsstufen, wobei deren Zeiten beispielsweise mit Hilfe der Systeme vorbestimmter Zeiten oder durch andere Zeitermittlungsverfahren ermittelt werden können.

Nach diesen Vorarbeiten beginnt die eigentliche Zuteilung zu Arbeitsstationen. Hierfür gibt es mehrere Möglichkeiten:

- Verlegen einzelner Vorgangsstufen eines Arbeitselements auf vorhergehende und nachfolgende Arbeitselemente
- Verbesserung der Arbeitsmethode, des Arbeitsverfahrens und gegebenenfalls auch der Erzeugniskonstruktion, um eine kürzere Zeit für die Ausführung einzelner Vorgangsstufen zu erzielen (Im folgenden Beispiel könnte zum Beispiel die Zeit des Vorganges H durch Einsatz einer zweckmäßigen Vorrichtung von 5,2 auf 3,8 min verringert werden.)
- Mengenteilung durch Einrichtung gleicher, paralleler Arbeitsplätze für einen Arbeitsvorgang (Diese Möglichkeit bietet sich im unten angeführten Beispiel für die Vorgänge G und I an, bei denen die Zeit je Einheit etwa einem Mehrfachen der Taktzeit entspricht.)
- Einrichtung von Stapelpuffern

Beispiel zur Zuteilung zu Arbeitsstationen

Die vom Kunden geforderte Produktionsmenge pro Arbeitstag bei Ein-Schichtbetrieb sei 108 Stück. Bei einem Bandnutzungsgrad (für die Produktion nutzbarer Anteil der Schichtzeit) von 90 % und einer Arbeitszeit von 480 min pro Arbeitstag beträgt die

$$\text{maximal zulässige Taktzeit} = \frac{480\,\text{min}}{108\,\text{Stück}} \cdot 0{,}9 = 4\,\text{min/Stück}. \tag{3.6}$$

Aus dem Arbeitsplan werden die Zeiten je Einheit von 12 Arbeitselementen entnommen und in einem Säulendiagramm dargestellt. In der Bild 3.14 ist zu erkennen, dass die Zeiten C, E, F, K und L bereits annähernd der Soll-Taktzeit entsprechen. Die Zeiten der übrigen Arbeitselemente müssen nun an diese Taktzeit angepasst werden.

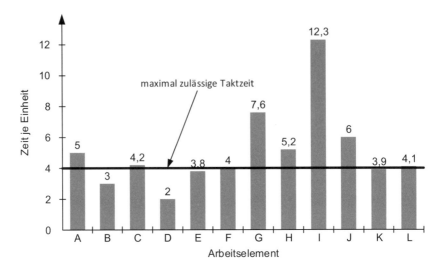

Bild 3.14 Beispiel - Zeit je Einheit von 12 Arbeitselementen

3.2.6 Heuristische Regeln zur Bandabgleichung

Die kombinatorisch mögliche Vielzahl der Zusammenfassung von Arbeitselementen zu Stationen verlangt für die praktische Planung nach einer Einschränkung des Lösungsraumes. Diese Einschränkung kann nach den folgenden Regeln durchgeführt werden:

- Rangwert-Methode
- Regel des größten Arbeitselements
- Regel der kleinsten Leerzeit
- Probabilistische Regeln

3.2.7 Beispiel zur Rangwert-Methode

Vorgehensweise:

- Erstellung des Vorranggrafen (siehe Bild 3.15).
- Bestimmung der Rangwerte: Die Bestimmung der Rangwerte erfolgt vom letzten Arbeitselement zurück. Der Rangwert errechnet sich aus der Summe der Vorgabezeit für das betrachtete Arbeitselement und den Vorgabezeiten aller ihm auf Grund des Vorranggrafen nachfolgenden Arbeitselemente.

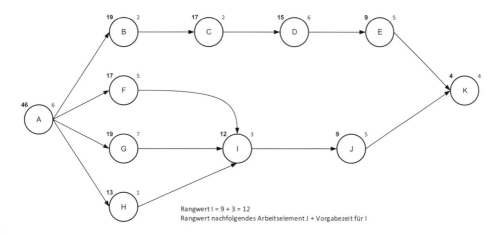

Bild 3.15 Beispiel - Bestimmung der Rangwerte

- Bildung der Arbeitsstationen nach der Rangwert-Methode: Die Summe der Bearbeitungszeiten für die Station muss kleiner oder gleich der Taktzeit sein. In dem vorliegenden Beispiel beträgt die maximal zulässige Taktzeit 11 Minuten.

Station I: A größter Rangwert, Wahl B mit nächst kleinerem Rangwert 19 (G geht nicht, Bearbeitungszeit > 11 Min);

Station II: G nächst kleinerer Rangwert, Wahl C mit nächst kleinerem Rangwert 17 (F geht nicht, Bearbeitungszeit > 11 Min) usw.

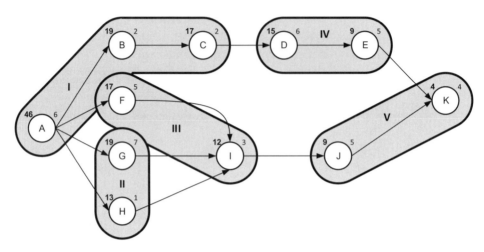

Bild 3.16 Zusammenfassung der Stationen

3.2.8 Bandwirkungsgrad

Der Bandwirkungsgrad gibt an, um wie viel das erreichte Ergebnis schlechter ist als die theoretisch optimale Lösung.

$$\text{Bandwirkungsgrad} = \frac{\text{Zeit pro Einheit}}{\text{Anzahl der Stationen} \cdot \text{reale Taktzeit}} \tag{3.7}$$

Bei dem oben dargestellten Beispiel ergibt sich beispielsweise ein Bandwirkungsgrad von 83,6 %.

$$\text{Bandwirkungsgrad} = \frac{6+2+2+6+5+4+5+7+3+5+1}{5 \cdot 11} = 83{,}6\% \tag{3.8}$$

4 Produktionsplanung und -steuerung (PPS)

Die Produktionsplanung und -steuerung (kurz: PPS) ist ebenfalls Teil der sogenannten Arbeitsvorbereitung (siehe Kapitel 3 Arbeitsplanung).

■ 4.1 Grundproblematik der PPS

Das Zielsystem der Produktionsplanung- und Steuerung (PPS) enthält, wie in Bild 4.1 dargestellt, fünf wichtige Zielgrößen. Kennzeichen dieser Ziele ist, dass sie sich teilweise widersprechen und nicht ohne weiteres gleichzeitig erreichbar sind.

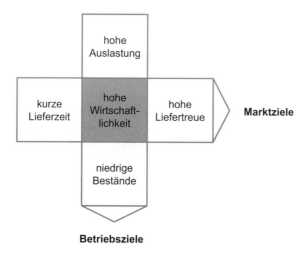

Bild 4.1 Ziele der PPS[1]

---

[1] vgl. Eversheim; Schuh, 2000, S. 14-2

Auf der einen Seite gibt es die Marktziele, die die Interessen des Marktes bzw. des Kunden widerspiegeln. Der Markt wünscht eine kurze Lieferzeit, damit er seine Lieferung möglichst schnell nach Auftragsvergabe erhält. Die Lieferzeit für den Kunden entspricht in erster Näherung der Durchlaufzeit in der Produktion, womit ebenso die Termintreue verbunden ist.

Auf der anderen Seite stehen die Betriebsziele. Aus Sicht des Unternehmens sollten die vorhandenen Kapazitäten möglichst gleichmäßig ausgelastet sein, um Stillstandkosten zu vermeiden. Außerdem sollten die Bestände an Rohmaterial, Halbfabrikaten und Fertigwaren möglichst niedrig gehalten werden, um die finanziellen Aufwendungen für das vorrätige Material niedrig zu halten. Außerdem ist der logistische Aufwand für die Lagerung, den Transport und die Handhabung zu minimieren.[2]

4.1.1 Zielverschiebung

In den letzten Jahren ist zu beobachten, dass es zunehmend zu einer Verschiebung der Zielgewichtungen im Bereich der PPS kommt und bestimmte Ziele, wie etwa eine hohe Kapazitätsauslastung, zugunsten von anderen Zielen, wie zum Beispiel kurze Durchlaufzeiten, hohe Termintreue und niedrige Bestände, an Bedeutung verlieren (siehe Bild 4.2).[3]

Als Ursache für diese Verschiebung ist in erster Linie der Wandel der Märkte von Anbieter- zu Käufermärkten, die Internationalisierung der Märkte und die Konkurrenzzunahme auf den Märkten zu nennen.[4]

Insbesondere durch die zunehmende Marktsättigung verbunden mit einem erhöhten Konkurrenzdruck kommt es zu einer steigenden Bedeutung der Qualitätsziele, die sich einerseits in der Forderung nach einem umfassenden Service für den Kunden, andererseits in der Produktqualität verbunden mit einer breiten, auf die Kunden zugeschnittenen Produktpalette, widerspiegelt. Einzelziele wie **Lieferzeit, Lieferfähigkeit, Liefertreue** und **Lieferqualität** können in Einzelfällen zu entscheidenden Erfolgsfaktoren werden. Durch die wachsende Bedeutung der Lieferserviceziele steigt nicht nur das Gewicht der Termineinhaltung, sondern auch der Durchlaufzeitenminimierung, weil kurze Durchlaufzeiten die Lieferzeiten verkürzen.[5] Um diesen erhöhten Ansprüchen gerecht zu werden, haben Produktionsun-

---

[2] vgl. Wiendahl, 1987, S. 16 f
[3] vgl. Wiendahl, 1987, S. 17
[4] vgl. Kistner; Steven, 2001, S. 250
[5] vgl. Jung, 2006, S. 239

ternehmen ihre Wertschöpfungstiefe kontinuierlich gesenkt, so dass sie sich zunehmend als Teil eines Wertschöpfungsnetzwerkes wieder finden.[6]

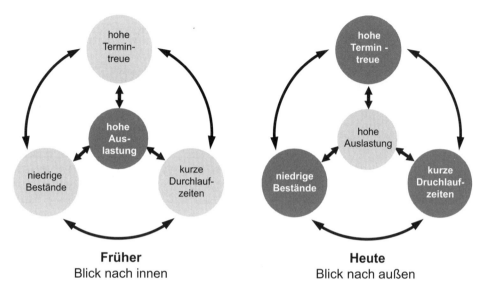

Bild 4.2 Verschiebung von PPS-Zielen[7]

4.1.2 Zielkonflikte in der Produktionsplanung und -steuerung

Die Ziele der PPS können nicht alle gleichermaßen mit einem möglichst hohen Erreichungsgrad realisiert werden, da sie teilweise gegensätzlich sind. Diese Zielkonflikte werden in Bild 4.3 anhand der Maximierung der Termintreue, der Minimierung der Durchlaufzeit und der Maximierung der Kapazitätsauslastung dargestellt.[8]

---

[6] vgl. Schuh, 2006, S. 28
[7] vgl. Wiendahl, 1987, S. 18
[8] vgl. Hackstein, 1989, S. 17

1. Zielsetzung
Maximierung der Lieferbereitschaft

hohe Materialbestände = **hohe** Kapitalbindung (steht diametral der 2. Zielsetzung entgegen, die geringe Materialbestände verlangt)	**hohe** Kapazitätsbestände = **hohe** Betriebsmittel- (Lager, Flächen, etc.) und Personalkosten (steht diametral der 3. Zielsetzung entgegen, die niedrige Betriebsmittel- und Personalkosten verlangt)

2. Zielsetzung
Minimierung der Durchlaufzeit der Bestände erfordert

geringe Materialbestände = **geringe** Kapitalbindung (steht diametral der 1. Zielsetzung entgegen, die hohe Materialbestände verlangt)	**hohe** Kapazitätsbestände = **hohe** Betriebsmittel- und Personalkosten (steht diametral der 3. Zielsetzung entgegen, die hohe Betriebsmittel- und Personalkosten verlangt)

3. Zielsetzung
Maximierung der Kapazitätsauslastung erfordert

niedrige Betriebsmittel- und Personalkosten = **geringe** Betriebsmittel- und Personalbestände (steht diametral der 1. Zielsetzung entgegen, die hohe Betriebsmittel- und Personalbestände verlangt)	**hohe** Materialbestände = **hohe** Kapitalbindung (steht diametral der 2. Zielsetzung entgegen, die geringe Materialbestände verlangt)

Bild 4.3 Zielkonflikte im Bereich der PPS[9]

Das Problem der Konkurrenz von mehr als zwei Zielen kann praktisch nicht durch exakte Verfahren der Ablaufplanung, die mit einer vertretbaren Rechenzeit auskommen, gelöst werden. Vielmehr eignen sich in der Praxis fast ausschließlich nur heuristische Verfahren.[10]

Diese können in zwei Gruppen zusammengefasst werden:

Bei **Simulationsverfahren** wird durch Zufallsauswahl eine genügend große Anzahl von Alternativen erstellt. Der Alternative mit dem besten Ergebnis wird als Näherungslösung herangezogen.[11]

Prioritätsregelverfahren ermöglichen eine Entscheidung, welche Aufgabenstellung zuerst bearbeitet wird. Je nach Aufgabenstellung können unterschiedliche Prioritätsregeln (bezogen auf die Reihenfolge der Auftragsabarbeitung) günstig sein:[12]

- LWZ = Längste Wartezeit (Auftrag, der schon am längsten wartet, wird als erster bearbeitet
- FIFO = first in first out-Regel

---

[9] vgl. Hackstein, 1989, S. 17f
[10] vgl. Hackstein, 1989, S. 18
[11] vgl. Dorninger et al, 1990, S. 337
[12] vgl. Kiener et al, 2006, S. 263f

- FLT = Frühester Liefertermin (auf Auftrag bzw. auf jedem Arbeitsschein ersichtlich)
- FAT = Frühester Anfangstermin (Auftrag, der schon am längsten durch die Bearbeitung gelaufen ist, ist als erster an der Reihe)
- KLZ = Kleinste Leerzeit (Zeitreserve bis zum Liefertermin – auch Schlupfzeitregel (SZ-Regel) genannt)
- KFZ = Kürzeste Fertigungszeit (auf der betreffenden Maschine)
- FRZ = Fertigungsrestzeitregel (Fertigungszeitsumme aller noch offenen Bearbeitungsvorgänge – auch größte Restbearbeitungszeit- Regel (GRB-Regel) genannt)
- WT = höchster Produktionswert vor Maschinen

Der große Vorteil von Prioritätsregeln besteht darin, dass Entscheidungen dezentral getroffen und keine Pläne für einen bestimmten Zeitraum aufgestellt werden. Dadurch können auch dynamische Reihenfolgeprobleme gelöst werden.[13]

In vielen Fällen hängen die Prioritätssetzungen von der jeweiligen Situation und der jeweiligen Struktur des Betriebes ab. So kann es unter anderem sinnvoll sein, in Zeiten hoher Beschäftigung der Kapazitätsauslastung, bei Unterbeschäftigung dagegen der Minimierung der Durchlaufzeit eine höhere Priorität zuzuordnen. In diesem Zusammenhang ist es auch von Bedeutung, dass nicht alle PPS-Funktionen alle PPS-Ziele in gleichem Maße beeinflussen.[14]

4.2 Überblick über die Aufgaben der PPS

Ursprünglich war die PPS beschränkt auf die Mengen- und Terminplanung im Unternehmensbereich Produktion. Die zunehmende Verknüpfung und steigende Komplexität aller Unternehmensaktivitäten – auch außerhalb der klassischen PPS – führten zu einem Wandel dieses Begriffsverständnisses.

Die Produktionsplanung und -steuerung unterstützt heute die gesamte Auftragsabwicklung von der Angebotsbearbeitung bis zum Versand und berührt die Betriebsbereiche Konstruktion, Verkauf, Einkauf, Fertigung, Montage, Ersatzteilwesen und Versand. Damit hat die PPS zum einen die Aufgabe, in allen ihren Wirkungsbereichen den Prozess der Produkterstellung mengen-, termin- und kapazitätsmäßig zu planen und zu steuern. Zum anderen hat die PPS für alle diese Aufgaben die erforderlichen Daten zu verwalten.[15]

---

[13] vgl. Dorninger et al, 1990, S. 338
[14] vgl. Hackstein, 1989, S. 18
[15] vgl. Arnold et al, 2008, S. 323 f

In Bild 4.4 ist die Funktionsweise der PPS abgebildet, aus der gleichzeitig auch die jeweiligen Aufgabenbereiche hervorgehen.

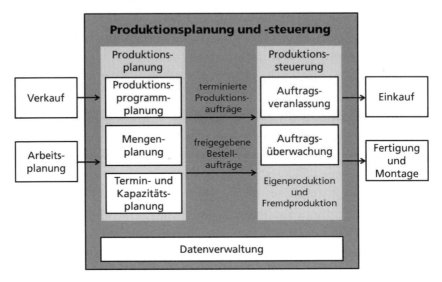

Bild 4.4 PPS-Modell [16]

Zur effektiven Unterstützung der genannten Aufgaben der PPS benötigt das moderne Unternehmen umfassende Informationssysteme, wie z. B. PPS-Systeme oder umfassende Systeme für das Enterprise Ressource Planning (ERP).[17]

Reichen die Möglichkeiten zur Feinplanung, Simulation, Optimierung und Überwachung der Produktion im ERP-/PPS-System nicht aus, kann zudem ein Manufacturing Execution System (MES) verwendet werden. Die Kommunikation zwischen diesen Addon-Lösungen und den bestehenden Systemen wird durch die Betriebsdatenerfassung (BDE) unterstützt.[18]

Bild 4.5 zeigt, welche Aufgabenbereiche die verschiedenen Systeme übernehmen.

---

[16] vgl. Hackstein, 1989, S. 5
[17] vgl. Schuh, 2006, S. 378
[18] vgl. Schuh, 2006, S. 197

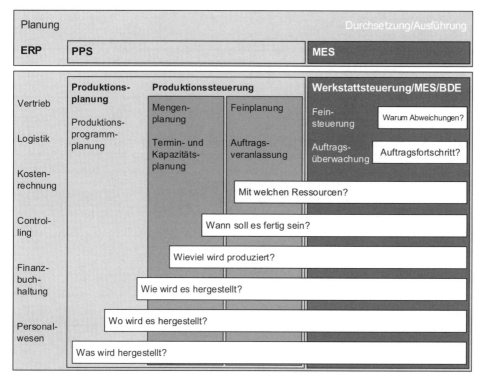

Bild 4.5 Integration und Abgrenzung ERP/PPS/MES[19]

■ 4.3 Planungsaufgaben der PPS

4.3.1 Produktionsprogrammplanung

In der Produktionsprogrammplanung werden die herzustellenden Erzeugnisse nach Art, Menge und Termin für einen definierten Planungszeitraum festgelegt. Ergebnis ist der hinsichtlich seiner Absetzbarkeit und Realisierbarkeit abgestimmte Produktionsplan, der verbindlich festlegt, welche Leistungen in welchen Mengen zu welchen Terminen produziert werden sollen. Das Produktionsprogramm entsteht als Ergebnis der Abstimmung zwischen den Wünschen des Verkaufs und den Möglichkeiten der Produktion. Der Verkauf erstellt dazu einen Absatzplan, der Ausgangspunkt für die weitere Planung eines jeden marktorientierten Unternehmens ist.[20] In der folgenden Bild 4.6 ist der Zusammenhang der verschiedenen Programmarten dargestellt.

---

[19] vgl. Bendeich, 2005, S. 9
[20] vgl. Schuh, 2006, S. 37 f.

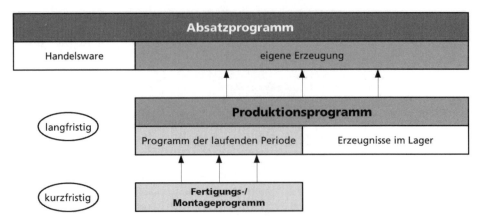

Bild 4.6 Produktionsprogramm – Begriffe und Zusammenhänge

4.3.1.1 Dimensionen des Produktionsprogramms

Die drei Dimensionen des Produktionsprogramms sind in der Folge angeführt, erläutert und in der Bild 4.7 dargestellt.

- **Produktionsprogrammbreite:** Sie beschreibt die Zahl der unterschiedlichen Produkte eines Programms.
- **Produktionsprogrammdichte:** Unter der Dichte des Produktionsprogramms versteht man die Anzahl der Varianten (unterschiedliche Größen, Farben usw. eines Produkts), in denen die Produkte hergestellt werden.
- **Produktionsprogrammtiefe:** Sie gibt das Ausmaß an, in dem die erforderlichen Be- und Verarbeitungsprozesse für die geplanten Produktarten und Ausführungsformen selbst oder von fremden Betrieben vorgenommen werden.

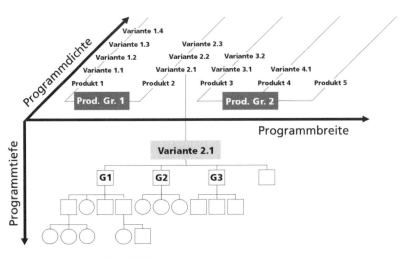

Bild 4.7 Dimensionen des Produktionsprogramms

Die Strategie, auf jeden Kundenwunsch einzugehen oder das Programm zu breit und dicht zu machen, führt bei stagnierendem Markt zu kleineren Serien. Daraus folgt tendenziell ein höherer Rüstanteil, sinkende Produktivität, steigende Ersatzteilhaltung usw. Eine Produktdifferenzierung sollte nur so weit getrieben werden, wie die damit verbundenen Mehrkosten durch Erlössteigerungen übertroffen werden können.

Die taktische Produktionsprogrammplanung stellt den Rahmen für die operative Programmplanung dar. Hierbei werden die konkreten Produktionsmengen spezifischer Produkte ermittelt.

4.3.1.2 Änderung des Produktionsprogramms

Ein bestehendes Produktionsprogramm kann auf drei verschiedene Arten geändert werden:

- **Produktdifferenzierung**

  Unter Produktdifferenzierung versteht man die Vergrößerung der Programmdichte. Das bedeutet, dass zu den bisherigen Artikeln neue Typen oder Varianten hinzukommen.

  - Horizontale Differenzierung: Produkttypen derselben Qualität, aber unterschiedlichen optischen – im weitesten Sinne *„geschmacklichen"* – Ausführungen
  - Vertikale Differenzierung: Produkttypen mit unterschiedlichen Qualitätsstufen
  - Kombination aus vertikaler und horizontaler Differenzierung

- **Produktdiversifikation**

  Der Begriff Produktdiversifikation steht für die Ergänzung eines bestehenden Programms durch neue Produkte. Die neuen Produkte können auch auf neuen Märkten angeboten werden. Folgende drei Formen der Diversifikation werden unterschieden:

  - Horizontale Diversifikation: Ergänzung des Programms durch Produkte, die mit dem bestehenden Programm in einem sachlichen Zusammenhang stehen.
  - Vertikale Diversifikation: Vergrößerung der Tiefe des Produktionsprogramms (zum Beispiel: Werkzeugmaschinenhersteller übernimmt die Produktion von Hydraulikaggregaten – rückwärts – oder Produktionsaufträge von Werkstücken – vorwärts).
  - Laterale Diversifikation: Es besteht kein Zusammenhang zwischen den bisherigen und den neuen Produkten.
  - In der folgenden Bild 4.8 sind Diversifikationsmöglichkeiten dargestellt:

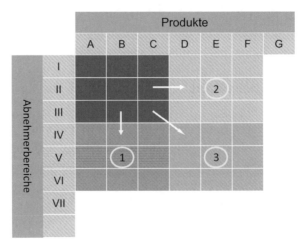

Bild 4.8 Diversifikationsmöglichkeiten

1. Marktbeschaffung für alte Produkte (z. B. ein Werkzeugmaschinenhersteller bezieht neben der Investitionsgüterindustrie auch das Handwerk in den Abnehmerkreis ein);
2. Versuch, im bisherigen Abnehmerkreis neue Produkte abzusetzen (z. B. ein Drehmaschinenhersteller bietet auch Schleifmaschinen an);
3. *Ungebundene Diversifikation* erschließt sowohl neue Produkte als auch neue Abnehmerkreise (z. B. ein Hersteller von Drehmaschinen bietet eine neu entwickelte Schleifmaschine sowohl seinen bisherigen als auch seinen neuen Abnehmern an).

- **Produktelimination**

  Auflassen von Produkten am Ende ihrer Lebenszeit, wenn mit ihnen kein positives Ergebnis mehr erwirtschaftet werden kann, das heißt wenn der Deckungsbeitrag[21] (Deckungsbeitrag = Erlös – variable Kosten) negativ wird.

4.3.1.3 Absatzplanung

Die Absatzplanung ist eine langfristige Planungsaufgabe und wird in der Regel für Erzeugnisgruppen durchgeführt, wenn eine Planung auf Erzeugnisebene aus Aufwandsgründen nicht ratsam ist.

Sie wird vom Vertrieb und der PPS-Abteilung durchgeführt und es wird festgelegt, in welchen Perioden welche Mengen eines vorgegebenen Erzeugnissortiments lieferbar sein sollen.

---

[21] vgl. Kistner; Steven, 2001, S. 192

Die Daten für den Absatzplan werden entweder aus Absatzprognosen oder aus den von der Geschäftsführung erstellten Vorgaben der Gewinn- und Umsatzplanung abgeleitet. Die Bild 4.9 zeigt eine detaillierte Aufstellung aller Einflussfaktoren. Während im ersten Fall erwartete Absatzzahlen durch Prognoseberechnungen ermittelt werden, die auf Vergangenheitsdaten basieren, erfolgt im zweiten Fall eine Aufteilung der Absatzmengen auf einzelne Produktgruppen, die von einer Umsatzzielvorgabe ausgeht.[22]

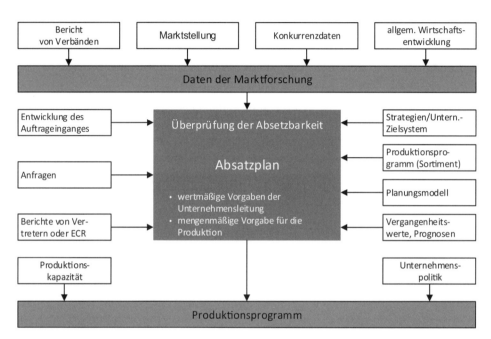

Bild 4.9 Absatzplan

Ziel der Absatzplanung ist es, den Marktbedarf bzw. die Kundennachfrage möglichst vollständig und zügig zu befriedigen. Dies setzt voraus, dass die Marktlage richtig eingeschätzt und der zukünftige Bedarf möglichst genau prognostiziert wird.

Die Absatzplanung hat abhängig davon, ob ein Unternehmen mit kundenspezifischer Auftrags- oder mit rein kundenanonymer Lagerproduktion vorliegt, unterschiedliche Informations- und Aufgabenschwerpunkte:[23]

- In einem Unternehmen mit Auftragsproduktion beruht die Absatzplanung auf festen Kundenaufträgen.

---

[22] vgl. Schuh, 2006, S. 40
[23] vgl. Kiener et al, 2006, S. 167ff

- Im Fall der reinen kundenanonymen Produktion wird der Absatzplan durch die prognostizierten Absatzerwartungen oder durch Vorgaben der Gewinn- und Umsatzplanung bestimmt.

Eine Schwierigkeit bei der Erstellung des Absatzplans ergibt die mengenmäßige Betrachtung, der in Werteinheiten aufgestellten primären Zielpläne (Gewinn-, Kosten-, Finanz- und Umsatzplan).

4.3.1.4 Bestandsplanung

Um einen kostenoptimalen Kompromiss zwischen hoher Lieferbereitschaft und niedrigen Lagerbeständen zu erreichen, werden in diesem Teil der Produktionsprogrammplanung geeignete Dispositionsverfahren und -parameter bestimmt und die Bevorratungsebenen festgelegt.[24]

Ziel der Bestandsplanung ist es, einerseits keine hohen Lagerbestände vorzuhalten und andererseits das Auftreten von Fehlmengen zu vermeiden, um die zur Realisierung der gewünschten Absatzmengen benötigten Erzeugnis- und/oder Komponentenmengen rechtzeitig bereitstellen zu können.[25] Da die Bestandsplanung einen langfristigen Charakter hat, gehört sie zur Produktionsprogrammplanung.

4.3.2 Mengenplanung

Ausgehend von der Planung des Produktionsprogramms ist der Bedarf der zu beschaffenden Bauteilen und Baugruppen in der Mengenplanung zu ermitteln. Die verbrauchsorientierte Mengenplanung erfolgt gemäß historischer Verbrauchsdaten des jeweiligen Teils/der jeweiligen Baugruppe (Sekundär- und Tertiärbedarf). Die bedarfsorientierte Mengenplanung berechnet den Bedarf an Teilen und Baugruppen gemäß Stückliste nach Eingang eines Kundenauftrags (Primärbedarf).

Bedarfsarten:[26]

- Der **Primärbedarf** ist der Bedarf an Endprodukten, verkaufsfähigen Baugruppen, Ersatzteilen und kundenanonym produzierten Standardkomponenten. Er ist unter der Voraussetzung bestimmbar, dass konkrete Kundenaufträge vorliegen. Ist die Voraussetzung nicht gegeben – wie in den häufigsten Fällen – wird versucht, den Bedarf mit Hilfe diverser Methoden vorauszusagen.
- Der **Sekundärbedarf** ist der Bedarf an Rohstoffen, Einzelteilen, und Baugruppen die zur Erstellung des Primärbedarfes benötigt werden.

---

[24] vgl. Schuh, 2006, S. 64
[25] vgl. Schuh, 2006, S. 64
[26] vgl. Jung, 2006, S. 368

- Der **Tertiärbedarf** ist der Bedarf an Hilfsstoffen, Betriebsstoffen und Verschleißwerkzeugen, die zur Herstellung des Sekundär- und Primärbedarfes benötigt werden.

4.3.2.1 Primärbedarfsplanung

Innerhalb der Primärbedarfsplanung (siehe Bild 4.10) werden mit dem Nettoprimärbedarf die im Unternehmen zu produzierenden Erzeugnisse ausgewiesen. Der Nettoprimärbedarf wird gebildet, indem der Bruttoprimärbedarf (resultierend aus der Absatzplanung und aus bereits vorliegenden Kundenaufträgen, sowie gegebenenfalls weiterem internen Bedarf) um die Lagerbestände vermindert wird. Der Nettoprimärbedarf setzt sich zusammen aus dem zu produzierenden Bedarf an Endprodukten, verkaufsfähigen Baugruppen, Ersatzteilen und kundenanonym produzierten Standardkomponenten.[27]

Ergebnis der Primärbedarfsplanung ist ein vorläufiger Produktionsplan (vorläufiger Produktionsprogrammvorschlag) mit Nettoprimärbedarfen. Dieser vorläufig aufgestellte Produktionsplan ist Eingangsgröße für die sich anschließende Ressourcengrobplanung. Dort wird überprüft, ob der vorläufige Produktionsplan mit den vorhandenen Ressourcen (in diesem Zusammenhang Personal, Betriebsmittel, Hilfsmittel und Material) realisierbar ist.[28]

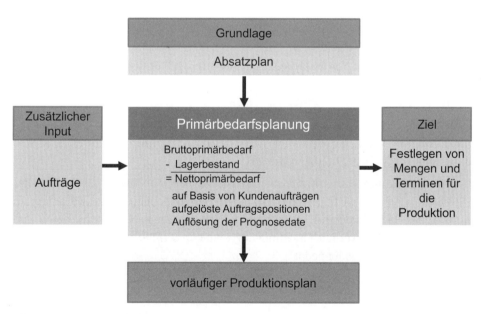

Bild 4.10 Primärbedarfsplanung

---

[27] vgl. Schuh, 2006, S. 41
[28] vgl. Schuh, 2006, S. 41

Die Durchführung der Primärbedarfsplanung ist vom jeweiligen Produktionstyp (die Extremfälle sind die Auftragsproduktion/Einzelproduktion und die kundenanonyme Lagerproduktion/Massenproduktion) abhängig.

Im Falle der Einzelauftragsproduktion erfolgt die Primärbedarfsplanung ausschließlich auf Basis von Kundenaufträgen, in denen Mengen und Termine des zu produzierenden Primärbedarfs festgelegt sind. In der Regel sind jedoch einzelne Kundenauftragspositionen noch nicht vollständig konstruktiv spezifiziert. Diese Auftragspositionen müssen nach der Auftragsklärung einer Erzeugnisgruppe bzw. einem Erzeugnis vorläufig zugeordnet werden, um in der Primärbedarfsplanung berücksichtigt zu werden.[29]

Im Rahmen der kundenanonymen Lagerfertigung wird der Produktionsplan durch die prognostizierten Absatzerwartungen und dem zu produzierenden Primärbedarf aus dem Absatzplan bestimmt. Die Daten für die Primärbedarfsplanung stammen aus Absatzprognosen, die mit Hilfe mathematisch-statistischer Prognoseverfahren ermittelt werden. Falls in der Absatzplanung mit verdichteten Werten für Erzeugnisgruppen gerechnet wurde, sind diese Daten in der Primärbedarfsplanung aufzuschlüsseln.[30]

4.3.2.2 Sekundärbedarfsermittlung

Während bei der Primärbedarfsplanung lediglich Fertigprodukte und Produktgruppen betrachtet werden, geht es hier um die Auflösung der Erzeugnisse bis hin zum Einzelteil.

Der erste Schritt der Sekundärbedarfsermittlung ist die Bruttosekundärbedarfsermittlung wobei der Bedarf, zunächst ohne Berücksichtigung der Lagerbestände, ermittelt wird.[31]

In der Nettosekundärbedarfsermittlung wird der Bruttosekundärbedarf, unter Berücksichtigung von Lagerbeständen, Reservierungen, Umlauf-, Sicherheits-, Meldebeständen sowie Bestellungen, reduziert.

Dieser so genannte Nettosekundärbedarf ist einer Periode zugeordnet und weder lagerbestandsmäßig verfügbar, noch in einem bereits geplanten bzw. veranlassten Auftrag zur Bedarfsdeckung enthalten. Er kann entweder einzeln auf einen Termin genau geführt werden (Terminbedarf) oder innerhalb einer Periode zusammengefasst sein (Periodenbedarf).[32]

---

[29] vgl. Schuh, 2006, S. 41
[30] vgl. Schuh, 2006, S. 40f
[31] vgl. Dorninger et al, 1990, S. 45
[32] vgl. Schuh, 2006, S. 45

4.3.2.3 Bedarfsermittlungsmethoden[33]

Wird aufgrund von Prognosen der erwartete Bedarf bestimmt, handelt es sich um eine **stochastische Bedarfsermittlung**.

Werden Stücklisten benutzt (siehe Kapitel 3.1.1.3), um aus der genauen Kenntnis des Erzeugnisaufbaus die benötigten Teile zu errechnen, handelt es sich um die **deterministischen Bedarfsermittlung**.

Beim der **heuristischen Bedarfsermittlung** lassen sich zwei Formen unterscheiden. Bei der Analogschätzung werden die Ergebnisse der Bedarfsermittlung für vergleichbare Erzeugnisse oder Materialien übertragen. Demgegenüber liegt bei der Intuitivschätzung eine auf Erfahrungen oder Schätzungen beruhende Meinung über den mutmaßlichen Bedarf in der Zukunft vor. Spezielle numerische Daten über das betrachtete Objekt werden nicht benötigt. Da die Unsicherheit bei den heuristischen Verfahren besonders groß ist, wird dieses Verfahren nur bei Artikeln mit geringem Teilewert eingesetzt.

4.3.3 Termin- und Kapazitätsplanung

Kapazität ist das Leistungsvermögen einer wirtschaftlichen oder technischen Einheit beliebiger Art, Größe und Struktur in einem Zeitabschnitt, wobei der Begriff oft mit der Leistungsfähigkeit eines gesamten Betriebes gleichgesetzt wird.

Das zentrale Problem der Termin- und Kapazitätsplanung ist die Frage, wann ein Auftrag bei vorgegebenem Endtermin gestartet werden muss und wann er an den einzelnen Arbeitsplätzen ankommen wird. Grundsätzlich werden zur Lösung dieses Problems zwei gedanklich getrennten Aufgaben bearbeitet:[34]

- Durchlaufterminierung
- Kapazitätsterminierung

Wegen der **Kostendegression** (Abnahme der Kosten je Stück), die sich bei Kapazitäten mit hohen Fixkosten besonders stark auswirkt, wird nach möglichst hoher Kapazitätsnutzung gestrebt.

In der Bild 4.11 ist der Kostenverlauf sowohl insgesamt als auch je Stück dargestellt.

$$\text{Nutzungsgrad} = \frac{\text{Summe Belegungszeiten}}{\text{Theoretische Einsatzzeit}} \qquad (4.1)$$

---

[33] vgl. Arnold et al, 2008, S. 329
[34] vgl. Wiendahl, 1987, S. 28

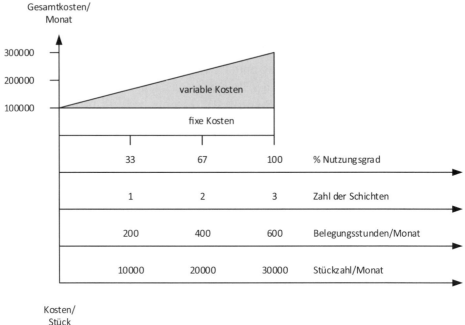

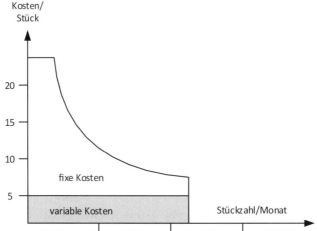

Bild 4.11 Kosten in Abhängigkeit von der Betriebsmittelnutzung

Je allgemeiner die Produktionsstruktur aufgebaut ist, umso komplizierter sind die erforderlichen Lösungsalgorithmen.[35]

Für die Werkstattproduktion wurde das so genannte Dilemma der Ablaufplanung (Job shop scheduling problem) definiert, worunter die konkurrierenden Ziele:

---

[35] vgl. Dorninger et al, 1990, S. 314

- **Kurze Durchlaufzeiten** (die nur durch einen Überhang an Betriebsmittelkapazität d. h. schlecht ausgelastete Maschinen erreicht werden können) und
- **Hohe Betriebsmittelnutzung** (die nur durch vor den Maschinen wartende Aufträge erreicht wird)

verstanden werden.[36]

4.3.3.1 Durchlaufzeit eines Arbeitsvorgangs

Allen Termin/Kapazitätsplanungs- und -steuerungsschritten sowie der gesamten PPS liegt die in der folgenden Bild 4.12 dargestellte Sichtweise der Durchlaufzeit (DLZ) eines Arbeitsvorgangs zugrunde.

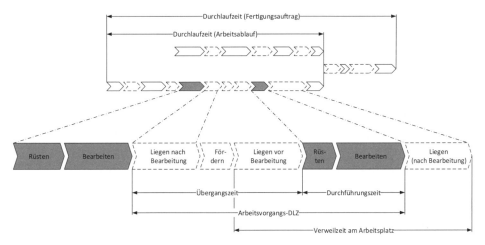

Bild 4.12 Gliederung der Durchlaufzeit[37]

Die Durchlaufzeit ist die Gesamtdauer (Ist- oder Soll-Zeit) zur Erfüllung einer Aufgabe in einem oder mehreren Arbeitssystemen. Sie kann makroskopisch als DLZ für einen kompletten Auftrag (Auftrags-DLZ) oder mikroskopisch als Durchlaufzeit eines Arbeitsvorgangs (Arbeitsvorgangs-DLZ) betrachtet werden. Grundsätzlich setzt sich die Durchlaufzeit aus der Auftragszeit oder Belegungszeit und der Übergangszeit zusammen.

Die Übergangszeit, während der die Durchführung der eigentlichen Arbeitsaufgabe unterbrochen wird, lässt sich grundsätzlich in die beiden Bestandteile Liegezeit und Transportzeit zerlegen.

---

[36] vgl. Kiener et al, 2006, S. 253
[37] vgl. Wiendahl, 1987, S. 52

Die Transportzeit ist – im Sinne der Differenzierung nach Zeitdatenarten – entweder eine Auftragszeit oder eine Belegungszeit.

Die Liegezeit stellt dagegen einen Zeitraum dar, in dem nur auf die nächste Aufgabe (Ausführung oder Transport) gewartet wird. Im Gegensatz zur Darstellung der Durchlaufzeit eines einzelnen Auftrages aus technologischer Sicht wird bei der steuerungstechnischen Sichtweise die Liegezeit nach Bearbeiten zu dem nachfolgenden Arbeitsvorgang gerechnet. Folglich wird der Arbeitsvorgang durch die Rückmeldung, oder Fertigmeldung, beendet. Diese erfolgt nach Ende der Bearbeitung und eben nicht nach Ende der Liegezeit nach der Bearbeitung. Diese Sichtweise erleichtert die Verfolgung der realen Ereignisse.

Interpretiert kann die (Gesamt-)Durchlaufzeit auch als die gesamte Zeitdauer von der Auftragserteilung bis zur Fertigstellung eines (Einzelauftrag) oder mehrerer gemeinsam herzustellender Arbeitsgegenstände (Los) werden.

Das Verhältnis der eigentlichen Bearbeitungszeit zur Durchlaufzeit wird mit[38]

$$\text{Durchlaufquotient} = \frac{\text{Bearbeitungszeit}}{\text{Durchlaufzeit}} \qquad (4.2)$$

bezeichnet. Da in der Regel jeder Auftrag eine andere Durchlaufzeit bzw. einen anderen Durchlaufquotienten hat, ist eine Abschätzung der Größenordnung dieses (meist Miss-)Verhältnisses besser mit dem Flussfaktor möglich:[39]

$$\text{Flussfaktor} = \frac{\text{Anzahl der Arbeitsplätze}}{\text{Anzahl der Aufträge in der Fertigung/Montage}} \qquad (4.3)$$

Die Durchlaufzeit bzw. die genannten Kennzahlen sind neben dem Produktionstyp (Fließproduktion kürzest mögliche Durchläufe, Reihenproduktion wegen der notwendigen Puffer länger, in der Werkstattproduktion sind Verhältnisse von 1:60 bis 1:90 keine Seltenheit) hauptsächlich von drei Faktoren abhängig.

---

[38] vgl. Matyas, 2001, S. 17
[39] vgl. Matyas, 2001, S. 17

4.3 Planungsaufgaben der PPS

- **Losgröße**

In der folgenden Bild 4.13 ist die Abhängigkeit der Durchlaufzeit von der Losgröße (Stückzahl je Auftrag) zu erkennen.

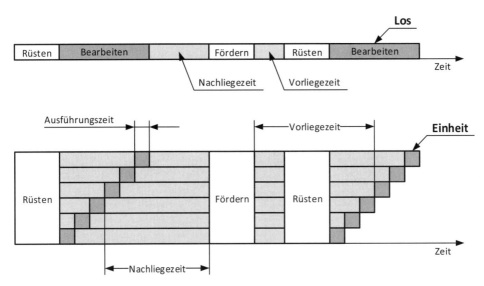

Bild 4.13 Abhängigkeit der Durchlaufzeit von der Losgröße[40]

- **Organisation**

Um eine Verlängerung der Durchlaufzeit bei großen Losen zu verhindern, sind organisatorische Maßnahmen wie Überlappung (Weitergabe der Teile, ohne die Fertigbearbeitung des Loses abzuwarten, wenn Folgearbeitsplatz benachbart) oder Splitting (Aufteilung des Loses auf Teilmengen, die gleichzeitig auf Parallelmaschinen bearbeitet werden) zu setzen.[41]

Bild 4.14 zeigt die Wirkung dieser Maßnahmen an einem praktischen Beispiel der Fristenplanung.

---

[40] vgl. Wiendahl, 1987, S. 52
[41] vgl. Dorninger et al, 1990, S. 57

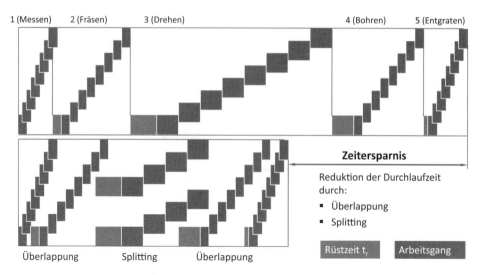

Bild 4.14 Auswirkungen von Überlappung und Splitting auf die Durchlaufzeit

- **Auslastung**

Der dritte wesentliche Einflussfaktor auf die Durchlaufzeit und die genannten Kennzahlen ist die Auslastung des Betriebes bzw. dem vorhandenen Auftragsvolumen aus.

Bild 4.15 soll dies anhand der Einplanung eines neu einlangenden Auftrages „X", der nacheinander auf den verschiedenen Maschinen zu bearbeiten ist, zeigen. Man erkennt, dass die sich ergebende Durchlaufzeit vom Ausmaß der Kapazitätsbelegung durch andere Aufträge abhängig ist.

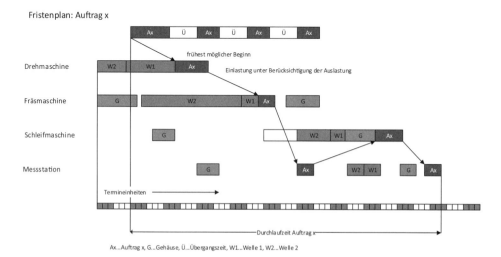

Bild 4.15 Abhängigkeit der Durchlaufzeit von der Auslastung

4.3.3.2 Durchlaufterminierung

Bei der Durchlaufterminierung erfolgt je Auftrag zunächst eine zeitliche Reihung der einzelnen Ablaufschritte. Die Zeitdauer für die einzelnen Ablaufschritte entstammt entweder Schätzwerten aus abgerechneten Aufträgen, Planwerten aus Arbeitsplänen oder fallweise neu berechneten Fristen. Die Darstellung erfolgt in einfachen Balkenplänen oder in Netzplänen. Das Ergebnis der Rechnung ist in allen Fällen die voraussichtliche Durchlaufzeit ohne Berücksichtigung konkurrierender Aufträge an den einzelnen Kapazitätsgruppen.[42]

Je nach Fragestellung ergibt sich aus der beschriebenen Durchlaufzeitermittlung, wann ein Auftrag – unter der Annahme, dass die benötigte Kapazität an jedem verlangten Ort und in der verlangten Menge verfügbar ist – bei bekanntem Fertigstellungstermin gestartet werden muss bzw. wann bei bekanntem Starttermin mit der Fertigstellung zu rechnen ist. Wird das gewünschte Ziel nicht erreicht – das heißt liegt der Plan-Starttermin in der Vergangenheit bzw. der Plan-Fertigstellungstermin, nach dem Soll-Fertigstellungstermin empfiehlt man allgemein so genannte Sondermaßnahmen:[43]

- Reduktion von Übergangszeiten
- Zeitliche Überlappung von aufeinander folgenden Arbeitsgängen
- Aufteilung eines Loses auf mehrere Arbeitsplätze (Splittung)

Werden Fertigstellungstermine nicht eingehalten und damit die Ziele für die Termintreue nicht erreicht, werden oft die Planwerte (Plan-Durchlaufzeiten) verlängert, damit mit der Produktion früher begonnen wird und diese damit eher fertig wird. Wie die nachfolgende Bild 4.16 zeigt, ist dies aber genau die falsche Reaktion um das Problem der mangelnden Termintreue zu lösen.

Eine Verlängerung der Planzeiten bewirkt das vorhandene Produktionsaufträge früher freigegeben werden und gelangen dadurch eher in die Produktionsbereiche. Dies führt allerdings zu einem Ansteigen der Bestände an den Arbeitssystemen und zu längeren Warteschlangen vor den Arbeitsplätzen. Wegen der daraus resultierenden längeren mittleren Liegezeiten, verbunden mit einer größeren Streuung, erhöhen sich die Durchlaufzeiten der Aufträge. Im Ergebnis verschieben sich die Fertigstellungstermine nach hinten und die Termintreue wird verschlechtert. Wenn von den Mitarbeitern als Reaktion auf die verschlechterte Termintreue in der Produktion, wiederum eine Erhöhung der Plan-Durchlaufzeiten vorgenommen wird, entsteht aus dem Fehlerkreis eine Fehlerspirale.[44]

---

[42] vgl. Wiendahl, 1987, S. 28
[43] vgl. Wiendahl, S. 28 f
[44] vgl. Schuh, 2006, S. 506

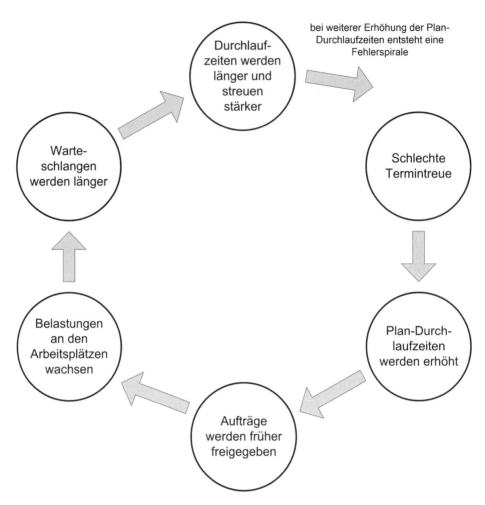

Bild 4.16 Fehlerkreis der Produktionssteuerung[45]

4.3.3.3 Kapazitätsterminierung

Unmittelbar an die Durchlaufterminierung schließt sich die Kapazitätsterminierung an. Der erste Schritt hierbei ist die so genannte Belastungsrechnung. Dabei teilt man zunächst die absehbare Zukunft – den Planungshorizont – in gleichgroße Zeitabschnitte ein, die Planungsperioden. Der Durchlaufterminierung entnimmt man anschließend die Belastungswerte der einzelnen Aufträge und summiert sie je Kapazitätseinheit für die entsprechende Planungsperiode auf. So entsteht für jede Kapazitätseinheit ein Belastungsprofil, dem das Kapazitätsangebot (in Bild 4.17 sind dies die 100 %) als Kapazitätsprofil gegenübersteht. Auch wenn man eine gut funktionierende Grobplanung voraussetzt, so werden sich doch an dieser Stelle

---

[45] vgl. Schuh, 2006, S.505

mehr oder weniger große Diskrepanzen (siehe Bild 4.17) zwischen dem Kapazitätsangebot und dem Kapazitätsbedarf ergeben.[46]

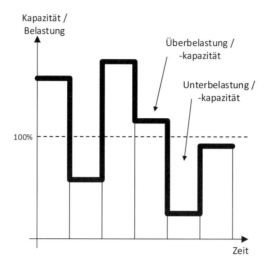

Bild 4.17 Belastungsprofil vor der Kapazitätsabstimmung[47]

4.3.3.4 Kapazitätsabstimmung

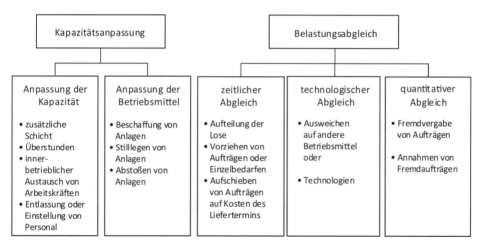

Bild 4.18 Kapazitätsanpassung und Belastungsabgleich[48]

---

[46] vgl. Wiendahl, 1987, S. 29

[47] vgl. Kiener et al, 2006, S. 238

[48] vgl. Kiener et al, 2006, S. 240

- **Kapazitätsanpassung**

  Ergeben sich über längeren Zeitraum hinweg größere Differenzen zwischen Angebot und Bedarf, muss die Kapazität an die Belastung angepasst werden. Dies kann grundsätzlich durch die Maßnahmen der zeitlichen, intensitätsmäßigen und quantitativen Anpassung geschehen. Im Rahmen der zeitlichen Anpassung können Überstunden vereinbart bzw. abgebaut werden. Eine intensitätsmäßige Anpassung basiert auf der kurzfristigen Erhöhung oder Verringerung der Arbeitsintensität von Maschinen oder Arbeitskräften (siehe Bild 4.18). Die quantitative Anpassung der Produktionskapazitäten kann durch kurzfristige Verlagerung von Personal aus Betriebsabteilungen mit Unterbeschäftigung erfolgen (Springereinsatz).[49]

- **Belastungsabgleich**

  Der Belastungsabgleich kann zeitlich, technologisch oder quantitativ erfolgen (siehe Bild 4.19). Unter dem zeitlichen Kapazitätsabgleich (Losverschiebung) versteht man die Rückverlagerung (Vorverlagerung) von später (früher) eingeplanten Fertigungsaufträgen. Eine weitere Möglichkeit ist die technologische Kapazitätsanpassung, bei der die Kapazitätsbelastung durch Ausweichen auf andere Betriebsmittel erhöht (verringert) wird. Im Rahmen der quantitativen Anpassung könne Überbelastungen durch Auswärtsvergabe vorliegender Aufträge als Lohnaufträge an andere Betriebe vergeben werden (Fremdvergabe).[50]

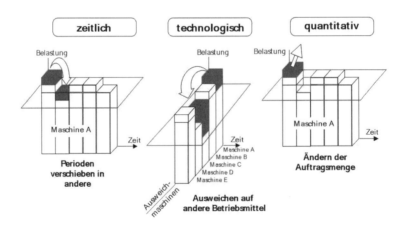

Bild 4.19 Kapazitätsterminierung durch Belastungsabgleich[51]

---

[49] vgl. Kiener et al, 2006, S. 240 f.
[50] vgl. Kiener et al, 2006, S. 241 f.
[51] vgl. Kiener et al, 2006, S. 242

Als Ergebnis der Kapazitätsabstimmung liegt das Belastungsprofil mit minimalen Diskrepanzen zwischen dem Kapazitätsangebot und dem Kapazitätsbedarf vor (siehe Bild 4.20).

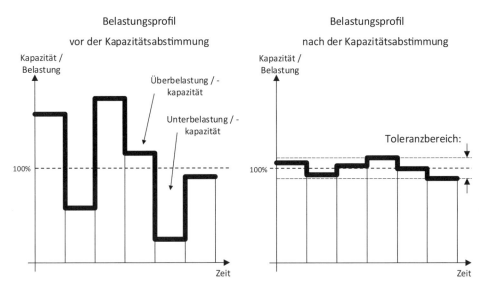

Bild 4.20 Belastungsprofil vor und nach der Kapazitätsabstimmung[52]

4.3.3.5 Kann Kapazität bevorratet werden?

Auf die Frage ob Kapazität bevorratet werden kann, scheint ein naheliegender Gedanke, dass dies durch vorzeitige Produktion und damit durch Bestände erreicht werden kann. Diese Bestände können jedoch nicht wieder in Kapazität zurückverwandelt werden. Deshalb muss man sich sicher sein, nur solche Artikel vorzeitig produziert, die innerhalb einer vernünftigen Zeitspanne auch verbraucht werden. Dieses Vorgehen kann taktisch gewählt werden, z.B. mit der kapazitätsorientierten Materialbewirtschaftung (Korma).[53] Die kapazitätsorientierte Materialbewirtschaftung realisiert eine intelligente Nutzung von kurzfristig verfügbaren kritischen Kapazitäten. Für diese kritischen Kapazitäten bedeutet dies eine ausgeglichene Belastung.[54] In anderen Fällen wird als Ergebnis der vorzeitigen Produktion um „Kapazität zu bevorraten" jedoch die falschen Artikel produziert und die Kapazität ist schließlich verloren.[55]

Personenkapazitäten können beschränkt bevorratet werden und zwar dann, wenn ihre Arbeitszeit etwas flexibilisiert werden kann. Als erklärendes Beispiel habe ein

---

[52] vgl. Kiener et al, 2006, S. 238 ff
[53] vgl. Kiener et al, 2006, S. 274
[54] vgl. Kiener et al, 2006, S. 752
[55] vgl. Kiener et al, 2006, S. 274

Mitarbeiter an einem bestimmten Tag nur 5 Stunden statt 8 Stunden zu arbeiten. Falls er bereit ist nach Hause zu gehen und dafür die 3 Stunden an einem anderen Tag zu investieren, wenn Überlast in der Produktion herrscht, dann könnte man sagen, dass 3 Stunden Kapazität bevorratet würden. Insgesamt gesehen ist dieses Vorgehen durchaus üblich, aber sehr begrenzt im Vergleich zur gesamten Kapazität.[56]

Kapazitätsbevorratung kann also im Allgemeinen nicht effektiv durchgeführt werden.[57]

4.3.3.6 Dilemma der Termin- und Kapazitätsplanung

Folgende Probleme und unerwarteten Ereignisse können auch bei jeder noch so guten Planung immer wieder auftauchen:

- Sich dauernd ändernde Fertigungspläne.
- Die Fertigung läuft wegen Störungen nicht nach Plan.
- Das benötigte Material ist trotz Disposition nicht verfügbar.
- Fehlteile verzögern den Produktionsstart.

Um die Probleme zu lösen ist folgendes zu beachten:

- Es reicht nicht, Prozesse als isolierte Inseln zu optimieren.
- Eine integrierte, ganzheitliche Planung ist erforderlich.

■ 4.4 Allgemeine Steuerungsaufgaben der PPS

4.4.1 Auftragsveranlassung

Nach der Verfügbarkeitsprüfung der benötigten Unterlagen und Materialien fasst die Auftragsveranlassung alle Aufgaben zusammen, die für eine kurzfristige Durchsetzung dieses Produktionsprogramms zu bearbeiten sind.[58] Folgende Aufgaben sind im Rahmen der Auftragsveranlassung zu erfüllen.

4.4.1.1 Auftragsfreigabe

Jede Auftragsfreigabe umfasst eine erneute Terminrechnung (Feinterminierung) und eine Verfügbarkeitsprüfung der benötigten Ressourcen nach den Verfahren

---

[56] vgl. Kiener et al, 2006, S. 275
[57] vgl. Kiener et al, 2006, S. 275
[58] vgl. Dorninger et al, 1990, S. 62

der Mengen-, Termin- und Kapazitätsplanung. Für Aufträge die in Konkurrenz zueinander stehen, gibt es Verfahren zur Auswahl der freizugebenden Aufträge.[59]

Man unterscheidet zwischen einer Produktionsauftragsfreigabe (Eigenfertigung) und einer Einkaufsauftragsfreigabe (Fremdfertigung). Bei der Produktionsauftragsfreigabe werden zumindest die kritischen Ressourcen überprüft. Die Einkaufsauftragsfreigabe muss nicht unbedingt formal erfolgen, z.B: gibt es oft spezifische Abmachungen mit den Lieferanten die Artikel mit niedrigem Verbrauchswert selbstständig im Lager auffüllen.[60]

4.4.1.2 Verfügbarkeitsprüfung

Die Verfügbarkeitsprüfung besteht aus einer Durchlaufzeitberechnung, einer Verfügbarkeitsprüfung der benötigten Materialien, Produktionsmittel und Auftragsunterlagen sowie einer Verfügbarkeitsprüfung der benötigten Kapazitäten.[61] Fehlende Verfügbarkeiten führen zu einem in Frage stellen des vorgesehenen Planes und es ist eine erneute Feinterminierung erforderlich.[62]

Je nachdem, an welcher Stelle die Verfügbarkeitsprüfung der Ressourcen durchgeführt wird, kommt es durch die nicht wirklich physikalische Überprüfung des Materials zu Abweichungen zwischen physikalischem und Buchbestand. Somit kann jede Ungenauigkeit in der Bestandsführung zur Freigabe von Aufträgen führen, die in der Folge aber nicht bearbeitet werden können. Hieran lässt sich auch das generelle Problem der im kurzfristigen Bereich angesiedelten Produktionssteuerung erkennen, nämlich die Notwendigkeit eines hohen Aktualitäts- und Genauigkeitsgrades. Auch mit der Unterstützung von Informationssystemen ist diese Prüfung aufwendig und eine genügend schnelle, genaue Prüfung wird häufig nicht möglich.[63]

4.4.1.3 Arbeitsverteilanweisung

Die Arbeitsverteilung gehört zur Steuerung der Produktion und ordnet die Arbeitsvorgänge definitiv den verschiedenen Arbeitsstationen, Arbeitskräften und den Betriebs- und Hilfsmitteln kurzfristig zu. Die spezifischen Kenntnisse für die Arbeitsverteilung befinden sich meist in den Köpfen der Meister und Vorarbeiter im Werkstattbereich.[64] Zur Unterstützung können Leitstandsysteme (Plantafeln) eingesetzt werden. Im Falle von elektronischen Leitstandsystemen (MES) stellen diese das Bindeglied zwischen dem PPS-System und der BDE dar.[65]

---

[59] vgl. Schönsleben, 2007, S. 737
[60] vgl. Schönsleben, 2007, S. 740
[61] vgl. Schönsleben, 2007, S. 740
[62] vgl. Schuh, 2006, S. 55f
[63] vgl. Schönsleben, 2007, S. 740
[64] vgl. Schönsleben, 2007, S. 765
[65] vgl. Buzacott et al, 2010, S. 113

4.4.1.4 Materialtransportsteuerung

Auf Basis der Arbeitsverteilanweisungen, die einen voreilenden Informationsfluss darstellen, kann nun ein gerichteter Material- und Informationsfluss ausgelöst werden. Steuerungsanweisungen an Transportsysteme und entsprechende Informationsweitergaben werden durch diese Auftragsveranlassungsaufgabe erledigt.[66]

4.4.2 Auftragsüberwachung

Nachdem die ersten Teilfunktionen der Produktionssteuerung, dazu geführt haben, dass die Produktion mit Aufträgen und Material versorgt ist, achten die letzten Teilfunktionen, die Auftragsüberwachung, darauf, dass die Aufträge wie geplant abgearbeitet werden oder wenn nicht, welcher Ist-Zustand erreicht wird.

Die Auftragsüberwachung ist im Wesentlichen eine Fortschrittsüberwachung der Aufträge und basiert auf Soll-Ist-Vergleichen von Mengen und Terminen, kann aber auch die Überwachung auftragsbezogener Kennzahlen beinhalten. Bei starken Abweichungen der Soll-Ist-Vergleiche werden Gegenmaßnahmen eingeleitet, die zum Beispiel eine Veränderung der Kapazitätsbelegung oder eine erneute Feinterminierung bedeuten können. Zielsetzung ist es, dass Produktionsprogramm einzuhalten. Folgende Aufgaben sind im Rahmen der Auftragsüberwachung zu erfüllen:[67]

4.4.2.1 Arbeitsfortschrittsüberwachung

Sie erfasst und übermittelt den stattfindenden Arbeitsfortschritt.[68] Computertechnisch wird dies durch eine Betriebsdatenerfassung an den Maschinen oder innerhalb der Maschinengruppen erfüllt.

4.4.2.2 Ressourcenüberwachung

Die Ressourcenüberwachung beinhaltet die Überwachung von Materialien und Kapazitäten an Maschinen, Werkzeugen, Vorrichtungen und anderen Hilfsmittel, das heißt hier wird nicht mehr auftrags-, sondern ressourcenorientiert überwacht. Die Ressourcenüberwachung gewinnt ihre Informationen aus der Betriebsdatenerfassung.[69]

Die Ressourcenüberwachung kontrolliert die Belastungssituation der Kapazitäten. Im Einzelnen werden Zugang und Abgang und somit Veränderungen in der Warteschlange erfasst, so dass jederzeit Auskunftsbereitschaft über die Belastungssitua-

---

[66] vgl. Hackstein, 1989, S. 16
[67] vgl. Dorninger et al, 1990, S. 64 ff
[68] vgl. Hackstein, 1989, S. 16
[69] vgl. Schuh, 2006, S. 63

tion und die in Arbeit befindlichen Aufträge besteht. Bei kurzfristigen Überlastungen oder einer unausgeglichenen Auslastung der Kapazitäten wird eine Änderung der Reihenfolgeplanung oder eine neue Feinterminierung angestoßen (Umplanung von Aufträgen).[70]

Die Materialüberwachung kontrolliert den Materialfluss und die Bestandsentwicklung in den produzierenden Bereichen und stößt bei Störungen im Materialfluss korrigierende Maßnahmen an, zum Beispiel dann, wenn sich durch fehlende Verfügbarkeiten Terminverschiebungen ergeben.[71]

4.4.2.3 Produktionsüberwachung

In der Produktionsüberwachung wird auftragsbezogen darüber Buch geführt, welche Aufträge in Vorbereitung sind, welche bereitgestellt wurden, welche bereits in Arbeit sind und welche Aufträge schon bearbeitet wurden. Weiterhin werden Ausschussmengen und Terminabweichungen erfasst. Darauf aufsetzend können dann Gegenmaßnahmen zur Erlangung der geplanten Mengen bzw. zur Einhaltung der vereinbarten Termine getroffen werden.[72]

4.4.2.4 Kundenauftragsüberwachung

Feiner noch als die Produktionsüberwachung werden hierbei die Kundenaufträge überwacht. Sie sind häufig lediglich eine Teilmenge des freigegebenen Produktionsauftrages. So kann sich der komplette Produktionsauftrag entweder aus mehreren Kundenaufträgen oder aus einer Mischung von Kunden- und Lageraufträgen zusammensetzen. Der Kundenauftragsüberwachung kommt dabei die Aufgabe zu, zu jedem Zeitpunkt gegenüber dem Kunden aussagefähig darüber zu sein, wie der aktuelle Bearbeitungsstand ist.

4.4.2.5 Kundenauftragsbezug

Hier geht es darum, die durch Losbildung in größere Produktionsaufträge eingegangenen Kundenaufträge jederzeit zu kontrollieren, so dass bei den unweigerlich in jeder realen Produktion auftretenden Störungen sichergestellt werden kann, dass Mengen und Termine auch beim Auftreten von Ausschuss, Terminverzug und Maschinenausfällen gehalten werden können.[73]

---

[70] vgl. Schuh, 2006, S. 63
[71] vgl. Schuh, 2006, S. 63
[72] vgl. Hackstein, 1989, S. 16
[73] vgl. Hackstein, 1989, S. 17

4.4.3 Entscheidung über Eigen- oder Fremdfertigung[74]

Eine der grundlegendsten Tätigkeiten ist die Entscheidung, ob der Auftrag mittels Eigen- oder Fremdfertigung durchgeführt wird. Die aktuelle Tendenz der Mehrzahl von Unternehmen ist es, Fertigungstiefe zu reduzieren, d. h. Fertigungsaufträge zu anderen Unternehmen auszulagern. Ist die Entscheidung für die Eigenfertigung gefallen, beginnt der Prozess der Arbeitsplanerstellung.

4.4.4 Datenverwaltung

Unter dem Begriff der Datenverwaltung ist die Speicherung und Pflege der innerhalb der PPS anfallenden Daten zu verstehen. Sie erstreckt sich dabei auf auftragsneutrale (terminunabhängige) und auftragsabhängige (terminabhängige) Daten. Oftmals werden für diese Begriffe auch die Synonyme Stamm- und Bewegungsdaten verwendet. Die Datenverwaltung stellt das Fundament der PPS dar. Die Daten der PPS bilden die Grundlage für die Erfüllung aller anderen Aufgabenbereiche der PPS.

- Stammdaten: Auf den Stammdatenbestand wird im Sukzessivplanungsprozess permanent zurückgegriffen. Aus diesem Grund weisen diese Daten eine lange Lebensdauer auf und beanspruchen einen umfassenden Pflegeaufwand. Typische Stammdaten sind bspw. Material-, Ressourcenstammdaten, Stücklisten, Arbeitspläne sowie Kunden- und Lieferantenstammdaten.[75]
- Bewegungsdaten: Im Gegensatz zu den Stammdaten ist die Lebensdauer der Bewegungsdaten auf eine begrenzte Zeitdauer beschränkt. Die beiden wesentlichen Merkmale der Bewegungsdaten sind zum einen der Zeitbezug, (z. B. bezieht sich der Lagerbestand eines Teils immer auf einen konkreten Zeitpunkt) und zum anderen die Verwaltung unterschiedlicher Statuszustände. Dabei beziehen sich Bewegungsdaten auf die gespeicherten Stammdaten (beispielsweise werden zur Erfüllung eines Produktionsauftrags Informationen aus den Materialstammsätzen benötigt). Die Bewegungsdaten, die auf Grund des Zeitbezugs kontinuierlichen Veränderungen unterliegen sind Lagerbestands-, Produktionsauftrags- und Betriebsdaten.[76]

Zielsetzung der Datenverarbeitung ist es eine hohe Datenqualität hinsichtlich Aktualität, Korrektheit und Vollständigkeit zu erreichen. Die Daten sollten einfacher, schneller und unter geringen Kosten zu speichern, wieder aufzufinden und vor Missbrauch geschützt sein.

---

[74] vgl. Schuh, 2006, S. 56
[75] vgl. Schuh, 2006, S. 72
[76] vgl. Schuh, 2006, S. 77

In der Teileverwaltung sind alle benötigten Informationen zu den im Produktionsablauf benötigten Einzelteilen bis zu Baugruppen hinterlegt, die Auskunft über die Beschreibung, Disposition, Kosten, Kalkulation, Einkauf usw. geben.

■ 4.5 Aachener PPS/ERP-Modell

Die allgemeinen Planungs- und Steuerungsaufgaben finden sich in zahlreichen PPS-Modellen wieder. Eine sehr verbreitete Darstellungsform der PPS-Aufgaben stellt das Aachener PPS-Modell dar (siehe Bild 4.21), das auf den Ideen von Hackstein beruht.

Im Aachener PPS-Modell sind die Aufgaben der PPS in Kern-, Netzwerk- und Querschnittsaufgaben gegliedert. Zu den **Kernaufgaben** gehören:

- Produktionsprogrammplanung
- Produktionsbedarfsplanung
- Fremdbezugsplanung und -steuerung
- Eigenfertigungsplanung und -steuerung

Die Aufgaben der PPS, die der bereichsübergreifenden Integration und Optimierung der PPS dienen, sind von den Kernaufgaben der PPS getrennt und werden als Querschnittsaufgaben bezeichnet. **Querschnittsaufgaben** der PPS:[77]

- Auftragskoordination
- Lagerwesen
- PPS-Controlling

Durch die erhöhten Kundenansprüche, die Internationalisierung der Beschaffungs- und Absatzmärkte, die Substituierbarkeit der Güter und den fortschreitenden Globalisierungsprozess haben Produktionsunternehmen ihre Wertschöpfungstiefe kontinuierlich gesenkt, so dass sie sich zunehmend als Teil eines Wertschöpfungsnetzwerkes wieder finden. Um die damit verbundenen Herausforderungen adäquat im PPS-Modell zu berücksichtigen, wurde dieses um sogenannte Netzwerkaufgaben erweitert. Zu den Netzwerkaufgaben gehören[78] (Anmerkung: diese sind in der folgenden Abbildung nicht dargestellt):

- Netzwerkkonfiguration
- Netzwerkabsatzplanung
- Netzwerkbedarfsplanung

---

[77] vgl. Schuh, 2006, S. 58f
[78] vgl. Schuh, 2006, S. 28

Die Datenverwaltung, die die Grundlage für eine Planung und Steuerung bildet, wird allen drei Gebieten zugerechnet, da alle Aufgaben der PPS, das heißt sowohl Kernaufgaben, Netzwerkaufgaben als auch Querschnittsaufgaben, bei der Aufgabenausführung auf die Datenverwaltung zurückgreifen.[79]

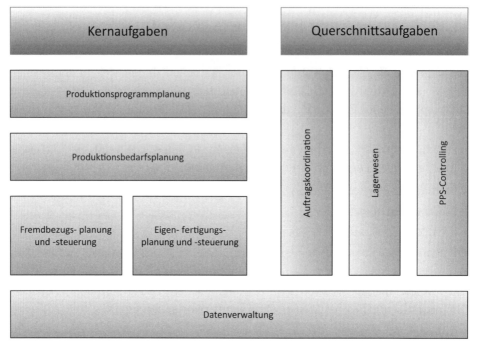

Bild 4.21 Aachener PPS-Modell[80]

---

[79] vgl. Schuh, 2006, S. 29
[80] vgl. Schuh, 2006, S. 29 f

4.6 Modell zur Fertigungssteuerung

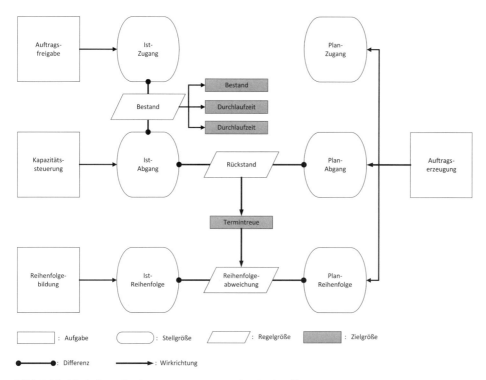

Bild 4.22 Modell zur Fertigungssteuerung nach Lödding [81]

Die Aufgabe der Fertigungssteuerung ist im Aachener PPS-Modell (siehe Abschnitt 4.5) Teil der Eigenfertigungsplanung und -steuerung. Dem Anschein nach bildet dieser Teil nur einen kleinen Bestandteil des Modells, der für die logistische Zielerreichung jedoch von hoher Bedeutung ist. Das Modell zur Fertigungssteuerung nach Lödding dient als Rahmen, um die Aufgaben der Fertigungssteuerung in einen Zusammenhang mit den logistischen Zielgrößen zu bringen.[82]

Lödding definiert in seinem Wirkmodell **vier Elemente** der Fertigungssteuerung (siehe Bild 4.22):

- *Aufgaben:* Auftragsfreigabe, Kapazitätssteuerung, Reihenfolgebildung und Auftragserzeugung
- *Stellgrößen:* Ist-Zugang und Ist-Abgang, Plan-Zugang und Plan-Abgang, Ist-Reihenfolge und Plan-Reihenfolge
- *Regelgrößen:* Bestand, Rückstand, Reihenfolgeabweichung

---

[81] vgl. Lödding, 2008, S. 7
[82] vgl. Lödding, 2008, S. 5f

- *Zielgrößen:* Bestand, Durchlaufzeit, Auslastung und Termintreue

Diese Elemente sind durch Wirkzusammenhänge folgendermaßen miteinander verknüpft:[83]

- Die Aufgaben legen die Stellgrößen fest.
- Die Regelgrößen ergeben sich als Abweichung von zwei Stellgrößen.
- Die Regelgrößen bestimmen die logistischen Zielgrößen.

In den nachfolgenden Abschnitten werden die einzelnen Elemente des Modells erläutert.

4.6.1 Aufgaben

Die Aufgaben der Fertigungssteuerung lassen sich nach Lödding in **vier zentrale Aufgaben** gliedern: die *Auftragserzeugung,* die *Auftragsfreigabe,* die *Reihenfolgenbildung/-steuerung* und die *Kapazitätssteuerung.*[84]

- **Auftragsfreigabe**[85]

    Die Auftragsfreigabe legt fest, zu welchem Zeitpunkt und in welcher Reihenfolge die Aufträge für die Fertigung freigegeben werden und bestimmt den Ist-Zugang der Fertigung. Sie löst in der Regel direkt die Bereitstellung des erforderlichen Materials aus. Die Auftragsfreigabe beeinflusst Bestand, Durchlaufzeit und Auslastung gleichermaßen.

    Es lassen sich drei Klassifizierungsmerkmale für die Auftragsfreigabe ableiten:

    1. Das *Kriterium* der Auftragsfreigabe,

    2. der *Detaillierungsgrad* der Auftragsfreigabe und

    3. die *Auslösungslogik* der Auftragsfreigabe.

    Das *Kriterium* der Auftragsfreigabe bestimmt nach welchem Merkmal ein Auftrag freigegeben wird. Es wird zwischen folgenden vier Kriterien unterschieden:

    - Kein Kriterium: Der Auftrag wird sofort freigegeben; die Auftragsfreigabe unterscheidet hierbei nicht zwischen dringlichen und nicht dringlichen Aufträgen, dies kann jedoch zu unnötig hohen Beständen und langen Durchlaufzeiten in der Fertigung führen.
    - Plan-Starttermin: Sobald der Plan-Starttermin erreicht ist, gibt die Auftragsfreigabe den Auftrag frei; die Auftragsfreigabe nach Termin ist nicht in der Lage, den Bestand zu regeln. Sobald der Plan-Abgang vom Ist-Abgang abweicht kann dies zu längeren Durchlaufzeiten sowie hohen Beständen führen.

---

[83] vgl. Lödding, 2008, S. 7
[84] vgl. Lödding, 2008, S. 7f
[85] vgl. Lödding, 2008, S. 297f

- Bestand der Fertigung bzw. eines Arbeitssystems: Ein Auftrag wird freigegeben sobald der Plan-Bestand der Fertigung oder eines Arbeitssystems einen Planwert unterschreitet.[86]
- Belastung der Arbeitssysteme: Die momentane bzw. erwartete Belastung der Arbeitssysteme wird in diesem Fall berücksichtigt.

Der *Detaillierungsgrad* der Auftragsfreigabe unterscheidet zwischen der Freigabe des gesamten Auftrags, eines definierten Teils des Auftrags oder lediglich einzelner Arbeitsvorgänge.

Die *Auslösungslogik* entscheidet welche Logik bei der Auftragsfreigabe angestrebt wird. Hierbei wird zwischen **periodischen** (Auftragsfreigabe erfolgt zu vorab festgelegten und regelmäßig wiederkehrenden Zeitpunkten) und **ereignisorientierten** (die Freigabeentscheidung fällt nach Eintritt bestimmter Ereignisse) Auftragsfreigaben unterschieden.

- **Kapazitätssteuerung**[87]

Die Kapazitätssteuerung bestimmt die Höhe der Kapazitäten in der Fertigung. Sie entscheidet kurzfristig über den tatsächlichen Einsatz der Kapazitäten und legt den Fokus auf die Regelung von Rückständen sowie auf die Gewährleistung einer hohen Termintreue einer Fertigung. Die Kapazitätssteuerung legt die Arbeitszeiten der Mitarbeiter fest und bestimmt, welcher Mitarbeiter wie lange an welcher Maschine arbeitet. Dadurch regelt die Kapazitätssteuerung den Ist-Abgang der Fertigung. Sie wirkt über den Bestand und den Rückstand als einzige Aufgabe auf alle vier logistischen Zielgrößen. Weiteres Ziel der Kapazitätssteuerung ist der effiziente Einsatz der Kapazitätsflexibilität. Die Kapazitätsflexibilität beschreibt zum einen das Ausmaß der möglichen Kapazitätsanpassung und zum anderen legt sie die Wirksamkeit der Kapazitätsänderungen fest.

- **Reihenfolgebildung**[88]

Die Reihenfolgebildung bestimmt die Reihenfolge der Aufträge in einem Arbeitssystem. Sie bestimmt, welcher Auftrag in der Warteschlange als nächstes bearbeitet wird. Um eine hohe Termintreue und einen hohen Servicegrad zu erreichen, sollte die Ist-Reihenfolge möglichst genau der Plan-Reihenfolge entsprechen und bei Abweichungen entsprechend angepasst werden. Dazu werden die anstehenden Aufträge in Abhängigkeit der definierten Zielgrößen sortiert. Lödding teilt die Prioritäten der Aufträge nach ihrer Wirkung auf die logistischen Zielgrößen ein. Dementsprechend soll der Auftrag mit der höchsten Priorität als Erstes bearbeitet werden und danach folgend die Aufträge abgestuft nach ihrer jeweiligen Priorität innerhalb des Arbeitssystems. Zudem gilt: Je größer der Bestand

---

[86] Die Bestandsgeregelte Auftragsfreigabe wird ausführlich in den Kapiteln 4.7.6–4.7.9 erläutert.
[87] vgl. Lödding, 2008, S. 461 f
[88] vgl. Lödding, 2008, S. 443 f

am Arbeitssystem ist, desto größer ist der Einfluss der Reihenfolgenbildung auf die Erreichung logistischer Ziele. Dies bedeutet jedoch im Umkehrschluss, dass mit dem Bestreben, die Umlaufbestände zu senken, die Bedeutung der Reihenfolgensteuerung tendenziell abnimmt.

In der Literatur ist eine Vielzahl unterschiedlicher Klassifikationen von Reihenfolgeregeln vorzufinden. Die Prioritätsregeln können in drei Gruppen unterteilt werden: Die erste Gruppe bilden jene Regel die zur Erhöhung der Liefertreue führen, zur zweiten Gruppe werden jene zusammengefasst, die zur Erhöhung des Servicegrades führen. Die letzte Gruppe an Reihenfolgeregeln führt zu einer Erhöhung der Leistung. Die Liefertreue ist die logistische Zielgröße, auf die die Reihenfolgebildung den größten Einfluss hat. Um die Liefertreue zu erhöhen können die folgenden Verfahren angewandt werden:

- First-in-First-out
- Frühester Plan-Starttermin: jener Auftrag mit dem frühesten Plan-Starttermin erhält die höchste Priorität.
- Frühester Plan-Endtermin: jener Auftrag mit dem frühesten Plan-Endtermin erhält die höchste Priorität.
- Geringster Restschlupf: jener Auftrag mit dem kleinsten Schlupf erhält die höchste Priorität. Der Schlupf bezeichnet die Zeitdauer bis zum Plan-Fertigstellungstermin des Auftrags, die nicht für die Bearbeitung benötigt wird.

- **Auftragserzeugung**[89]

Die Auftragserzeugung stellt eine sehr wichtige Planungsaufgabe dar. Sie legt Plan-Zugang, Plan-Abgang sowie die Plan-Reihenfolge der Fertigung fest und wirkt sich über den Rückstand hauptsächlich auf die Termintreue aus. Die Auftragserzeugung umfasst Aufgaben wie Produktionsprogrammplanung, Sekundärbedarfsermittlung sowie Termin- und Kapazitätsplanung. Sie bestimmt die Planwerte für die betriebsinternen Zielgrößen Bestand, Durchlaufzeit und Auslastung.

Es lassen sich drei Klassifizierungsmerkmale der Auftragserzeugung ableiten:

1. die *Auslösungsart* der Auftragserzeugung,
2. der *Erzeugungsumfang* der Auftragserzeugung und
3. die *Auslösungslogik* der Auftragserzeugung.

Bei der *Auslösungsart* wird zwischen der Auftragsfertigung (Auslöser ist hier ein Kundenauftrag) und der Lagerfertigung (Fertigungsauftrag wird schon vor Eingang eines Kundenauftrags erzeugt) unterschieden. Der *Erzeugungsumfang* lässt sich in einstufig und mehrstufig unterscheiden, je nachdem, ob ein Verfahren Aufträge für eine oder mehrere Stufen der Stückliste eines Produkts gleichzeitig

---

[89] vgl. Lödding, 2008, S. 133f

erzeugen kann oder nicht. Die *Auslösungslogik* entscheidet welche Logik bei der Auftragserzeugung angestrebt wird. Hierbei wird zwischen **periodischen** (Auftragserzeugung erfolgt zu bestimmten Zeitpunkten) und **ereignisorientierten** (die Erzeugungsentscheidung fällt nach Eintritt bestimmter Ereignisse) Auftragserzeugungen unterschieden.

4.6.2 Stellgrößen[90]

Der *Zugang* und *Abgang* der Fertigung sowie die *Reihenfolge*, in der die Aufträge abgearbeitet werden, bilden im Modell zur Fertigungssteuerung nach Lödding die Stellgrößen. Löddings Modell beinhaltet sowohl die von der Produktionsplanung festgelegten Plan-Werte als auch die von der Fertigungssteuerung bestimmten Ist-Werte. Der Zugang beschreibt die Arbeit, die der Fertigung in Form von Aufträgen mit einer bestimmten Vorgabezeit zukommt. Charakteristisch für diese Stellgröße sind der Betrag und der Zeitpunkt des Zugangs bzw. die Reihenfolge der eingehenden Aufträge der Fertigung. Ähnliches gilt für den Abgang, der ebenfalls durch den Betrag und den Zeitpunkt der Arbeit beschrieben werden kann, der von einer Fertigung abgearbeitet wird. Die Reihenfolge des Abganges wird nach Lödding als eigenständige Stellgröße definiert.

4.6.3 Regelgrößen[91]

Aus der Abweichung zwischen zwei Stellgrößen ergibt sich die Regelgröße der Fertigungssteuerung. In Löddings Modell der Fertigungssteuerung bilden der Bestand, der Rückstand sowie die Reihenfolgeabweichung die Regelgrößen. Die Differenz zwischen Ist-Zugang und Ist-Abgang einer Fertigung bildet den Bestand der Fertigung. Die Regelgröße Bestand wirkt sich auf die Zielgrößen, Auslastung der Fertigung, die Durchlaufzeiten der Aufträge sowie den Bestand aus. Aus der Differenz von Ist-Abgang und Plan-Abgang ergibt sich der Rückstand der Fertigung. Bei positivem Rückstand ist der Plan-Abgang größer als der Ist-Abgang. Der Rückstand beeinflusst stark die Termintreue der Fertigung. Sowohl bei der Bestimmung des Bestandes als auch bei der Bestimmung des Rückstands, werden die Stellgrößen kumuliert über die Zeit gemessen. Die Reihenfolgeabweichung ergibt sich aus der Differenz von Plan- Reihenfolge und Ist-Reihenfolge. Sie beeinflusst ebenfalls die Termintreue der Fertigung.

---

[90] vgl. Lödding, 2008, S. 8
[91] vgl. Lödding, 2008, S. 8

4.6.4 Logistische Zielgrößen[92]

Bestand, Auslastung, Durchlaufzeit und Termintreue bilden die **vier logistischen Zielgrößen** (siehe auch Kapitel 5.1). Der Bestand bestimmt mit, wie viel Kapital im Umlaufbestand der Fertigung gebunden ist und wie viel Stellfläche in der Produktion benötigt wird. Die Auslastung gibt an wie hoch die Wahrscheinlichkeit ist, dass eine Maschine oder ein Arbeiter, aufgrund von fehlenden Aufträgen, nicht arbeiten kann. Damit wirkt sie sich maßgeblich auf die Kosten der Fertigung aus. Die Durchlaufzeit bildet die Untergrenze für die Lieferzeit eines Auftrages, also die Zeitdauer von der Freigabe eines Auftrags bis zu seiner Fertigstellung. Die Termintreue ist jener prozentuale Anteil der Aufträge, der innerhalb einer definierten Termintoleranz (innerhalb eines vorgegebenen Plan-Fertigungstermins) fertig zu stellen ist.

■ 4.7 Steuerungskonzepte in der PPS

Zu den Aufgaben der Produktionsplanung und -steuerung (PPS) gehört es, den Auftragsdurchlauf und damit den Materialfluss durch die Produktion so zu steuern, dass die Aufträge möglichst rasch durch die Produktion laufen und zum gewünschten Termin fertig gestellt sind (Ziel: kurze Durchlaufzeit, hohe Termintreue). Dazu müssen die Warteschlangen an den Arbeitssystemen möglichst kurz sein (Ziel: geringe Bestände). Weiterhin soll das Abreißen des Materialflusses insbesondere bei Engpasssystemen vermieden werden (Ziel: hohe und gleichmäßige Auslastung).[93]

Die an die Fertigungssteuerung gestellten Anforderungen sind in hohem Maß von der Struktur der Fertigung, wie Fließfertigung, Inselfertigung, Werkstattfertigung etc., und der Struktur der in der Fertigung bearbeiteten Aufträge (Art und Anzahl unterschiedlicher Produkte und deren Varianten, Stückzahlen je Variante, Mittelwert und Streuung der Arbeitsinhalte).[94]

Grundsätzlich gibt es zwei Arten der Steuerung, welche zurzeit in der Praxis Anwendung finden, mit Hilfe derer man die unterschiedlichen Planungsparameter Termine, Kapazitäten, Bestände, etc. plant und steuert.

---

[92] vgl. Lödding, 2008, S. 8 f
[93] vgl. Arnold, 2008, S. 333
[94] vgl. Arnold, 2008, S. 334 f

4.7.1 Grundlegende Steuerungsprinzipien

4.7.1.1 Push-Prinzip

Bei dem Push- oder Schiebesteuerungsprinzip wird der Impuls zur Fertigung mit Hilfe eines Auftrages von einer zentralen Planungsstelle ausgelöst. Auf diesen Anstoß hin durchläuft das Erzeugnis alle Wertschöpfungsstufen, bevor es das Unternehmen verlassen kann. Das Produkt wird förmlich durch die Produktion geschoben. Es ergeben sich teilweise lange Reaktionszeiten und sich auftürmende Bestände als prinzipbedingte Nachteile.

Eine Push-Steuerung ist immer dann besonders geeignet, wenn die Wiederholhäufigkeit des Produktes sehr gering ist, bzw. eine Fließfertigung im Takt ohne Puffer möglich ist.

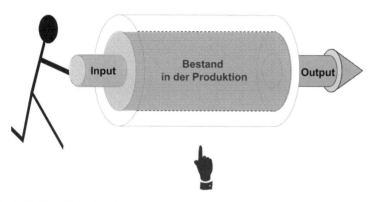

Bild 4.23 Push- bzw. Schiebeprinzip

4.7.1.2 Pull-Prinzip

Demgegenüber steht die Pull- oder Ziehsteuerung. Während beim konventionellen Push-Prinzip Teile bearbeitet werden und anschließend zur nachgelagerten Station weitergeleitet werden, liegt beim Pull-Prinzip eine Sogwirkung der vorgelagerten Stationen vor. Ausgehend vom Vertrieb, der die Kundenbestellungen entgegennimmt und als einziger Bereich die Bedarfsmenge und den Bedarfstermin kennt, entsteht ein entgegengesetzt zum Materialfluss ablaufender Informationsfluss, durch den ein Materialtransport zwischen den einzelnen Stationen bedarfsgerecht ausgelöst wird. So erhält jede Station innerhalb der Wertschöpfungskette gerade die Menge, die sie zum Produzieren benötigt und produziert nichts, was nicht in einer nachgelagerten Arbeitsstation gebraucht wird und sich als Zwischenbestand bemerkbar machen würde.

Der Auslöser einer Pull-Produktion ist immer der Kunde. Bestellt er ein Produkt, so wird der jeweilige Bedarf, angefangen beim Vertrieb bis hin zum Rohmateriallager (oder sogar Lieferanten), durch die Produktion „gezogen", wobei die Anzahl der produzierten Güter ein genaues Abbild der Verkaufszahlen darstellt. Mit diesem Prinzip werden die kapitalintensiven Lager- und Umlaufbestände reduziert, sodass mit lediglich geringen Sicherheitspuffern verschwendungsfrei produziert wird.

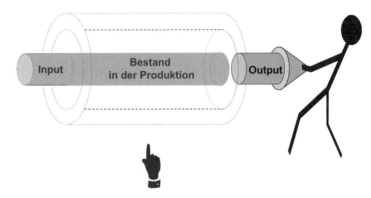

Bild 4.24 Pull- bzw. Ziehprinzip

4.7.2 Just-In-Time (JIT)

Die *Just-In-time (JIT)-Steuerung* ist ein spezielles Konzept zur Steuerung des Material- und Produktionsflusses in der Logistikkette, das in der japanischen Automobilindustrie entwickelt wurde und ab 1980 in den USA und in Europa Verbreitung fand. Die Grundidee besteht darin, die aufeinander folgenden Produktions- und Transportprozesse so zu synchronisieren, dass jeder Prozess das Material genau dann bereitstellt, wenn der jeweilige Nachfolgeprozess es benötigt, also „just in time".[95]

Vorteile:
- Bestandsreduzierung des in der Produktion befindlichen Materials
- Durchlaufzeitverkürzungen über die gesamte innerbetriebliche logistische Kette
- Rüstzeitverkürzungen
- Produktivitätssteigerungen
- Raumersparnis durch Reduzierung von Lagerfläche und verbessertes Layout
- Qualitätsverbesserung

Nachteile:
- Tausch von Sicherheit in eine vermeintlich bessere Rentabilität
- Abkehr von der Vorratswirtschaft zugunsten des Risikos
- Inkaufnahme von Risiken zugunsten von Kapitaleinsparungen

---

[95] vgl. Arnold, 2008, S. 10

- Kostenumschichtung von Lager und Kapitalkosten in Risikokosten
- Höhere Kosten durch Schaffung von zusätzlicher Infrastruktur
- Kostenerhöhung durch Beschaffungspreise wegen kleinerer Mengen, durch Stärkung der Machtposition des Lieferanten und durch erschwerte Umstellung auf günstigere Lieferanten
- Zulieferer geraten in Schwierigkeiten und büßen ihre wirtschaftliche Existenz ein
- Zunahme der gesamtwirtschaftlichen Transportmittelkapazität durch geringere Auslastung

4.7.3 Just-In-Sequence (JIS)

Im Zusammenhang mit dem Just-in-Time-Prinzip ist der Begriff Just-In-Sequence (JIS) geprägt worden. Darunter wird dasselbe Prinzip wie bei Just-In-Time verstanden, mit der Erweiterung, dass die gelieferten Teile oder Komponenten in genau der Reihenfolge angeliefert werden, in der sie beim Hersteller verbaut werden.[96]

Der Hersteller kann in solch einem JIS-Prozess so genannte Sequenzimpulse senden, die den Lieferanten dazu veranlassen, das Material genau dann einbaufertig und in der richtigen Reihenfolge an seinem Bestimmungsort zuzustellen, wenn es gebraucht wird.

Die Zulieferer müssen ihre Produkte somit sequenzgenau zustellen. Dies bedeutet, dass diese in der Reihenfolge der Montage direkt am Montageband an den Kunden geliefert werden. Mit einer solchen Lösung realisiert der Zulieferer erfolgreich die Produktion in derselben Sequenz wie der Hersteller und ermöglicht damit, dass alle Teile genau zu dem Zeitpunkt beim Hersteller angelangen, wenn er sie für seine Produktion benötigt.

Es sollen nicht nur die benötigten Module rechtzeitig und in der notwendigen Menge geliefert werden, sondern der Lieferant muss die benötigten Module zusätzlich in der richtigen Reihenfolge (sequenzgerecht) anliefern (siehe Bild 4.25).

Dieses Prinzip ist beispielsweise dann zu nutzen, wenn die Bereitstellungsfläche beim Hersteller, auf der die gelieferte Ware kurzzeitig zwischengelagert werden kann, räumlich stark begrenzt ist, so dass kein Platz für ein etwaiges Umrangieren von Waren besteht.

JIS-Anlieferungen spielen vor allem in der Automobilbranche eine immer größere Rolle, was zur Folge hat, dass immer mehr Zulieferer ihre Distributionslogistik dementsprechend anpassen müssen.

---

[96] vgl. Arnold, 2008, Kapitel B 2.6

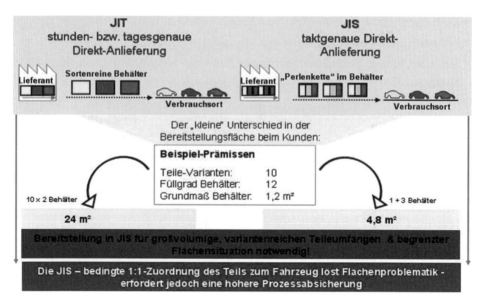

Bild 4.25 Vergleich JIT – JIS

4.7.4 KANBAN

Das japanische KANBAN-System (KANBAN = Karte, Schein) ist ein verbrauchsgesteuertes System für überwiegend gleich bleibenden Materialfluss. Das KANBAN-System ist ein Instrument, das Anweisungen zur Erzeugung, Förderung und Lagerung von Materialien bewirkt. Ziel des KANBAN-Systems ist es, auf allen Produktionsstufen eine **Produktion auf Abruf** (Just-In-Time-Produktion) zu erreichen, um:

- Materialbestände minimieren (Reduzierung der Lagerflächen)
- Durchlaufzeiten verkürzen
- Qualität verbessern (nur i. O. Teile werden weitergegeben)
- Steuerungsaufwand reduzieren (Selbststeuerung)
- Hohe Liefertreue (Termineinhaltung) gewährleisten
- Höhere Produktqualität und -flexibilität
- Arbeitsproduktivität steigern

Basis für das KANBAN-System ist die KANBAN(-Karte) (siehe Bild 4.26). Neben Informationen wie Namen, Arbeitsanweisungen, zu verwendendes Werkzeug, Prozessparametern und eventuellen Skizzen gibt eine KANBAN(-Karte) Antwort auf folgende Fragen:

- Wer?   Produzierende Stelle
- Was?   Bezeichnung, Identifikationsnummer

4.7 Steuerungskonzepte in der PPS

- Woher?   Herkunft der Teile
- Für wen?   Verbrauchende Stelle
- Wie viel?   Menge, Losgröße, Behälterinhalt;
- Wann?   Abholzeit, (auf der Karte) von der produzierenden Stelle

KANBAN-Karte	Karten-Nr.:	1	Start bei Karte	3
	Anz.-Karten:	6	(Strichcode) 215654898465432532	
Lieferstelle:	Blechraum / Säge			
Sachnummer:	64 25 465			
Kurzbezeichnung:	Kabelabfangschiene			
Behälter:	Blechkiste 500x250x200			
Transportmittel:	Hubwagen			
Ablieferplatz:	Vormontage	Station:	20	Bild
Lagerplatz:	SAB 47 11 02			
Menge:	100	Lieferzeit:	3 Arbeitstage	
Material:	C-Profil 98 03 533			
Arbeitsfolgen:		Arbeitsfolgen:		Zeit
1. Sägen (Länge 170 mm) 2. Entgraten 3. Bohren / Lochen 4. Versenken 5. Schleifen				4,5 Std.

Bild 4.26 Darstellung einer KANBAN

Der Einsatz von KANBAN erfolgt jeweils zwischen einer bestimmten Materialquelle und der dazugehörenden Materialadresse. Beim Eintreffen einer KANBAN beginnt die erzeugende Stelle, also die Quelle, das angegebene Material bereit- bzw. herzustellen. Sobald die vorgeschriebene Teilezahl im Behälter abgelegt worden ist, wird die KANBAN beigefügt und der Behälter zusammen mit der Karte zu der angegebenen Adresse geschickt. Wenn dort ein vorgegebener Mindestbestand erreicht bzw. unterschritten wird, wird die KANBAN wieder zur Quelle geschickt (siehe Bild 4.27 und Bild 4.28).

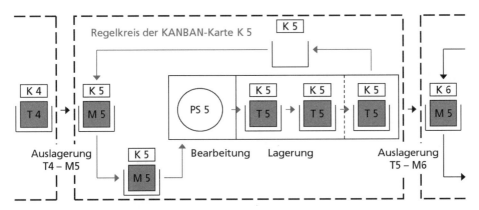

Bild 4.27 Regelkreis der KANBAN-Karte K5

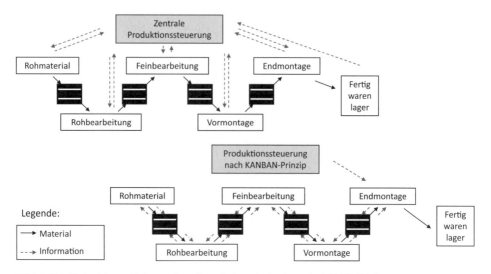

Bild 4.28 Material- und Informationsfluss bei zentraler bzw. bei KANBAN-Steuerung

Da jedem Behälter eine Karte zugeordnet ist, lässt sich über die Zahl der ausgegebenen KANBAN die Zahl der im Umlauf befindlichen Behälter und damit der maximale Umlaufbestand beeinflussen.

Grundsätzlich lassen sich mehrere Arten von KANBAN unterscheiden:

- Produktions-Kanban
- Transport-Kanban
- Einkaufs-Kanban
- Laufkarten-Kanban
- Lager-Kanban
- Sonder-Kanban

Da sich das KANBAN-System nur bei sich häufig wiederholenden Arbeitsvorgängen wirtschaftlich einsetzen lässt, liegt das vorwiegende Einsatzgebiet in der Serien- und Massenproduktion.

Bild 4.29 gibt einen Überblick über die Einsatzeignung des KANBAN-Systems in Bezug auf die Auftragsstruktur.

Vorteile:

- Transparenz des Steuerungsverfahren
- Verbesserung der Liefertermintreue
- Verminderung des Planungsaufwands
- Verminderung des Materialbestands
- Beschleunigung des Materialflusses
- Kürzere Durchlaufzeiten und Senken der durchschnittlichen Lieferzeit

	Auftragsstruktur		
	Massenproduktion	Serienproduktion	Einzelproduktion
	mit großer Wiederholhäufigkeit der Aufträge	mit Varianten und schwankender Auftragsstückzahl	mit großer Variantenhäufigkeit
	Z.B.: PKW, Kameras, Elektrogeräte	Z.B.: Landmaschinen, Haushaltsgeräte, Werkzeugmaschinen	Z.B.: Anlagen, Spezialmaschinen, Schiffe
	gut geeignet	geeignet	ungeeignet

Bild 4.29 KANBAN-Einsatz bei verschiedenen Auftragsstrukturen

Nachteile:

- Empfindlich gegenüber Schwankungen im Produktionsprogramm
- Der KANBAN-Ansatz hat den Nachteil, dass er sich bei schwankendem Bedarf nur über Liegezeiten in den Pufferlagern respektive über die Losgrößenauflagefrequenz anpasst
- Bei bestimmter Schwankungsbreite des Teileverbrauches ist eine Neuplanung erforderlich
- Der Auftrag, der bei einem Betriebsmittel eintrifft, muss sofort bearbeitet werden
- Die gesamte logistische Kette muss optimal gestaltet werden, damit sie nicht beim schwächsten Glied abreißt
- Die Produktion muss im Produktionsmix ausbalanciert sein
- Die Arbeitsplatzorganisation muss reibungslos funktionieren

4.7.5 Fortschrittzahlen

Bei diesem Konzept wird der Bedarf einer Planungsperiode kumuliert und in Abhängigkeit von der Zeit in einem Koordinatensystem abgetragen, wobei die Planwerte im Vergleich zu den Ist-Werten betrachtet werden. Dieses System ist ein Kontroll- und Planungsinstrument ohne verbindliche Dispositionsauflagen gegenüber dem Lieferanten.[97]

Diese Kurve dient dem Zulieferer oder dem in der Produktion vorgelagerten Bereich als Soll-Lieferplan. Sowohl die produzierten als auch die angelieferten Men-

---
[97] vgl. Gienke; Kämpf, 2007, S. 1011

gen werden nun ebenfalls in dieses Koordinatensystem eingetragen. Hiermit können die Soll- mit den Ist-Werten folgendermaßen verglichen werden:

Übersteigt die Fortschrittszahl (kurz: FZ) der Ist-Kurve diejenige der Soll-Kurve, so liegt ein Vorlauf (Überdeckung) vor, umgekehrt wäre ein Rückstand zu erkennen. Das Fortschrittszahlenkonzept dient somit als einfaches Kontroll- und Planungsinstrument. Die externen und internen Zulieferer (abgegrenzte Bereiche im Unternehmen) verfügen somit über weitest gehende Planungsautonomie.

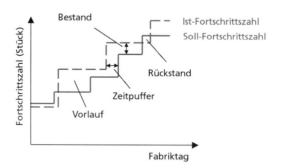

Bild 4.30 Prinzip der Fortschrittszahlendarstellung

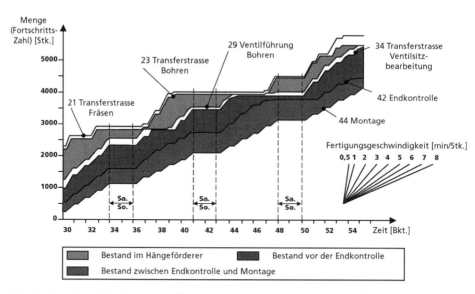

Bild 4.31 Beispiel für die Fortschrittszahlendarstellung aus der Automobilindustrie

Einsatzvoraussetzungen des FZ-Konzeptes sind eine lineare Produktionsstruktur und ein hoher Wiederholungsgrad. Dies macht die Serien- und Massenproduktion nach dem Fließprinzip zum klassischen Anwendungsfall und schließt alle Formen der Einzel- und Kleinserienproduktion aus. Bedingt geeignet ist die Serienproduktion nach dem Gruppenprinzip, wenn die Anzahl verschiedener Produkte gering ist. Werkstatt- und Zentrallagerprinzip weisen in der Regel ein zu großes Produktspektrum auf.

Vorteile:

- Einfache Handhabung (wenige Steuerungsparameter)
- Erhöhung der Lieferbereitschaft und Lieferfähigkeit durch kundennahe Planung und Steuerung der Produktion
- Schnelle und flexible Reaktion auf Änderung der Abrufe
- Rechtzeitiges Erkennen und Beseitigen von Engpässen sowie eine Reduzierung der Bestände und Erhöhung der Termintreue
- Relevante Informationen aus Vertrieb, Fertigung und Montage einfach verknüpfbar

Nachteile:

- Lediglich ein Kontrollsystem
- Keinen Einfluss auf die Durchlaufzeit
- Feinterminierung und Reihenfolgeplanung sind noch nicht gelöst
- Kapazitätsauslastung nicht direkt erkennbar
- Nur für hohe Auftragswiederholhäufigkeit geeignet

4.7.6 Belastungsorientierte Auftragsfreigabe (BOA)

Die belastungsorientierte Auftragsfreigabe ist durch die veränderten Zielsetzungen der Produktionssteuerung motiviert. Während früher eine möglichst gute Kapazitätsauslastung im Vordergrund stand, werden heute aufgrund des Marktdrucks kurze Lieferzeiten, Termintreue und hohe Flexibilität erwartet. Für die Unternehmen bedeutet dies, dass kurzen Auftragsdurchlaufzeiten, niedrigen Werkstattlagerbeständen und Termineinhaltung höhere Bedeutung zukommt als der Maximierung der Auslastung.

Bei Rechensimulationen von Produktionsabläufen wurde festgestellt, dass durch ein geringfügiges Absinken der Kapazitätsauslastung eine überproportionale Bestandsreduzierung sowie eine Durchlaufzeitenreduktion auftraten. Die einzelnen Kapazitätseinheiten lassen sich als Trichter darstellen. Bild 4.32 beschreibt die Entstehung einer Durchlaufkurve.

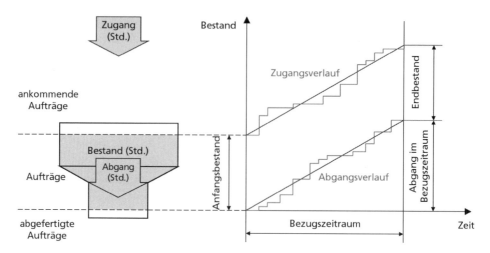

Bild 4.32 Durchlaufkurven und Auftragsbestand

Aufgabe der belastungsorientierten Auftragsfreigabe ist es, eine Menge von Aufträgen, die nach Art, Menge und Termine vorgegeben sind, so auf die gegebenen Kapazitäten zu verteilen, dass diese zu den geforderten Terminen fertig gestellt sind. Voraussetzung hierfür ist, dass die zu bearbeitenden Aufträge in der Planungsperiode frühzeitig bekannt sein müssen. Andernfalls erfolgt eine Zunahme der Durchlaufzeitensteuerung als Folge des Durchlaufzeitsyndroms.

Die Dispositionsregel bei der belastungsorientierten Auftragsfreigabe lautet: Erst wenn eine dieser Kapazitätseinheiten (Trichter) leer zu laufen droht, wird ein neuer Auftrag für die Produktion freigegeben. Die sonst üblichen Warteschlangen innerhalb der Werkstatt stauen sich nicht vor den einzelnen Anlagen, sondern bleiben außerhalb und zwar in Form zu disponierender Aufträge. Das Trichtermodell einer Werkstatt ist im Bild 4.33 dargestellt.

Die belastungsorientierte Auftragsfreigabe wurde für die Einzel- und Serienproduktion variantenreicher Produkte nach dem Werkstattprinzip entwickelt. Damit liegt das Hauptanwendungsgebiet fest.

Massen- und Serienproduktion nach dem Fließprinzip schließen sich aus, da die Aufträge nicht um Kapazitäten konkurrieren. Das Gruppenprinzip als Mischform von Werkstatt- und Fließprinzip ist umso besser geeignet, je weniger ausgeprägt die verwirklichte Linienstruktur ist.

Der Vorteil des Zentrallagerprinzips, nämlich die kurzfristige Neudisposition noch nicht beendeter Aufträge, käme bei einer Steuerung mittels belastungsorientierter Auftragsfreigabe nicht zum Tragen. Somit ist eine Kombination aus BOA und Zentrallagerprinzip nicht sinnvoll.

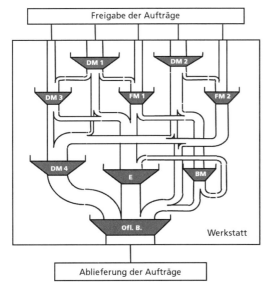

Bild 4.33
Trichtermodell einer Werkstatt

Trotz der Integration in vielen PPS Systemen hat sich BOA in der Praxis nicht durchsetzen können. Ein Grund sei die periodenorientierte Freigabe von ganzen Folgen von Aufträgen, wodurch bei Aufträgen mit vielen Arbeitsgängen die Regelungsmöglichkeit nach Auftragsfreigabe fehlt.

Vorteile:
- Auftragsfreigabe bei voraussichtlicher Durchführbarkeit der Arbeitsgänge
- Belastungsschranke verhindert eine Überlastung der Arbeitssysteme
- Einfaches Verfahren, da nur zwei Steuerungsparameter (Termin- und Belastungsschranke)
- Starke Reduzierung der Durchlaufzeit ohne nennenswerte Einbußen seitens der Kapazitätsauslastung

Nachteile:
- Statistisches Verfahren, einzelne Aufträge können nicht gezielt gesteuert und verfolgt werden
- Rüst-, Leer- und Kapitalbindungskosten weitgehend unberücksichtigt
- Unbefriedigende Ergebnisse bei hohem Anteil an Eilaufträgen und Bedarfs-/Terminänderungen
- Nur für kleine Arbeitsinhalte der Aufträge geeignet, damit pro Periode mehrere Aufträge an einem Arbeitssystem bearbeitet werden können

4.7.7 Constant Work in Process-Steuerung (Conwip)[98]

Die Grundidee des Verfahrens ist, den Bestand einer Fertigung bzw. einer Fertigungslinie auf konstantem Niveau zu halten. Die Bestandsregelung erfolgt mit Hilfe von sogenannten Conwip-Karten, die die Basis des Steuerungsverfahrens bilden.

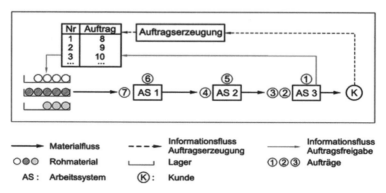

Bild 4.34 Prinzip der Conwip-Steuerung[99]

Das Grundprinzip des Steuerungsverfahrens ist sehr einfach: ein Auftrag wird nur dann für die Bearbeitung freigegeben, wenn der Umlaufbestand die Bestandsgrenze unterschreitet (vgl. Bild 4.34). Der freizugebende Auftrag wird aus einer Liste, die die freizugebenden Aufträge beinhaltet, ausgewählt. Hierbei wird jener Auftrag mit der höchsten Priorität ausgewählt. Die Liste der freizugebenden Aufträge enthält alle noch nicht freigegebenen Aufträge, deren Plan-Starttermin innerhalb eines vorgegebenen Zeithorizont liegt. Wesentliches Merkmal dieses Steuerungsverfahrens ist die Bestandsregelung, die mit Hilfe von Conwip-Karten umgesetzt wird. Wichtig ist, dass kein Auftrag zur Fertigung freigegeben werden darf ohne begleitende Conwip-Karte. Während des gesamten Durchlaufs in der Fertigung bleibt die Karte beim Auftrag. Nachdem ein Auftrag fertig gestellt wurde, wird die Karte frei und indiziert die Freigabe eines neuen Auftrags. Der Bestand entspricht der Anzahl der Conwip-Karten, wenn die folgenden Bedingungen erfüllt werden:

- Die Liste der freizugebenden Aufträge enthält immer mindestens einen Auftrag, wenn die Conwip-Karte frei wird.
- Die Aufträge werden unmittelbar nach dem Freiwerden einer Conwip-Karte freigegeben (Informationsdurchlaufzeit = 0).

---

[98] vgl. Lödding, 2008, S. 329 f
[99] Lödding, 2008 S. 328

Die Anzahl der Conwip-Karten gilt als der wichtigste Verfahrensparameter der Conwip- Steuerung. Sie regelt den Bestand und damit auch die Auftragsdurchlaufzeit. Das Verfahren kann sowohl Aufträge steuern, die durch einen Kunden ausgelöst werden, als auch Lageraufträge. Im Folgenden wird die Conwip-Steuerung anhand eines Beispiels näher erläutert:

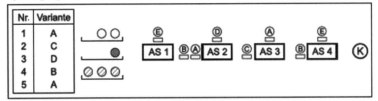

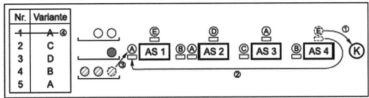

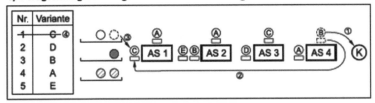

Bild 4.35 Funktionsweise der Conwip-Steuerung (Beispiel)[100]

Bild 4.35 zeigt eine zu steuernde Fertigungslinie mit fünf verschiedenen Varianten (A bis E) sowie vier Arbeitssysteme (AS 1 bis AS 4). Die Anzahl der Conwip-Karten ist auf acht begrenzt. Bild 4.35a, beschreibt den Ausgangszustand: Alle acht Conwip-Karten befinden sich in der Fertigung; die Liste der freizugebenden Aufträge zeigt die Reihenfolge und Varianten der nächsten fünf Freigaben an. Wird ein Auftrag fertiggestellt (Variante E an AS 4; Schritt 1), so wird diese Conwip-Karte frei (Schritt 2). Die freigewordene Karte führt zur Freigabe eines Auftrags für

---

[100] Lödding, 2008, S. 330

Variante A und zur Materialbereitstellung (Schritt 3). Anschließend wird der freigegebene Auftrag (Nr. 1 Variante A) von der Liste gestrichen (Schritt 4). Die Conwip-Steuerung gibt demnach nicht notwendigerweise die gleiche Variante für die Fertigung frei, die fertig gestellt wurde.

Die Conwip-Steuerung weist gewisse Ähnlichkeiten mit KANBAN auf, **die wesentlichen Unterschiede zu KANBAN** sind:[101]

- Der Steuerungskreis bezieht sich auf einen gesamten Fertigungsbereich und nicht wie bei KANBAN auf ein Arbeitssystem.
- Der Bestand wird pro Fertigungsbereich und nicht wie bei KANBAN pro Material gesteuert.
- Priorisierte Kunden- oder Plan-Aufträge werden in die Planung mit einbezogen.

Vorteile:

- Es kann auch bei einer hohen Variantenvielfalt kundenauftragsbezogen gefertigt werden.
- Je nach derzeitigem Produktspektrum sammelt sich der Bestand immer vor dem aktuellen Engpass, dieser ist also durchgehend mit Material versorgt.
- Geringe Lagerkosten, da Zwischenlagerbestände fehlen.
- Einfache Steuerung
- Die Aufträge mit höchster Priorität können als nächstes bearbeitet werden.

Nachteile:

- Die Conwip-Steuerung reagiert empfindlich auf Ausschuss und Nacharbeit, da nur dann neue Aufträge eingeschleust werden können, wenn andere Aufträge fertiggestellt werden.
- Wenn einer der ersten Arbeitsplätze des Conwip-Kreislaufs den Engpass darstellt, wird dieser nicht immer mit Aufträgen versorgt.
- Falls die Aufträge nicht rechtzeitig freigegeben werden, kann dies zu einem Materialflussabriss an einzelnen Stationen führen.

Ziele der Conwip-Steuerung:

- Den Bestand innerhalb eines Systems möglichst konstant zu halten.
- Eine Termingerechte Lieferung durch gesenkte Durchlaufzeiten.
- Die Anzahl der Karten so weit zu reduzieren, wie es ein unterbrechungsfreier Produktionsfluss erlaubt.

---

[101] vgl. Jodlbauer, 2007

4.7.8 Engpass-Steuerung[102]

Die Engpass-Steuerung basiert auf der Erkenntnis, dass der Engpass bestimmend für den Material- und Warenfluss des gesamten Unternehmens ist. Einsatzgebiet ist in erster Linie die Werkstattfertigung mit schlecht aufeinander abgestimmten Kapazitäten.

Die Engpass-Steuerung wird durch fünf allgemeine Schritte im Rahmen der Theory of Constraints (TOC) verallgemeinert.

- Identifikation von Systembeschränkungen: Der maximale Output eines Produktionssystems wird durch die Engpässe bestimmt. Sie beeinflussen den Durchsatz, die Bestände und die Durchlaufzeiten.
- Effiziente Ausnutzung der Engpässe: Der Durchsatz der Engpässe diktiert den Material- und Warenfluss des gesamten Produktionssystems. Um diesen Durchsatz zu erhöhen kann es zweckmäßig sein, Produktions- und Transportlosgrößen unterschiedlich zu wählen. Die Lose an den Engpässen müssen unter Umständen größer sein als an den übrigen Maschinen, um die Anzahl der Rüstvorgänge an der Engpassmaschine möglichst gering zu halten. Des Weiteren müssen vor den Engpässen Puffer vorgesehen werden, damit Unregelmäßigkeiten oder Planabweichungen davor keine Auswirkungen auf den Gesamtdurchsatz haben.
- Unterordnung aller übrigen Ressourcen unter die in den ersten beiden Schritten getroffenen Entscheidungen: Nicht-Engpässe sollten nicht bis an die Kapazitätsgrenze ausgelastet werden, sondern lediglich so, dass der Durchsatz an den Engpässen sichergestellt ist.
- Lockerung von Engpässen im System: Eine Stunde, die an einem Engpass verloren geht, geht im Gesamtsystem verloren. Eine Stunde, die an einem Nicht-Engpass gewonnen wird, bringt nichts für das Gesamtsystem.
- Sofern durch die vorhergehenden Schritte Beschränkungen beseitigt werden können, zurück zum 1. Schritt gehen: Auf diese Weise können Engpässe schrittweise beseitigt und das Produktionssystem kontinuierlich verbessert werden.

Die Verfahrensregeln der Engpass-Steuerung ähneln denen der Conwip-Steuerung. Im Gegensatz zur Conwip-Steuerung regelt die Engpass-Steuerung den Bestand aber nur bis zum Engpass-Arbeitssystem. Die Arbeitssysteme nach dem Engpass-Arbeitssystem bleiben unberücksichtigt. Das Steuerungsverfahren wird daher nur bei eindeutig bestimmbaren Engpass-Arbeitssystemen verwendet.

Das Prinzip der Engpass-Steuerung wird nun mit Hilfe eines Anwendungsbeispiels erläutert (siehe Bild 4.36):

---

[102] vgl. Lödding, 2008, S. 339 f

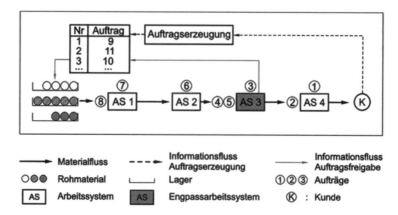

Bild 4.36 Prinzip der Engpass-Steuerung[103]

Sobald der Bestand in der Fertigungslinie bis einschließlich des Engpass-Arbeitssystems einen vordefinierten Planwert unterschreitet, erfolgt die Freigabe des nächsten Auftrags. Wie bei der Conwip-Steuerung, wird jener Auftrag mit der höchsten Priorität aus der Liste der freizugebenden Aufträge ausgewählt. Basis für die Engpass-Steuerung ist die Engpass-Karte, ohne der kein Auftrag freigegeben werden darf. Die Karte gilt als Begleiter des Auftrags von der Freigabe bis hin zum Abschluss der Bearbeitung des Auftrags im Engpass-Arbeitssystem. Anschließend wird die Karte frei und indiziert die Freigabe eines neuen Auftrags. Die Engpass-Karten begrenzen damit den Bestand in der Fertigungslinie bis zum Engpass-Arbeitssystem.

Bild 4.37 zeigt eine Fertigungslinie, die mit Hilfe einer Engpass-Steuerung gesteuert wird. AS 1 bis AS 4 symbolisieren vier Arbeitssysteme, wobei AS 3 einen Durchsatzengpass der Fertigungslinie darstellt. Bild 4.37a zeigt die Ausgangssituation in der sich 8 Aufträge in der Fertigungslinie befinden. Sechs davon befinden sich entweder im oder vor dem Engpass-Arbeitssystem und verfügen daher über eine Engpass-Karte. Wird ein Auftrag am Engpass-Arbeitssystem fertiggestellt, reiht sich dieser in die Warteschlange von AS 4 ein (Schritt 1 in Bild 4.37b). Die freigewordene Karte führt zur Freigabe des nächsten Auftrags aus der Liste der freizugebenden Aufträge (Schritt 2 und 3). Anschließend wird der freigegebene Auftrag von der Liste gestrichen (Schritt 4).

---

[103] Lödding, 2008, S. 340

4.7 Steuerungskonzepte in der PPS

a) Ausgangssituation

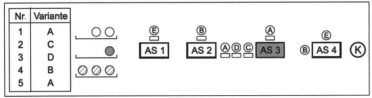

b) Bearbeitungsende eines Auftrags am Engpassarbeitssystem und Freigabe eines neuen Auftrags

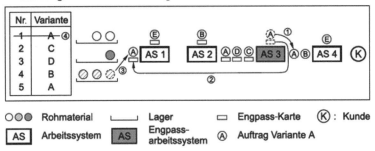

Bild 4.37 Funktionsweise der Engpass-Steuerung (Beispiel)[104]

---

[104] Lödding, 2008, S. 341

5 Produktionskennlinien

5.1 Überbegriff „Logistische Kennlinien"

Die logistischen Leistungsmerkmale Lieferzeit und Liefertreue gewinnen für Unternehmen als Differenzierungsmöglichkeit am Markt, neben einem hohen Qualitätsniveau und dem Preis, zunehmend an Bedeutung. Zur Sicherstellung und zum Ausbau einer hohen Lieferfähigkeit müssen Produktionsstrukturen so gestaltet werden, dass sie die Realisierung marktgerechter Lieferzeiten ermöglichen und dadurch die logistische Prozessfähigkeit des Unternehmens gewährleisten. Ist es aufgrund der realisierten Strukturen möglich, eine gewünschte Lieferfähigkeit zu erreichen, besteht die Aufgabe darin, das geschaffene logistische Potential auszuschöpfen und somit eine hohe logistische Prozesssicherheit zu realisieren.[1] Die vollständige Beschreibung der komplexen logistischen Abläufe in einer Produktion, mit einem einzigen Modell, ist weder sinnvoll noch möglich. Daher ist eine Problemzerlegung notwendig und zur weiteren Beschreibung der logistischen Abläufe werden die folgenden elementaren Referenzprozesse

- Produzieren und Prüfen
- Transportieren
- Lagern und Bereitstellen

herangezogen. Mit diesen Referenzprozessen kann generell jeder Produktionsprozess aus logistischer Sicht beschrieben werden (siehe Bild 5.1 und Bild 5.2).[2]

---

[1] vgl. Nyhuis; Wiendahl, 2003, S. 2f
[2] vgl. Nyhuis; Wiendahl, 2003, S. 10

		Referenzprozesse Produktion		
		Produzieren und Prüfen	Transportieren	Lagern und Bereitstellen
Logistische Zielgrößen	Termineinhaltung	hohe Termintreue	hohe Termintreue	niedriger Lieferverzug
	Durchlaufzeit	kurze Durchlaufzeit	kurze Transportdurchlaufzeit	kurze Lagerverweilzeit
	Leistung	hohe Auslastung	hohe Auslastung	
	Bestand	niedriger Umlaufbestand	niedriger Transportbestand	niedriger Lagerbestand
	Kosten	geringe Kosten je Leistungseinheit	geringe Kosten je Transportvorgang	geringe Lagerhaltungskosten

Bild 5.1 Logistische Zielgrößen für die Referenzprozesse der Produktion

Bild 5.1 verknüpft nun diese drei elementaren Referenzprozesse mit den operationalen logistischen Zielgrößen, welche sich aus den logistischen Erfolgsfaktoren bzw. Leistungsmerkmalen ableiten lassen. Diese Zielgrößen sind in sich widerspruchsbehaftet und beschreiben somit die jeweils spezifische Problemstellung für die Referenzprozesse.[3]

Beim **Produzieren und Prüfen** gilt es kurze Durchlaufzeiten und eine hohe Termintreue zu realisieren, um die Kundenanforderungen einzuhalten und die Planungssicherheit zu erhöhen. Das Unternehmen möchte hingegen eine hohe Auslastung der bereitgestellten Kapazitäten sowie möglichst niedrige Bestände, um so die durch die Produktionslogistik beeinflussbaren Kosten zu minimieren. Wie Bild 5.2 zeigt, unterstützen sich einige dieser Teilziele (hohe Termintreue – kurze Durchlaufzeiten, kurze Durchlaufzeiten – niedrige Bestände), andere Teilziele konkurrieren jedoch untereinander (hohe Termintreue – hohe Auslastung, hohe Auslastung – niedrige Bestände).[4]

---

[3] vgl. Nyhuis; Wiendahl, 2003, S. 10
[4] vgl. Nyhuis; Wiendahl, 2003, S. 10

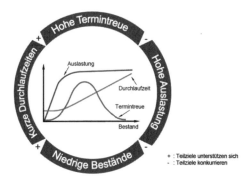

Bild 5.2 Logistische Zielgrößen beim Referenzprozess Produzieren und Prüfen

Dieses aufgezeigte Spannungsfeld der logistischen Zielgrößen ist allgemein bekannt, jedoch in der betrieblichen Praxis nur schwer quantifizierbar. Die logistische Positionierung in Abhängigkeit von der aktuellen Marktsituation, den geforderten Lieferzeiten, der vorliegenden Auftragszeit- und Kapazitätsstruktur und allen weiteren Einflussgrößen, erfolgt in der Regel aufgrund von Erfahrungswerten. Die Komplexität der Abläufe in der Produktion und die wechselseitige Beeinflussung der logistischen Zielgrößen sind der Grund, dass es aber sehr unwahrscheinlich ist, bei diesem Vorgehen einen bestmöglichsten Kompromiss zu finden.[5]

Die logistischen Kennlinien liefern eine effektive Hilfestellung, um die wechselseitigen Abhängigkeiten der logistischen Zielgrößen untereinander sowie deren Beeinflussungsmöglichkeiten auch quantitativ darstellen zu können.[6] Bild 5.3 zeigt das Prinzip einer durchgehenden Modellierung einer Produktion aus logistischer Sicht, wobei eine Übertragung der Kennlinientheorie auf die Transportprozesse noch nicht erfolgt ist.[7]

---

[5] vgl. Nyhuis; Wiendahl, 2003, S. 10
[6] vgl. Nyhuis; Wiendahl, 2003, S. 11
[7] vgl. Nyhuis; Wiendahl, 2003, S. 15

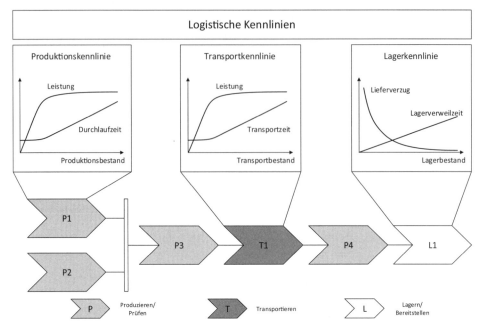

Bild 5.3 Logistische Kennlinien für die Referenzprozesse der Produktion in einem beispielhaften Prozesskettenplan[8]

In den folgenden Unterkapiteln werden speziell die Produktionskennlinien behandelt. Zum Verständnis des theoretischen Hintergrundes ist es notwendig, grundlegende Begriffe und Kennwerte zu definieren. Die Grundlagen dafür bilden im Wesentlichen das Trichtermodell, das Durchlaufdiagramm sowie „Das Gesetz von Little" (Little's Law).[9] Aufbauend auf dem Trichtermodell, erfolgt die Ableitung der idealen Produktionskennlinien und anschließend daran die Vorstellung der approximierten Produktionskennlinien. Zum Schluss werden einige praxisrelevante Einsatzmöglichkeiten der Kennlinientheorie gezeigt.

■ 5.2 Trichtermodell

Bevor das **Trichtermodell** und das daraus abgeleitete **Durchlaufdiagramm,** welche ein in der Fachwelt anerkanntes und in der Praxis weit verbreitetes Modell zur Beschreibung von Produktionsprozessen darstellen, näher beschrieben werden, erfolgt die Beschreibung der zugehörigen Kennzahlen sowie deren Basisdefinitio-

---

[8] vgl. Nyhuis; Wiendahl, 2003, S. 16
[9] vgl. Nyhuis; Wiendahl, 2003, S. 17

nen. Dabei beschränkt sich die Ausführung auf jene Kennzahlen, die für die Produktionskennlinien von besonderer Bedeutung sind.[10]

5.2.1 Kennzahlen für Produktionskennlinien

In diesem Abschnitt werden für die Kennzahlen die Abkürzungen nach Nyhuis; Wiendahl, 2003 verwendet, welche nicht ident mit den Abkürzungen aus dem Kapitel Zeitstudium sind. Beispielsweise wird im Kapitel Zeitstudium die Auftragszeit T bzw. T_{bB} hier durch ZAU abgekürzt. Für die Durchlaufzeit wird im Folgenden die Abkürzung ZDL verwendet, sonst jedoch die Abkürzung DLZ.

5.2.1.1 Auftragszeit je Arbeitsvorgang

Eine der zentralen Größen für das Trichtermodell sowie alle darauf aufbauenden Modellierungsansätze stellt die **Auftragszeit ZAU** dar. Die Auftragszeit entspricht der Vorgabezeit, die für die Ausführung eines Arbeitsvorgangs an einem Arbeitssystem vorgesehen ist. Sie lässt sich aus der Rüstzeit je Los, der Einzelzeit je Mengeneinheit und der Losgröße nach folgender Formel berechnen:[11]

$$ZAU = \frac{(x \cdot t_e + t_r)}{60} \tag{5.1}$$

mit: ZAU: Auftragszeit eines Arbeitsvorganges (in Vorgabestunden) [Std]
   x: Losgröße (in Mengeneinheiten) [ME]
   t_e: Einzelzeit (Vorgabezeit) je Mengeneinheit [min/ME]
   t_r: Rüstzeit je Los (Vorgabezeit) [min]

Der **Mittelwert** der Auftragszeit über alle Arbeitsvorgänge an einem Arbeitssystem berechnet sich nach folgender Formel:[12]

$$ZAU_m = \frac{\sum_{i=1}^{n} ZAU_i}{n} \tag{5.2}$$

mit: ZAU_m: Mittlere Auftragszeit [Std]
   ZAU_i: Individuelle Auftragszeit je Arbeitsvorgang [Std]
   n: Anzahl der zurückgemeldeten Arbeitsvorgänge [-]

---

[10] vgl. Nyhuis; Wiendahl, 2003, S. 17
[11] vgl. Nyhuis; Wiendahl, 2003, S. 17
[12] vgl. Nyhuis; Wiendahl, 2003, S. 18

Die **Standardabweichung**, welche die Streubreite der Verteilung beschreibt, errechnet sich aus folgender Formel:[13]

$$ZAU_s = \sqrt{\frac{\sum_{i=1}^{n}(ZAU_m - ZAU_i)^2}{n}} \qquad (5.3)$$

mit: ZAU_s: Standardabweichung der Auftragszeit [Std]

       ZAU_m: Mittelwert der Auftragszeit [Std]

       ZAU_i: Individuelle Auftragszeit je Arbeitsvorgang [Std]

       n: Anzahl der zurückgemeldeten Arbeitsvorgänge [-]

Um die Variabilität von verschiedenen Verteilungen vergleichen zu können, ist die Bestimmung des **Variationskoeffizienten** hilfreich. Der Variationskoeffizient setzt die Streuung einer Verteilung mit deren Mittelwert ins Verhältnis.[14]

$$ZAU_v = \frac{ZAU_s}{ZAU_m} \qquad (5.4)$$

mit: ZAU_v: Variationskoeffizient der Auftragszeit [-]

       ZAU_s: Standardabweichung der Auftragszeit [Std]

       ZAU_m: Mittelwert der Auftragszeit [Std]

5.2.1.2 Durchführungszeit je Arbeitsvorgang

Üblicherweise wird die Auftragszeit in **Vorgabestunden** angegeben. Für weitere Überlegungen ist es jedoch notwendig, die Dauer der Arbeitssystembelegung in **Betriebskalendertagen** auszudrücken. Für diese Transformation wird die als **Durchführungszeit** bezeichnete Kennzahl berechnet, indem die Auftragszeit durch die maximal mögliche Leistung des Arbeitssystems dividiert wird.[15]

$$ZDF = \frac{ZAU}{L_{max}} \qquad (5.5)$$

mit: ZDF: Durchführungszeit (Arbeitsvorgang) [BKT]

       ZAU: Auftragszeit [Std]

       L_{max}: Maximal mögliche Leistung [Std/BKT]

---

[13] vgl. Nyhuis; Wiendahl, 2003, S. 19
[14] vgl. Nyhuis; Wiendahl, 2003, S. 19
[15] vgl. Nyhuis; Wiendahl, 2003, S. 19

Analog zur Berechnung des Mittelwertes, der Standardabweichung und des Variationskoeffizienten der Auftragszeit, erfolgt die Berechnung dieser Parameter für die Durchführungszeit.[16]

5.2.1.3 Maximal mögliche Leistung

Die **maximal mögliche Leistung** ergibt sich im Allgemeinen aus der Kapazität. Die obere Leistungsgrenze eines Arbeitssystems wird durch die Betriebsmittel oder durch das Personal bestimmt. Jedoch ist zu berücksichtigen, dass die maximal mögliche Einsatzzeit eines Betriebsmittels durch kapazitätsmindernde Störungen (z. B. Maschinenwartung) verringert wird. Analog zur Einsatzzeit eines Arbeitssystems, wird auch die verplanbare Einsatzzeit eines Mitarbeiters durch Störungen und ablaufbedingte Unterbrechungen geringer als die persönliche Arbeitszeit. Jedoch kann diese durch Überstunden und zusätzliche Schichten erhöht werden.[17]

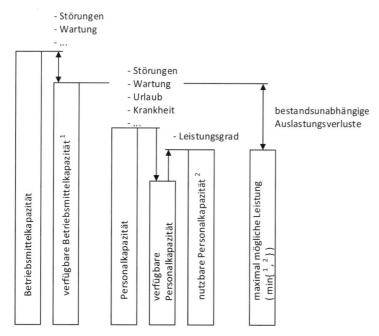

Bild 5.4 Kapazität und maximal mögliche Leistung[18]

---

[16] vgl. Nyhuis; Wiendahl, 2003, S. 20
[17] vgl. Nyhuis; Wiendahl, 2003, S. 20
[18] vgl. Nyhuis; Wiendahl, 2003, S. 67

Formell lässt sich die maximal mögliche Leistung aus dem Minimum der verfügbaren Betriebsmittelkapazität sowie der nutzbaren Personalkapazität bestimmen.[19]

$$L_{max} = \min \{BKAP_v, PKAP_n\} \quad (5.6)$$

mit: L_{max}: Maximal mögliche Leistung [Std/BKT]
$BKAP_v$: Verfügbare Betriebsmittelkapazität [Std/BKT]
$PKAP_n$: Nutzbare Personalkapazität [Std/BKT]

5.2.1.4 Durchlaufzeit

Ein weiterer wichtiger Grundbaustein des Trichtermodells stellt die Definition des **Durchlaufelements,** welches in vereinfachter Form in Bild 5.5 ersichtlich ist, dar. Bild 5.5 beschreibt den Durchlauf eines aus zwei Fertigungsaufträgen bestehenden Produktionsauftrages. Bei der losweisen Fertigung wird der Auftrag nach Beendigung des Arbeitsvorganges am Arbeitssystem, sowie einer eventuell inkludierten Liegezeit an diesem, zum darauf folgenden Arbeitssystem transportiert. Sind die vor ihm zu fertigenden Aufträge noch nicht abgearbeitet, trifft der Fertigungsauftrag in der Regel auf eine Warteschlange. Dieser Zyklus setzt sich fort, bis alle Arbeitsvorgänge des Auftrages durchlaufen sind.[20]

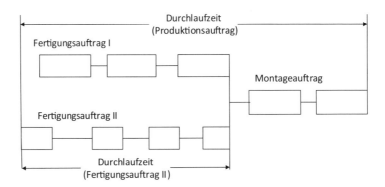

Bild 5.5 Durchlaufplan eines Produktionsauftrages[21]

Für einen Arbeitsauftrag sind die Ablaufschritte in Bild 5.6 dargestellt.

---

[19] vgl. Nyhuis; Wiendahl, 2003, S. 66
[20] vgl. Nyhuis; Wiendahl, 2003, S. 21
[21] vgl. Nyhuis; Wiendahl, 2003, S. 22

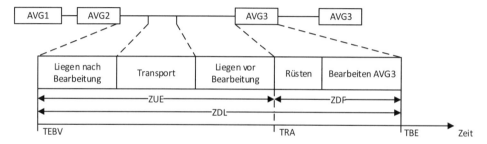

Bild 5.6 Arbeitsvorgangsbezogenes Durchlaufelement[22]

mit: AVG: Arbeitsvorgang
TEBV: Bearbeitungsende Vorgänger
TRA: Rüstanfang
TBE: Bearbeitungsende
ZAU: Auftragszeit
ZR: Rüstzeit
ZBA: Bearbeitungszeit
ZDL = TBE - TBEV (Durchlaufzeit)
ZUE = TRA - TBEV (Übergangszeit)
ZDF = TBE - TRA (Durchführungszeit

Daraus ergibt sich, dass die Durchlaufzeit für einen Arbeitsvorgang als die Zeitspanne festgelegt ist, welche ein Auftrag von der Beendigung des vorherigen Arbeitsvorganges (TBEV) bis zum Bearbeitungsende des betrachteten Arbeitsvorganges (TBE) benötigt.[23]

$$ZDL = TBE - TBEV \tag{5.7}$$

mit: ZDL: Durchlaufzeit (Arbeitsvorgang) [BKT]
TBE: Termin Bearbeitungsende eines Arbeitsvorganges [BKT]
TBEV: Termin Bearbeitungsende des Vorgänger-Arbeitsvorganges [BKT]

Die Auftragszeiten (ZAU) sowie die Durchlaufzeiten (ZDL) an einem Arbeitssystem nehmen in der Praxis sehr unterschiedliche Werte an.[24] Bild 5.7 zeigt beispielhaft die Verteilung der Durchlaufzeiten die an einem Arbeitssystem anfallen. Die Aufträge können in vier Gruppen abnehmender Dringlichkeit eingeteilt werden. Die höchste Priorität haben dabei die Eilaufträge, die einen dringenden Bedarf darstellen, da sie bereits einen Terminverzug aufweisen. Eine weitere Gruppe stellen die Normalaufträge dar. Für diese liegt ein sicherer Bedarf vor. Die restlichen Aufträge

---

[22] vgl. Nyhuis; Wiendahl, 2003, S. 22
[23] vgl. Nyhuis; Wiendahl, 2003, S. 21
[24] vgl. Nyhuis; Wiendahl, 2003, S. 18

sind die unwichtigen Aufträge, die, wegen der Unsicherheit der Terminplanung oder als sogenannte Füllaufträge, zu früh gestartet wurden. Schließlich gibt es noch die Gruppe der liegengebliebenen Aufträge, die einen ungeklärten Bedarf haben und einen Bodensatz an Bestand repräsentieren.[25] Die Durchlaufzeit nimmt mit jeder dieser Gruppen zu, d. h. ganz links in Bild 5.7 befinden sich die Eilaufträge und ganz rechts die liegengebliebenen Aufträge.

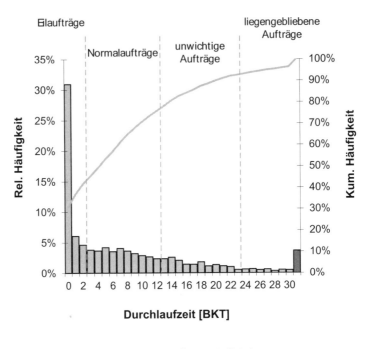

Bild 5.7 Durchlaufzeitverteilung an einem Arbeitssystem[26]

5.2.1.5 Terminabweichung

Werden neben den Rückmeldedaten auch die Soll-Daten erfasst, so lässt sich neben dem Soll-Durchlauf auch die **Terminabweichung** darstellen und berechnen. Die Terminabweichung im Abgang ist die Differenz zwischen dem Ist-Bearbeitungsende und dem Soll-Bearbeitungsende.

- Ist der Wert der Terminabweichung positiv, so ist der Auftrag später als geplant zurückgemeldet worden
- Ist der Wert der Terminabweichung negativ, so handelt es sich um eine zu frühe Fertigstellung

---

[25] vgl. Wiendahl, 1997, S. 28
[26] vgl. Wiendahl, 1997, S. 28

Der Begriff der **relativen Terminabweichung** ergibt sich aus der Differenz der Ist-Durchlaufzeit und der Soll-Durchlaufzeit. Aus ihr lässt sich erkennen, ob sich die Terminsituation im Abgang gegenüber dem Zugang verbessert oder verschlechtert hat. Ein positiver Wert bedeutet, dass sich der Arbeitsvorgang gegenüber der Planung verzögert hat, während ein negativer Wert zeigt, dass eine kürzere Durchlaufzeit als die geplante erzielt werden konnte.[27]

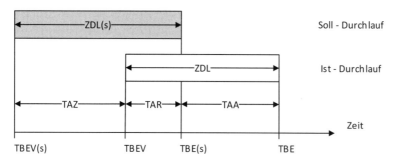

Bild 5.8 Darstellung der Terminabweichung[28]

mit: TBE: Termin Bearbeitungsende
TBEV: Termin Bearbeitungsende Vorgänger
ZDL: Durchlaufzeit
(s): Sollwert
TAA: Terminabweichung Abgang (= TBE − TBE(s))
TAZ: Terminabweichung Zugang (= TBEV − TBEV(s))
TAR: Terminabweichung relativ (= TAA − TAZ)
(= ZDL − ZDL(s))

5.2.2 Trichtermodell und Durchlaufdiagramm

Beim **Trichtermodell** geht man davon aus, dass jede beliebige Kapazitätseinheit einer Fertigung durch die Größen **Zugang, Bestand** und **Abgang** in seinem Durchlaufverhalten vollständig beschrieben werden kann. Jede Kapazitätseinheit, egal ob Kostenstelle, Einzelarbeitsplatz oder die gesamte Fertigung, lässt sich als Trichter darstellen. An einem Arbeitssystem ankommende Lose werden mit den bereits vorliegenden Losen als Bestand an wartenden Aufträgen bezeichnet. Nach der Bearbeitung fließen diese wieder aus dem Trichter ab, wobei die Trichteröffnung die Leistung (auch als Output oder Ausbringung bezeichnet) symbolisiert, die innerhalb der Kapazitätsgrenzen variiert werden kann.[29]

---

[27] vgl. Nyhuis; Wiendahl, 2003, S. 23 f
[28] vgl. Nyhuis; Wiendahl, 2003, S. 24
[29] vgl. Nyhuis; Wiendahl, 2003, S. 24

Die Ereignisse (zugehende und abgehende Aufträge), welche am Trichter vorliegen, lassen sich in das sogenannte **Durchlaufdiagramm** übertragen. Für die Erstellung des Durchlaufdiagramms werden die rückgemeldeten Aufträge mit ihrem Arbeitsinhalt (in Vorgabestunden) über dem Fertigstellungstermin kumulativ aufgetragen **(Abgangskurve)**, sowie die zugehenden Aufträge mit ihrem Arbeitsinhalt über dem Zugangstermin aufgetragen **(Zugangskurve)**. Der Anfang der Zugangskurve wird durch den Anfangsbestand, der sich zu Beginn des Untersuchungszeitraumes am Arbeitssystem befindet, bestimmt. Der Endbestand lässt sich am Ende des Untersuchungszeitraumes ablesen. Die **mittlere Belastung** entspricht der mittleren Steigung der Zugangskurve, die **mittlere Leistung** entspricht der mittleren Steigung der Abgangskurve.[30]

Idealisiert man im Durchlaufdiagramm den Zugangs- und Abgangsverlauf zu je einer Gerade (mit den oben eingeführten mittleren Steigungen), so entspricht der vertikale Abstand dem **mittleren Bestand** und der horizontale Abstand der **mittleren Reichweite** des Bestandes.[31]

Generell gilt, dass bei stabilen, eingeschwungenen Systemen und einem langen Untersuchungszeitraum Zugang und Abgang parallel zueinander verlaufen müssen.[32]

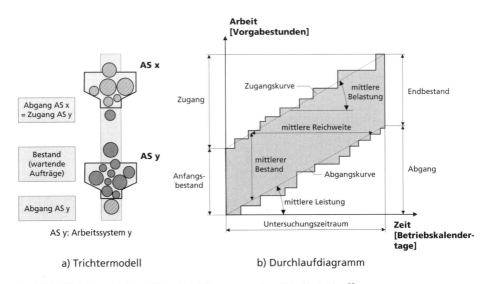

Bild 5.9 Trichtermodell und Durchlaufdiagramm einer Arbeitsstation[33]

---

[30] vgl. Nyhuis; Wiendahl, 2003, S. 25
[31] vgl. Nyhuis; Wiendahl, 2003, S. 28
[32] vgl. Nyhuis; Wiendahl, 2003, S. 25
[33] vgl. Nyhuis; Wiendahl, 2003, S. 25

5.2.2.1 Leistung und Bestand

In Bild 5.10 ist ein Durchlaufdiagramm für einen Arbeitsplatz abgebildet, in dem neben den schon bekannten Größen mittlere Leistung, Zugang und Abgang, noch der Bestandsverlauf im Bezugszeitraum eingetragen ist.[34] Die zeitlich veränderliche Zustandsgröße Bestand B(T) wird dadurch sichtbar, dass zu einem beliebigen Zeitpunkt T das Diagramm parallel zur Ordinate geschnitten wird. Der Abstand zwischen den Schnittpunkten dieser Linie mit der Zugangs- bzw. Abgangskurve, entspricht dem zu diesem Zeitpunkt vorhandenen Bestand.[35]

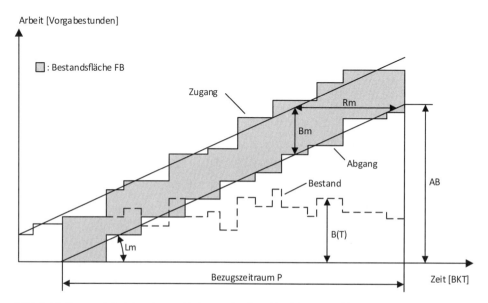

Bild 5.10 Bestand, Reichweite und Leistung im Durchlaufdiagramm[36]

mit: R_m: Mittlere Reichweite [BKT]
B_m: Mittlerer Bestand [Std]
L_m: Mittlere Leistung [Std/BKT]
AB: Abgang im Bezugszeitraum [Std]
B(T): Bestand im Zeitabschnitt T [Std]

Die mittlere Leistung L_m ergibt sich aus dem Verhältnis der geleisteten Arbeit AB, welche der Summe der im Bezugszeitraum zurückgemeldeten Arbeitsinhalte AB entspricht und der Länge des Bezugszeitraums P:[37]

---

[34] vgl. Nyhuis; Wiendahl, 2003, S. 26
[35] vgl. Wiendahl, 1997, S. 89
[36] vgl. Nyhuis; Wiendahl, 2003, S. 26
[37] vgl. Nyhuis; Wiendahl, 2003, S. 26

$$L_m = \frac{AB}{P} = \frac{\sum_{i=1}^{n} ZAU_i}{P} \qquad (5.8)$$

mit: L_m: Mittlere Leistung [Std/BKT]

AB: Abgang im Bezugszeitraum [Std]

P: Bezugszeitraum [BKT]

ZAU_i: Auftragszeit (in Vorgabestunden) je Arbeitsvorgang [Std]

n: Anzahl der zurückgemeldeten Arbeitsvorgänge [-]

Der vertikale Abstand zwischen der Zugangs- und der Abgangskurve entspricht dem Arbeitsinhalt der auf die Bearbeitung wartenden und in Bearbeitung befindlichen Aufträge und wird als Bestand bezeichnet. Der mittlere Bestand B_m ergibt sich, indem die Bestandsfläche FB durch den Bezugszeitraum P dividiert wird:[38]

$$B_m = \frac{FB}{P} \qquad (5.9)$$

mit: B_m: Mittlere Bestand (Vorgabestunden) [Std]

FB: Bestandsfläche [Std x BKT]

P: Bezugszeitraum [BKT]

5.2.2.2 Trichterformel

Das Verhältnis der Bestandsfläche FB (siehe Formel 5.9) zum Abgang AB (siehe Formel 5.8) bzw. daraus abgeleitet das Verhältnis des mittleren Bestandes B_m zur mittleren Leistung L_m, entspricht der mittleren Reichweite des Bestandes R_m. Dieses Verhältnis wird als **Trichterformel** bezeichnet:[39]

$$R_m = \frac{FB}{AB} = \frac{B_m}{L_m} \qquad (5.10)$$

mit: R_m: Mittlere Reichweite des Bestandes [BKT]

FB: Bestandsfläche [Std·BKT]

AB: Abgang im Bezugszeitraum [Std]

B_m: Mittlerer Bestand [Std]

L_m: Mittlere Leistung [Std/BKT]

---

[38] vgl. Nyhuis; Wiendahl, 2003, S. 26f
[39] vgl. Nyhuis; Wiendahl, 2003, S. 28

Eine weitere Ableitung der Trichterformel zeigt LÖDDING, indem mittels Formel 5.11 und unter Beachtung von Bild 5.10 aus der Trigonometrie folgt:[40]

$$\frac{AB}{P} = L_m = \frac{B_m}{R_m} \quad \text{bzw.} \quad R_m = \frac{B_m}{L_m} \tag{5.11}$$

5.3 Ideale Produktionskennlinien

Durch analytische Betrachtungen idealisierter Fertigungsabläufe und daraus abgeleiteter idealer Prozesskennzahlen werden die idealen Kennlinien beschrieben. Wobei der Fertigungsablauf folgende Bedingungen erfüllen muss:[41]

- Es befindet sich zu jedem Zeitpunkt genau ein Auftrag an jedem Arbeitssystem
- Die Bearbeitung eines Auftrages an einem Arbeitssystem erfolgt unmittelbar nach seinem Zugang (die Übergangszeiten zwischen zwei Arbeitssystemen sind demzufolge Null; es bildet sich keine Warteschlange vor dem Arbeitssystem).

Aus diesen Bedingungen ergeben sich keine Leerzeiten und Wartezeiten am Arbeitssystem. Für die Ableitung idealer Prozesskennzahlen müssen die folgenden weiteren Annahmen getroffen werden:[42]

- Es wird nur ein einzelnes Arbeitssystem betrachtet
- Die obere Leistungsgrenze des Arbeitssystems ist durch die maximal mögliche Leistung gegeben
- Die Aufträge und deren Arbeitsinhalte sind kurzfristig nicht veränderbar
- Die Fertigungsaufträge werden losweise transportiert, eine überlappende Fertigung ist demzufolge nicht zugelassen
- Die Transportzeit zwischen zwei Arbeitsvorgängen ist vernachlässigbar gering
- Es liegen hinreichend genaue Planungsdaten zur Ermittlung der Auftragszeiten vor
- Es liegt ein so großer Untersuchungszeitraum vor, dass die Auftragszeitstruktur der abzuarbeitenden Aufträge als repräsentativ für das System angesehen werden kann

---

[40] vgl. Lödding, 2008, S. 55
[41] vgl. Nyhuis; Wiendahl, 2003, S. 62
[42] vgl. Nyhuis; Wiendahl, 2003, S. 62

5.3.1 Idealer Mindestbestand

Unter Einhaltung der erforderlichen Bedingungen ist es nun möglich, ein Durchlaufdiagramm zu erstellen, wobei die Zeitachse nicht in Betriebskalendertagen, sondern in der Dimension Vorgabestunden definiert ist. Die Höhe und Länge der Durchlaufelemente wird durch die Auftragszeit der Aufträge bestimmt.[43]

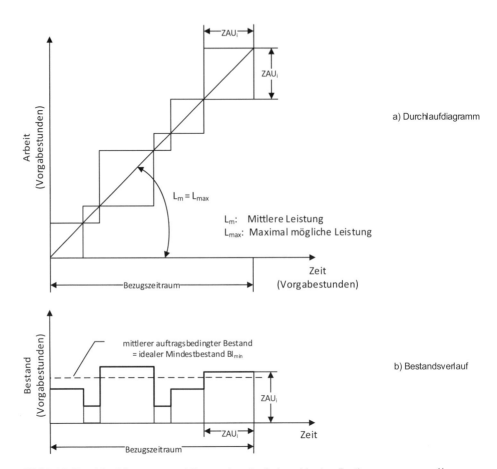

Bild 5.11 Durchlaufdiagramm und Bestandsverlauf eines idealen Fertigungsprozesses[44]

---

[43] vgl. Nyhuis; Wiendahl, 2003, S. 62
[44] vgl. Nyhuis; Wiendahl, 2003, S. 63

Der ideale Mindestbestand BI_{min} errechnet sich aus folgender Formel:[45]

$$BI_{vir} = \frac{\sum_{i=1}^{n}(ZAU_i \cdot ZAU_i)}{\sum_{i=1}^{n} ZAU_i} \qquad (5.12)$$

mit: BI_{min}: Ideale Mindestbestand [Std]
        ZAU_i: Individuelle Auftragszeit je Arbeitsvorgang [Std]
        n: Anzahl der Arbeitsvorgänge im Bezugszeitraum

Der ideale Mindestbestand lässt sich auch über die Verteilungsparameter Mittelwert und Variationskoeffizient ausdrücken. Auf eine Ableitung mit diesen Parametern wird verzichtet und auf NYHUIS; WIENDAHL, 2003 verwiesen.

Die Berechnung erfolgt nach folgender Formel:[46]

$$BI_{min} = ZAU_m \cdot (1 + ZAU_v^2) \qquad (5.13)$$

mit: BI_{min}:   Ideale Mindestbestand [Std]
        ZAU_m: Mittlere Auftragszeit [Std]
        ZAU_v: Variationskoeffizient der Auftragszeit [-]

Die Formel für den idealen Mindestbestand zeigt, dass dieser durch den Mittelwert und durch die Streuung der Arbeitsinhalte bestimmt wird. Ein wichtiger Aspekt der Formel stellt die Tatsache dar, dass der Variationskoeffizient der Auftragszeit quadratisch in die Berechnung eingeht und somit gerade die Inhomogenität der Auftragszeitverteilung den idealen Mindestbestand beeinflusst.[47]

In den vorherigen Betrachtungen wurde davon ausgegangen, dass die Transportzeit zwischen zwei Arbeitssystemen vernachlässigbar gering ist. Sind diese Bedingungen nicht gegeben und der Transport wird als ein eigenständiger Vorgang betrachtet, muss auch der durch den Transportvorgang gebundene Bestand berücksichtigt werden. Um eine Vollauslastung bei geringstmöglichen Beständen zu erreichen, muss der Transportvorgang genau dann enden, wenn der vorherige Arbeitsvorgang abgeschlossen ist.[48]

---

[45] vgl. Nyhuis; Wiendahl, 2003, S. 64
[46] vgl. Nyhuis; Wiendahl, 2003, S. 64
[47] vgl. Nyhuis; Wiendahl, 2003, S. 64 f
[48] vgl. Nyhuis; Wiendahl, 2003, S. 65

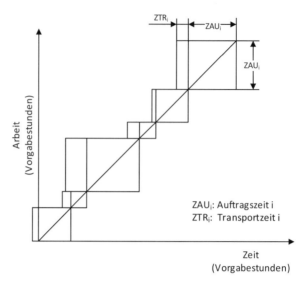

Bild 5.12 Der ideale Fertigungsablauf bei Berücksichtigung von Transportvorgängen[49]

Für die Berechnung des idealen Mindestbestandes unter Berücksichtigung der Transportzeit gilt nun:[50]

$$BI_{min} = \frac{\sum_{i=1}^{n}(ZAU_i \cdot ZAU_i)}{\sum_{i=1}^{n} ZAU_i} + \frac{\sum_{i=1}^{n}(ZTR_i \cdot ZAU_i)}{\sum_{i=1}^{n} ZAU_i} \qquad (5.14)$$

mit: BI_{min}: Ideale Mindestbestand [Std]

       ZAU_i: Individuelle Auftragszeit je Arbeitsvorgang [Std]

       ZTR_i: Individuelle Transportzeit je Arbeitsvorgang [Std]

       n: Anzahl der Arbeitsvorgänge im Bezugszeitraum

Die Berechnung des idealen Mindestbestandes unter Berücksichtigung der Transportzeit über die Verteilungsparameter ergibt sich folgendermaßen:[51]

$$BI_{min} = ZAU_m \cdot (1 + ZAU_v^2) + ZTR_m \qquad (5.15)$$

mit: BI_{min}: Ideale Mindestbestand [Std]

       ZAU_m: Mittlere Auftragszeit [Std]

       ZAU_v: Variationskoeffizient der Auftragszeit [-]

       ZTR_m: Mittlere Transportzeit [Std]

---

[49] vgl. Nyhuis; Wiendahl, 2003, S. 65

[50] vgl. Nyhuis; Wiendahl, 2003, S. 65 f

[51] vgl. Nyhuis; Wiendahl, 2003, S. 66

5.3.2 Maximal mögliche Leistung

Bild 5.13 ist eine Erweiterung von Bild 5.4 und zeigt die Zusammenhänge zwischen den verschiedenen Kapazitätsangaben und der maximal möglichen Leistung. Im rechten Teil ist der prinzipielle Verlauf einer Leistungskennlinie dargestellt und es wird damit verdeutlicht, dass in Leistungskennlinien ausschließlich die bestandsabhängigen Auslastungsverluste dargestellt werden. Alle weiteren Größen, die die Leistung bzw. Auslastung des Arbeitssystems beeinflussen, sind schon in der maximal möglichen Leistung enthalten.[52]

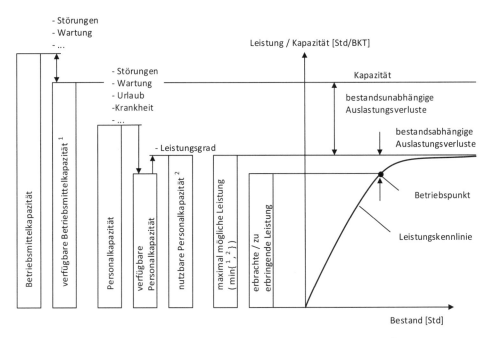

Bild 5.13 Kapazität und maximal mögliche Leistung in der Leistungskennlinie[53]

5.3.3 Konstruktion idealer Kennlinien

Die **ideale Leistungskennlinie** lässt sich aus wenigen Grundgedanken entwickeln. Sind durch Materialflussabrisse keine Aufträge an einem Arbeitssystem vorhanden, so ist der mittlere Bestand geringer als der ideale Mindestbestand. Während dessen kommt es auch zu Leistungseinbußen durch Leerzeiten, die proportional zur Bestandsreduzierung sind **(Proportionalbereich)**. Befinden sich nun zeitweilig mehrere Aufträge an einem Arbeitssystem, so erhöht sich der mittlere Bestand,

---

[52] vgl. Nyhuis; Wiendahl, 2003, S. 66
[53] vgl. Nyhuis; Wiendahl, 2003, S. 67

jedoch kommt es zu keiner Erhöhung der maximal möglichen Leistung, da das System bereits an der Grenze der maximal möglichen Leistung betrieben wird **(Sättigungsbereich)**.[54] Nach diesen Überlegungen lässt sich die ideale Leistungskennlinie wie in Bild 5.14 darstellen.

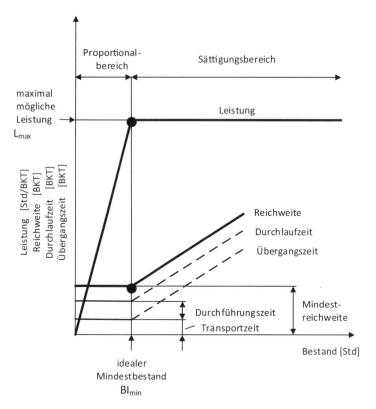

Bild 5.14 Konstruktion idealer Leistungskennlinien[55]

Die Reichweite lässt sich unmittelbar aus der Trichterformel (Formel 5.10) ableiten. Im Sättigungsbereich der Leistungskennlinie verhält sich die Reichweite proportional zu einer Bestandsveränderung. Unterschreitet man den idealen Mindestbestand, so reduziert sich die Leistung proportional zum Bestand. Für die Reichweite folgt daraus, dass sie auf einem konstanten Niveau, der Mindestreichweite, verharrt.[56]

Die **Mindestreichweite** ergibt sich in diesem Fall wie folgt:[57]

---

[54] vgl. Nyhuis; Wiendahl, 2003, S. 67
[55] vgl. Nyhuis; Wiendahl, 2003, S. 68
[56] vgl. Nyhuis; Wiendahl, 2003, S. 67 f
[57] vgl. Nyhuis; Wiendahl, 2003, S. 68

$$R_{min} = \frac{BI_{min}}{L_{max}} \qquad (5.16)$$

Die **Durchlaufzeit** kann ein bestimmtes Minimum nicht unterschreiten, welches sich aus der Durchführungszeit der Aufträge und der Transportzeit ergibt:[58]

$$ZDL_{min} = ZDF_m + \frac{ZTR_m}{L_{max}} \qquad (5.17)$$

Das Minimum der **Übergangszeit** ergibt sich schließlich aus:[59]

$$ZUE_{min} = \frac{ZTR_m}{L_{max}} \qquad (5.18)$$

mit: R_{min}: Mindestreichweite [BKT]
 BI_{min}: Idealer Mindestbestand [Std]
 L_{max}: Maximal mögliche Leistung [Std/BKT]
 ZDL_{min}: Mindestdurchlaufzeit [BKT]
 ZDF_m: Mittlere Durchführungszeit [BKT]
 ZTR_m: Mittlere Transportzeit [Std]
 ZUE_{min}: Mindestübergangszeit [BKT]

Die idealen Kennlinien für die Durchlaufzeit und die Übergangszeit verlaufen in Bild 5.14 oberhalb des Mindestbestandes mit gleicher Steigung wie die Reichweitenkennlinie. Dies ist prinzipiell nur zulässig, wenn die Abarbeitungsreihenfolgen unabhängig sind vom Arbeitsinhalt der Aufträge. Dies ist z. B. bei der Reihenfolgeregel FIFO der Fall.[60]

5.4 Approximierte Produktionskennlinien

In der Praxis sind die zugrunde gelegten Voraussetzungen zur Ableitung idealer Kennlinien nicht gegeben, was eine Abweichung der realen Betriebspunkte von den idealen Kennlinien bewirkt. Den Grenzverlauf der realen Leistungskennlinie gibt jedoch grundsätzlich die ideale Leistungskennlinie vor. Bild 5.15 zeigt, dass kein definierter Abknickpunkt mehr vorliegt, sondern der Übergang vom Proportionalbereich in den Sättigungsbereich fließend ist. In einer realen Produktion muss

---

[58] vgl. Nyhuis; Wiendahl, 2003, S. 69
[59] vgl. Nyhuis; Wiendahl, 2003, S. 69
[60] vgl. Nyhuis; Wiendahl, 2003, S. 69

immer ein Bestandspuffer vorliegen, um damit Leistungseinbußen vorzubeugen. Die Größe des Puffers wird dabei von folgenden Einflussgrößen bestimmt:[61]

- Auslastung
- Mittelwert der Auftragszeiten
- Streuung der Auftragszeiten
- Transportzeiten
- Belastungsschwankungen
- Kapazitätsflexibilität

Je größer die mittleren Auftragszeiten und deren Streuung sind, desto größer muss der Bestandspuffer sein, um Leistungseinbußen zu vermeiden.[62]

In den folgenden Kapiteln werden die Zusammenhänge der realen, approximierten Leistungskennlinien, aufbauend auf den idealen Leistungskennlinien und deren Kennwerten, beschrieben.

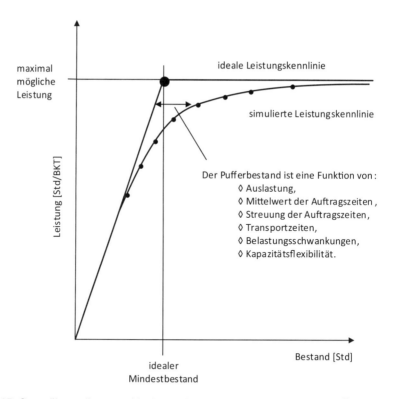

Bild 5.15 Gegenüberstellung von idealen und simulierten Leistungskennlinien[63]

---

[61] vgl. Nyhuis; Wiendahl, 2003, S. 69 ff
[62] vgl. Nyhuis; Wiendahl, 2003, S. 70
[63] vgl. Nyhuis; Wiendahl, 2003, S. 70

5.4.1 Approximierte Leistungskennlinien

Da die idealen Leistungskennlinien den Grenzverlauf der realen Leistungskennlinien vorgeben, werden die idealen Leistungskennlinien als Bezugskoordinatensystem für die berechneten Leistungskennlinien benutzt. Die Basisfunktion berechneter Leistungskennlinien stellt die C_{Norm}-Funktion dar, welche mittels einer affinen Transformation derart gestreckt und geschert wird, bis die C_{Norm}-Funktion schließlich einer Leistungskennlinie entspricht.[64] Die genaue Ableitung und Parametrierung der Kennliniengleichung ist in NYHUIS; WIENDAHL, 2003 ausführlich beschrieben.

Mit den abgeleiteten Näherungsgleichungen (Formel 5.19) lässt sich für jedes t mit $0 \leq t \leq 1$ bei gegebenem idealem Mindestbestand BI_{min}, der maximal möglicher Leistung L_{max} und dem Streckfaktor α_1 ein Wertepaar für den Bestand $B_m(t)$ und die Leistung $L_m(t)$ berechnen. Durch die Kombination mehrerer solcher Wertepaare entsteht dann eine punktweise angenäherte Leistungskennlinie, wie sie Bild 5.16 zeigt.[65]

$$B_m(t) = BI_{min} \cdot \left[1 - (1 - \sqrt[4]{t})^4\right] + BI_{min} \cdot \alpha_1 \cdot t$$
$$L_m(t) = L_{max} \cdot \left[1 - (1 - \sqrt[4]{t})^4\right]$$
(5.19)

mit:
    t: Laufvariable ($0 \leq t \leq 1$)
    $B_m(t)$: Mittlerer Bestand [Std]
    $L_m(t)$: Mittlere Leistung [Std/BKT]
    BI_{min}: Idealer Mindestbestand [Std]
    L_{max}: Maximal mögliche Leistung [Std/BKT]
    α_1:   Streckfaktor (üblicherweise 10) [-]

---

[64] vgl. Nyhuis; Wiendahl, 2003, S. 71 ff
[65] vgl. Nyhuis; Wiendahl, 2003, S. 82

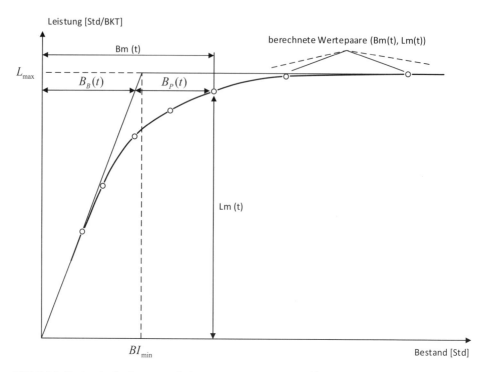

Bild 5.16 Bestandteile der approximierten Leistungskennlinie[66]

Die Gleichung für den mittleren Bestand lässt sich in zwei unmittelbar interpretierbare Bestandteile zerlegen:[67]

$$B_m(t) = B_B(t) + B_P(t)$$
$$B_B(t) = BI_{min} \cdot \left[1 - (1 - \sqrt[4]{t})^4\right] \tag{5.20}$$
$$B_P(t) = BI_{min} \cdot \alpha_1 \cdot t$$

mit: $B_m(t)$: Mittlerer Bestand [Std]
$B_B(t)$: Mittlerer Bestand bei Auftragsbearbeitung [Std]
$B_P(t)$: Mittlerer Pufferbestand [Std]

Laut Formel 5.20 besteht der mittlere Bestand zum einen aus dem Anteil, der bei der Auftragsbearbeitung anfällt ($B_B(t)$) und einem Anteil, der die wartenden Aufträge repräsentiert ($B_P(t)$). Der mittlere Bestand bei Auftragsbearbeitung wird maximal so groß wie der ideale Mindestbestand. Wenn es jedoch aufgrund von Materialflussabrissen zu Auslastungsverlusten kommt, so reduziert sich $B_B(t)$ dementsprechend proportional. Bild 5.16 zeigt, dass sich der mittlere Pufferbe-

---

[66] vgl. Nyhuis; Wiendahl, 2003, S. 83
[67] vgl. Nyhuis; Wiendahl, 2003, S. 82

stand $B_P(t)$ nicht proportional zur Auslastung des Arbeitssystems verhält. Wenn eine hohe Auslastung gewährleistet werden soll, muss ein hoher Bestand vorgehalten werden, um alle Streuungen im Auftragszugang zu kompensieren. Werden jedoch geringe Auslastungsverluste in Kauf genommen, ist eine starke Bestandsreduzierung möglich. Der mittlere Pufferbestand hängt in der Praxis von der mittleren Auftragszeit und insbesondere von deren Streuung und dem Streckfaktor α_1 ab.[68] Der Streckfaktor kann bislang nur experimentell ermittelt werden, der Standardwert ($\alpha_1 = 10$) zeigt aber eine praxisnahe Beschreibung der Wirkzusammenhänge.[69]

5.4.2 Approximierte Kennlinien für Zeitgrößen

Die Reichweite R_m ergibt sich gemäß der Trichterformel (Formel 5.10) und der bereits berechneten Leistungskennlinie. Die Durchlaufzeitkennlinie ZDL_m und die Übergangszeitkennlinie ZUE_m sind unter der Voraussetzung einer auftragszeitunabhängigen Abarbeitungsreihenfolge (z. B. FIFO-Abfertigung) parallel zur Reichweitenkennlinie.[70] Die Zusammenhänge sind in Bild 5.17 dargestellt und in Formel 5.21[71] zusammengefasst.

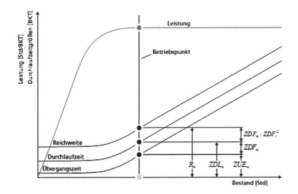

Bild 5.17 Zeitgrößen approximierter Kennlinien bei auftragszeitunabhängigen Reihenfolgeregeln[72]

---

[68] vgl. Nyhuis; Wiendahl, 2003, S. 83 f
[69] vgl. Nyhuis; Wiendahl, 2003, S. 123
[70] vgl. Nyhuis; Wiendahl, 2003, S. 85 f
[71] vgl. Nyhuis; Wiendahl, 2003, S. 85
[72] vgl. Nyhuis; Wiendahl, 2003, S. 85 ff

$$R_m = \frac{B_m}{L_m}$$
$$ZDL_m = R_m - ZDF_m \cdot ZDL_v^2 \qquad (5.21)$$
$$ZUE_m = ZDL_m - ZDF_m$$

mit: R_m: Mittlere Reichweite [BKT]
B_m: Mittlerer Bestand [Std]
L_m: Mittlere Leistung [Std/BKT]
ZDL_m: Mittlere Durchlaufzeit [BKT]
ZDF_m: Mittlere Durchführungszeit [BKT]
ZDF_v: Variationskoeffizient der Durchführungszeit [-]
ZUE_m: Mittlere Übergangszeit [BKT]
ZDL_m: Mittlere Durchlaufzeit [BKT]

Die oben beschriebenen Kennlinien für die Durchlaufzeit und die Übergangszeit gelten nur unter der Voraussetzung auftragszeitunabhängiger Abarbeitungsreihenfolgen.[73] Bild 5.18 zeigt die Kennlinien bei unterschiedlichen Reihenfolgeregeln. Folgende wesentlichen Merkmale der Durchlaufzeitkennlinien lassen sich hervorheben:[74]

- Die Reichweite wird ausschließlich über das Bestands-Leistungsverhältnis (Trichterformel) beschrieben und ist somit unabhängig von der Abarbeitungsreihenfolge der Aufträge.
- Die Durchlaufzeit ist bei einer auftragszeitunabhängigen Reihenfolgeregel und ungleichmäßigen Arbeitsinhalten immer kleiner als die Reichweite, wobei die Differenz der beiden Kennlinien durch das Maß der Streuung der Arbeitsinhalte bestimmt wird.
- Die Anwendung von Reihenfolgeregeln (in Bild 5.18 KOZ und LOZ) hat mit sinkenden Beständen einen immer geringeren Einfluss auf die Durchlaufzeit. Oberhalb des idealen Mindestbestandes wird jedoch die Steigung der Durchlaufzeitkennlinien durch die vorliegende Reihenfolgeregel bestimmt und der Effekt ist umso größer, je stärker die Arbeitsinhalte der Aufträge streuen.

---

[73] vgl. Nyhuis; Wiendahl, 2003, S. 87
[74] vgl. Nyhuis; Wiendahl, 2003, S. 89

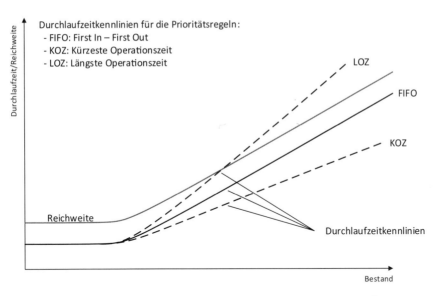

Bild 5.18 Kennlinien der Durchlaufzeit bei unterschiedlichen Reihenfolgeregeln[75]

5.4.3 Anwendungsvoraussetzungen und Parameter

Die Erstellung und Nutzung berechneter Produktionskennlinien ist an eine Reihe von Voraussetzungen gebunden. Zunächst ist es erforderlich, dass sich für den betrachteten Produktionsprozess ideale Kennlinien erstellen lassen, was wiederum die Beschreibung idealisierter Produktionsprozesse voraussetzt. Alle für die Berechnung benötigten Parameter mit elementarer Bedeutung für die logistische Leistungsfähigkeit, müssen mit einer hinreichenden Genauigkeit vorliegen. Weitere Voraussetzungen sind ein großer Untersuchungszeitraum (eingeschwungener Betriebszustand), keine tendenzielle Veränderung der Auftragszeitstruktur über der Zeit und dass der Bestand auf einem annähernd konstanten Niveau bleibt.[76]

Einen Überblick über die Parameter und deren Einfluss auf die approximierte Leistungskennlinie zeigt Bild 5.19.

---

[75] vgl. Nyhuis; Wiendahl, 2003, S. 89
[76] vgl. Nyhuis; Wiendahl, 2003, S. 121 ff

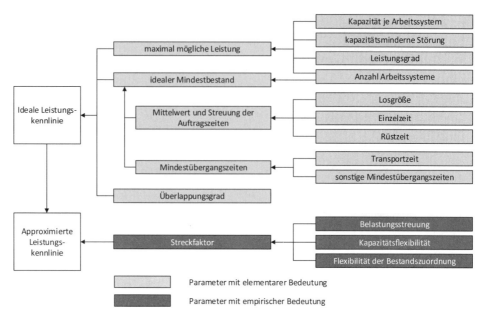

Bild 5.19 Parameter approximierter Leistungskennlinien[77]

5.5 Einsatzmöglichkeiten von Produktionskennlinien

Die Kennlinientheorie bietet weitreichende Möglichkeiten, Produktionsprozesse logistikorientiert zu gestalten und zu lenken, sowie logistische Rationalisierungspotentiale zu quantifizieren. Da die Kennlinientheorie die Zusammenhänge zwischen den logistischen Zielgrößen und ihren Beeinflussungsmöglichkeiten beschreibt, stellt sie eine ideale Grundlage für den Ausbau und die Überwachung von Prozesssicherheit und Prozessfähigkeit dar.[78]

---

[77] vgl. Nyhuis; Wiendahl, 2003, S. 122
[78] vgl. Nyhuis; Wiendahl, 2003, S. 173 f

Überwachung und Ausbau der logistischen Prozesssicherheit	Überwachung und Ausbau der logistischen Prozessfähigkeit

• **Logistische Positionierung**
  - Festlegung anzustrebender Betriebsbereiche
  - Konsistenzprüfung der logistischen Zielgrößen	

• **Produktionscontrolling**
  - Prozessbewertung
  - Ermittlung logistischer Rationalisierungspotentiale
	• **Auswahl von Planungs- und Steuerungsstrategien**
	  - Losgrößenbestimmung
	  - Terminierung
	  - Auftragsfreigabe

• **Produktionsplanung und -steuerung PPS**
  - Vorgabe konsistenter Planungsparameter (Flussgrad, Durchlaufzeit, Übergangszeit, Bestand)
	• **Auswahl der Produktionsstruktur**
	  - Layoutplanung
	  - Bewertung und Gestaltung von Prozessketten

Bild 5.20 Einsatzmöglichkeiten von Produktionskennlinien bei der Gestaltung und Lenkung von Produktionsprozessen[79]

Als zentrale Logistikstrategie erweist sich dabei die permanente Absenkung des Bestandes. Die Aufgabe der PPS ist in einem ersten Schritt, das Bestandsniveau auf ein vertretbares Maß abzusenken. Die Grenzen der erreichbaren Durchlaufzeiten und Bestände lassen sich anschließend durch dispositive Maßnahmen, wie z. B. gleichmäßigere Arbeitsinhalte, zu geringeren Werten verschieben. In einer nächsten Stufe können durch eine Verkürzung der Bearbeitungszeiten durch fertigungstechnische Maßnahmen, wie neue Bearbeitungsverfahren oder Umstrukturierungsmaßnahmen im Rahmen der Fabrikplanung, neue logistische Potentiale geschaffen werden. Um die dabei gewonnenen Spielräume zur Bestandssenkung zu nutzen, werden die entsprechenden Parameter der PPS an diese neu geschaffene Situation angepasst.[80]

---

[79] vgl. Nyhuis; Wiendahl, 2003, S. 174
[80] vgl. Nyhuis; Wiendahl, 2003, S. 173

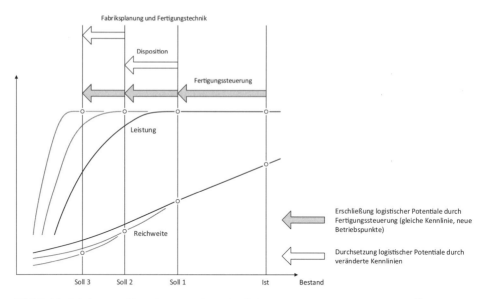

Bild 5.21 Schritte zur Absenkung von Durchlaufzeit und Bestand in der Produktion[81]

5.5.1 Logistische Positionierung

Ein permanentes Thema in der betrieblichen Praxis ist der anscheinend unauflösbare Widerspruch zwischen kurzen Durchlaufzeiten und geringen Beständen auf der einen Seite und einer hohen Auslastung auf der anderen Seite. Dieses Dilemma der Ablaufplanung ist allgemein bekannt und eine zielorientierte Positionierung in diesem Spannungsfeld allenfalls auf der Basis von Erfahrungswerten möglich. Hier bieten die Produktionskennlinien eine effektive Hilfestellung, indem sie die Wirkzusammenhänge zwischen den logistischen Zielgrößen qualitativ und quantitativ beschreiben.[82]

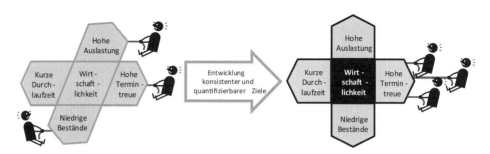

Bild 5.22 Entwicklung konsistenter und quantifizierbarer Ziele

---

[81] vgl. Nyhuis; Wiendahl, 2003, S. 173
[82] vgl. Nyhuis; Wiendahl, 2003, S. 175

Als **logistische Positionierung** wird die Festlegung von anzustrebenden Betriebspunkten (Bestand, Leistung, Durchlaufzeit) für die einzelnen Arbeitssysteme bezeichnet.[83]

Typische Fragestellungen, die bei der logistischen Positionierung beantwortet werden müssen, sind:[84]

- Wie sind der Marktbedarf und die Zugangslage?
- Welche Lieferzeiten fordert bzw. gestattet der Markt?
- Wie kapitalintensiv bzw. personalintensiv ist die Produktion? Wie entscheidend ist daher das Kriterium einer hohen Auslastung der Maschinen bzw. des Personals?

Die Konsistenzprüfung der vorgegebenen Zielwerte erfolgt direkt in den Kennlinien.[85]

Bild 5.23 zeigt den momentanen gemessenen Betriebspunkt und den Betriebspunkt nach der Bestandsoptimierung. Der momentane Betriebspunkt liegt oberhalb eines bestimmten Bestandswertes, ab dem sich die Leistung nur mehr unwesentlich ändert, jedoch die Durchlaufzeitgrößen stark zunehmen. Eine Verringerung des mittleren Bestandes hat eine deutliche Senkung der Reichweite, Durchlaufzeit und Übergangszeit zur Folge, die mittlere Leistung bleibt jedoch annähernd gleich. Ein angemessener Betriebsbereich befindet sich kurz vor dem Abknicken der Leistungskennlinie, damit noch keine bestandsabhängigen Auslastungsverluste auftreten.[86]

---

[83] vgl. Nyhuis; Wiendahl, 2003, S. 175
[84] vgl. Engelhardt, 2000, S. 42 f
[85] vgl. Nyhuis; Wiendahl, 2003, S. 176
[86] vgl. Nyhuis; Wiendahl, 2003, S. 37; S. 215

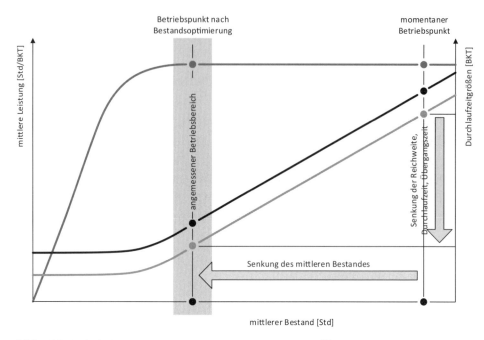

Bild 5.23 Logistische Positionierung mit Produktionskennlinien[87]

Der Bestand ist nur in seltenen Fällen eine eigenständige Zielgröße. Im Allgemeinen dient sie als Mittel zur Durchlaufzeitreduzierung.[88] Prinzipielle Einflussgrößen für die Bestandssenkung sind die Belastung (Zugang drosseln) und die Leistung (aktuelle Leistung erhöhen).[89]

Durch die Drosselung des Zugangs verläuft die Zugangskurve für die Zeit der Drosselung horizontal, bis der gewünschte mittlere Sollbestand erreicht ist. Die Beeinflussung des Zuganges ist nur in einem Verkäufermarkt beliebig frei wählbar. Daher kann diese Art der Bestandsbeeinflussung oft nicht angewendet werden.[90]

Eine Erhöhung der aktuellen Leistung durch die Maximierung der Maschinenlaufzeit, eine Erhöhung der Kapazität (Personalkapazität) oder durch technische Investitionen zur Maximierung des Outputs (Betriebsmittelkapazität), führt zu einer steileren Abgangskurve und damit zu einer Verringerung des Bestandes. Wenn sich der neue mittlere Bestand eingestellt hat, muss darauf geachtet werden, dass die Zugangs- und die Abgangskurve wieder parallel verlaufen und damit gut übereinstimmen.[91]

---

[87] vgl. Nyhuis; Wiendahl, 2003, S. 215
[88] vgl. Nyhuis; Wiendahl, 2003, S. 199
[89] vgl. Engelhardt, 2000, S. 18
[90] vgl. Engelhardt, 2000, S. 43
[91] vgl. Engelhardt, 2000, S. 66

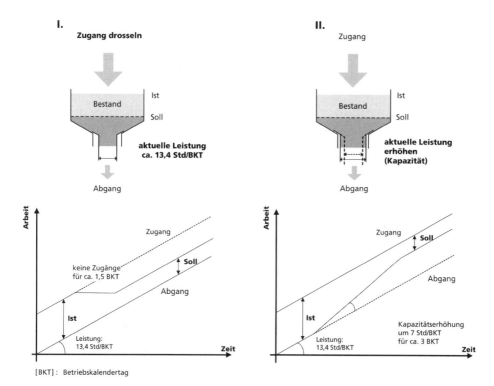

Bild 5.24 Maßnahmen zur Bestandssenkung

5.5.2 Produktionscontrolling

Die Kennlinien lassen sich im Rahmen des Produktionscontrollings zur Bewertung von Prozessabläufen heranziehen.[92] Sie ermöglichen es, den Produktionsablauf transparent darzustellen und logistische Engpässe im Materialfluss aufzuzeigen. Darüber hinaus lässt sich die Bedeutung der einzelnen Arbeitssysteme für den gesamten Auftragsdurchlauf quantifizieren, z. B. indem gezeigt wird, wie sich die Durchlaufzeitreduzierung an einem einzelnen Arbeitssystem auf den gesamten Auftragsdurchlauf auswirkt. Weiterhin kann gezeigt werden, an welchen Arbeitssystemen Maßnahmen zur Durchlaufzeit- und Bestandsreduzierung sinnvoll umgesetzt werden können.[93]

---

[92] vgl. Nyhuis; Wiendahl, 2003, S. 174
[93] vgl. Nyhuis; Wiendahl, 2003, S. 181

5.5.3 Anwendung in der PPS

Für die Anwendungen im Rahmen der Produktionsplanung und -steuerung lassen sich die Systemparameter zielkonform, je nach aktueller Betriebs- und/oder Marktsituation und in Abhängigkeit von arbeitssystemspezifischen Randbedingungen, ableiten und einstellen. Statt nach einem imaginären Optimum, meist das Kostenminimum, zu suchen, geht man von einer primären, meist marktbedingten Zielgröße wie z. B. der angestrebten Durchlaufzeit aus und daraus ergeben sich dann die übrigen Zielwerte wie Auslastung und Bestand.[94]

5.5.4 Auswahl von Planungs- und Steuerungsstrategien

Stellt sich im Rahmen der Anwendung heraus, dass die gesetzten Zielwerte ohne flankierende Maßnahmen nicht erreichbar sind, so können die Kennlinien zur Unterstützung und Evaluation von Planungsaktivitäten herangezogen werden. So können alternativ einsetzbare Planungs- und Steuerungsstrategien unter logistischen Kriterien bewertet und ausgewählt werden. Unmittelbar kann die Kennlinientheorie in Verfahren zur Losgrößenbestimmung, zur Terminierung oder zur Auftragsfreigabe integriert werden.[95]

5.5.5 Auswahl der Produktionsstruktur

Zur Bewertung alternativer Fertigungsprinzipien oder neuer Logistikkonzepte können die Kennlinien bei der Fabrikplanung herangezogen werden. Zudem ergeben sich Möglichkeiten zur Erweiterung von Investitionsentscheidungen.[96]

---

[94] vgl. Nyhuis; Wiendahl, 2003, S. 174
[95] vgl. Nyhuis; Wiendahl, 2003, S. 174 f
[96] vgl. Nyhuis; Wiendahl, 2003, S. 175

6 Lean Management

In den frühen neunziger Jahren erschütterten WOMACK und JONES (und ROSS) mit ihrem Buch *„The Machine That Changed The World"* die gesamte produzierende Industrie. Sie veröffentlichten eine umfassende Benchmarkstudie, in der drei namhaften Automobilkonzerne anhand ihrer Zulieferwelt, den zugrunde liegenden Produktionssystemen, den Lieferantenplattformen, der Zulieferkette, der Fertigungstiefen und der Produktivität, analysiert. In einer ersten Reaktion wurde aus dem Toyota Produktionssystem, dem „Sieger" dieser Studie, die Philosophie Lean Production für ein größeres Publikum abgeleitet. Der Begriff „Lean" wurde erstmals von KRAFCIK 1988 publiziert. Interessant ist dabei die Tatsache, dass davor zwischen „fragilen" und „robusten" Produktionssystemen (PS) unterschieden wurde, wobei robuste PS die traditionellen westlichen PS repräsentierten und fragile PS dem Toyota Produktionssystem (TPS) entsprachen. Und da fragil eher negativ wahrgenommen wird, wurde aus (Anm.: engl.) „fragile" also „lean" (deutsch: schlank).[1]

6.1 Von Lean Production zu Lean Management

Das Ziel der schlanken Produktion ist die Vermeidung von Verschwendung in allen Produktionsbereichen, sowohl bei der Produktentwicklung als auch in der Zulieferkette. Die Einführung der schlanken Produktion bewirkt:

- Geringere Bestände
- Eine Reduktion des Fabrikpersonals, der Fabrikfläche, des Lagerstandes,
- Reduktion der Zeit für die Produktentwicklung bei gleichzeitiger
- Steigerung der Produktvielfalt und einer
- Reduzierung der Fehlerzahlen.

---

[1] vgl. Holweg, 2007, S. 420–437

Im Zentrum steht die Konzentration auf die Wertschöpfung und die Eliminierung von Verschwendung jeglicher Art, die im Rahmen der Produktion von greifbaren Waren als auch Dienstleistungen auftaucht. Alle Aktivitäten und Ressourcen, die nicht notwendig sind, um den Wert eines Produktes zu steigern, gelten als überflüssig und sollten beseitigt werden; gleiches gilt für Bestände, die auf Bearbeitung warten.

Aufgrund des großen Erfolges durch Kosten- und Zeiteinsparungen sowie Qualitätssteigerungen in der Produktion wurden die Prinzipien und Ansätze von Lean auch in anderen Bereichen (z. B. Logistik, Administration, aber auch IT) erfolgreich eingesetzt. Deshalb spricht man heutzutage von Lean Management als Überbegriff, wenn man diese Prinzipien im eigenen Unternehmen anwendet bzw. anwenden möchte.

Die dadurch erzielte beschleunigte Fertigstellung der Produkte und somit erreichte Produktivitätssteigerung sind wichtige Faktoren in der Konkurrenz um Kunden und Marktanteile. Zugleich besteht in einer straff organisierten, flexiblen Produktion die Möglichkeit zur Herstellung individualisierter und spezifischer Produkte.[2]

Kernpunkt der schlanken Produktion ist die Übertragung der Qualitätsverantwortung auf die Ausführenden. In der Fertigungsorganisation ist die Fertigungsinsel das Grundelement, diese ist für die Teilequalität selbst verantwortlich. Die übergeordneten Management- und Funktionsebenen werden auf ein notwendiges Minimum reduziert, wodurch Blindleistungen – also nicht wertschöpfende Tätigkeiten – abgebaut werden.

Darauf aufbauend sind in dem Buch „Lean Thinking" von WOMACK/JONES fünf grundlegende Lean-Prinzipien abgeleitet und umfassend beschrieben worden[3].

Lean-Prinzipien (Womack/Jones)	
Wert:	Spezifiziere den Wert jeder Aufgabe aus Sicht des Endkunden
Wertstrom:	Identifiziere jeden Arbeitsschritt und eliminiere Verschwendung
Fluss:	Erzeuge aus den wertschöpfenden Tätigkeiten einen unterbrechungsfreien Wertstromfluss
Pull:	Lass den Kunden den Bearbeitungstakt bestimmen
Perfektion:	Strebe nach Perfektion durch kontinuierliche Verbesserung

Bild 6.1 Lean-Prinzipien

---

[2] vgl. Womack; Jones, 2003, S. 8
[3] vgl. Womack; Jones, 2003

Unter Lean Thinking ist ein Management-Konzept zu verstehen, das man gerne als Lean Management bezeichnet. Dabei soll man die eigene Produktion aus der Sicht des Kunden betrachten und alle Aktivitäten daran ausrichten:

- **Wert** (engl. Value; siehe „Vermeidung von Verschwendung"): nur jede Aktivitäten/Tätigkeiten sollen ausgeführt werden, die für den Endkunden einen Nutzen darstellen und für zu verkaufende Produkt eine Wertsteigerung liefern
- **Wertstrom** (engl. Value Stream, siehe „Wertstromdesign): Aus Kundensicht sind für die Herstellung eines Endprodukts mehrere Prozessschritte ausgehend vom Rohmaterial erforderlich. Die Aneinanderreihung dieser Prozessschritte mit Transport- und Lagerstufen dazwischen wird als Wertstrom bezeichnet – man kann Wertströme sowohl innerbetrieblich als auch werksübergreifend in einer Supply Chain betrachten. Ein Wertstrom besteht neben dem Materialfluss auch aus einem Informationsfluss. Dieser gibt Auskunft, in welcher Form und Häufigkeit die einzelnen Prozesse gesteuert werden und übergeordnet – über ein ERP-System – mit Kunden und Lieferanten in Verbindung stehen z. B. betreffend Lieferfrequenz und/oder Forecasts.
- **Fluss** (engl. Flow): in einem Wertstrom soll das halbfertige Produkt immer „in Bearbeitung" oder zumindest „in Bewegung" sein, um räumliche Distanzen zu überwinden. Dabei wird vor allem verlangt, eine „bestandsfreie Produktion" zu schaffen. Realistischer Weise soll mit möglichst wenig Bestand ausgekommen werden, um Lagerflächen, Kapitalbindung und Durchlaufzeiten in der Produktion zu reduzieren.
- **Pull:** Mittels Pull-Steuerung in einem Wertstrom soll ein vorgelagerter Prozess nur so viel produzieren, wie der nachfolgende Prozess zur gewünschten Zeit benötigt. In der Praxis erreicht man z. B. über sogenannte Supermarkt-Pull-Systeme (vgl. Kanban-Steuerung) so Bestandsreduktionen und ermöglicht einen kontinuierlichen Fluss innerhalb eines Wertstroms. Dabei ändert sich gegenüber dem traditionellen Push-System mit zentral geregelten Vorgaben die Art der Steuerung bzw. Kommunikation in einem Wertstrom: Jeder Prozess gibt individuell nach Kundenbedarf den produktionsauslösenden Impuls an vorgelagerte Prozesse weiter, der Kundenbedarf wird nur noch an einer Stelle im Wertstrom eingesteuert.
- **Perfektion:** Nachdem Wertströme das erste Mal kundenorientiert gestaltet sind, so sind diese im Laufe der Zeit aus Kundensicht zu perfektionieren. In der Praxis entspricht ein verbesserter Wertstrom jedoch niemals einem theoretischen „Idealzustand", den es anzustreben gilt. Charakteristika eines Idealzustands sind bspw. „100 % Wertschöpfung", „Null-Fehler", „kontinuierlicher Ein-Stück-Fluss" und „Beeinträchtigungsfreiheit des arbeitenden Menschen".[4]

---

[4] vgl. Sunk, Kuhlang, Sihn, 2015

Weitere Prinzipien von Lean Management sind:[5]

- Gruppen- und Teamarbeit,
- Eigenverantwortung,
- Vollständige Information,
- Kundenorientierung,
- Priorität der Wertschöpfung,
- Standardisierung
- Ständige Verbesserung,
- Sofortige Fehlerabstellung an der Wurzel,
- Vorausdenken und Vorausplanen
- Kleine, beherrschte Schritte

Lean Management ist also keine generell anwendbare Methode, sondern ein Denkansatz mit verschiedenen Wirkprinzipien. Die Philosophie des Lean Management steht für eine schlanke Unternehmensorganisation, die es ermöglicht mit weniger Personal, Produktionsfläche und Investitionen auszukommen und gleichzeitig im Wettbewerb bestehen zu können.

6.2 Vermeidung von Verschwendung

Für die Wertsteigerung eines Produktes ist ein Minimum an Aufwand für Betriebsmittel, Material, Teile, Platz und Arbeitszeit notwendig. Jeder Aufwand, der über dieses Minimum hinausgeht, wird als Verschwendung bezeichnet und verursacht Kosten. Effizienzgewinne stellen sich demzufolge ein, wenn die Verschwendung minimiert wird und die Arbeitskräfte ihre maximale Leistungsfähigkeit erreichen. Bei Toyota wir Muda (Verschwendung) definiert als *„alles außer dem Minimum an Aufwand für Betriebsmittel, Material, Teile, Platz und Arbeitszeit, das für die Wertsteigerung eines Produktes unerlässlich ist."*[6]

Die Ziele der schlanken Produktion sind die Vermeidung von Verschwendung in allen Produktionsbereichen, bei der Produktentwicklung und auch in der Zulieferkette.

Ein Prozess kann erst dann als „lean" bezeichnet werden, wenn alles eliminiert ist, was nicht zur Wertschöpfung für den Kunden beiträgt. Alles was nicht der Wertsteigerung des Produktes oder der Dienstleistung beiträgt, ist Verschwendung. Schlagworte für die Arbeitsprinzipien schlanker Unternehmen sind zum Beispiel

---

[5] vgl. Brunner, 2011, S. 62
[6] vgl. Becker, 2006, S. 278 f

Kundenorientierung, ständige Verbesserung, Standardisierung, Erhöhung der Wertschöpfung, sofortige Fehlerbehebung an der Quelle, etc. Grundsätzlich können Prozesse/Tätigkeiten in drei verschiedene Gruppen eingeteilt werden:

Bild 6.2
Wertschöpfungsanteil von Aktivitäten

- **Wertschöpfende Tätigkeiten:** Tätigkeiten, die den Wert eines Produktes steigern. Der Kunde ist bereit für diese Tätigkeiten zu bezahlen.
- **Verschwendung:** Tätigkeiten, die keinen zusätzlichen Wert für den Kunden bringen
- Nicht wertschöpfende, aber **unterstützende Tätigkeiten:** Aktivitäten, die keinen neuen Wert hinzufügen, aber notwendig für die Unterstützung wertschöpfender Prozesse sind.[7]

Taiichi OHNO war der Meinung, dass rund ein Drittel der Arbeit am Band Muda (= Verschwendung) sei.[8]

Bild 6.3 verdeutlicht die Idee, die Vermeidung von Verschwendung mit der üblicherweise angewendeten Optimierung der Wertschöpfung zu verbinden, um höhere Rationalisierungspotenziale erreichen zu können. Optimal wäre folglich eine kombinierte Anwendung von traditioneller Optimierung UND Beseitigung von Verschwendung.

---

[7] vgl. Becker, 2006, S. 279
[8] vgl. Becker, 2006, S. 279

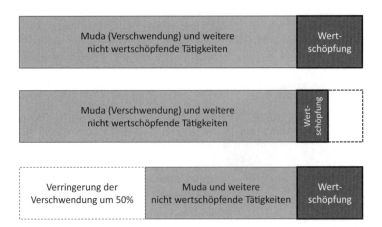

Bild 6.3 Reduktion der Verschwendung statt reiner Optimierung der Wertschöpfung[9]

Die sieben Arten der Verschwendung sind:[10]

- **Überproduktion:** Produktion von Gütern, die nicht benötigt/verkauft wurden, führt zu Verschwendung in Form von Arbeitskraft, Lagerüberhängen und überflüssigen Transportkosten wegen überfüllter Warenlager.
- **Wartezeiten:** Arbeiter warten auf den nächsten Schritt der Weiterverarbeitung, auf Werkzeuge, Materialnachschub, Teile, etc., oder haben einfach nichts zu tun, weil der Nachschub stockt. Dies verursacht Verzögerungen im Fertigungsprozess, eine mangelnde Auslastung der Maschinen und Kapazitätsengpässe. Auch Material, das zwischen den Prozessschritten Liegezeiten ausgesetzt ist, verursacht Verschwendung.
- **Unnötige bzw. zu lange Transportwege:** Ware in Arbeit, Material oder Endprodukte über große Entfernungen zur Weiterverarbeitung oder zwischen verschiedenen Lagern hin und her zu befördern, führt zu ineffizienten Transportwegen.
- **Mangelhafte Organisation des Arbeitsprozesses/Bearbeitung:** Unnötige Prozessschritte in der Verarbeitung und ineffiziente Prozesse als Ergebnis des Einsatzes ungeeigneter Werkzeuge oder eines schlechten Produktdesigns verursachen unnötige Bewegungen und Mängel. Auch die Herstellung von Produkten mit einer höheren Qualität als erforderlich, ist eine Form der Verschwendung, sowie Rüstzeiten und Zwischenreinigungen.
- **Lagerüberhänge/Bestände:** Ein zu großer Bestand an Rohmaterialien, Ware in Arbeit und Endprodukten führt zu längeren Durchlaufzeiten, veralteten oder beschädigten Gütern, zu hohen Transport- und Lagerkosten und zu Verzögerungen. Lagerüberhänge verschleiern außerdem Probleme, wie eine unausgeglichene

---

[9] vgl. Miller; Blockhus, 2005
[10] vgl. Brunner, 2011, S. 71

Produktionsauslastung, eine verzögerte Zulieferung, Mängel, Maschinenleerläufe und lange Umrüstzeiten.

- **Unnötige Bewegung:** Jede überflüssige Bewegung, die ein Mitarbeiter bei der Durchführung seiner Arbeit machen muss, zum Beispiel Teile und Werkzeuge suchen, zu holen oder sie aufzufüllen, ist Verschwendung.
- **Fehler/Ausschuss:** Die Produktion fehlerhafter Teile bzw. deren Nachbesserung, Reparaturen, Abfall, Neuproduktion und Überprüfung sind keine Wert generierenden Aktivitäten und somit eine Verschwendung von Handgriffen, Zeit und Energie.

Die folgende Tabelle 6.1 zeigt die wichtigsten Unterschiede zwischen traditioneller Produktion und der schlanken Produktion.

Tabelle 6.1 Traditionelle und „schlanke" Produktion im Vergleich[11]

Produktionsphilosophie	
traditionell	„schlank"
Arbeitsteilung	
so weit wie möglich	so gering wie möglich
geringer Arbeitsinhalt	großer Arbeitsinhalt
möglichst niedrige Lohngruppe	möglichst hochqualifizierte Mitarbeiter
viele Schnittstellen	wenige Schnittstellen
Arbeitsausführung	
losweise	bedarfsgerecht
hintereinander geschaltet	überlappend
„Bringschuld"	„Holschuld"
auslastungsorientiert	ablauforientiert
Ausführungszeit	
minimal je Arbeitsgang	minimal je Auftrag
maximale Ausbringung je Minute	maximale Nutzung je Zeitperiode
Material- und Informationsfluss	
getrennte Betrachtung	Integration

[11] vgl. Brunner, 2011, S. 62

6.3 Produktionssysteme

6.3.1 Definition Produktionssystem

Aus klassischer Sicht versteht man unter einem Produktionssystem die Prinzipien (z. B. Serien- oder Einzelfertigung) anhand derer eine Produktion organisiert wird, also die Anordnung der Arbeitsstationen (Betriebsmittel, Arbeitsplätze, Werkzeuge, Transportmittel, ...) die ein Produkt bei seiner Herstellung durchläuft.

Ein modernes Verständnis verbindet das Grundprinzip des Lean Managements – die Vermeidung von Verschwendung – mit einem Produktionssystem, das im Wesentlichen einen Ordnungsrahmen bzw. eine strukturierte Dokumentation von (theoretisch fundierten und praktisch nützlichen) Standards und Regeln zum Gestalten und Betreiben von Arbeitssystemen darstellt.

Produktionssysteme bieten:

- Systematiken, die standortübergreifende und verbindliche Grundprinzipien der Produktion und Erbringung von Dienstleitungen definieren,
- Unterstützung bei der Planung und kontinuierlichen Verbesserung von Prozessen,
- Mitarbeitern einen größere Überblick über die Prozesse und Philosophie des Unternehmens – eine eigene Kultur schaffen,
- durch eine Integration von Lean Production und Lean Administration eine erhöhte Effizienz im Unternehmen,
- durch Kennzahlensysteme ein permanentes Controlling und eine Effizienzsicherstellung der Prozesse.

Man unterscheidet in der Literatur und in der Praxis grundsätzlich unternehmensspezifische Produktionssysteme (z. B. Toyota Produktionssystem) und unternehmensübergreifende (z. B. Fraunhofer Produktionssystem). In beiden Fällen handelt es sich um einen Ordnungsrahmen für Methoden, Standards, Werkzeuge und Prinzipien für den Betrieb und die laufende Verbesserung einer Produktion – einmal bezogen auf eine konkrete Organisation, einmal mit allgemein gültigem Bezug.

Ein unternehmensspezifisches Produktionssystem besteht aus Standards und Regeln zum Gestalten und Betreiben von Arbeitssystemen. Mit Hilfe des unternehmensspezifischen Produktionssystems wird beschrieben, nach welchen Grundsätzen ein Unternehmen sein Leistungserstellungssystem betreiben will.

Unternehmensabstrakte bzw. neutrale oder übergreifende Modelle werden häufig als Ganzheitliche Produktionssysteme (GPS) bezeichnet, wobei hier der Aspekt einer möglichst breiten Anwendbarkeit im Vordergrund steht.

Das GPS vernetzt die strategische mit der Umsetzungsebene von Produktionssystemen. Ausgehend von einem (strategischen, unternehmensspezifischen) Zielsystem strukturiert GPS das in Produktionssystemen typischerweise eingesetzte Instrumentarium in funktional und zielorientiert verknüpfte Gestaltungsprinzipien, Methoden und Werkzeuge.[12]

6.3.2 Das Wesen und die Bestandteile von Produktionssystemen

Produktionssysteme sind in der Regel modular aufgebaut. Wie in Bild 6.4 zu sehen ist, lässt sich eine Einteilung in drei Elemente treffen: Das Dach, Die Säulen und das Fundament. Die Inhalte dieser Bestandteile werden in Abhängigkeit der Unternehmensziele ausgewählt.[13]

1. Das Dach: Hier werden die drei wesentlichen Ziele der Produktion definiert; bspw. „Hohe Qualität", „Minimale Kosten" und „kurze Durchlaufzeit".
2. Die Säulen: Sie beinhalten die Methoden und Werkzeuge, die als konkrete Hilfsmittel zur Umsetzung von operativen Zielen und Verbesserungsbemühungen dienen; bspw. TQC, JIT, Jidoka, TPM.
3. Das Fundament: Das Fundament umfasst sogenannte Gestaltungsprinzipien, nach denen eine Produktion ausgerichtet ist; bspw. „Vermeidung von Verschwendung", „Standardisierte Arbeit".

Bild 6.4
Die Bestandteile eines Produktionssystems

6.3.3 Das Toyota Produktionssystem (TPS)

Taiichi OHNO gilt als Vater des Toyota Produktionssystems und hat gemeinsam mit Shin-geo SHINGO den Begriff „Lean" geprägt. Oberstes Ziel ist die Produktion im

---

[12] vgl. DMTM, F/AJ, S. 50
[13] vgl. Westkämper, 2009, S. 36

Kundentakt mit möglichst geringer Verschwendung von Ressourcen jeglicher Art im Produktionsprozess (= Effizienz).

Dies wird erreicht durch die Säulen im TPS:

- Prozesse synchronisieren
- Prozesse standardisieren
- Fehler vermeiden
- Anlagen verbessern
- Werker trainieren

Als Fundament wird dabei die kontinuierliche Verbesserung (der Produktion) in kleinen Schritten betrachtet, was in der Literatur auch als KAIZEN bezeichnet wird.

Bild 6.5 Das Toyota Produktionssystem

6.3.4 Fraunhofer Produktionssystem

Das Fraunhofer Produktionssystem ist im Sinne eines ganzheitlichen Produktionssystems eine universelle Basis zur Entwicklung eines unternehmensspezifischen Produktionssystems. Es bietet den Ordnungsrahmen für die zielgerichtete und themenspezifische Anwendung von Methoden und Werkzeugen, dient der Eliminierung von Verschwendungen innerhalb der gesamten Supply Chain und der kontinuierlichen Verbesserung von Prozessen in Logistik, Produktion, Lieferantenmanagement und Administration unter Berücksichtigung einer optimalen Qualität.

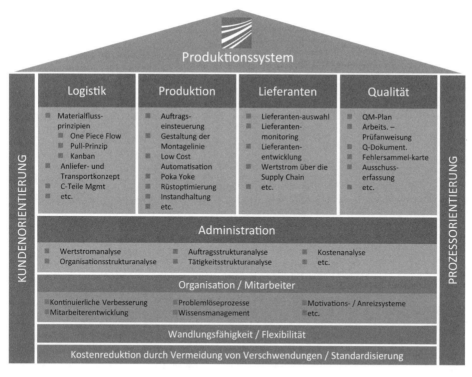

Bild 6.6 Fraunhofer Produktionssystem

6.3.5 GPS der Deutschen MTM-Vereinigung[14]

Die Deutsche MTM-Vereinigung hat ebenfalls einen Modell-Ansatz eines Produktionssystems entworfen, welcher die Strukturen eines Unternehmens in zwei grundsätzliche Ebenen einteilt:

1. Orientierungsebene (vermittelt Orientierung durch das Top-Management)
2. Umsetzungsebene (enthält Arbeitsstandards in Form von Gestaltungsprinzipien, Methoden und Werkzeugen für untere Führungsebene(n) und Mitarbeiter)

Dies sei am Beispiel des DaimlerChrysler-Produktionssystems verdeutlicht:

---

[14] vgl. DMTM, F/AJ, S. 90

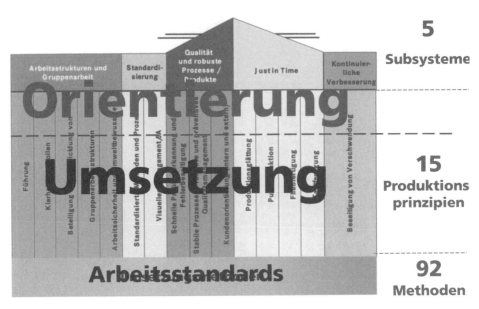

Bild 6.7 GPS der Deutschen MTM-Vereinigung

Die Orientierungsebene wird hierdurch 5 „Subsysteme" in Verbindung mit 15 „Produktionsprinzipien" beschrieben. „Subsysteme" als auch „Produktionsprinzipien" haben dabei Leitlinien- bzw. Handlungsfeldcharakter; so z. B. das „Subsystem Arbeitsstrukturen und Gruppenarbeit" mit seinen „Produktionsprinzipien" „Führung", „Klare Aufgaben und Rollen", „Beteiligung und Entwicklung von Mitarbeitern", „Gruppenarbeitsstrukturen" sowie „Arbeitsschutz und Umweltbewusstsein".

Die Umsetzungsebene leitet sich aus den „Produktionsprinzipien" ab. Sie enthält in Summe 92 „Methoden", die jeweils direkt einem „Produktionsprinzip" zugeordnet sind. „Methoden" des „Produktionsprinzips Führung sind dort zum Beispiel Zielvereinbarung, Mitarbeiter Feedback, Mitarbeiterbefragung.

■ 6.4 Methoden der Lean Production

Im Laufe der Zeit wurde eine Menge von Methoden entwickelt, die den Gedanken der Lean Production verfolgen. In der folgenden Bild 6.8 sind einige dieser Methoden angeführt.

Anmerkung: Viele davon sind Bestandteile in spezifischen Produktionssystemen.

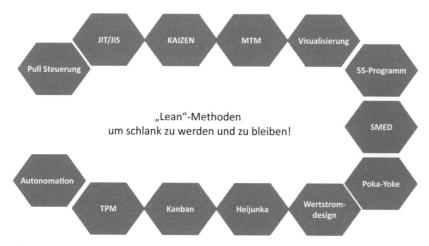

Bild 6.8 Auswahl von Lean Methoden

6.4.1 Wertstromdesign („Value Stream Mapping")

Die Ingenieure bei Toyota modellierten in der Nachkriegszeit ihre Wertströme mit Bleistift und Papier mit einfachen Symbolen. Davon ausgehend wurden Verbesserungsaktivitäten abgeleitet und umgesetzt. Dieses Vorgehen wurde jedoch nie als eigenständige Methodik bezeichnet, sondern nur als Mittel zum Zweck herangezogen. Erst durch die Veröffentlichung „Sehen lernen" (engl. „Learning to see") von ROTHER und SHOOK im Jahr 1998 wurde aus diesem Vorgehen, das die Mitarbeiter von Toyota verinnerlicht hatten, eine eigene Methodik und konnte so erst den weltweiten Durchbruch erlangen.

Die Prinzipien der Methodik Wertstromdesign (engl. Value Stream Mapping) stammen aus dem Toyota Produktionssystem. Zur Umsetzung größerer TPS-Projekte gründete Taichii OHNO Toyotas interne Produktionsberatung „Operation Management Consulting Division" (OMCD). Eine der Hauptaufgaben bildete die visuelle Darstellung der Material- und Informationsflüsse, ohne zu viel Gewicht auf die einzelnen Prozesse zu legen. Das führte letztlich zu dem, was man heute „Wertstromanalyse" nennt und was Toyota als „Diagramm über den Material- und Informationsfluss" bezeichnet.

6.4.1.1 Überblick

Ein Wertstrom umfasst alle Tätigkeiten (wertschöpfende und nicht wertschöpfende), die notwendig sind, um ein Fertigprodukt vom Rohmaterial bis in die Hände des Kunden zu bringen. Ausgehend vom Versand werden auf dem Weg bis hin zum Wareneingang Schritt für Schritt der Material- und Informationsfluss und die Kunden- und Lieferantendaten der ausgewählten Produktfamilie aufgeschrieben. Der Start im Versand dient dazu, von Beginn an die Kundenperspektive einzunehmen.[15]

Wertstromdesign ist eine Methode zur Optimierung von Produktionsabläufen. Mit Hilfe einer Wertstromanalyse werden wichtige Kenngrößen, wie die Durchlaufzeit und Prozesszeiten, Bestände und unnötige lange Transporte, Wartezeiten durch schlechte Taktabstimmung und Überproduktionsmengen, ermittelt und Verbesserungspotenziale aufgedeckt. Auf Basis der Analyse mit den identifizierten Verbesserungspotentialen wird im Zuge des Wertstromdesigns ein verbesserter Soll-Zustand erarbeitet, der einer kundenorientierten und effizienten Produktion entspricht. Die Grundidee hierfür besteht in der Reduktion/Eliminierung bzw. Vermeidung von Verschwendung[16] im gesamten Wertstrom. Dementsprechend gilt es, alle nicht wertschöpfenden Tätigkeiten im Produktionsprozess zu eliminieren und sich auf die wertschöpfenden Tätigkeiten zu konzentrieren und kontinuierlich nach neuen Verbesserungen zu streben.[17]

Die Methodik des Wertstromdesign wird in folgenden vier Schritten ausgeführt (siehe Bild 6.9):

1. *Auswahl einer Produktfamilie*
2. *Wertstromanalyse (Ist-Zustand)*
3. *Wertstromdesign (Soll-Zustand)*
4. *Umsetzung*

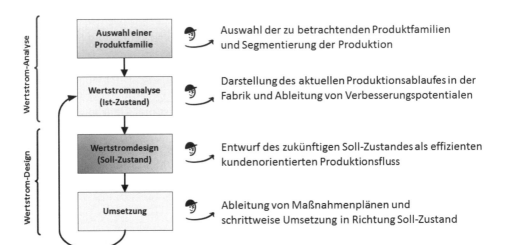

Bild 6.9 Vorgehensweise bei der Methodik Wertstromdesign

---

[15] vgl. Rother; Shook, 2006, S. 3

[16] Als Verschwendung werden jene Kosten bezeichnet, die dem Kunden keinerlei Nutzen in Form von Wertsteigerung am Produkt bringen.

[17] vgl. Erlach, 2010, S. 31

Sobald die vier Schritte das erste Mal erfolgreich durchgeführt und umgesetzt wurden, so ist zu einem zukünftigen Zustand der ursprüngliche Soll-Zustand der neue Ist-Zustand. Von hier ausgehend soll erneut ein Soll-Zustand erarbeitet werden, den es umzusetzen gilt. Dieser fünfte Schritt wird in der obigen Bild durch die erneute Iterationsschleife verdeutlicht, da in der Praxis der neue Ist-Zustand vom ursprünglichen Soll-Zustand abweichen wird. Auf diese Weise wird eine ständige Verbesserung des Wertstromes angestrebt.[18] Deshalb spricht man heutzutage meist von „Wertstrommanagement", um die kontinuierliche Verbesserung mittels mehrmaligem Wertstromdesign sicherzustellen. Die einzelnen Schritte werden im Folgenden nun näher erläutert.

6.4.1.2 Auswahl einer Produktfamilie

Bei einem Großserienfertiger, mit einer geringen Variantenvielfalt, lässt sich jedes Produkt in der Wertstromanalyse einzeln betrachten. Bei Variantenfertigern, die ähnliche Produkte produzieren, die mit ähnlichen Produktionsprozessen auf überwiegend gleichen Ressourcen produziert werden, ist eine Betrachtung auf Einzelproduktebene jedoch nicht sinnvoll. Der Produktionsablauf dieser einander ähnlichen Produkte kann in einem einzigen Wertstrom abgebildet werden.[19] Um eine geeignete Produktfamilie auszuwählen bieten sich verschiedenste Ansätze an, die jeweils vom Unternehmensumfeld abhängend gewählt werden. In der Serienfertigung eignet ist z.B. die Produktfamilien-Matrix sehr gut. Sie berücksichtigt jedes Produkt einzeln und ermöglicht so eine einfache Bildung von Produktfamilien. Dabei werden zunächst alle Produkte und die von ihnen durchlaufenen Prozessschritte erfasst. Anschließend erfolgt die Gruppierung der Produkte. Jene Produkte, die ähnliche oder gleiche Prozessschritte benötigen, werden zu Produktfamilien zusammengefasst. Eine Produktfamilie stellen daher jene Produkte dar, deren Herstellung durch ähnliche Produktionsschritte erfolgt und bei denen überwiegend gleiche Betriebsmittel eingesetzt werden.[20] Bild 6.10 zeigt eine Produktfamilien-Matrix. Auf der vertikalen Achse werden die einzelnen Produkte aufgelistet, während auf der horizontalen Achse die dafür benötigten Fertigungsschritte und Betriebsmittel erfasst werden. Weitere Kriterien zur Bildung von Produktfamilien können bspw. benötigte Variantenvielfalt, Montagezeiten und deren Abweichungen je Sub-Variante, Stückzahlen und (saisonale) Schwankungen, etc. sein.

---

[18] vgl. Rother; Shook, 2006, S. 3 ff
[19] vgl. Erlach, 2010, S. 39 f.
[20] vgl. Erlach, 2010, S. 40

		Produktionsschritte bzw. Maschinen					
		Schweißen Punkt	Schweißen Roboter	Lackieren	Montieren automatisch	Montieren manuell	Prüfen
Produkte	Lenkarm links	X	X	X	X	X	X
	Lenkarm rechts	X	X	X	X	X	X
	Stütze Armaturenbrett				X	X	X
	Sitz-Schiene	X			X	X	X
	Stütze Stossstange	X		X	X	X	X

Lenkarm links, Lenkarm rechts: } Eine Produktfamilie

Bild 6.10 Produktfamilien-Matrix

6.4.1.3 Wertstromanalyse (Ist-Zustand Erfassung)

Um eine grobe Ist-Analyse zu erstellen, werden die erforderlichen Prozesse inkl. Material und- Informationsfluss für eine Produktfamilie erfasst.[21] Im ersten Schritt bietet sich die Bewertung von „Rampe-bis-Rampe", also der innerbetrieblichen Perspektive, an. In weiterer Folge kann man die Betrachtungsebene detaillieren (One-piece-flow-Konzept an einem Arbeitsplatz) oder auf die Supply Chain ausweiten. Die Grundprinzipien als auch die relevanten Daten und Kennzahlen sind jedoch gleich wie bei der innerbetrieblichen Wertstromanalyse.

Die Aufnahme und Analyse des Ist-Zustands bildet die Grundlage für die Entwicklung des Soll-Zustands. Die Wertstromanalyse findet direkt vor Ort im Unternehmen auf dem Shop Floor statt und beginnt immer an der Schnittstelle zum Kunden, also in aller Regel beim Versand. Mit Hilfe von vordefinierten Symbolen werden Prozesse und Flüsse dargestellt. Beispiele für Prozesse wären Verpacken, Montieren, Beschichten, thermisches Behandeln und Fertigen. Logistische Prozesse wie beispielsweise Versand, Prüfen und Kommissionieren sind ebenfalls als Produktionsprozess darzustellen. Allerdings sind Tätigkeiten der reinen Ortsveränderung von Teilen und Materialien wie Ein- und Auslagern, Fördern und Transportieren nicht als eigenständiger Prozesskasten abzubilden sondern gehören dem Materialfluss an. Die Darstellung des Transportes von einem Produktionsprozess zum jeweiligen Nachfolgeprozess erfolgt mit Pfeilen. Dabei ist zwischen innerbetrieblichen Transport und außerbetrieblichen Transport zu unterscheiden. Der Materialflusspfeil des außerbetrieblichen Transportes verbindet die innerbetrieblichen Abläufe des betrachteten Wertstroms mit den werksexternen Quellen und Senken von Material und Produkten. Die Pfeile können durch die Darstellung der Transportmittel (werksexterner Lkw-Transport oder werksinterner Gabelstapler) oder

---

[21] vgl. Rother; Shook, 2006, S. 6

der Ladeeinheiten spezifiziert werden. Bestände an Rohmaterialien bzw. fertigen Waren zwischen den Prozessen werden mittels Dreiecksymbol dargestellt.

Die Aufnahme der Produktionsprozesse und des Materialflusses erfolgt immer „flussaufwärts", vom Versand bis hin zum Wareneingang.[22] Grund dafür ist, dass flussabwärts oftmals eine Aufteilung des Materialflusses stattfindet, sodass man in der Praxis den Überblick verlieren könnte. Wichtige Fragestellungen dabei sin „woher kommt das Material für den betrachteten Prozess?" und „wie wird der betrachtete Prozess gesteuert?" bzw. „wer gibt vor, wann welches Produkt zu fertigen ist?" Ergebnis der Wertstromaufnahme ist eine mit Symbolen erstellte Wertstromzeichnung, die ein Verständnis der aktuellen Funktionsweise des Wertstroms generiert. Beim Materialfluss wird generell zwischen „push" und „pull" unterschieden und deshalb auch unterschiedlich dargestellt.[23] Zentral über dem Wertstrom wird deshalb üblicherweise die Produktionsplanung (z. B. ERP- oder MES-System) dargestellt. Von hier ausgehend wird mit einfachen Symbolen qualitativ dargestellt, wie der Wertstrom in der Praxis tatsächlich funktioniert und betrieben wird. So wird dargestellt, in welcher Form und Häufigkeit die Kundenaufträge eingehen und wie Bestellungen bei den Lieferanten generiert werden. Darüber hinaus wird visualisiert, wie die einzelnen Prozesse gesteuert werden und wie Lagerstufen und Prozesse miteinander kommunizieren. In der klassischen Push-Steuerung erfolgt die Steuerung der Prozesse von einer zentralen Planungsstelle aus, weshalb in der Praxis die Prozesse und oft auch Abteilungen keine Informationen über Liefertermine zum Kunden oder auch Starttermine beim nachfolgenden Prozess etc. haben. Bei der dezentralen Pull-Steuerung wiederum erfolgt die Einsteuerung eines Kundenauftrags an einem bestimmten Prozess im Wertstrom, die jeweils vorgelagerten Prozesse produzieren nur das, was vom nachgelagerten Prozess auch tatsächlich benötigt wird (siehe Kanban-Steuerung).

Die zur Wertstromdarstellung erforderlichen Symbole sind in Bild 6.11 zusammengefasst.

---

[22] vgl. Erlach, 2010, S. 55
[23] vgl. Erlach, 2010, S. 98

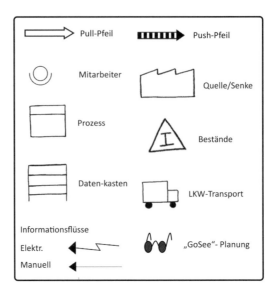

Bild 6.11 Symbole im Wertstrom

Für die Bewertung des Ist-Wertstroms müssen relevante Ist-Daten erhoben werden, um neben den qualitativen Aussagen der Visualisierung auch quantitative Aussagen über den Ist-Zustand treffen zu können. Dabei sollten keine Standarddaten aus Planungssystemen aufgenommen werden, sondern sämtliche Informationen zur Erstellung der Wertstromzeichnung vor Ort an den einzelnen Fertigungsprozessen dokumentiert werden. Zu erhebende Daten an den Prozessen sind beispielsweise folgende:[24]

- Bearbeitungszeit (manuelle Tätigkeiten)
- und/oder Prozesszeit (reine Maschinenzeit),
- Losgröße,
- Zykluszeit (abhängig von Losgröße),
- Rüstzeit,
- Maschinenzuverlässigkeit,
- Behältergröße,
- verfügbare Arbeitszeit,
- und die Anzahl der Mitarbeiter.

Nach der Erhebung und Visualisierung aller Daten kann schließlich die Zeitlinie unterhalb des Wertstroms skizziert werden. Diese beinhaltet sowohl Durchlaufzeit (vereinfacht berechnet als: Anzahl Teile im Lager dividiert durch Kundenbedarf pro Tag) als auch Bearbeitungszeit vor bzw. an einem Prozess, aber auch kumuliert

---

[24] vgl. Rother; Shook, 2006, S. 11 f

für den gesamten Wertstrom. Die kumulierten Werte werden in der Zeitlinie unterhalb des Kunden-Symbols eingetragen, wobei für die Durchlaufzeit der kritische Pfad (d. h. bei Verzweigungen die längstmögliche Durchlaufzeit) herangezogen wird.

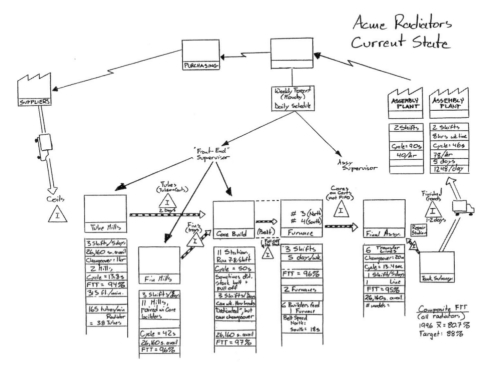

Bild 6.12 Beispiel eines Ist-Zustands (Handzeichnung; ROTHER & SHOOK)

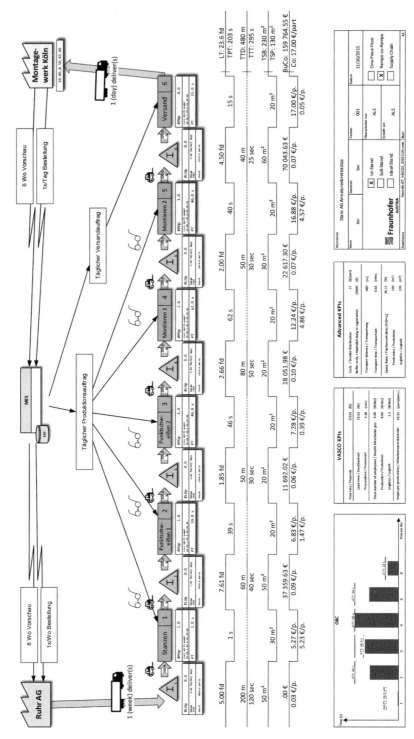

Bild 6.13 Ist-Zustands mittels VSM-Tool VASCO erhoben

6.4.1.4 Wertstromdesign (Gestaltung eines Soll-Zustands)

Mittels Wertstromdesign wird ein Ist-Wertstrom effizient und „am Kunden orientiert" gestaltet. Kundenorientierung drückt sich durch die Orientierung am Kundentakt sowie durch Vermeidung von Verschwendung aus. Um vom Ist-Zustand zum verbesserten Soll-Zustand zu gelangen haben Rother und Shook sieben Leitlinien definiert, die eine strukturierte Vorgehensweise zur Neugestaltung der Produktion ermöglichen. Entscheidend für die kapazitative Dimensionierung der Prozesse ist die in Leitlinie 1 formulierte Orientierung am Kundentakt. Die weiteren Leitlinien betreffen den Materialfluss, die Steuerung und die Planung. Im Folgenden werden diese näher erläutert.

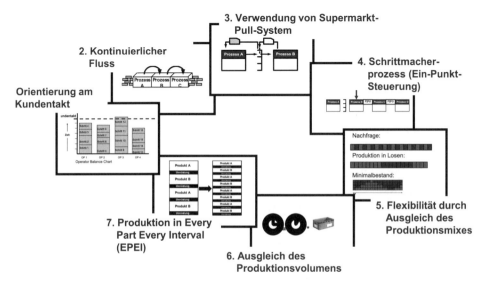

Bild 6.14 Sieben Leitlinien für die Konzeption von Soll-Wertströmen[25]

Leitlinie Nr. 1: Orientierung am Kundentakt – Montage nach der Taktzeit

Im ersten Schritt bei der Konzipierung des Soll-Zustands, muss also der Kundentakt (bzw. die Taktzeit) für die Produktfamilie ermittelt werden. Die Taktzeit gibt den Zeitraum an, in dem ein Produkt entsprechend der Verkaufszahlen gefertigt werden muss, um dem Kundenbedarf genau zu entsprechen (= Produktion im Kundentakt). Mit Hilfe der Taktzeit wird versucht, die „Geschwindigkeit" sämtlicher Prozesse der Produktion mit der Kundennachfrage zu synchronisieren.

Für die Berechnung des Kundentakts ist der Kundenbedarf (jährlich, monatlich, etc.) für diese Produktfamilie erforderlich. Des Weiteren werden die Anzahl der Fabriktage pro Jahr (z. B. Betriebskalender) und die netto-verfügbare Arbeitszeit je

---

[25] vgl. Fraunhofer Austria, 2011

Tag benötigt. Diese Arbeitszeit (verfügbare Betriebszeit) ist im Allgemeinen die Summe der Schichtzeiten pro Tag, welche wiederum normalerweise mit acht Stunden abzüglich Pausen gerechnet werden.

$$\text{Kundentakt} = \frac{\text{Verfügbare Betriebszeit pro Jahr [s]}}{\text{Kundenbedarf pro Jahr [Stück]}} \qquad (6.1)$$

Beispiel:
Fabriktage pro Jahr: 240 Tage   Schichtzeit (abzüglich Pausen): 7,2 Stunden
Anzahl der Schichten pro Tag: 2   Kundenbedarf pro Jahr: 87 300 Stück

$$\text{Kundentakt} = \frac{240 \cdot 2 \cdot 7{,}2 \cdot 3600}{87\,300} = 142 \frac{s}{\text{Stk.}} \qquad (6.2)$$

Im obigen Beispiel ergibt sich ein Rhythmus der Produktion (Kundentakt) von 142,51 [s/Stk.], d.h. es muss alle 142 Sekunden ein Produkt fertig gestellt werden, um die geforderte Kundenmenge zu erfüllen. Es entsteht also eine Vorgabe für die Produktion, welche auf den tatsächlichen Verkaufsraten basiert. Wenn nun jeder Prozess, der zur Erstellung des betrachteten Produktes erforderlich ist, genau in diesem Rhythmus arbeitet, dann entspricht das Unternehmen exakt den Marktanforderungen, es wird also kundenorientiert produziert.[26]

In der Praxis sind die benötigten Zeiten jedoch nicht diskrete Werte und sind natürlichen Streuungen unterlegen, weshalb 85–95 % Zykluszeit des berechneten Kundentakts angestrebt werden, um einen kontinuierlichen „Produktfluss" zu gewährleisten. Die folgende Bild zeigt ein Taktabstimmungsdiagramm (engl. Operator Balance Chart) für einen beliebigen Wertstrom. Es ist ein sehr einfaches, aber wirkungsvolles Werkzeug, um sowohl für den Ist-Zustand als auch den Soll-Zustand die Zykluszeiten der Prozesse mit dem berechneten Kundentakt abzustimmen.

---

[26] vgl. Rother; Shook, 2006, S. 51

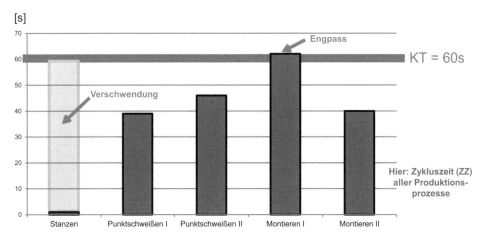

Bild 6.15 Taktabstimmungsdiagramm oder Operator Balance Chart (OBC)

Leitlinie Nr. 2: Kontinuierlicher Fluss – Entwicklung einer kontinuierlichen Fließfertigung

Im Idealfall bedeutet kontinuierliche Fließfertigung, dass ein Teil produziert wird und direkt an den nächsten Prozess geht, ohne zwischen den Schritten anzuhalten bzw. abgelegt und erneut aufgenommen zu werden. Die kontinuierliche Fließfertigung stellt die effektivste Art der Fertigung dar, da durch dessen Realisierung viele Formen der Verschwendung vermieden werden können. Ziel des Wertstromdesigns ist daher die Ausrichtung möglichst vieler Bereiche (d. h. Abteilungen, Arbeitsplätze, Prozesse) nach diesem Prinzip.[27]

Bei der kontinuierlichen Fließfertigung sind die einzelnen Arbeitsplätze entsprechend der Folge der Arbeitsaufgaben räumlich angeordnet sowie die Arbeitsaufgaben auf einzelne Arbeitsplätze aufgeteilt. Grundsätzlich gibt es zwei Möglichkeiten, einen kontinuierlichen Fluss zu realisieren. Entweder ist jeder Arbeitsplatz mit einer Person besetzt und die Arbeitsinhalte weisen idente Zykluszeiten auf, oder sämtliche Arbeitsplätze werden von einer oder mehreren Personen nacheinander mit jeweils einem Teil besucht. Somit befinden sich innerhalb der kontinuierlichen Fließfertigung maximal so viele Teile, wie zu bearbeitende Ressourcen (Mensch oder Betriebsmittel) vorhanden sind. Im Englischen spricht man daher von „One-piece-flow".[28]

---

[27] vgl. Rother; Shook, 2006, S. 41
[28] vgl. Erlach, 2010, S. 148

- Losfertigung

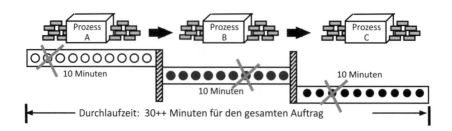

- Kontinuierliche Fließfertigung

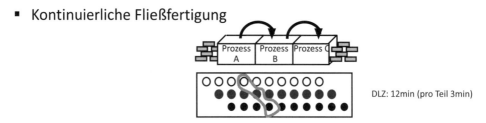

Bild 6.16 Kontinuierlicher Fluss statt Losfertigung

Eine kontinuierliche Fließfertigung ist im Grunde ein einzelner Produktionsprozess, der lediglich in eine Abfolge von Prozessschritten untergliedert ist (siehe Bild 6.16). Die Realisierung einer kontinuierlichen Fließfertigung erfolgt durch Integration vormals getrennter Produktionsprozesse durch Zusammenfassung möglichst vieler Prozessschritte. Eine sehr gute Möglichkeit einen kontinuierlichen Fluss zu gestalten ist z.B. die Anordnung manueller Montagetätigkeit in einer U-förmigen Montagezelle.[29] Die Vorteile liegen auf der Hand:

- Keine Bestände zwischen den Prozessen
- Keine Handlingsaufwände für das Ablegen und erneute Aufnehmen
- Keine Flächen für Zwischenpufferung erforderlich
- Verkürzung der Durchlaufzeit an den verketteten Prozessen

Bei der Verknüpfung der Prozesse zu zusammenhängenden, kontinuierlich fließenden Prozessen werden natürlich auch die Stillstandzeiten und Maschinenverfügbarkeiten miteinander verknüpft. Um das zu vermeiden, kann in einem ersten Schritt die kontinuierliche Fließfertigung mit Supermarkt-Pull-Systemen (Leitlinie 3) oder FIFO-Prinzipien (siehe Bild 6.17) („first-in-first-out") kombiniert werden. Erreichen die Prozesse eine gewisse Stabilität, können nach und nach die Bereiche der kontinuierlichen Fließfertigung ausgedehnt werden.[30] FIFO-Prinzipien

---

[29] vgl. Erlach, 2010, S.148
[30] vgl. Rother; Shook, 2006, S.41

werden auch angewendet, wenn die Variantenvielfalt im Supermarkt zu hoch wäre, Layout-bedingt eine direkte Anbindung von zwei Betriebsmittel nicht möglich ist, oder wenn die Variantenbildung des Kundenauftrags bereits an einem vorgelagerten Prozess stattgefunden hat. Falls in der Praxis möglich, gilt es zuerst einen kontinuierlichen Fluss anzustreben, danach eine FIFO-Kopplung zu ermöglichen, und zum Schluss eine Verkettung mittels Supermarkt sicher zu stellen. Damit wird erreicht, dass die Prozesse nicht mehr unabhängig voneinander angesteuert und als isolierte Inseln betrachtet werden. Eine große Herausforderung dabei ist die termingerechte und ggf. auch sequenzgerechte Anlieferung des Materials an den benötigten Prozessen je Variante bzw. Einzelteil.

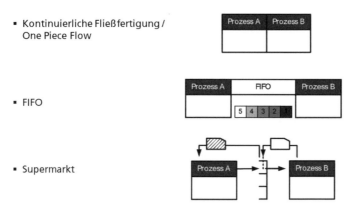

Bild 6.17 Arten des Materialflusses zwischen den Prozessen

Leitlinie Nr. 3: Verwendung eines Pull-Systems (Supermarkt)

Es kann vorkommen, dass im Wertstrom kein kontinuierlicher Fluss möglich ist und die Produktion in Losgrößen erforderlich ist. Dafür sind folgende Gründe möglich:

- Prozesse sind so ausgelegt, dass sie verschiedene Produktfamilien bedienen können und arbeiten dadurch mit einer sehr schnellen oder sehr langsamen Zykluszeit und müssen möglicherweise auch umgerüstet werden.
- Prozesse (z. B. beim Lieferanten) laufen zu weit entfernt ab, und eine stückweise Anlieferung ist daher unrealistisch.
- Prozesse sind zu unzuverlässig oder haben eine zu hohe Durchlaufzeit, um mit einer kontinuierlichen Fließfertigung gekoppelt zu werden.
- Bestimmte Prozesstechnologien erfordern eine lange Bearbeitungszeit und fertigen deshalb in Losen, z. B. Glühen, etc.

Diese Prozesse sollten auf keinen Fall mit einer unabhängigen Produktionsplanung geplant werden, sie sollten stattdessen mit ihrem Nachfolgerprozess über ein

Pull-System (Supermarkt) verknüpft werden. In der Praxis muss daher überall dort ein Pull-System installiert werden, wo die kontinuierliche Fließfertigung unterbrochen ist und der vorgelagerte Prozess aber weiterhin in Losgrößen produzieren muss.

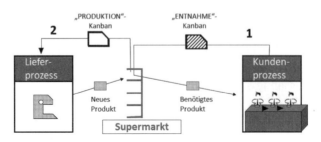

Bild 6.18 Supermarkt-Pull-System

Bild 6.18 zeigt das Schema eines Supermarkt-Pull-Systems. In einem Supermarkt sind die Zwischenfabrikate zwischen zwei betrachteten Prozessen in allen benötigten Varianten gelagert (vgl. Regale im Lebensmittel-Supermarkt). Die Anzahl der Teile je Variante ist vom tatsächlichen Bedarf, der Wiederbeschaffungszeit und der Bedarfsschwankung über die Wiederbeschaffungszeit abhängig. Der Supermarkt wird auf Basis des Kundenverhaltens ausgelegt und über Kanban (jap. für Karte) geregelt. „Produktions-" Kanban löst die Produktion eines Teils aus, bei einem „Entnahme-" Kanban handelt es sich dagegen um eine Einkaufsliste, die den Materialversorger anweist und ihm erlaubt, Teile zu beschaffen und zu bewegen. Der für den Kundenprozess zuständige Materialversorger kommt anschließend zum Supermarkt des Lieferanten und entnimmt das Benötigte. Diese Entnahmen setzen vorgedruckte Kanban-Karten vom Supermarkt zum Lieferprozess in Bewegung, wo sie als Produktionsanweisung in diesem Prozess dienen. So wird erreicht, dass immer nur die Menge nachproduziert wird, die zuvor verbraucht worden ist. Man spricht deshalb von einem verbrauchsgesteuerten System.

Pull-Systeme stellen eine gute Möglichkeit zur Produktionssteuerung zwischen Prozessen dar. In manchen Fällen ist die Einführung eines Pull-systems nicht zweckvoll. Dies gilt beispielsweise für Sonderanfertigungen (Einzelstücke), Teile mit kurzer Haltbarkeit und für kostspielige Teile.[31]

Leitlinie Nr. 4: Schrittmacherprozess – Steuerung der Produktion nur an einer Stelle im Wertstrom

Beim Einsatz von Supermarkt-Pull-Systemen gibt es nur einen einzigen Punkt (d. h. Prozess) im Wertstrom, an dem Kundenaufträge in der definierten Variante eingesteuert werden. Dieser markiert den Anfang des sog. „Schrittmacher-Prozes-

---

[31] vgl. Rother; Shook, 2006, S. 44

ses". An diesem Planungspunkt wird der Rhythmus aller vorgelagerten Prozesse festgelegt. Fluktuationen im Produktionsvolumen oder die Fertigung großer Lose von einem Produkttyp beim Schrittmacher-Prozess wirken sich auf den Kapazitätsbedarf (d.h. Anzahl der Teile je Variante im Supermarkt) der vorgelagerten Supermärkte aus. Mit der Auswahl dieses Punktes wird festgelegt, welche Elemente des Wertstroms Bestandteil der Durchlaufzeit vom Kundenauftrag bis zur fertigen Ware werden. Dem Schrittmacher-Prozess sollen keine Supermärkte oder Pull-Systeme nachgeordnet sein, außer einem Fertigwaren-Supermarkt. Die Weitergabe von Material flussabwärts zu nachgelagerten Prozessen sollte daher im Fluss (z.B. FIFO-Bahn) erfolgen (siehe Bild 6.19). Deshalb ist der Schrittmacher-Prozess auch häufig der in einem kontinuierlichen Fluss am weitesten vorne (nahe dem externen Kunden) liegenden Prozess in einem Wertstrom. Im Soll-Zustand ist der Schrittmacher-Prozess der Produktionsprozess, der durch die externen Kundenaufträge gesteuert wird.[32]

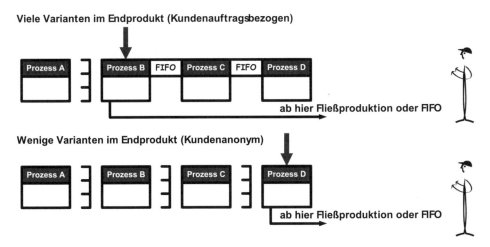

Bild 6.19 Auswahl des Schrittmacher-Prozesses

Leitlinie Nr. 5: Flexibilität durch Ausgleich des Produktionsmix[33]

Viele Fertigungsabteilungen finden es einfacher, lange Produktionsläufe eines einzelnen Produkttyps zu planen und häufiges Umrüsten an einem Prozess zu vermeiden. Das führt in der Praxis oftmals zu Problemen im „übrigen" Wertstrom. Wenn gleiche Produkttypen zusammengefasst und alle auf einmal produziert werden, wird es schwierig, diejenigen Kunden zu bedienen, die etwas anderes als das gerade produzierte Los haben möchten. Dazu wird ein größeres Fertigwarenlager benötigt, in der Hoffnung, dass das vom Kunden benötigte Produkt vorrätig ist –

---

[32] vgl. Rother; Shook, 2006, S. 45
[33] vgl. Rother; Shook, 2006, S. 46

oder die Lieferzeit verlängert sich, bis der Auftrag erfüllt werden kann. Produktion in großen Losen bedeutet auch, dass in den vorgelagerten Supermärkten große Bestände an Rohmaterialien vorhanden sein müssen, das wirkt sich je weiter man flussaufwärts geht umso stärker aus.

Den Produktionsmix ausgleichen bedeutet daher, die Produktion verschiedener Produkte gleichmäßig über einen bestimmten Zeitraum zu verteilen, insbesondere am Schrittmacherprozess. So können zum Beispiel nicht sämtliche Produkte von „Typ A" am Montag und sämtliche Produkte von „Typ B" am Mittwoch gefertigt werden, sondern es sollte ein häufigeres Wechseln zwischen kleineren Losgrößen der beiden Typen stattfinden.

Je besser der Produktionsmix ausgeglichen ist, desto eher kann man auf unterschiedliche Kundenwünsche mit einer möglichst kurzen Durchlaufzeit eingehen ohne große Bestände auf Lager zu halten.

Leitlinie Nr. 6: Freigabe von kleinen, gleichmäßigen Arbeitsportionen[34]

Viele Unternehmen teilen ihren Prozessen große Lose von Arbeit zu, z.B. einen Tagesplan oder Wochenplan, woraus verschiedene Probleme entstehen können:

- Es gibt kein Gefühl für die Taktzeit und keinen Pull-Effekt, auf den der Wertstrom reagieren kann.
- Das typischerweise bewältigte Arbeitsvolumen ist ungleichmäßig über die Arbeitszeit verteilt, mit Auslastungsspitzen und -tälern, die eine zusätzliche Belastung für Maschinen, Mitarbeitern und Supermärkten darstellt.
- Der Überblick über das Verhältnis von Leistung und Kundenbedarf geht verloren. Produktionsprobleme werden erst spät erkannt, dann sind sie meist schon auf einen erheblichen Umfang angewachsen und können nur mehr schwierig beseitigt bzw. zurückverfolgt werden.
- Die Reaktion auf Änderungen im Kundenbedarf wird schwierig, sogenannte „Eilaufträge" sind das tägliche Geschäft.

Der Aufbau eines ausgeglichenen Produktionsniveaus schafft einen vorhersehbaren Produktionsfluss, der Probleme rechtzeitig aufzeigt, um schnelle Gegenmaßnahmen zu ergreifen. Ein guter Ausgangspunkt ist die regelmäßige Freigabe von kleinen Planungseinheiten (= Arbeitsportionen) am Schrittmacher und gleichzeitig die Entnahme der entsprechenden Menge an Fertigwaren. Diese Vorgehensweise wird als taktgebundene Entnahme bezeichnet.

Die genannten Planungseinheiten werden als „Pitch" bezeichnet und wenn möglich nach Behältergrößen (Anzahl der in einem Fertigwarenbehälter befindlicher Teile) berechnet:

$$1 \; Pitch = Taktzeit \cdot Gebindemenge \tag{6.3}$$

---

[34] vgl. Rother; Shook, 2006, S. 48

Folgendes Beispiel erläutert die Berechnung des Pitchs genauer:

Die Behältergröße beträgt 20 Stück und die Taktzeit 30 Sekunden, dann ist der Pitch 10 Minuten. Alle 10 Minuten sollte deshalb:

- dem Schrittmacher Prozess angewiesen werden, eine Packeinheit zu produzieren;
- eine Pitch-entsprechende Menge fertiger Waren vom Schrittmacher-Prozess entnommen werden (= taktgebundene Entnahme).

Leitlinie Nr. 7: Produktion in Every Part Every Interval (EPEI)[35]

Jeder Prozess, der dem Schrittmacherprozess vorgelagert ist, soll durch die Reduktion von Rüstzeiten zur Produktion in kleineren Losgrößen befähigt werden. Unter EPEI versteht man eine Kennzahl, die angibt, welchem Zeitraum ein beliebiger Prozess benötigt, um alle Typenvariationen nacheinander einmal zu produzieren zu können. Durch Reduktion der Umrüstzeit sowie die Produktion in kleineren Losgrößen und die Erhöhung der Maschinenzuverlässigkeit können diese Intervalle verkürzt werden. Folglich benötige Prozesse mit kleinen EPEI-Werten in den nachgelagerten Supermärkten weniger Bestand.[36]

Darüber hinaus gibt es noch weitere Leitlinien, die im Rahmen des Wertstromdesigns angewendet werden können um Wertströme effizienter gestalten zu können. Als Beispiele seine hier folgende genannt:

- Trennung und Abstimmung der Montageinhalte bzw. Bearbeitungs- und Prozesszeiten, um logistische Abläufe von der Wertschöpfung zu trennen.
- Berücksichtigung der Transportwege und -zeiten sowie Flächenbedarfe für Produktion und Logistik in einem flussorientierten Fabriklayout.

6.4.1.5 Umsetzung des Soll-Zustands

Ganz allgemein unterscheidet man bei der Umsetzung des Soll-Zustandes oder bei der Einführung von Verbesserungen zwei verschiedene Ebenen, auf die unterschiedlich eingegangen werden muss: Fluss-Kaizen und Prozess-Kaizen.[37]

- Beim **Fluss-Kaizen** liegt der Schwerpunkt auf dem Material- und Informationsfluss, für die eine bereichsüberschreitende Position notwendig ist.
- Beim **Prozess-Kaizen** steht der Personen-/Prozessfluss bzw. die Interaktion zwischen Mitarbeitern und deren spezifischen Fertigungsprozessen im Mittelpunkt.

Das Wertstromdesign berücksichtigt den gesamten Fluss durch das Werk und in den meisten Fällen wird es nicht möglich sein, den gesamten Soll-Zustand in einem Anlauf umzusetzen. Das Wichtigste am Soll-Zustand ist, ihn nicht als einen Aufbau

---

[35] vgl. Erlach, 2010, S. 249
[36] vgl. Dumbrowski; Mielke, 2015, S. 101
[37] vgl. Rother; Shook, 2006, S. 8

zusammenhängender Fluss-Segmente für eine Produktfamilie zu verstehen. Um dies zu erleichtern, unterteilt man den Soll-Zustand in Wertstromschleifen.[38] Dazu wird der Wertstrom in kleinere Teilbereiche aufgeteilt und verantwortliche Personen für die Umsetzung bestimmt.

- Die **Schrittmacher-Schleife**: Sie umfasst den Fluss von Material und Information zwischen Ihren Kunden und die vorgelagerten Prozesse in Ihrem Wertstrom.
- **Weitere Schleifen**: Flussaufwärts von der Schrittmacher-Schleife gibt es weitere Material- und Informationsfluss-Schleifen, jeweils zwischen einzelnen Pull-System-Supermärkten gelagert.

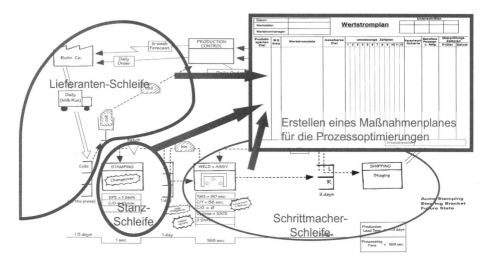

Bild 6.20 Definition von Umsetzungsschleifen

Schließlich werden die Aufgaben, angefangen bei der den Schrittmacherprozess enthaltenen Schleife, in einem Wertstromjahresplan erfasst. Dieser beschreibt alle Aktivitäten mit messbaren Zielen und definierten Meilensteinen mit Termin und Verantwortlichkeiten. Detaillierte Schleifenpläne können den Jahresplan erweitern und bei der Überprüfung der Zielerreichung helfen.

6.4.2 Single Minute Exchange of Die (SMED)

Um bei Toyota die Losgrößen reduzieren zu können, wurde ein System des schnelleren Werkzeugwechsels eingeführt. Noch 1969 betrug beispielsweise die Rüstzeit für eine 1000 Tonnen-Presse bei Toyota vier Stunden, bei VW hingegen nur zwei Stunden. Die langen Rüstzeiten und die sich daraus ergebenden großen Produk-

---

[38] vgl. Rother; Shook, 2006, S. 78

tionslose erforderten eine riesige Lagerhaltung. Als wichtigster Schritt auf dem Weg zu einer Just-In-Time-Produktion konnten die Rüstzeiten unter SHIGEO SHINGO innerhalb von sechs Monaten auf 90 Minuten und innerhalb weiterer drei Monate auf drei Minuten reduziert werden.[39]

Ermöglicht wurde dies durch das dabei angewendete Prinzip Single Minute Exchange of Die (SMED – Werkzeugwechsel in weniger als 10 Minuten – einstellige Minutenzahl). Voraussetzung für die Einführung von SMED war die grundsätzliche Unterscheidung zwischen zwei Typen von Rüstvorgängen:

- **Maschineninternes Rüsten:** Darunter werden Rüsttätigkeiten verstanden, die ausschließlich bei stillstehender Maschine durchgeführt werden können, wie z. B. die Montage oder das Entfernen von Werkzeugen.
- **Maschinenexternes Rüsten:** Darunter werden Rüsttätigkeiten verstanden, die auch bei laufender Maschine durchgeführt werden können, wie z. B. das Holen von Werkzeug aus dem Lager.

Beim SMED-Prinzip wird eine Verlagerung von maschineninternem zu maschinenexternem Rüsten angestrebt. Dieses fundamentale Prinzip zur Rüstzeitminimierung ist in der Bild 6.21 in vereinfachter Form dargestellt.[40]

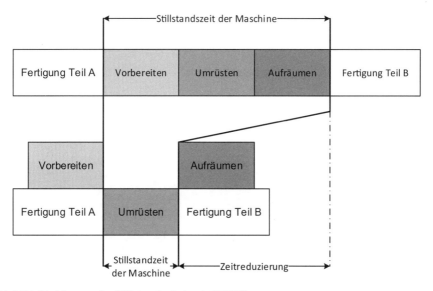

Bild 6.21 Verkürzung der Stillstandzeit durch SMED[41]

---

[39] vgl. Brunner, 2011, S. 96 f
[40] vgl. Matyas, 2001, S. 87 f
[41] vgl. Matyas, 2010, S. 237

Damit war es auch gelungen, die Stückkosten bei kleinen Losgrößen ebenfalls zu reduzieren, da einerseits die riesigen Lagerbestände wegfielen, und andererseits bei einem nur kleinen Teilevorlauf bis zur Montage der Karosserie eventuelle Pressfehler sehr schnell erkannt und behoben werden konnten.

6.4.2.1 Vorgangsweise beim Rüsten

Trotz ihrer Vielfalt umfassen alle Rüstvorgänge eine bestimmte Reihenfolge von Schritten:[42]

- **Vorbereitung, Nachjustierung, Material- und Werkzeugverwaltung** (Zeitanteil: 30%): Bei diesem Vorgang wird sichergestellt, dass sich alle Teile und Werkzeuge funktionsgerecht an der richtigen Stelle befinden. Ebenfalls mit einkalkuliert sind Zeiten, für an die Bearbeitung anschließende Aufräumarbeiten.
- **Montage und Demontage von Werkzeugen etc.** (Zeitanteil: 5%): Bei diesem Vorgang werden Teile und Werkzeuge nach der Bearbeitung entfernt und neue für die Bearbeitung eines weiteren Loses montiert.
- **Zentrieren, Messen, Einstellen** (Zeitanteil: 15%): Bei diesem Vorgang werden alle für die Produktion des nächsten Loses notwendigen Mess- und Einstellarbeiten, wie z. B. Zentrieren, Durchmesserbestimmung, Druck- oder Temperaturmessung durchgeführt.
- **Probeläufe und Justierungen** (Zeitanteil: 50%): Bei diesem Vorgang wird ein Probestück justiert. Je genauer die Messungen und Einstellungen durchgeführt wurden, desto leichter sind die Justierarbeiten.

6.4.2.2 Einführung von SMED[43]

Praktische Techniken, mit deren Hilfe SMED stufenweise eingeführt werden kann, werden anschließend an die folgende Übersicht (siehe Bild 6.22 und Bild 6.23) beschrieben.

---

[42] vgl. Shingo, 1985
[43] vgl. Matyas, 2001, S. 88 f

6.4 Methoden der Lean Production

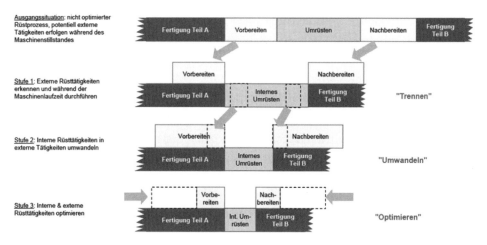

Bild 6.22 3 Stufen der SMED-Methode

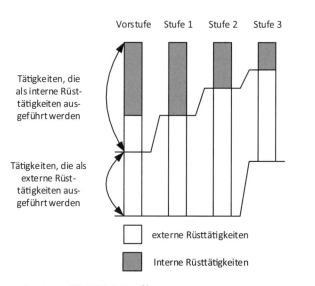

Bild 6.23 Interne und externe Rüsttätigkeiten[44]

- **Vorstufe**

In der Vorstufe wird noch keine Unterscheidung zwischen internem und externem Rüsten gemacht. Bei den „klassischen" Rüstverfahren können folgende, rüstzeitverlängernde Vorgänge beobachtet werden:

---

[44] vgl. Shingo, 1985

- Neues Rohmaterial wird aus dem Lager geholt, obwohl schon ein Los bereitgestellt ist, und die Maschine stillsteht. Dadurch geht wertvolle Produktionszeit verloren.
- Materialknappheit führt zu Verzögerungen bei der Umrüstung.
- Werkzeuge werden erst nach Beginn der internen Rüstung geholt.
- Aufräumarbeiten werden bei stillstehender Maschine durchgeführt.
- Da bisher Umrüstprobleme fast ausschließlich auf der Werkstattebene gelöst wurden, konnte noch kein wesentlicher Fortschritt bei der Reduktion der Rüstzeiten erzielt werden.

- **1. Stufe**

In der 1. Stufe erfolgt die Trennung in internes und externes Rüsten mit Hilfe von Checklisten, Funktionsprüfungen und einer Verbesserung des Werkzeugtransports.

Praxistipp: Verwendung von Checklisten

- Bezeichnungen
- Normen
- Anzahl von Schrauben, Stempeln, etc.
- Druck, Temperatur, etc.
- Zahlenangaben (Maße, Größen, etc.)

Anhand dieser Checklisten, kann kontrolliert werden, ob die Betriebsbedingungen fehlerfrei sind.

Praxistipp: Verwendung von Kontrolltafeln

Eine weitere einfache und nützliche Hilfe stellen Kontrolltafeln, die Zeichnungen aller Teile, die für die Umrüstung nötig sind, enthalten, dar. Vor dem Beginn des internen Rüstens werden die entsprechenden Teile auf die Zeichnungen gelegt. So kann mit einem Blick festgestellt werden, ob Teile, die für den Umrüstvorgang notwendig sind, fehlen.

- **2. Stufe**

Nachdem in der 1. Stufe die Trennung in internes und externes Rüsten erfolgt ist, werden in der 2. Stufe interne in externe Rüstvorgänge umgewandelt. Beispiele dafür:

- Vormontage der Werkzeuge
- Standardisierung von Funktionen
- Verwendung von Zwischenspannvorrichtungen
- Erhitzen von Teilen vor, anstatt wie bisher üblich, nach der Umrüstung
- Externe Gestaltung von Zentriervorgängen

3. Stufe

In der 3. Stufe werden durch die Zusammenführung aller Aspekte der Rüstvorgänge noch weitere Verkürzungen der internen Rüstzeiten erzielt.

Eine wichtige Voraussetzung dafür ist einerseits die Verbesserung der Lagerung und des Transports von Werkzeugen, Pressen und Spannvorrichtungen und andererseits folgende Punkte:

- Einführung von Paralleloperationen: An Plastikformmaschinen und großen Pressen gibt es Rüstoperationen, die von beiden Seiten der Maschine durchgeführt werden müssen. Wenn nur eine Person diese Umrüstarbeiten erledigt, geht viel Zeit mit dem Gehen von einer zur anderen Seite der Maschine verloren. Wenn diese Paralleloperationen von zwei Personen gleichzeitig durchgeführt werden, reduziert sich die Rüstzeit aufgrund der nicht mehr notwendigen Gehzeiten um mehr als die Hälfte. (z. B. kann die Zeit eines Rüstvorgangs durch Paralleloperation von 30 auf 10 Minuten reduziert werden)
- Verwendung von Schnellspannverschlüssen
- Vermeidung von Einstellarbeiten: Diese Methoden können die Rüstvorgänge auf weniger als 5 % ihrer bisher benötigten Zeit reduzieren. In der Bild 6.24 ist das SMED Konzept noch einmal im Überblick dargestellt.

Mit Einführung von SMED gelingt es in Teilbereichen, die Vorteile der handwerklichen Produktion, wie hohe Flexibilität und Qualität, mit denen der Massenproduktion wie Schnelligkeit und minimale Stückkosten, bei gleichzeitiger Ausschaltung der Nachteile zu kombinieren.

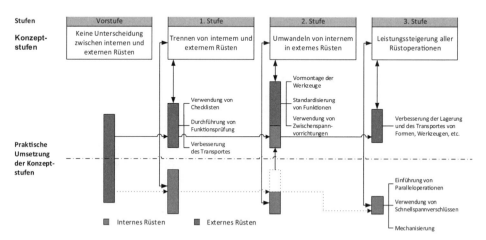

Bild 6.24 Stufenkonzept und Umsetzung von SMED[45]

---

[45] vgl. Shingo, 1989

6.4.3 Poka Yoke[46]

Eines der wichtigsten Ziele bei der Produktion ist es, fehlerfreie Teile an den nächsten Prozess zu liefern. Dafür sollten Maschinen und Vorrichtungen so modifiziert werden, dass selbst gänzlich unerfahrene Arbeiter bestimmte Operationen in relativ kurzer Zeit beherrschen können.

Mit Hilfe von „Poka-Yoke", japanisch für „Vermeiden unbeabsichtigter Fehlhandlungen", kann ein Arbeiter sofort feststellen, wenn er etwas falsch gemacht hat. Durch einfache, aber wirkungsvolle Systeme – kostengünstig und sofort einsetzbar – wird dafür gesorgt, dass Fehlhandlungen im Fertigungsprozess nicht zu Fehlern am Endprodukt führen. Ein positiver Nebeneffekt ist die beträchtliche Reduktions- von Prüfzeiten.

Beispiele:
- An der Maschine wird eine Vorrichtung angebracht, die es dem Arbeiter unmöglich macht, Teile falsch einzulegen.
- Zählwerke zählen die Schweißvorgänge und vergleichen sie mit der Vorgabe. Stimmt die Anzahl nicht, leuchtet ein sogenanntes Andon-Licht auf oder ein Summer ertönt.
- Mit einem Tastschalter kann ein Arbeitsvorgang überwacht werden. Wenn er falsch ausgeführt wird, läuft die Maschine nicht an.

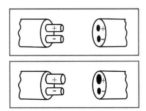

Bild 6.25 Beispiel für Poka-Yoke

---

[46] vgl. Suzaki, 1989, S. 94

7 Grundlagen der Logistik

■ 7.1 Begriffsabgrenzung[1]

Im Gegensatz zur mathematischen Logistik, deren Begriff sich aus dem griechischen Wort „Logistika" herleitet, was so viel wie „praktische Rechenkunst" bedeutet, kommt der Begriff der betrieblichen Logistik vom französischen Verb „loger" – was so viel wie hineinbringen, unterbringen, unterstützen, versorgen, bzw. bereitstellen bedeutet.

Der Begriff Logistik stammt ursprünglich aus dem militärischen Bereich wo er im 19. Jahrhundert erstmals verwendet wurde. Damals beinhaltete Logistik die systematische Versorgung der Armee. Auch für ein modernes Produktionsunternehmen ist die Versorgung mit Material von entscheidender Bedeutung für den Erfolg. Der Begriff **Business Logistics** wurde in den 50er Jahren in den USA geprägt und bezeichnete damals die **Transport-, Lager- und Umschlagstätigkeiten im Realgüterbereich.** Der Begriff wird seit ca. 1970 auch im deutschsprachigen Raum verwendet und hat seither eine große Verbreitung und schnell wachsende Bedeutung gefunden.

Bild 7.1 zeigt die prinzipiellen Verläufe des Material- und Informationsflusses durch einen Produktionsbetrieb. Als Wertschöpfungsprozess oder Wertschöpfungskette wird die betriebliche Leistungserstellung mit allen Funktionen von dem Einkauf über die Entwicklung, Arbeitsvorbereitung und Produktion bis zum Verkauf verstanden.

---

[1] vgl. Sihn, 2011, S. 1 f

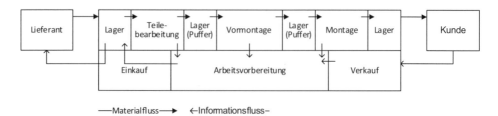

Bild 7.1 Wertschöpfungskette in einem Produktionsbetrieb

In einem integrierten und kontrollierten Fluss-System sollen die Transport-, Handhabungs-, Produktions-, Montage-, Prüf-, Lagerungs- und Umschlagsvorgänge aller Materialien und Waren vom ersten Lieferanten durch den Betrieb und zwischen den Betrieben bis zum letzten Kunden gesteuert und koordiniert werden.

Vom Begriff her ist damit die seinerzeitige Bezeichnung *Materialfluss* (VDI 3300: „...*Verkettung aller Vorgänge beim Gewinnen, Be- und Verarbeiten sowie bei der Verteilung von stofflichen Gütern innerhalb festgelegter Bereiche.*") um seine Steuerung – den so genannten *Informationsfluss* – erweitert worden.

Zusammenfassend kann der Begriff Logistik wie folgt definiert werden:

„*Logistik ist die Gestaltung des Material- und Informationsflusses aus ganzheitlicher Sicht in Richtung eines wirtschaftlichen Optimums.*"

■ 7.2 Ziele der Logistik

Die Logistik kann als bereichsübergreifende Strategie zur Optimierung der Produkterstellung bezeichnet werden. Um die **Ziele der Logistik** zu erreichen, und zwar die **richtigen Produkte** und **Informationen** in den **richtigen Mengen** im **richtigen Zustand**, zum **richtigen Zeitpunkt** auf möglichst **wirtschaftliche Weise** am **richtigen Ort verfügbar** zu machen, muss der Einsatz von Material, Information, Personal, Betriebsmittel und Energie geplant, gesteuert und kontrolliert werden.

Die in Bild 7.2 dargestellten Lagersysteme, Kommissioniersysteme, Bereitstellungssysteme, Informationssysteme, Planungs- und Steuerungssysteme sind Logistikelemente, die einzeln betrachtet und auch optimiert werden können. Allerdings reicht die Erklärung einzelner Logistikelemente für eine ganzheitliche Betrachtungsweise nicht aus, da auch die Beziehungen zwischen den Elementen berücksichtigt werden müssen.

Das heißt, sämtliche Unternehmensbereiche sind von der bereichsübergreifenden Logistikstrategie betroffen ermöglichen die Erreichung der erwähnten Ziele.

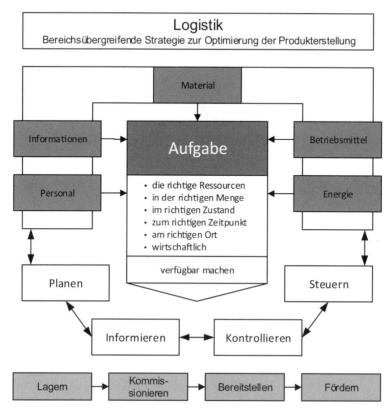

Bild 7.2 Logistik als bereichsübergreifende Strategie

■ 7.3 Logistische Systeme[2]

Es lassen sich in der Logistik drei verschiedene logistische Systeme unterscheiden: die *Makro-, Mikro-* und *Metalogistik*.

Systeme der *Makrologistik* sind gesamtwirtschaftlicher Art. Ein makrologistisches System ist beispielsweise das Güterverkehrssystem in einer Volkswirtschaft.

Systeme der *Mikrologistik* sind einzelwirtschaftlicher Art, deren größter Umfang durch die rechtlichen Grenzen einer Organisation festgelegt ist. Zur Mikrologistik zählen also logistische Systeme einzelner öffentlicher oder privater Organisationen, beispielsweise der Fuhrpark eines Unternehmens.

---

[2] vgl. Pfohl, 2004, S. 14

Systeme der *Metalogistik* liegen auf einer Betrachtungsebene zwischen Makro- und Mikrologistik. Sie gehen über die rechtlichen Grenzen von Einzelorganisationen hinaus und beinhalten eine Kooperation mehrerer Organisationen. Es umfasst beispielsweise den Güterverkehr der in einem Absatzkanal zusammenarbeitenden Organisationen (z. B.: eines industriellen Lieferanten, eines als Zwischenhändler eingeschalteten Großhändlers, eines Einzelhändlers sowie der eingeschalteten Spedition).

■ 7.4 Funktionsbereiche der Logistik[3]

Logistik sollte nicht nur als interne Dienstleistungs- oder Servicefunktion verstanden werden, sondern als eine Grundfunktion der Unternehmensorganisation mit Regelaufgaben:

- Logistik ist ein Instrumentarium zur Gewährleistung, Steuerung und Kontrolle der vom Markt geforderten Flexibilität der Unternehmensproduktivität.
- Logistik umfasst die optimale Planung, Steuerung und Kontrolle aller Lager- und Transportvorgänge und beinhaltet damit die optimale Gestaltung aller Wertflüsse (Material-, Information-, Energie-, Hilfsmittelflüsse) zum, im und vom Unternehmen.

Die Logistik wird im Wesentlichen in folgende **Funktions-/Aufgabenbereiche** untergliedert:

- Beschaffungslogistik
- Produktionslogistik
- Distributionslogistik
- Entsorgungslogistik und
- Transportlogistik

Unterstützend sind die **Lagerlogistik** und die **Materialwirtschaft** weitere wesentliche Funktionen in der Logistik.

Die **Beschaffungslogistik** umfasst die komplexe Planung, Steuerung und physische Behandlung des Material- und Kaufteilflusses von den Lieferanten bis zur Bereitstellung für die Produktion einschließlich der dazu erforderlichen Informationsflüsse, mit dem Ziel der Beschleunigung der Flüsse und der Minimierung der Aufwendungen für den gesamten Beschaffungsprozess.

---

[3] vgl. Sihn, 2011, S. 3f

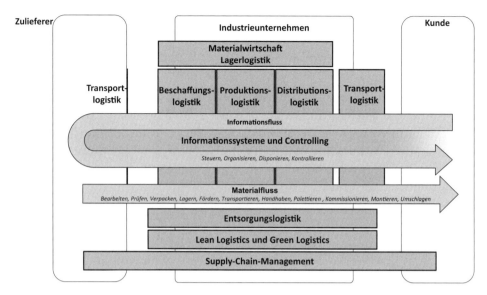

Bild 7.3 Funktionsbereiche der Logistik

Die **Produktionslogistik** umfasst die komplexe Planung und Steuerung der Produktions-, innerbetrieblichen Transport-, Umschlags- und Zwischenlagerungsprozesse einschließlich der dazu erforderlichen Informationsprozesse mit dem Ziel der Beschleunigung der Flüsse und der Minimierung der Aufwendungen für den Produktionsprozess.

Die **Distributionslogistik** umfasst die komplexe Planung, Steuerung und physische Behandlung des Fertigwaren/Erzeugnisflusses von der Warenübernahme aus der Produktion bis hin zum Abnehmer einschließlich der dazu erforderlichen Informationsflüsse mit dem Ziel der Beschleunigung der Flüsse und Minimierung der Aufwendungen für den gesamten Absatzprozess.

Die **Entsorgungslogistik** umfasst die komplexe Planung, Steuerung und physische Behandlung des Flusses der Produktionsabfälle und Altprodukte vom Aufkommensort bis hin zur umweltgerechten Deponie und zum Recycling einschließlich der dazu erforderlichen Informationsflüsse mit dem Ziel der Beschleunigung der Flüsse und Minimierung der Aufwendungen für den gesamten Entsorgungsprozess.

Die **Transportlogistik** umfasst die komplexe Planung, Steuerung und Durchführung der Material-, Teile-, Erzeugnis-, Ver- und Entsorgungstransporte einschließlich der dazu erforderlichen Informationsflüsse unter Einbeziehung aller Verkehrsträger mit dem Ziel der Minimierung des Aufwandes für die Gesamtheit der Transportprozesse und der Beschleunigung der materiellen Flüsse.

Die **Lagerlogistik** umfasst die komplexe Planung, Steuerung und das Handling von Gütern in einem Lager einschließlich der erforderlichen Informationsflüsse mit dem Ziel der optimierten Gestaltung der Gesamtheit und des Zusammenwirkens der Lager-, Kommissionier-, und der Transportsysteme.

Die **Materialwirtschaft** umfasst die komplexe Planung und Steuerung der Ermittlung der Bedarfe und des Führens von Beständen einschließlich der erforderlichen Informationsflüsse mit dem Ziel die für die Leistungserstellung notwendigen Material in richtiger Qualität und Menge zum richtigen Zeitpunkt am rechten Ort zu geringsten Kosten bereitzustellen.

■ 7.5 Kernbausteine der Logistik[4]

Die Ingenieurwissenschaften verstehen unter dem Begriff Logistik alle Leistungen zur räumlichen und/oder zeitlichen Transformation von Gütern. Aus dieser Betrachtungsweise heraus lassen sich im Wesentlichen vier Kernbausteine der Logistik unterscheiden:

- Lagern: Überwinden von zeitlicher Differenz
- Kommissionieren: Überwinden von Sortimentsunterschieden
- Umschlagen: Überwinden von Mengenunterschieden
- Transportieren: Überwinden räumlicher Distanzen

Der Kernbaustein „Transportieren" wird in der Literatur oftmals in innerbetriebliches Transportieren („Fördern") und außerbetrieblichen Transportieren („Transportieren") aufgeteilt.

Kennzeichnend für die Kernbausteine ist, dass sie sich alle direkt auf das physische Gut beziehen; sie werden daher auch *„physische Kernleistungen der Logistik"* genannt.

Die Kernbausteine werden unterstützt durch die Vorgänge des Verpackens sowie durch die Informations- und Kommunikationsflüsse während der Auftragsabwicklung und der Planung und Steuerung materieller Abläufe im Produktionsprozess. Die Bausteine „Verpackung" und „Information & Kommunikation" werden auch als Hilfsbausteine der Logistik bezeichnet.

---

[4] vgl. Heiserich, 2011, S. 53f

7.5.1 Kernbaustein „Lagern"

„Lagerung ist eine geplante Unterbrechung des Materialflusses mit Übergang des Guts in einen Lagerbereich."[5]

Der Materialfluss ist somit nicht mehr kontinuierlich, sondern zeitlich unterbrochen. Der Aufenthalt von physischen Gütern im Lager führt zu einer Verlängerung der Durchlauf- bzw. Lieferzeit und zu einer Erhöhung der Kapitalbindung. Läger sind Knoten in logistischen Netzwerken und sie regulieren die Durchflussmenge vor der Produktion (Beschaffungslager), während der Produktion (Zwischenlager) und nach der Produktion (Absatzlager).

7.5.1.1 Funktionen der Lagerhaltung

Die Lagerhaltung von Gütern kann unterschiedliche Aufgaben bzw. Funktionen erfüllen:

- **Ausgleichsfunktion**
  - Pufferfunktion: Zeit- und Mengenausgleich zwischen dem Materialzufluss vom Erzeuger bzw. Lieferant und dem Materialbedarf beim Verwender bzw. Verbraucher durch unterschiedliche Liefer- und Verbrauchsgeschwindigkeit.
  - Sicherungsfunktion: Sicherung der Lieferfähigkeit und Lieferbereitschaft, auch bei unvorhersehbaren, stochastischen Ereignissen (wie z. B. Bedarfsschwankungen durch Zusatzaufträge, Lieferverzögerungen, Lieferausfall, Qualitätsbeanstandungen).
- **Umformungsfunktion**
  - Anpassungsfunktion: Anpassung eingehender Liefermengen, -sortimente an die erforderlichen Verbrauchsmengen bzw. -sortimente
  - Veredelungsfunktion: Reifung und Alterung, z. B. von Lebensmitteln (Wein, Käse), Holz, Kunststoffen etc.
- **Spekulationsfunktion**
  Lagerbestandsauf- bzw. -abbau bei erwarteten Preissteigerungen bzw. Preissenkungen auf dem Beschaffungs- bzw. Absatzmarkt und somit Gewährleistung einer antizyklischen Beschaffungs- bzw. Absatzpolitik.

7.5.1.2 Merkmale von Lagersystemen

Läger sind Bestandteil eines gesamtheitlichen Systems und müssen sich problemlos in logistische Abläufe eingliedern lassen. Sie sind daher keine eigenständigen Puffer, sondern lediglich ein wichtiger Teil einer effizienten Produktion.

---

[5] vgl. Heiserich, 2011, S. 59

Die Errichtung eines Lagers ist eine Unternehmensentscheidung mit langfristigen Auswirkungen und erfordert daher gründliche Planung und Entscheidungsvorbereitung. Die wichtigsten Grundsatzentscheidungen basieren dabei auf folgenden Aspekten:

- **Lagerkenngrößen:** Sie geben Erkenntnis bezüglich der Struktur und der Leistungsdaten eines Lagers (bspw. Lagerkapazität, Artikelanzahl und Artikelstruktur, Umschlaghäufigkeit, Lagerfüllgrad usw.)
- **Eigentum am Lagerhaus:** Eigenlager oder Fremdlager, bzw. auch Modelle wie „Sale-and-Lease-Back"
- **Eigentum an den Lagergütern:** *Kommissionsware oder Konsignationsware*
  - *Konsignationsware* ist Lieferantenware, die bereits im Lager des Händlers (Käufers) bevorratet wird. Der Eigentumsübergang vom Lieferanten auf den Käufer findet beim Lagerausgang statt.
  - *Kommissionsware* ist Ware, die ein Händler (Käufer) von seinem Lieferanten gewerbsmäßig erwirbt (kauft), um sie dann unter eigenen Namen weiterzuverkaufen.[6]
- **Lagerbereiche:** Anordnung und Größe von z.B. Warenein-/ausgangsbereichen, Kommissionerzone, Lagerzone etc.
- **Güterklassen:** Stückgut, Schüttgut, Flüssigkeiten oder Gase
- **Materialklassen:** z.B. Rohstoffe, Betriebsstoffe, Erzeugnisse etc.
- **Größenklassen:** Kleinteile, Großteile etc.
- **Lagereinheiten:** Zu den Güter-, Material- und Größenklassen entsprechend ausgewählte Pack- bzw. Ladehilfsmittel.
- **Zentralisierungsgrad:** *zentral/dezentral*
  - Eine zentrale Lagerstruktur ermöglicht geringere Lagerbestände im Vergleich zu dezentralen Lägern. Sie benötigen daher weniger Platz und ermöglichen außerdem den Einsatz mechanischer Handhabungshilfen und eine höhere Automatisierung.
  - Dezentrale Lagerstrukturen liegen normalerweise in der Nähe der Bedarfsorte und ermöglichen daher eine schnelle Belieferung. Ein anderer Vorteil ist die Anpassungsfähigkeit an spezielle Erfordernisse der Bedarfsstellen. Nachteil sind die höheren Bestände.
- **Standorte:** Entscheidung über die Lage des Lagers. Dabei müssen auch notwendige Transporte zum und vom Lager in die Entscheidung mit einfließen.
  - Außerbetriebliche vs. Innerbetriebliche Lager
  - Außenlager/Freilager
  - Halboffenes vs. Geschlossenes Lager

---

[6] vgl. § 383 UGB.

- **Lagereinrichtung:** Entscheidung über die notwendige technische Ausstattung im Lager
  - *Einrichtungen zur Lagerung (Lagermittel)*
  - Einrichtungen zum Ein-/Auslagern sowie zum Umschlag
  - Einrichtungen für Nebenaufgaben (z. B. zum Wiegen, Zählen, Codieren etc.)
- **Lagerorganisation:** Entscheidung über die Lagerplatzanordnung (feste oder freie Lagerplatzanordnung), der Lagersteuerung und der Lagerverwaltung.
- **Marktbeziehung:** Beschaffungslager, Produktionslager oder Absatz-/Distributionslager
- **Lagerungsstufe**
  - *Eingangslager:* Bevorratung fremd zugekaufter Teile, um für die Produktion die Teileverfügbarkeit sicherzustellen.
  - *Zwischenlager:* Pufferung von Teilen zwischen asynchronen Produktionsabläufen
  - *Handlager:* Teilepuffer in der Nähe des Arbeitsplatzes
  - *Betriebsstofflager:* Bevorratung von (Ersatz-)Teilen für die Produktionsanlagen
  - *Ausgangslager:* Pufferung von Fertigteilen zur Auslieferung
- **Automatisierungsgrad:** manuell oder automatisiertes Lager

7.5.1.3 Lagertypen bzw. -mittel

Lagermittel werden determiniert durch das Lagergut (beispielsweise Stück- oder Schüttgut), die Größe und die Vielfalt des Sortiments, den verfügbaren Raum und die Lage zu den vor- und nachgelagerten Bereichen (Schnittstellen). Aus der Lageraufgabe folgen die Wahl des Lagertyps sowie die Dimensionierung und Auswahl der konkreten Lagermittel, d. h. der Lagerbauform und Festlegung zum Lagerbetrieb.

Die Wahl des Lagertyps kann aufgrund folgender Merkmale entschieden werden:

- Lagerungsart (Flächen/Bodenlagerung, Großbehälterlagerung oder Regallagerung)
- Lageraufbau (Kompakt/Blocklagerung oder Zeilenlagerung)
- Bewegungsart (Statische oder dynamische Lagerung)

Bild 7.4 zeigt eine Untergliederung der Lagertypen nach der Bewegungsart unter Eingrenzung auf den Bereich der Stückgüter.

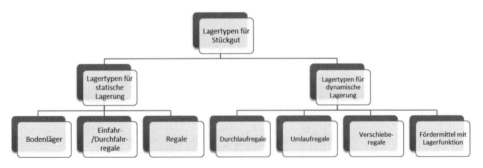

Bild 7.4 Lagertypen für Stückgut

Die Praxis hat unzählige Lagertypen hervorgebracht. Im Folgenden werden zwei typische Beispiele vorgestellt:

- **Behälterhochregallager**[7]

Behälterhochregale gehören zur Gruppe der statischen Lagertypen; Untergruppe „Regale". Sie können in eine bestehende Halle eingebaut oder in Hochregalbauweise (Dach-Wandtragende Regalanlage; Silobauweise) ausgeführt werden.

Sie dienen zur Lagerung von Kleinteilen für Kommissionierzwecke sowie für große Artikelsortimente und begrenzter Stückzahl pro Artikel mit mittlerer bis hoher Umschlagshäufigkeit (Polystruktur).

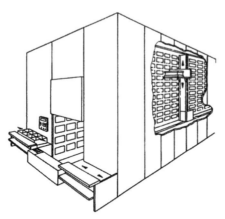

Bild 7.5
Automatisches Behälterregallager

Vorteile:
- Schutz wertvoller Artikel
- gute Raumnutzung
- Automatisierungs- und Mechanisierungsmöglichkeit
- gute Bestandskontrolle

---

[7] vgl. Sihn, 2011, S. 53

Nachteile:
- Flexibilität eingeschränkt
- hohe Investitionskosten

- **Palettenregallager**[8]

Palettenregale gehören ebenfalls zur Gruppe der statischen Lagertypen; Untergruppe „Regale". Sie bestehen aus Gestellkonstruktionen mit parallel angeordneten Regalzeilen, die sich zur Lagerung von palettierbaren Gut eignen. Generell ist zwischen Einplatzlagerung und Mehrplatzlagerung zu unterscheiden.

Diese Regale sind in Hallen eingestellt und werden auf den Boden gestellt oder fest mit diesem verbunden (Eine Verankerung der Regale am Boden ist vorgeschrieben, wenn die Höhe der Regalanlage das Vierfache der Breite der Regalzeile übersteigt). Auf ausreichende Bodentragfähigkeit ist zu achten. Kaltgewalzte Profile werden als Regalrahmen verwendet. Die Arbeitsgangbreite zwischen den Regalen richtet sich hauptsächlich nach der Regalbedienung.

Sie dienen zur Lagerung von großen Artikelanzahlen mit großer Menge pro Artikel (Polystruktur) für mittelschweres bis schweres Gut (bis zu maximal 1,5 t exklusive Sonderlösungen). Voraussetzung: stabile Schwerpunktslage.

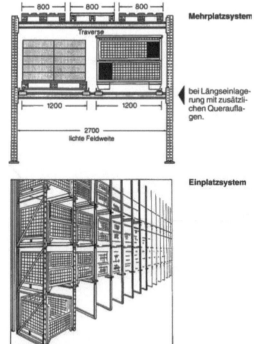

Bild 7.6
Palettenregallager – Mehrplatzsystem

[8] vgl. Sihn, 2011, S. 54

Vorteile:

- direkter Zugriff
- hohe Flexibilität
- gute Erweiterbarkeit

Nachteile:

- Person zur Ware
- Personalintensiv
- teilweise ungünstige Greifposition

7.5.2 Kernbaustein „Kommissionieren"

„Kommissionieren ... [ist] ... das Entnehmen von bestimmten Teilmengen (Artikeln) aus einer bereitgestellten Gesamtmenge (Sortiment) aufgrund von Bedarfsinformationen (Aufträgen)"[9]

Kommissionieren ist somit die Kombination aus Material- und Informationsfluss sowie Organisation. Kommissionieren wird auch als „picken" oder „picking" bezeichnet und umfasst nicht nur das bloße Bereitstellen und Entnehmen von Artikeln aus einem Lagerplatz, es bedeutet vielmehr das ganzheitliche Zusammenspiel von Material-, Informationsfluss und Organisation.[10]

Die Kenngröße **„Kommissionierzeit"** setzt sich wie folgt zusammen:

    Basiszeit (Aufnehmen der Information; Abrufen Auftrag)
+ Wegzeit (Zeit zum Entnahmeort)
+ Greifzeit (Entnehmen der Ware)
+ Totzeit (Beleg lesen; Lagerplatz suchen; zählen; wiegen; etc.)
+ Verteilzeit (Persönliche & sachliche Verteilzeit)
= **Kommissionierzeit**

7.5.2.1 Grundprinzipien von Kommissioniersystemen

Kommissioniersysteme lassen sich nach vier unterschiedlichen Grundprinzipien klassifizieren. Diese sind in Bild 7.7 mit ihren Ausprägungen in der Praxis zu sehen.

---

[9] VDI-Richtlinie 3590
[10] vgl. Gudehus, 1973

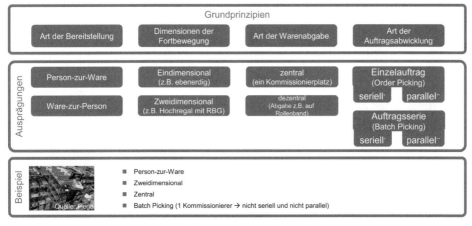

Bild 7.7 Grundprinzipien von Kommissioniersystemen

Die Kombination dieser vier Grundprinzipien führt zu unterschiedlichen Kommissionierverfahren. Die Auswahl wird beeinflusst durch das Artikelspektrum, Auftragszusammensetzung, dem Mengenvolumen und der definierten Kommissionierleistung (z. B. Durchsatz).

7.5.2.2 Manuelle und automatische Kommissioniersysteme

Bei der *manuellen Kommissionierung* wird klassischer Weise ein Papierbeleg – der Kommissionierschein – erzeugt, um die Integration von Material- und Informationsfluss zu erreichen. Aufgrund von Datenaktualität, Lesefehlern, Rücklauf und Verarbeitungsproblemen wird in den letzten Jahren versucht, diesen Beleg mit Hilfe von speziellen Techniken zu vermeiden.

Einige dieser Techniken sollen kurz vorgestellt werden:

- „Pick-by-Scan": Entnahme des richtigen Materials aus den richtigen Fächern wird durch Scannen eines Barcodes überprüft.
- „Pick-by-Light": Signallampen und Displays direkt an den Regalen zeigen dem Kommissionierer nach und nach die richtigen Entnahmeorte an.
- „Pick-by-Voice": Das Konzept basiert auf einer Informationsflussgestaltung mittels Sprachübertragung und Spracherkennung. Der Kommissionierer bekommt die notwendigen Daten per Sprachinformation und kann Aufträge mittels Sprache quittieren.
- „Picke-by-Point": Ähnlich dem Konzept „Pick-by-Light"; Es werden aber keine aufwändigen Installationen am Regal benötigt, da das optische Signal von einem separaten Lichtprojektor kommt.

Bei einem entsprechenden Kommissionieraufkommen und unter der Voraussetzung eines relativ gleichbleibenden Warensortiments bietet sich der Einsatz *automatischer Kommissioniersysteme* an, wie bspw.:

- Schachtautomaten (vertikal geneigte Warenschächte mit jeweils eigener Auswurfrichtung)
- Kommissionierroboter
- Sorter (Sortier- und Verteilanlagen)

7.5.3 Kernbaustein „Fördern"

„Unter „Fördern" wird die Ortsveränderung einer Ware innerhalb eines Betriebsgeländes verstanden, sprich der innerbetriebliche Transport."[11]

Innerbetriebliche Transporte verknüpfen betriebliche Vorgänge „von der Quelle bis zur Senke" technisch und organisatorisch in einer Transportkette. Fördersysteme bestehen daher (wie Transportsysteme) aus 3 Komponenten:

- Transporteinheit (Transportgut & Transporthilfsmittel)
- Transportorganisation (Transportablauf & -steuerung)
- Transporttechnik (Stetigförderer und Unstetigförderer)

7.5.3.1 Anforderungen an Fördersysteme

Die Anforderungen sind hoch und ergeben sich z. B. aus Materialflussintensität, Eigenschaften der Güter, Automatisierungsgrad, etc. Sie können wie folgt klassifiziert werden:

- Transportmenge pro Zeiteinheit (Durchsatz, Transportgutstrom, Transportintensität)
- Transportleistung (Transportintensität × Transportweg)
- Be- und Entladung (kontinuierlich, getaktet, fahrplanmäßig, stochastisch)
- Zusatzfunktionen (Sammeln, Verteilen, Sortieren, Zusammenfassen, etc.)
- Automatisierungsgrad (voll-, teil-, nicht automatisiert)

7.5.4 Kernbaustein „Transportieren"

„Transport (Verkehr) ist die Überbrückung räumlicher und zeitlicher Distanz zwischen zwei Orten. Gegenstand eines Transports können Güter (Vorlesungsfokus), Personen und Nachrichten sein."

---

[11] vgl. DIN 30781

D. h. bezogen auf „Güter" wird unter Transport im Sinne von „Verkehr" der außerbetriebliche Transport zwischen dem Ort der Güterentstehung und der Güterverwendung verstanden.

Für den außerbetrieblichen Transport gibt es folgende Verkehrsträger:

- Straßenverkehr
- Schienenverkehr
- Schiffsverkehr
- Luftverkehr
- Kombinierter Verkehr
- Rohrleitungsverkehr

Werden diese Verkehrsträger kombiniert, spricht man von „Kombiniertem Verkehr (KV)".

7.5.4.1 Straßenverkehr[12]

Der Straßenverkehr stellt den wichtigsten Verkehrsträger dar. Im Gegensatz zum Eisenbahnverkehr hat sich der Straßengüterfernverkehr in den letzten Jahren vervielfacht. In Tabelle 7.1 sind die wichtigsten Vor- und Nachteile des Straßengüterverkehrs zusammengefasst.

Tabelle 7.1 Vor- und Nachteile des Straßengüterverkehrs

Vorteile	Nachteile
- Hohe Flexibilität im Hinblick auf die Transportaufgaben und die Umdispositionsmöglichkeiten - Haus-zu-Haus Beförderung - Flächendeckende Güterverteilung im 24-Stunden-Takt - Weniger Stillstands- und Wartezeiten - Bei geringen oder mittleren Entfernungen relativ niedrige Transportzeiten - Kostensenkung durch verstärkten osteuropäischen Wettbewerb	- Verkehrsstörungen - Witterungseinflüsse - Einschränkungen bei Gefahrgütern - Eingeschränktes Transportvolumen - Einschränkungen aufgrund von rechtlichen Rahmenbedingungen

Im Straßengüterverkehr werden hauptsächlich LKW als Solofahrzeuge oder Lastzüge eingesetzt. Während in der Vergangenheit das Angebot an Frachtdienstleistungen durch teils stark regulierte Beförderungstarife, eingeschränkte Möglichkeiten zum Transport für Rückfracht oder Zeitverzögerungen durch Zollformalitäten reguliert wurde, hat die Liberalisierung des Binnenmarktes zu folgenden Änderungen geführt:

---

[12] vgl. Sihn, 2011, S. 141 f

- Vereinfachung des Marktzugangs
- Wegfall des Kabotageverbots
- Stärker leistungsbezogene Tarife
- Vereinfachung der Grenzformalitäten

Durch diese Änderungen fand eine erhebliche Angebotsausweitung für Transportdienstleistungen im grenzüberschreitenden und innerdeutschen Verkehr statt.

Die Berechnung der Frachtkosten setzt sich aus Beförderungsstrecke, Gewicht der Ladung und Güterart zusammen. Im Straßengüterverkehr herrscht ein starker Verdrängungswettbewerb. Die Konkurrenz aus Osteuropa bietet Transportdienstleistungen um bis zu 70 % günstiger gegenüber bisherigen Angeboten an.

7.5.4.2 Schienenverkehr

Der Schienenverkehr wird in Europa in der Regel von staatlichen Unternehmen wahrgenommen. Privatbahnen spielen noch eine untergeordnete Rolle. Die Vor- und Nachteile des Schienenverkehrs zeigt Tabelle 7.2.

Tabelle 7.2 Vor- und Nachteile des Schienenverkehrs

Vorteile	Nachteile
- Unabhängigkeit vom Straßenverkehr - Unabhängigkeit von Fahrverboten (Sonntags, Feiertags) - Eignung für Massengutverkehr (mehrere Wagenladungen) oder viele Güterarten (Kohle, Rohstoffe) - Höhere Geschwindigkeiten und kostengünstige Lösung bei größeren Entfernungen - Umweltfreundlich	- Feste Bindung an Fahrpläne - Hohe Fixkosten und niedrige variable Kosten - Unterlegenheit bei Transport auf kurzen Strecken oder bei häufigem Wechsel des Transportgutes - Monopolstellung des Hauptbetreibers

Die Bahn ist bestrebt, ihr Angebot zu verbessern, ihr Schienennetz auszubauen und eng mit ihren Partnern im Ausland zu kooperieren. Effizienzverbesserungen bei der Bahn sind möglich durch die weitere Umsetzung der rechnergestützten Zugsteuerung. Obwohl stark gefördert, scheint eine Verlagerung des Straßengüterverkehrs auf den Schienenverkehr in größerem Ausmaß noch nicht realisierbar.

7.5.4.3 Schiffsverkehr

Beim Schifffahrtsgüterverkehr unterscheidet man den Seegütertransport und den Binnenschifffahrtstransport. Tabelle 7.3 fasst die Vor- und Nachteile des Schiffsverkehrs zusammen.

Tabelle 7.3 Vor- und Nachteile des Schiffsverkehrs

Vorteile	Nachteile
▪ Kostengünstiger Transport ▪ Massenleistungsfähigkeit ▪ Umweltfreundlichkeit ▪ Angebot von Spezialschiffen	▪ Geringes Streckennetz ▪ Witterungsabhängigkeit (Wasserstand) ▪ Hohe Kosten für Handling und Umschlag

- **Binnenschifffahrt**

  Die Binnenschifffahrt wird schwerpunktmäßig für die Beförderung nicht eilbedürftiger transportkostenempfindlicher Massengüter eingesetzt.

- **Seeschifffahrt**

  Sie ist die wichtigste Transportart im interkontinentalen Handel und hat im Vergleich zum Lufttransport, der vielfach die einzige Konkurrenz darstellt, einige Vorteile. Der Transport auf langen Strecken ist für Massengüter mit geringer Zeitempfindlichkeit oder mit speziellen Eigenschaften kostengünstiger. Dagegen werden hohe Anforderungen an die seemäßige Verpackung gestellt.

  Der Seegütertransport unterscheidet zwischen der **Linienschifffahrt** (Verkehr planmäßig nach festgelegten Routen) und der **Trampschifffahrt** (Massengütertransport im „Gelegenheitsverkehr" mit Charterverträgen). Tabelle 7.4 gibt einen Überblick über die in der Schifffahrt eingesetzten Schiffstypen.

Tabelle 7.4 Schiffstypen in der Schifffahrt

Schiffstypen	Merkmale
Schubschiffe	Motorschiffe, die in der Binnenschifffahrt zur Bewegung eines Schubverbandes eingesetzt werden.
Stückgutfrachter	Motorschiffe, die auf hoher See, Küstenschifffahrt oder auf Binnengewässern Stückgut befördern.
Tanker	Frachtschiffe für den Fließguttransport mit großer Länge.
Containerschiffe	In der Regel als Hochseeschiffe eingesetzte offene Frachtschiffe. Stapelung von bis zu neun Lagen unter Deck, über Deck bis zu 4 Lagen.
Feeder	Für den Containertransport im Kurzstrecken- und Zubringerdienst.
Barge-Carrier	Trägerschiffe, die in einer Binnengewässer-Hochsee-Binnengewässer-Transportkette eingesetzt werden.

Die Wahl der Schiffsart hängt von den Faktoren Transportkosten, Geschwindigkeit des Schiffes, Kapazität, Eignung und Ruf der Reederei ab.

7.5.4.4 Luftverkehr

Der Anteil der weltweit beförderten Tonnage durch Flugzeuge (Luftfahrt) liegt unter 1 %. Umsatzmäßig liegt der Anteil bei ca. 10 % im Verkehr mit Nordamerika und bei 20 % bezogen auf alle versandten Waren. Einen Überblick über Vor- und Nachteile des Luftverkehrs gibt Tabelle 7.5.

Tabelle 7.5 Vor- und Nachteile des Luftverkehrs

Vorteile	Nachteile
• Hohe Geschwindigkeit, Häufigkeit, Sicherheit beim Transport • Geringe Kapitalbindung aufgrund kürzerer Transportzeit (Senkung der Sicherheitsbestände und der Auslieferungslager) • Geringere Beschädigungs- und Diebstahlgefahr • Kostengünstig beim Transport von Teilen mit geringer Dichte (Volumen/Massenverhältnis), da Frachtberechnung nach Gewicht erfolgt	• Hohe Transportkosten bei Massengütern • Relativ niedrige Beförderungskapazität • Netzbildung notwendig, da noch relativ wenige Standorte

7.5.4.5 Rohrleitungsverkehr

Der Rohrleitungsverkehr dient zum Transport von flüssigen und gasförmigen Gütern, die kontinuierlich anfallen, z. B. Wasser, Erdöl und Erdgas. Merkmal ist, dass Verkehrsweg, Transportgefäß und Transportmittel eine Einheit bilden. Tabelle 7.6 fasst Vor- und Nachteile des Rohrleitungsverkehrs zusammen.

Tabelle 7.6 Vor- und Nachteile des Rohrleitungsverkehrs

Vorteile	Nachteile
• Umweltfreundlichkeit • Zuverlässigkeit • Wetterfestigkeit • Unabhängigkeit von Verkehrswegen	• Hohe Errichtungs- und Revisionskosten • Geringe Flexibilität • Umständliche Genehmigungsverfahren • Nur rentabel bei langfristiger Absicherung des Absatzes

7.5.5 Kernbaustein „Umschlagen"

„Gesamtheit der Förder- und Lagervorgänge beim Übergang der Güter auf ein Transportmittel, beim Abgang der Güter von einem Transportmittel und wenn Güter das Transportmittel wechseln."[13]

---

[13] DIN 30781

D. h. bei einem Umschlagvorgang wechselt ein Gut das Transportmittel und/oder eine Materialflusseinrichtung. Dies kann sowohl innerbetrieblich, als auch außerbetrieblich der Fall sein. Im Rahmen von Umschlagvorgängen bietet sich die Veränderung eingehender Güter nach Art und Menge an, z. B. Bilden von Kunden individuellen Paletten aus sortenreinen Paletten.

Es kann zwischen inner- und außerbetrieblichen Umschlagpunkten unterschieden werden.

Unter innerbetrieblichen Umschlagspunkten versteht man z. B.:

- Ein-/Auslagerungspunkte im Lager
- Umschlagspunkte für einen Transport-/Fließbandwechsel in der Produktion
- Materialbahnhöfe zur Produktionsversorgung
- LKW-Rampe/Ladezone

Außerbetriebliche Umschlagspunkte können z. B. sein:

- Zentralläger
- Häfen
- Flughafen
- Containerterminals
- Güterverkehrszentren (GVZ)
- Warenverteilzentren

7.6 Distributionslogistik[14]

7.6.1 Kenngrößen der Distributionslogistik

Wie alle anderen Bereiche eines Unternehmens, ist auch die Distributionslogistik eingebunden in das Zielsystem des gesamten Unternehmens. Sie trägt durch die Aufstellung, Verfolgung und Kontrolle eigener Zielsetzungen zur Erreichung des Gesamtziels bei. Die konkrete Bewertung von Distributionsstrukturen erfolgt auf Basis bestimmter Kenngrößen (siehe Bild 7.8).

---

[14] vgl Sihn, 2011, S. 130 f

Lieferleistung	Lieferservice	Lieferzeit	Lieferqualität	Distr.-Kosten
• Anzahl Aufträge	• Lieferbereitschaft	• Mittlere Lieferzeit	• Zuverlässigkeit	• Transportkosten
• Anzahl Sendungen	• Verfügbarkeitsgrad	• Minimale Lieferzeit	• Vollständigkeit	• Bestandskosten
• Liefergewicht	• Lieferflexibilität	• Maximale Lieferzeit	• Reklamationsquote	• Lagerhaltungskosten
• Liefervolumen	• Eilauftragsquote	• Belieferungsfequenz	• Fehllieferungsquote	• Auftragsabwicklungskosten
	• Zeitfenster Auftragsannahme	• Bestandsreichweiten	• Kontrollaufwand	

Charakterisierung des Distributionssystems

Bild 7.8 Kenngrößen der Distributionslogistik

Dazu ist ein Ausgleich unterschiedlicher Zielrichtungen vorzunehmen. Um zu verstehen, an welcher Stelle Kenngrößen evtl. in Konflikt stehen könnten, seien hier die Handlungsräume der Distributionslogistik vorgestellt: Zu ihnen gehören der Raumausgleich, der Zeitausgleich, der Mengenausgleich und der Sortimentsausgleich. Diese lassen sich wie folgt beschreiben (siehe auch: Einordnung und Aufgaben):

- **Raumausgleich**

  Die Produktionsstätte und der Ort der Nachfrage sind in der Regel räumlich getrennt, und daher ist mit Hilfe von geeigneten Transportmitteln ein räumlicher Ausgleich vorzunehmen (Transportfunktion).

- **Zeitausgleich**

  Insbesondere im Rahmen der Vorratsproduktion, in der die Produktion für einen anonymen Markt erfolgt und eine zeitlich schwankende Nachfrage vorliegt, ergibt sich die Erfordernis, die Fertigung der Produkte in wirtschaftlichen Losgrößen vorzunehmen. Hieraus resultiert weiterhin, dass Fertigstellungs- und Nachfragezeitpunkt nicht identisch sind und die Überbrückung dieser Zeitspanne durch die Teilfunktion der Lagerhaltung vollzogen werden muss (Lagerfunktion).

- **Mengenausgleich**

  Aus einer Fertigung in wirtschaftlichen Losgrößen resultiert weiterhin eine quantitative Diskrepanz von Fertigung- und Nachfragemengen. Der hierfür erforderliche Mengenausgleich erfolgt durch eine kundenorientierte Vereinzelung nachgefragter Mengen am Lagerstandort (Kommissionierung – Mengen).

- **Sortimentsausgleich**

  Die Fertigung des Sortiments erfolgt zumeist an mehreren Produktionsstätten. Das Angebot eines Unternehmens umfasst aber stets das gesamte Sortimentsspektrum an jedem einzelnen Nachfrageort. Dieser Ausgleich ist dann entweder in denjenigen Lagern zu vollziehen, in denen sich das gesamte Sortiment befindet soll, oder durch die Belieferung des Kunden mit mehreren Teilsendungen. (Kommissionierung – Auftragspositionen)

7.6.2 Distributionskette

Die Aufbaustruktur eines Distributionssystems wird durch die vertikale und horizontale Distributionsstruktur bestimmt (siehe Bild 7.9).

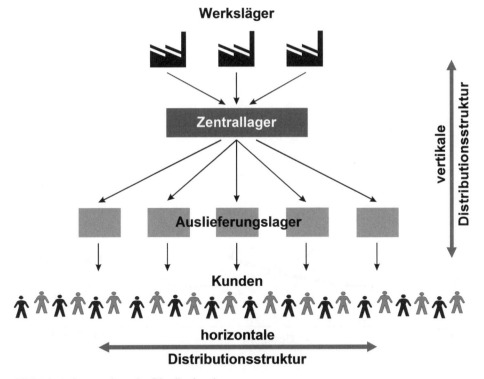

Bild 7.9 Aufbaustruktur der Distributionskette

7.6.2.1 Horizontale Distributionsstruktur

Eine Beschreibung der horizontalen Komponenten der Distributionsstruktur beinhaltet die Anzahl der Lager je Lagerstufe, die Standorte der Lager und die räumlich-geographische Aufteilung der Liefergebiete hinsichtlich der Zuordnung von Lagern zu Absatzgebieten.

Die Anzahl der Lager je Stufe ergibt sich zumeist aus ihrer Funktion und der Entfernung zum Kunden, also beispielsweise bei Produktionslagern, die jeweils einer Produktionsstätte angeschlossen sind oder bei den Auslieferungslagern durch ihre Nähe zu umsatzstarken Liefergebieten. Ebenso wird der optimale Standort eines Lagers maßgeblich von den Transportkosten zu den von ihm zu beliefernden Kunden bestimmt.

Die optimale Lage und Kundenzuordnung lässt sich nur durch eine Optimierungsrechnung ermitteln. Allgemein gilt, dass mit steigender Anzahl von Lagerstandorten auch die Lagerhaltungskosten steigen, demgegenüber die Transportkosten zwischen Lagerstandorten und Kunden bis zu einem bestimmten Punkt sinken. Diese gegenläufige Beziehung charakterisiert die Entscheidungssituation und kann nur durch eine Vergleichsrechnung für mehrere Alternativen beantwortet werden (siehe Bild 7.10).

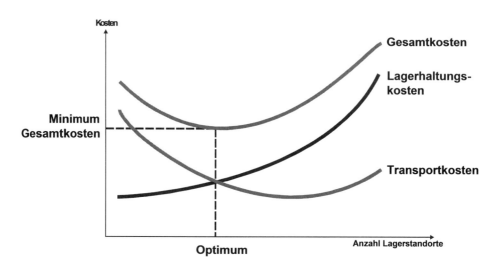

Bild 7.10 Horizontale Aufbaustruktur – Qualitative Kostenaspekte

7.6.2.2 Vertikale Distributionsstruktur

Während die horizontale Struktur die Zahl der Lager je Stufe, ihre Standorte und die Zuordnung von Lagerstandorten zu ihren Absatzgebieten bezeichnet, beschreibt die vertikale Struktur die Stufigkeit eines Distributionssystems. Sie besagt also über wie viele Lagerstufen die Güter im Einzelnen von der Produktion bis zu den Kunden gelangen (siehe Bild 7.11).

Eine hohe Stufigkeit des Systems ist zwangsläufig mit einer großen Anzahl von Lagern verbunden. Zwar ermöglicht diese Ausgestaltung einerseits kurze Wege zum Kunden und zwischen den Lagerstandorten und damit verbunden auch kurze Lieferzeiten und tendenziell niedrigere Transportkosten auf der untersten Stufe, sie führt jedoch andererseits zu hohen Beständen und Lagerhaltungskosten im gesamten System. Ein weiterer Nachteil der hohen Stufigkeit liegt schließlich in der komplexeren Material- und Informationssteuerung.

Die Aufgaben der einzelnen in dem obigen Bild dargestellten Lagerstufen lassen sich wie folgt beschreiben:

- **Werkslagerstufe**

    Diese Werkslagerstufe dient vorwiegend dem Mengenausgleich zwischen Produktion und Distribution. Sie führt zumeist nur das am Ort hergestellte Sortiment. Die Zahl der Werkslager ist meistens mit der Zahl der Produktionsorte identisch, da jeder Produktionsstätte zumindest ein Fertigwarenlager angegliedert ist.

- **Zentrallagerstufe**

    Die Zentrallager beinhalten zumeist das gesamte Sortiment des Herstellers, das ggf. noch durch Fremdprodukte ergänzt wird, die dann ebenfalls zentral auf dieser Stufe gelagert werden.

- **Auslieferungslagerstufe**

    Zur schnellstmöglichen Kundenbelieferung mit ihren Produkten haben viele Unternehmen ein stark verzweigtes Netz von Auslieferungslagern. Jedem dieser Lager können wiederum ein oder mehrere Verkaufsgebiete zugeordnet sein. Weiterhin erfolgt die Belieferung der Auslieferungslager entweder direkt von den Produktionsstätten (Werkslager) oder über Zentral- und/oder Regionallager. Im Allgemeinen führen die Auslieferungslager nicht das volle Sortiment.

- **Kunden**

    Der Kunde kann prinzipiell von allen Lagerstufen beliefert werden. Liegen jedoch Auslieferungslager vor, so werden die Kunden i.d.R. von diesen beliefert. Erst bei größeren Sendungen sollte die Belieferung von der nächst höheren Lagerstufe oder direkt von der Produktionsstätte erfolgen.

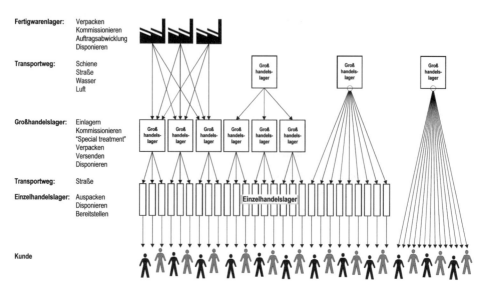

Bild 7.11 Vertikale Aufbaustruktur der Distributionslogistik

■ 7.7 Materialwirtschaft[15]

7.7.1 Ziele und Objekte der Materialwirtschaft

Die Hauptaufgaben der Materialwirtschaft sind:

- Bedarfsermittlung, Bestandsführung und -planung sowie
- Beschaffung, Lagerung und Verteilung.

Hauptziel und -aufgabe der Materialwirtschaft ist das für die (direkte) Leistungserstellung notwendige Material, in richtiger Qualität und Menge, zum richtigen Zeitpunkt, am rechten Ort, zu geringsten Kosten bereitzustellen.

Zu den **Objekten der Materialwirtschaft** zählen:

- Material = Sammelbegriff für Rohstoffe, Werkstoffe, Halbzeuge, Hilfsstoffe, Betriebsstoffe, Teile und Gruppen, die zur Fertigung eines Erzeugnisses erforderlich sind.
- Rohstoff = Materie ohne definierte Form, die gefördert, abgebaut, angebaut oder gezüchtet wird und als Ausgangssubstanz für Werkstoffe dient (z. B. Erz, Kohle, Rohöl).
- Werkstoff = Aufbereiteter Rohstoff in geformtem (Kokillen, Barren usw.) oder ungeformtem Zustand (fest, flüssig, gasförmig), der zur Weiterbearbeitung oder als

---

[15] vgl. Sihn, 2011, S. 7f

Ausgangssubstanz für Hilfs- oder Betriebsstoffe dient (z. B. Metalllegierungen, Rohglas, Kunststoff).
- Halbzeug = Werkstoff für abgestimmte, spezielle Produktionszwecke mit definierter Form, Oberfläche und Zustand (z. B. Härte, Gefüge), der in ein Erzeugnis eingeht oder als Hilfsmittel verwendet wird (z. B. Profil, Tafel, Granulat).
- Hilfsstoff = Stoff, der zur Produktion benötigt wird, aber nicht oder nur in geringen Mengen in das Erzeugnis eingeht (z. B. Schweißzusatz, Lot).
- Betriebsstoff = Werkstoff, der zur Nutzung von Betriebsmitteln oder Erzeugnissen dient und nicht in das Erzeugnis eingeht (z. B. Schmierstoffe, Treibstoffe).
- Teil = Geometrisch bestimmter und technisch beschriebener, nach einem bestimmten Arbeitsablauf zu fertigender oder gefertigter, nicht ohne Zerstörung zerlegbarer Gegenstand (z. B. Schraube, Winkel).
- Gruppe/Komponente/System = In sich geschlossener, aus zwei Teilen und/oder Gruppen niederer Ordnung bestehender Gegenstand (z. B. Autokarosserie, Getriebe).
- Handelsware = Gekaufte Gegenstände, die ohne Be- und Verarbeitung vertrieben werden (z. B. mitgeliefertes Werkzeug).
- Erzeugnis = In sich geschlossener, aus einer Anzahl von Gruppen und/oder Teilen bestehender, funktionsfähiger Gegenstand (z. B. Gerät, Maschine) als Produktionsendergebnis.

Darüber hinaus unterscheidet man noch Verpackungsmaterial, geringwertigere Betriebsmittel (z. B. kleine Bohrer) sowie Büro- und sonstiges Betriebsmaterial.

7.7.2 Analyseinstrumente der Materialstrukturierung

Die im Folgenden beschriebenen Analysen dienen dazu Lagerbestände nach verschiedenen Gesichtspunkten zu analysieren und können dadurch als eine gute Entscheidungshilfe bei der Wahl einer geeigneten Lagerhaltungsstrategie herangezogen werden.

7.7.2.1 Die ABC-Analyse

Die ABC-Analyse ist verhältnismäßig einfach und mit geringem Aufwand durchzuführen, stellt aber dennoch ein mächtiges Hilfsmittel dar um komplizierte Sachverhalte überschaubarer zu machen. Allgemein kann die mit Hilfe einer ABC-Analyse durchgeführte Strukturierung des Teilespektrums eine Konzentration von Aktivitäten und Rationalisierungsbemühungen auf die Bereiche großer wirtschaftlicher Bedeutung ermöglichen.

Mittels einer ABC-Analyse kann der häufig vorliegende Sachverhalt, dass gewisse Anteile des eingelagerten Teilespektrums für verhältnismäßig ungleiche Anteile des Einlagerungs- bzw. des Kapitalbindungswertes verantwortlich sind übersichtlich dargestellt werden.

Ziel der ABC-Analyse ist es also einen Lagerbestand anhand des Materialwertes der einzelnen Artikel in drei Gruppen, nämlich in A-, B- und C-Güter zu kategorisieren. Als Basis der Analyse dient die Verbrauchs- oder Lagerstatistik und als Auswahlkriterium der Materialwert bzw. die Materialkosten. Dieser Materialwert resultiert aus dem Produkt von (Beschaffungs-)Menge und (Beschaffungs-)Preis und kommt somit durch hohe Umschlaghäufigkeit und/oder hohe Artikelpreise zustande. So findet man typischerweise dass etwa 15–20 % der gelagerten Teile für 80 % des gebundenen Kapitals bzw. des Beschaffungswertes verantwortlich sind. Diese Teile werden als „A-Artikel" bezeichnet. Umgekehrt findet man immer eine große Anzahl an Beschaffungsobjekten, die nur einen geringen Wert aufweisen, die so genannten „C-Artikel". Sie stellen mengenmäßig mit etwa 50–70 % der Beschaffungsobjekte die größte Gruppe der eingelagerten Teile dar, haben aber am Gesamtwert der beschafften Objekte aber nur einen Anteil von ca. 5–10 %. „B-Artikel" sind zwischen den beiden „Extremen" angesiedelt. Bild 7.12 soll die Wert Mengen Relation der Lagerungsobjekte veranschaulichen.

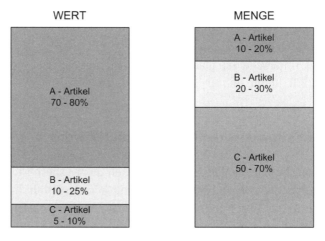

Bild 7.12 ABC-Analyse: Wert-Mengen Relation

Die Reihenfolge der Wertermittlung im Zuge einer ABC-Analyse ist folgende:
- Bei jeder Materialart wird die Materialmenge mit dem Bezugspreis bzw. mit den Herstellkosten multipliziert.
- Anschließend werden die Materialarten nach der Höhe ihrer Materialwerte in absteigender Form geordnet und die Materialwerte kumuliert.
- Aufgrund der Kumulation ist eine Ermittlung des mengen- und wertmäßigen Anteils des Materials, bezogen auf den Gesamtwert, möglich.

- In der Praxis werden dabei oft bestimmte Wert- oder Artgrenzen vorgegeben.
- Graphische Darstellung der ABC-Analyse.

Bichler stellt das Ergebnis einer typischen ABC-Analyse wie in Bild 7.13 gezeigt dar. Es sei angemerkt, dass auf der Ordinate wahlweise (bzw. der Analysesituation entsprechend) der Materialwert oder der Materialverbrauch aufgetragen werden kann.

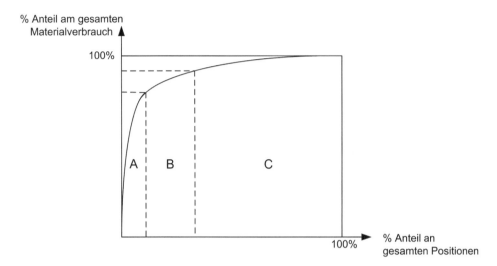

Bild 7.13 Graphische Darstellung der ABC-Analyse

7.7.2.2 Die XYZ-Analyse

Ausschlaggebendes Merkmal für die XYZ-Klassifizierung ist alleine die Verbrauchsstruktur der eingelagerten Objekte. Somit ist die XYZ-Analyse eine gute Entscheidungshilfe bei der Wahl der Beschaffungs- und Lagerhaltungsstrategie. Tabelle 7.7 gibt Auskunft über die Bedeutung der einzelnen Klassen.

Tabelle 7.7 XYZ-Analyse

Material	Verbrauch	Vorhersagegenauigkeit
X-Material	gleichmäßig	hoch
Y-Material	schwankend	mittel
Z-Material	unregelmäßig	niedrig

Laut **Wannenwetsch** sind erfahrungsgemäß ca. 50 % der Teile X-, ca. 20 % Y- und ca. 30 % Z-Materialien. Als Empfehlung bezüglich der Bestandsstrategie gibt Wannenwetsch folgendes an:

- Für X-Materialien kommt fertigungs- bzw. bedarfssynchrone „Just in Time" Beschaffung in Betracht.
- Y-Materialien sollten auf Vorrat (Monatsprogramme) beschafft werden.
- Z-Materialien nur im Bedarfsfall (verbrauchsorientiert) beschafft werden.

7.7.2.3 Die GMK-Analyse

Im Mittelpunkt der GMK-Analyse stehen Gestalt und Volumen des zu lagernden Gutes um Aufschluss bezüglich erforderlicher Lagervolumina und Transportkapazitäten zu geben. Dabei bedeuten:

- G-Material: Großvolumige Teile
- M-Material: Mittelvolumige Teile
- K-Material: Kleinvolumige Teile

■ 7.8 Beschaffungslogistik[16]

„Die Beschaffung hat die Aufgabe, einem Unternehmen die benötigten, aber nicht selbst hergestellten Güter verfügbar zu machen."[17] Hierbei spielen die Aspekte Kosten, Qualität, Zuverlässigkeit und Flexibilität ebenso eine Rolle, wie die Frage nach der wirtschaftlichen Wertschöpfungsquote des Unternehmens.

Um die Aufgaben der Beschaffung zu strukturieren, hat sich in der betrieblichen Praxis eine Einteilung in strategische und operative Aufgaben als sinnvoll erwiesen. Die strategischen Aufgaben werden als Beschaffungspolitik bezeichnet, die operativen Aufgaben werden auch Beschaffungsdisposition genannt. Bild 7.14 zeigt diese Gliederung im Detail.

---

[16] vgl. Heiserich, 2011, S. 159 ff
[17] vgl. Arnold, 1997, S. 11

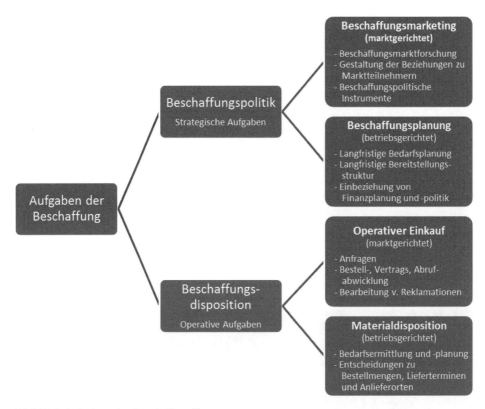

Bild 7.14 Aufgaben der Beschaffung[18]

7.8.1 Strategische Gestaltungsfelder der Beschaffung

Die strategischen marktgerichteten Aufgaben beinhalten im Wesentlichen die Gestaltung der Beschaffungsstruktur und das Lieferantenmanagement, während bei betriebsgerichteten Aufgaben die Versorgungskonzepte im Mittelpunkt stehen.

- Make-Or-Buy (MoB) Entscheidungen: Frage nach Eigen- oder Fremdfertigung (Outsourcing, Festlegung der Wertschöpfungstiefe, Konzentration auf Kernkompetenzen)
- Gestaltung der Beschaffungsstruktur: Frage nach der Breite des Beschaffungsnetzwerkes (Single-, Multiple-, Dual-Sourcing), der regionalen Ausbreitung (Local-, Regional-, Global-Sourcing) und der Tiefe des Netzwerkes (Unit-, Modular-Sourcing)
- Ableitung von Beschaffungsstrategien: Frage nach der auf die Beschaffungsobjekte (Beschaffungsportfolio) und den Beschaffungsmärkten (Lieferanten-Port-

---

[18] Vgl. Heiserich, 2011, S. 160

folio) abgestimmten Beschaffungsstrategie als Grundlage für die Lieferantenentwicklung

- Versorgungskonzepte: Frage nach dem logistisch optimalen Bereitstellungs-prinzip (Zeit, Ort, Menge, etc.) zur Gewährleistung der physischen Verfügbarkeit der Materialien am jeweiligen Verbrauchsort.

7.8.2 Operative Gestaltungsfelder der Beschaffung

Durch die gestiegene Bedeutung der Beschaffung und die zunehmende Anzahl der zu beschaffenden Teile, steigt auch die Notwendigkeit zur Optimierung der Beschaffungsprozesse, insbesondere derjenigen, die bei jedem Beschaffungsvorgang und daher sehr häufig durchlaufen werden.

Die an dieser Stelle beschriebenen operativen Prozesse der Beschaffung sind überwiegend marktgerichtet.

Bild 7.15 „Klassischer" Prozess der operativen Beschaffung[19]

Am „klassischen" Prozess (siehe Bild 7.15) sind viele unterschiedliche Organisationseinheiten beteiligt. Wartezeiten, Missverständnisse zwischen den beteiligten Personen und Medienbrüche beim Übergang zwischen Abteilungen führen dazu, dass der Gesamtprozess lange dauert.

Daher werden im „modernen" Prozess die Tätigkeiten der Einkaufsabteilungen (rechtliche Verfügbarkeit) von den operativen Beschaffungsprozessen getrennt. Der Einkauf kümmert sich verstärkt um den Abschluss von Rahmenverträgen auf Basis der darin verhandelten Konditionen die operativen Bereiche abrufen können. Bereichsübergreifende und oftmals zeit- und verwaltungsintensive Genehmigungsvorgänge können so weitgehend vermieden werden.

---

[19] vgl. Heiserich, 2011, S. 183

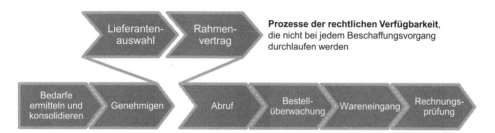

Bild 7.16 „Moderner" Prozess der operativen Beschaffung[20]

---

[20] vgl. Heiserich, 2011, S. 183

8 Ganzheitliches Qualitätsverständnis

Qualität ist in den letzten Jahren zum mit entscheidenden Erfolgsfaktor der Unternehmen geworden. Der große Konkurrenzdruck erfordert eine zielgerichtete Analyse der Unternehmenssituation und des Unternehmensumfeldes bezüglich der eigenen Qualitätsposition sowie die Formulierung von qualitätsbezogenen Zielen.

Die daraus resultierenden Aufgaben gehen weit über das Aufgabenfeld einer Qualitätskontrolle hinaus. Viel mehr haben diese Aufgaben strategischen Charakter und müssen im Rahmen eines entsprechenden Qualitätsmanagements wahrgenommen werden.

8.1 Qualitätsmanagement nach DIN ISO 9000

> *„Unter Qualitätsmanagement (QM) versteht man alle qualitätsbezogenen Tätigkeiten der Unternehmensleitung, welche die Qualitätspolitik, Ziele und Verantwortungen festlegt und diese durch Mittel wie Qualitätsplanung, Qualitätslenkung, Qualitätssicherung und Qualitätsverbesserung im Rahmen des Qualitätsmanagementsystems verwirklicht."* [1]

Der Formulierung der Ziele und der Festlegung der Verantwortungen und Befugnisse kommt hierbei eine zentrale Bedeutung im Rahmen der strategischen Ausrichtung des Unternehmens zu. Darüber hinaus ist das Qualitätsmanagement nicht nur eine Aufgabe der Unternehmensleitung und ebenso wenig einer einzelnen Abteilung oder Stabstelle, sondern aller Führungsebenen des Unternehmens.

Hierbei kommt insbesondere der aktiven Tätigkeit der oberen Führungsebene durch ihre Vorreiterrolle eine besondere Bedeutung zu. Die Umsetzung der Qualitätspolitik erfordert allerdings die unternehmensweite Mitwirkung aller Mitarbeiter.

---

[1] Wittwer, 1996, S. 9

8.1.1 Der Qualitätsbegriff[2]

Qualität ist in der modernen Industriegesellschaft und in der Marktwirtschaft ein Schlagwort mit einer nicht klar umrissenen Definition. Es wird in den unterschiedlichsten Zusammenhängen verwendet, wobei die intendierte Bedeutung weit variiert. Das heute meist positiv besetzte Wort „Qualität", von lateinisch „qualis" (wie beschaffen), ist grundsätzlich wertneutral.

Die DIN ISO 9000:2015 definiert Qualität als den *„Grad, in dem ein Satz inhärenter Merkmale Anforderungen erfüllt.*[3]" Vereinfacht ausgedrückt: Qualität gibt an, in welchem Maß ein Produkt (Dienstleistung oder Ware) die bestehenden Anforderungen oder Erwartungen erfüllt.

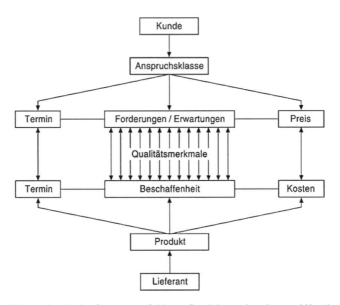

Bild 8.1 Qualitätsmerkmale im Spannungsfeld von Produktmerkmalen und Kundenanforderungen

Der umfassende Qualitätsbegriff wird, ausgehend von der Betrachtung der Produktqualität hin zu einer breiten Sicht, unter Einbeziehung der unterschiedlichen Aspekte (Dimensionen) der Qualität
- des Produktes (Ergebnisqualität),
- des (Erstellungs-)Prozesses (Prozessqualität, Verhalten) und
- des Potenzials des Anbieters (Image, Leistungsvermögen),

erweitert.

---

[2] vgl. Brunner; Wagner, 2011, S. 329
[3] DIN EN ISO 9000:2015, S. 25

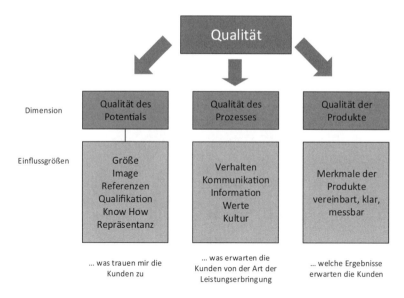

Bild 8.2 Aspekte der Qualität[4]

Ein Unternehmen ist am Markt nur dann erfolgreich, wenn es für sein Angebot Kunden findet. Der Käufer entscheidet, für welche Produkte oder Dienstleistungen er sein verdientes Geld ausgibt. Durch ihre Anspruchshaltung bestimmen die Kunden das Qualitätsniveau der Produkte und Dienstleistungen. Qualität ist somit das vom Unternehmen gewählte Anspruchsniveau, mit dem es die Bedürfnisse und Erwartungen seiner Kunden befriedigen will.

8.1.2 Begriffsabgrenzungen im Qualitätsmanagement

8.1.2.1 Qualitätsmanagement (QM) und Qualitätsmanagementsystem (QMS)

In der DIN EN ISO 9000 werden die Begriffe „Qualitätsmanagement" und „Qualitätsmanagementsystem" wie folgt definiert:

Qualitätsmanagement

„*aufeinander abgestimmte Tätigkeiten zum Leiten und Lenken einer Organisation bezüglich Qualität.*"[5]

Qualitätsmanagementsystem

„*Managementsystem zum Leiten und Lenken einer Organisation bezüglich der Qualität.*"[6] Das Leiten und Lenken bezüglich Qualität umfasst üblicherweise die in

---

[4] Bleicher, 1991, S. 31
[5] DIN EN ISO 9000: 2015, S. 22
[6] DIN EN ISO 9000:2015, S. 23

Bild 8.3 dargestellten Funktionen; Festlegen der Qualitätspolitik und der Qualitätsziele, die Qualitätsplanung, die Qualitätslenkung, die Qualitätssicherung und die Qualitätsverbesserung.[7]

Bild 8.3 Inhalte des Qualitätsmanagements[8]

8.1.2.2 Qualitätsplanung

Qualitätsplanung ist der „... *Teil des Qualitätsmanagements, der auf das Festlegen der Qualitätsziele und der notwendigen Ausführungsprozesse sowie der zugehörigen Ressourcen zur Erfüllung der Qualitätsziele gerichtet ist.*"[9]

8.1.2.3 Qualitätssicherung (QS)

Die Qualitätssicherung ist der „... *Teil des Qualitätsmanagements, der auf das Erzeugen von Vertrauen darauf gerichtet ist, dass Qualitätsanforderungen erfüllt werden.*"[10] Die QS soll mittels entsprechender Maßnahmen und Prozessmessgrößen sicherstellen, dass Fehler erst gar nicht entstehen und Fehlerquellen frühzeitig erkannt werden.

---

[7] vgl. DIN EN ISO 9000:2015, S. 25
[8] DIN EN ISO 9000:2015
[9] DIN EN ISO 9000:2015, S. 22
[10] DIN EN ISO 9000:2015, S. 22

8.1.2.4 Qualitätslenkung

Qualitätslenkung ist der „... *Teil des Qualitätsmanagements, der auf die Erfüllung von Qualitätsanforderungen gerichtet ist.*"[11] Dabei werden die Ergebnisse von Qualitätsprüfungen mit den Vorgaben der Qualitätsplanung verglichen und bei Abweichungen (Fehler) Korrekturmaßnahmen durchgeführt.

8.1.2.5 Qualitätsverbesserung

Unter Qualitätsverbesserung werden alle Maßnahmen zur Steigerung von Effektivität und Effizienz in Tätigkeiten und Prozessen, die die Qualität betreffen, verstanden. Qualitätsverbesserung ist der Teil des Qualitätsmanagements: „*... der auf die Erhöhung der Fähigkeit zur Erfüllung der Qualitätsanforderungen gerichtet ist.*"[12]

8.1.2.6 Qualitätspolitik

„*Qualitätspolitik sind die übergeordneten Absichten und Ausrichtungen einer Organisation zur Qualität, wie sie durch die oberste Leitung formell ausgedrückt werden.*"[13]

8.1.2.7 Prozess

Der Begriff „Prozess" wird heute weitgehend einheitlich verwendet und beispielsweise durch die International Organisation of Standardisation (ISO) ISO 9000:2015 definiert als:

„*Satz zusammenhängender und sich gegenseitig beeinflussender Tätigkeiten, der Eingaben in Ergebnisse umwandelt.*"[14]

8.1.2.8 Prozessmodell

Unter dem Begriff Prozessmodell versteht man eine schematische Beschreibung jener Aktivitäten eines Unternehmens, die den Input des Kunden unter Verwendung angemessener Ressourcen in jenen Output umsetzen, der den Wünschen des Kunden entspricht (siehe Kapitel 10.4).

8.1.3 Normenüberblick zum Thema Qualitätsmanagement[15]

Normung, nicht nur auf Qualitätsmanagement bezogen, soll die Rationalisierung und die Qualitätssicherung in Wirtschaft, Technik, Wissenschaft und Verwaltung fördern und der Sicherheit von Menschen und Sachen, sowie der Qualitätsverbes-

---

[11] DIN EN ISO 9000:2015, S. 22
[12] DIN EN ISO 9000:2015, S. 22
[13] DIN EN ISO 9000:2015, S. 24
[14] DIN EN ISO 9000:2015, S. 27
[15] vgl. Brüggemann; Bremer, 2012, S. 125

serung in allen Lebensbereichen dienen. Eine einheitliche und genormte Fachsprache erleichtert das Gespräch sowohl zwischen den verschiedenen Betriebsbereichen innerhalb einer Organisation als auch zwischen einer Organisation und ihren Kunden und anderen interessierten Parteien.[16]

Das wesentliche Ergebnis der Qualitätsmanagementnormung sind die Normen der sogenannten ISO-9000-Familie zu Qualitätsmanagement und Qualitätsmanagementsysteme. Die grundlegenden Normen der ISO 9000er Reihe sind in der Bild 8.4 dargestellt.

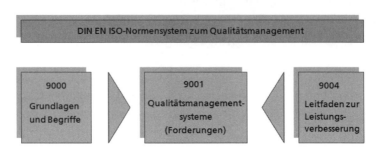

Bild 8.4 Aufbau der DIN EN SIO 9000er-Normenreihe[17]

In der DIN EN ISO 9000 werden die Grundlagen für Qualitätsmanagementsysteme beschrieben und die Terminologie für Qualitätsmanagementsysteme festgelegt.

In der DIN EN ISO 9001 werden die Anforderungen an ein Qualitätsmanagementsystem festgelegt. Diese Norm ist die grundlegende Norm zur Zertifizierung eines QM-Systems.

Die DIN EN ISO 9004 stellt einen Leitfaden bereit, der sowohl die Wirksamkeit als auch die Effizienz des QM-Systems betrachtet. Das Ziel dieser Norm besteht in der Leistungsverbesserung der Organisation, sowie der Verbesserung der Zufriedenheit der Kunden und anderen interessierter Parteien.

„Mit DIN EN ISO 9000-Reihe wird nicht die Produktqualität festgelegt, sondern die Fähigkeit eines Unternehmens, Qualität zu erzeugen!"[18]

8.1.4 8 Grundsätze des Qualitätsmanagements – DIN EN ISO 9000[19]

Um eine Organisation erfolgreich zu führen, ist es notwendig, diese systematisch und wahrnehmbar zu leiten und zu lenken. Die „8 Grundsätze des Qualitätsma-

---
[16] vgl. Pfeifer; Schmitt, 2009, S. 105 ff
[17] Brüggemann; Bremer, 2012, S. 125
[18] Brüggemann; Bremer, 2012, S. 125
[19] vgl. Masing, 2009, S. 201 f

nagements" richten sich an das Management, das sich ihrer bedienen kann, um die Leistungsfähigkeit des Unternehmens zu verbessern.

1. Kundenorientierte Organisation
   Organisationen hängen von ihren Kunden ab und sollen daher gegenwärtige und zukünftige Erfordernisse der Kunden verstehen, deren Anforderungen erfüllen und danach streben, deren Erwartungen zu übertreffen.

2. Führung
   Führungskräfte schaffen die Übereinstimmung von Strategie und Umsetzung in der Organisation. Sie sind unter anderem für das Umfeld verantwortlich, in dem sich die Personen so entfalten, dass die Ziele der Organisation erreicht werden können.

3. Einbeziehung der Personen
   Auf allen Ebenen machen Personen das Wesen einer Organisation aus. Durch die Einbeziehung aller werden individuelle Fähigkeiten zum Nutzen der gesamten Organisation eingesetzt.

4. Prozessorientierter Ansatz
   Ein gewünschtes Ergebnis lässt sich effizienter erreichen, wenn alle Tätigkeiten und dazugehörige Ressourcen als Prozess geleitet und gelenkt werden.

5. Systemorientierter Managementansatz
   Erkennen, Verstehen, Leiten und Lenken von Prozessen sind die Basis für jedes System. Das System entscheidet über Wirksamkeit und Effizienz der Zielerreichung der Organisation.

6. Ständige Verbesserung
   Die ständige Verbesserung der Gesamtleistung der Organisation stellt ein permanentes Ziel der Organisation dar.

7. Sachbezogener Ansatz zur Entscheidungsfindung
   Die Analyse von Daten und Informationen ist die Basis für jede wirksame Entscheidung.

8. Lieferantenbeziehungen zum gegenseitigen Nutzen
   Eine Organisation und ihre Lieferanten sind voneinander abhängig. Beziehungen zum gegenseitigen Nutzen erhöhen die Wertschöpfungsfähigkeit beider Seiten.

■ 8.2 KANO-Modell der Kundenzufriedenheit

Zur Positionierung der Kundenzufriedenheit gegenüber dem Erfüllungsgrad der Kundenwünsche dient auch das bekannte *Kano-Modell* sowohl für Dienstleistungen als auch für Produkte (siehe Bild 8.5). Es liefert wichtige, globale Tendenzerkenntnisse in Bezug auf Kundenerwartungen und deren Erfüllungsgrad. Kano unterscheidet:

- **Basisanforderungen** (unausgesprochene Kundenanforderungen), die selbstverständliche funktionale Mindeststandards (z. B. Airbags) darstellen, bei deren Fehlen der Kunde in überproportional hohem Maße unzufrieden wird.
- **Leistungsanforderungen** (ausgesprochene Kundenwünsche), die direkt und weitgehend proportional zum Erfüllungsgrad die Kundenzufriedenheit beeinflussen (Bsp. Beschleunigung eines Kfz).
- **Begeisterungsanforderungen** (unausgesprochene Kundenwünsche), an die der Kunde selbst nicht denkt, die er aber (erheblich) positiv honoriert (z. B. Regensensor).

Im Laufe der Zeit werden allerdings durch fortschreitende Entwicklung und Wettbewerb aus Begeisterungsfaktoren Leistungsfaktoren und aus diesen Basismerkmale. Dies führt zu einer ständigen Qualitäts- und Performancespirale.

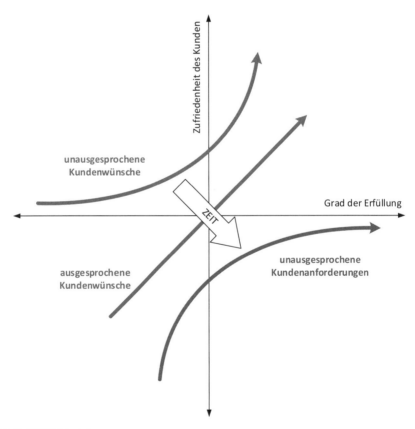

Bild 8.5 KANO-Modell

8.3 Kontinuierliche Verbesserung[20]

Umfassende Qualität bedingt ständige, umfassende Qualitätsverbesserung in allen Unternehmensbereichen. Wer aufhört besser zu werden, hat aufgehört gut zu sein!

Das Bemühen um ständige Verbesserung ist ein langfristiger Prozess, der konsequente Planung und Durchhaltevermögen erfordert, bis er zur Selbstverständlichkeit wird. Die Verbesserungspotenziale können durch jeden Mitarbeiter, durch Teams oder durch die Soll/Ist-Vergleiche aufgezeigt werden.

Über die Veränderung von Verhaltensweisen muss das Management ein Klima schaffen, dass einen kontinuierlichen Veränderungsprozess ermöglicht. Es soll eine Unternehmenskultur der ständigen Verbesserung entstehen, in der jeder Mitarbeiter seine eigene Arbeit ständig verbessern will.

Ein Verbesserungsprozess kann erst in Gang kommen, wenn konkrete, messbare Ziele vereinbart worden sind und durch eine Ist-Aufnahme die zu überbrückende Differenz sichtbar gemacht wurde. Darauf baut sich ein jährliches Verbesserungsprogramm auf, dessen Erfolg vierteljährlich überprüft wird.

Die systematische regelmäßige (vierteljährlich) Anwendung von Verbesserungsprogrammen geht auf eine Idee von Deming und SHEWHART zurück. Der Verbesserungsprozess wird als ein sich weiterbewegendes Rad mit vier Grundaktivitäten dargestellt (siehe Bild 8.6).

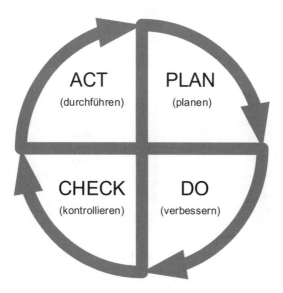

Bild 8.6 PDCA- oder Deming-Zyklus

---

[20] Brunner, 2011, S. 7 ff

- Plan: Planung einer Verbesserung
- Do: Ausführung der Verbesserungsmaßnahme
- Check: Überprüfung der Wirksamkeit
- Act: Umsetzung, Standardisierung bzw. Anpassung

Dieser PDCA- oder Deming-Zyklus beginnt von neuem, wenn die Umsetzung nicht den angestrebten Erfolg hat oder sich weitere Verbesserungsmöglichkeiten ergeben.

Bei einer Vielzahl anstehender Probleme muss eine Prioritätenliste erstellt werden, die dann zusammen mit den vorgesehenen Ressourcen und Terminen das Verbesserungsprogramm ergeben. Die Bearbeitung der ausgewählten Problemfelder erfolgt dann nach dem PDCA-Schema.

Problemanalyse – Lösungsfindung – Überprüfung – Umsetzung

Bei der Durchführung eines Verbesserungsprogramms sind die von den Problemen betroffenen Mitarbeiter einzubinden. Ein Verbesserungsprogramm muss also flexibel gehandhabt werden, gleichzeitig aber das Erreichen der Verbesserungsziele in der vorgegebenen Zeit projektmäßig und konsequent ermöglichen.

Der PDCA Zyklus dient als Basis für zahlreiche Verbesserungsansätze. Diese Ansätze können in japanische und westliche Entwicklungen untergliedert werden (siehe Bild 8.7).

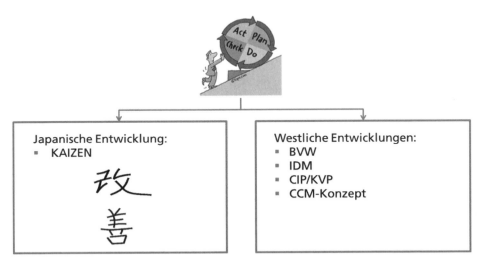

Bild 8.7 Japanische und westliche Ansätze zur Verbesserung von Prozessen

8.3.1 KAIZEN

Das japanische Wort KAIZEN besteht aus dem Symbol KAI („verändern") und dem Symbol ZEN („gut"), siehe dazu Bild 8.8. Zusammengesetzt hat es etwa die Bedeutung von **Verändern zum Besseren**. In Japan zählt KAIZEN zu den am meisten gebrauchten Begriffen.

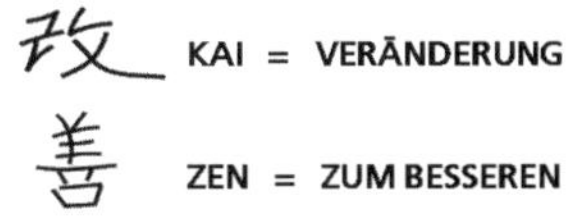

改 KAI = VERÄNDERUNG
善 ZEN = ZUM BESSEREN

Bild 8.8
Kaizen-Symbole

Im Geschäftsleben bedeutet KAIZEN, dass alle Beschäftigen ständig einen Beitrag zur Verbesserung der Geschäftsabläufe leisten; als Einzelner für den eigenen Arbeitsplatz, in der Gruppe für den erweiterten Gruppenarbeitsbereich und in der Unternehmensorganisation für die Veränderung an Systemen und Prozessen. Im Prinzip ist KAIZEN eine permanente Reise in PDCA-Zyklen.

8.3.1.1 Methoden und Werkzeuge

Einige wesentliche Werkzeuge und Methoden von KAIZEN hören sich zwar selbstverständlich an, sind es aber keineswegs immer. Im Folgenden sind die wichtigsten aufgelistet, welche im Kapitel 9.1 detaillierter beschrieben werden:

- Sieben Qualitätswerkzeuge Q7
- Sieben Managementwerkzeuge M7
- 6W-Hinterfragetechnik
- 5S-Programm (auch 5A)

8.3.1.2 Der KAIZEN-Schirm

Um den KAIZEN-Kern gruppiert sich eine Vielzahl Methoden und Werkzeugen mit denen erreicht wird, dass sich sowohl Produktion (Wertschöpfungsprozess) als auch Produkt (Qualität) ständig verbessern und somit weiter entwickeln lassen. Dies soll zeigen, wie eng verflechtet die einzelnen Themen miteinander sind und in welchen Bereichen man dieselben Methoden und Werkzeuge anwenden kann.

Bild 8.9 Der KAIZEN-Schirm

8.3.1.3 KAIZEN und Innovation

Das (westliche) Management setzt auf Innovation und große Veränderung durch neue Managementkonzepte oder Produktionstechniken. Die Idealvorstellung vom Innovationsprinzip als gerade, aufwärts strebende Treppe wird hierbei selten erreicht.

Die Ursache liegt in der Tatsache, dass jedes neue System ab dem Zeitpunkt seiner Etablierung dem Verfall preisgegeben ist. Bereits zur Erhaltung des Status quo sind beständige Anstrengungen notwendig.

Es muss deshalb ein einmal erreichtes Innovationsniveau durch eine Reihe kleiner, beständiger KAIZEN-Aktivitäten nicht nur erhalten, sondern sogar weiter verbessert werden. KAIZEN ist stets bestrebt, erreichte Standards kontinuierlich zu verbessern (siehe Bild 8.10).

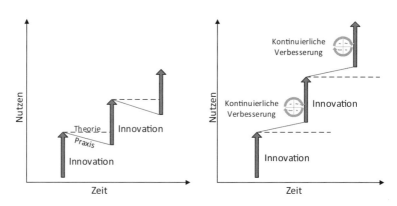

Bild 8.10 Verbesserung durch Innovation und Stabilisierung von Innovation durch kontinuierliche Verbesserung

8.3.1.4 Standards im klassischen Sinne und als Zielzustand

Viele Unternehmen im deutschen Sprachraum interpretieren Standards in Bezug auf Produktionsprozesse so, dass diese in erster Linie der Stabilisierung von Prozesszuständen auf einem erreichten Leistungsniveau bzw. der Harmonisierung von Prozessen und Arbeitsabläufen dienen. Durch dieses klassische Verständnis (nach Taylor's „one-best-way-Prinzip") im Sinne von „Best Practice" werden Standards statisch und sollen für einen möglichst langen Zeitraum gültig bleiben[21]. Diese Interpretation von Standards hemmt jedoch eine zielgerichtete Weiterentwicklung von Prozessen. Innovative Ansätze – wie bei Toyota – interpretieren einen Standard jedoch im Sinne eines Zielzustands, um somit bewusst eine Unterscheidung zum aktuellen Istzustand zu schaffen (siehe Bild 8.11)[22].

Bild 8.11 Standards im klassischen Sinne und als Zielzustand[23]

Erst durch diese Differenzierung wird eine Grundlage zur zielgerichteten Prozessverbesserung geschaffen[24]. Die Reduzierung der Abweichung zwischen dem aktuellen Zustand und dem jeweiligen Standard führt zu einer zielgerichteten Veränderung des Prozesses[25].

---

[21] vgl. Deuse et al., 2011, S. 42
[22] vgl. Deuse/Rother et al., 2009
[23] vgl. Kuhlang, 2012a
[24] vgl. Richter, et al., 2011, S. 8
[25] vgl. Rother, 2009, S. 123

8.3.2 Betriebliches Vorschlagswesen (BVW)

Das Betriebliche Vorschlagswesen (BVW) basiert auf dem Grundsatz Verbesserungen mit Hilfe des Ideenpotenzials aller Mitarbeiter (egal welcher Hierarchiestufe) zu erreichen. Im Rahmen des Betrieblichen Vorschlagswesens können Mitarbeiter Verbesserungsvorschläge einreichen und erhalten unter bestimmten Voraussetzungen einen Teil der dadurch erzielten Einsparungen als Prämie. BVW soll somit auch die Kreativität und Motivation der Mitarbeiter fördern.

Wichtig für ein gelebtes und gut funktionierendes BVW ist einerseits die Akzeptanz- und Beteiligung der Führungskräfte und andererseits das konsequente Abarbeiten der eingereichten Verbesserungsvorschläge.

8.3.3 Kontinuierlicher Verbesserungsprozess (KVP)

KVP steht auf den Fundamenten von KAIZEN und dem PDCA-Zyklus von DEMING. Kein Tag soll ohne Verbesserungen im Unternehmen und am Arbeitsplatz des Mitarbeiters vergehen! Das Aufspüren und Reduzieren jeder Art von Verschwendung ist das zentrale Anliegen des KVP. Ziel ist ein Entschlacken und Vereinfachen der Prozesse und eine damit verbundene Verbesserung der Wertschöpfung.

KVP ist somit eine Unternehmensphilosophie und nicht nur ein Gruppenarbeitskonzept.

8.3.4 Verbesserungsarbeit in Gruppen

8.3.4.1 Qualitätszirkel

Qualitäts- oder Werkstattzirkel (Quality Circle QC) sind kleine Gruppen von 5–10 Mitarbeitern der Werkstattebene, die sich freiwillig während oder außerhalb der Arbeitszeit treffen, um Probleme ihres Arbeitsbereiches zu besprechen und Lösungen dafür zu finden. Themenwahl, Gruppenbildung und Realisierung der Verbesserungen liegen im Verantwortungsbereich der Zirkelmitglieder, die jedoch von Koordinatoren beraten werden.

Die Gruppen werden von ausgebildeten Zirkelleitern geführt bzw. moderiert, deren Hauptaufgabe darin liegt, die Einhaltung der Grundregeln von Teamarbeit, Brainstorming und Anwendung von Problemlösungsmethoden zu kontrollieren. Die Zirkelleiter treffen sich regelmäßig mit den Koordinatoren, um Ergebnisse, Umsetzungen, Verbesserungsmöglichkeiten und Unterstützung bei größeren Problemlösungen zu besprechen. Das ganze Qualitätszirkelgeschehen wird von einem Steuerungskomitee, in dem Qualitätswesen, Personalwesen, Betriebsleitung und

Betriebsrat vertreten sind, begleitet, das auch besondere Qualitätszirkelleistungen zur Prämierung vorschlägt.

Viele Firmen machen mit der Qualitätszirkelarbeit seit Jahren gute Erfahrungen und berichten regelmäßig in ihren Firmenzeitungen darüber. Wesentlich ist, dass sich die zuständigen Werkstattmeister mit der Zirkelarbeit identifizieren und ihre Mitarbeiter dazu motivieren!

8.3.4.2 KVP-Workshop

Das Wesen eines vom Management initiierten KVP-Umsetzungsworkshops besteht darin, dass eine Arbeits- oder Wertschöpfungsgruppe unter Leitung der eines KVP-Moderators entsteht, welche befristet mit der Optimierung von Arbeitsabläufen beauftragt ist.

Das Hauptziel der Optimierungsarbeit ist das Vermeiden von Verschwendung und nicht wertschöpfender Tätigkeiten, sowie die Reduktion der Umlaufzeiten. Bei der Zusammensetzung des Teams wird darauf geachtet, ein gutes Verhältnis aus Mitarbeitern mit Spezialkenntnissen und Unvoreingenommenen gewährleistet wird.

Ziele:
- Ständige Verbesserung in kleinen Schritten
- Einbeziehung aller Mitarbeiter; Stärkung der Eigenverantwortlichkeit
- Optimierung von Qualität, Kosten, Zeit und Umwelt
- Vermeidung von Verschwendung
- Reduzierung nicht wertschöpfender Tätigkeiten
- Verbesserung von Arbeitsabläufen und Maschinennutzung

Vorgehensweise:
- Teambildung und Grundlagenschulung
- Schaffen und Bereinigen der Datengrundlagen
- Überprüfen der Arbeitsabläufe
- Sammeln aller Probleme, deren Ursachen und Lösungsansätze
- Analyse und Verbesserung nach dem EKUV-Analyseansatz: Eliminieren, Kombinieren, Umstellen und Vereinfachen
- Maßnahmen erarbeiten, umsetzen, standardisieren, vorstellen und visualisieren

8.3.4.3 Q-Verbesserungsteam

Qualitätsverbesserungsteams (QVT) haben vor allen Dingen Troubleshooter-Charakter und setzen sich aus interfunktional zusammengestellten Experten der mittleren Führungsebene zusammen, die ad hoc einberufen werden, um prioritäre Schwachstellen und brennende Probleme zu eliminieren.

Das Team ist mit Budget und Vollmacht ausgestattet, um nicht von Zuständigkeiten behindert zu sein. Ist der Problemlösungsauftrag erfüllt, wird das QV-Team wieder aufgelöst. Meist sind mehrere QV-Teams im Einsatz, die dann von einem möglichst unabhängigen Bereichsleiter koordiniert werden, der auch Entscheidungen bei sehr kostenintensiven Lösungsansätzen trifft.

Durch Gruppenarbeit in der Verbesserung können auf verschiedenen Ebenen hervorragende Beiträge zum jährlichen Qualitätsverbesserungsprogramm geleistet werden. In nachfolgender Tabelle werden die unterschiedlichen Gruppen und ihre Ziele nochmals deutlich gemacht.

Tabelle 8.1 Vergleich von QC, KVP und QVT

	Qualitätszirkel (QC)	KVP Workshop	Q-Verbesserungsteam (QVT)
Ziele	Arbeitsplatzverbesserung	Arbeitsabläufe optimieren	Lösung prioritärer Probleme (troubleshooter)
Teambildung	freiwillig	Strategieplan Management	ad hoc einberufen
Teamgröße	5–10, von Koordinator beraten	10–15 mit Meister	4–6, von unabhängigem Bereichsleiter koordiniert
Themenwahl	im Verantwortungsbereich der Mitglieder (arbeitsplatzbezogen)	teilweise vorgegeben	vorgegeben (prioritäre Schwachstellen)
Zusammensetzung	abteilungsintern	abteilungsintern	interfunktional
Hierarchieebene	Werkstattebene	Werkstattführungsebene	mittlere Führungsebene
Dauer	solange Themen vorhanden	problembezogen (~1 Woche)	Auflösung nach Verbesserung
Methoden	vorwiegend „7 Tools" Q7	EKUV-Analyse, Q7, Wetanalyse	vorwiegend FMEA

8.3.5 Corporate Capability Management (CCM)[26]

CCM ist ein Konzept zur Erschließung von innerbetrieblichen und überbetrieblichen Ideen-Potenzialen, d. h. es werden nicht nur die Potentiale der Mitarbeiter, sondern auch die diverser Stakeholder frühzeitig in die Zielentwicklung eingebunden. Die Verbesserungsideen zielen dabei neben den Prozessen, Produkten und Dienstleistungen auch auf die Organisation ab.

Der CCM-Ansatz eignet sich für Unternehmen und Institutionen jeglicher Größe und Branchenzugehörigkeit.

---

[26] vgl. Norman et al., 2014, S. 15 ff

8.3.5.1 Die drei Sektoren des CCM-Ansatzes

Die drei Sektoren „Stakeholder", „Ziele" und „Methoden und Maßnahmen" schließen die Faktoren ein, die das Unternehmen entsprechend seiner Merkmale zu gestalten hat und werden sukzessive von innen nach außen zusammengestellt.

Bild 8.12
Die drei Sektoren des CCM-Ansatzes

- **Stakeholder**

  In einem ersten Schritt werden die Stakeholder, d. h. die unterschiedlichen Gruppen die zur Ideenfindung beitragen können, ausgewählt. Im Gegensatz zu den vorhandenen Management-Ansätzen und Unternehmenspraktiken, die von den Mitarbeitern ausgehen, werden hier externe Stakeholder frühzeitig für die Verbesserungsarbeit miteinbezogen. Zu den externen Stakeholdern zählen Gruppen, die einen Bezug zum Unternehmen haben bzw. hatten. Das können neben Kunden und Lieferanten auch u. a. ehemalige Mitarbeiter und Forschungsorganisationen sein. Ein Beispiel dafür ist der Einbezug von Lieferanten in der Produktentwicklung für die Ideengenerierung hinsichtlich einer erhöhten Verwendung von Standardteile oder kostengünstigerem Produktdesign.

- **Ziele**

  Konkrete Zielvorgaben sollten sich an der Unternehmensstrategie orientieren. Anhand der Definition der anzustrebenden Ziele, sind diese mit den ausgewählten Stakeholdern abzustimmen. Beispielsweise kann die Gruppe der Lieferanten für die Zielerreichung im Bereich der Prozessqualität herangezogen werden, jedoch nicht für das Arbeitsumfeld, da die Lieferanten in diesem Bereich keinen Einblick haben.

- **Methoden und Maßnahmen**

  Die Effizienz der Ideengenerierung und somit der Zielerreichung hängt mit der angewandten Methode und der Durchführungskompetenz zusammen. Der Methodeneinsatz muss individuell auf die Stakeholder und die formulierten Zielsetzungen angepasst sein. Zudem muss zwischen Methoden für das „sammeln", „bewerten" und „umsetzen" von Ideen differenziert werden.

8.3.5.2 Verwertungssektoren (Sammeln, Bewerten und Umsetzen)

Die Methoden, mit denen die Ideen-Potenziale erschlossen werden können, unterteilt das CCM-Konzept prinzipiell in drei Sektoren – Methoden zum „Sammeln" (1), „Bewerten" (2) und „Umsetzen" (3) von Verbesserungsvorschlägen. Diese werden im Rahmen des CCM individuell je Stakeholder aus einem Methodenbaukasten ausgewählt und mit einem regelmäßigen Turnus hinterlegt. Dieser individuelle Methodeneinsatz ermöglicht eine maximale Erschließung existierender Ideen-Potenziale für die Unternehmen.

■ 8.4 Qualitätsbezogene Kosten

Nach der DIN EN ISO 8402 versteht man unter qualitätsbezogenen Kosten und Verluste „(...) *Kosten, die durch das Sicherstellen zufriedenstellender Qualität und das Schaffen von Vertrauen, damit die Qualitätsanforderungen erfüllt werden, entstehen. Qualitätsbezogene Verluste entstehen durch Nichtausschöpfung verfügbarer Mittel.*"

8.4.1 Kostenkategorien des Qualitätsmanagements

„Die Kosten des Qualitätsmanagements entsprechen dem bewerteten Güterverzehr, der aufgrund von Aktivitäten zur Gewährleistung einer Leistungserstellung gemäß den Kundenanforderungen entsteht."[27]

Die Kosten des Qualitätsmanagements (siehe Bild 8.13) lassen sich nach dem Regelkreis des Qualitätsmanagements in vier Kategorien unterteilen:

- Kosten der strategischen und operativen Qualitätsplanung
- Kosten der Qualitätslenkung
- Kosten der Qualitätsprüfung
- Kosten der Qualitätsmanagementdarlegung

Die Kosten der strategischen Qualitätsplanung sind vor allem auf die Bestimmung der Qualitätsposition und der Qualitätsstrategie zurückzuführen (Durchführung von qualitätsbezogenen SWOT-Analysen, Erstellung von Qualitätsportfolio usw.). Kosten der operativen Qualitätsplanung entstehen durch Aktivitäten zur Ermittlung der Kundenanforderungen (Durchführung von Kundenbefragungen). Jene der Qualitätslenkung entstehen im Rahmen der Realisierung der Kundenanforderungen. Bei der Qualitätsprüfung wird die Anforderungserfüllung kontrolliert, sodass

---

[27] Bruhn, 1998, S. 122

für den Einsatz entsprechender Maßnahmen Kosten anfallen. Bei der internen und externen Schaffung von Vertrauen in die Qualitätsfähigkeit des Unternehmens entstehen Kosten der Qualitätsmanagementdarlegung.[28]

Bild 8.13 Kostenkategorien des Qualitätsmanagements[29]

8.4.2 Qualitätsbezogene Kostenarten

Die Gliederung der qualitätsbezogenen Kosten (siehe Bild 8.14) erfolgt in Prüfkosten, Fehlerverhütungskosten, interne Fehlerkosten und externe Fehlerkosten.[30]

Durch die mehrperiodige Betrachtung von qualitätsbezogenen Kosten, erscheint eine Erweiterung dieser traditionellen Sichtweise um die **Fehlerfolgekosten** zweckmäßig.

8.4.2.1 Prüfkosten

„Prüfkosten umfassen alle Personal- und Sachkosten für die Qualitätsprüfung; innerhalb und außerhalb des Qualitätswesens."[31]

8.4.2.2 Fehlerverhütungskosten

Dies sind Kosten, die im Zuge der Maßnahmen des Qualitätsmanagements zur Fehlerverhütung oder anderen vorbeugenden Maßnahmen der Qualitätssicherung

---

[28] vgl. Bruhn 1998, S. 155
[29] Bruhn, 1998, S. 155
[30] vgl. Koch, 2011, S. 39
[31] Koch, 2011, S. 40

aufgewendet werden. Fehlerverhütungskosten entstehen nicht nur in den Abteilungen der Qualitätssicherung, sondern in allen Bereichen des Unternehmens.[32]

8.4.2.3 Fehlerkosten

Hierbei unterscheidet man zwischen internen und externen Fehlerkosten. Unter internen Fehlerkosten versteht man Kosten zur Beseitigung von Fehlern, die im Unternehmen entdeckt worden sind. Externe Fehlerkosten sind jene Kosten zur Beseitigung von Fehlern, die außerhalb des Unternehmens entdeckt worden sind.[33]

8.4.2.4 Fehlerfolgekosten

Dies sind Kosten, die durch künftig entgangene Erlöse aufgrund mangelnder Qualität entstehen und daher der Verrechnungsperiode nachgelagert sind. Die Zurechnung auf Kostenstellen gestaltet sich daher als sehr schwierig.

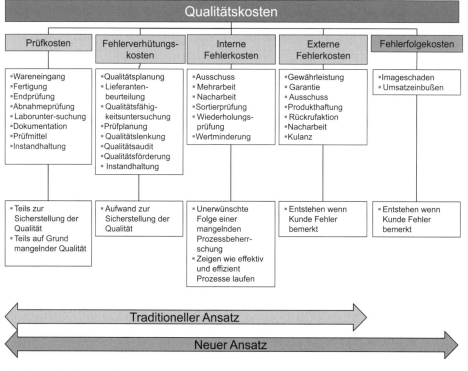

Bild 8.14 Kostenarten[34]

---

[32] vgl. Brüggemann; Bremer, 2012, S. 204
[33] vgl. Koch, 2011, S. 40 f
[34] vgl. Brüggemann; Bremer, 2012, S. 204

8.4.3 Modelle der qualitätsbezogenen Kosten [35]

Ziel eines jeden Unternehmen ist, seine Kosten zu minimieren. Dementsprechend stellt sich auch die Frage ob es ein Kostenoptimum der qualitätsbezogenen Kosten gibt. Die Zusammenhänge zwischen den verschiedenen Kostenarten und den qualitätsbezogenen Gesamtkosten werden in den Modellen der qualitätsbezogenen Kosten analysiert. Man unterscheidet dabei zwei Arten von Modellen:

- Tätigkeitsorientiertes Modell (traditioneller Ansatz)
- Wirkungsorientiertes Modell (neuer Ansatz)

Beim tätigkeitsorientierten Modell geht man von der traditionellen Gliederung der qualitätsbezogenen Kosten aus. Um das tätigkeitsorientierte Modell in das wirkungsorientierte Modell umzuwandeln (siehe Bild 8.15), werden zwei neue Kostenkategorien eingeführt:

- Konformitätskosten
- Nichtkonformitätskosten

Bild 8.15 Tätigkeitsorientiertes Modell – Wirkungsorientiertes Modell[36]
* Die Prüfkosten verringern sich in Hinblick auf Null-Fehler-Management. Dies geschieht zum Beispiel durch den Wegfall der Prüfkosten bei Selbstprüfung.

---

[35] vgl. Bruhn; Georgi, 1999, S. 44 ff
[36] vgl. Bruhn; Georgi, 1999, S. 51

Die Konformitätskosten leisten einen Beitrag zum Unternehmenserfolg. Zu diesen Kostenarten gehören im klassischen Sinn die Fehlerverhütungskosten und Prüfkosten. Die Nichtkonformitätskosten repräsentieren die Verschwendung von Ressourcen. Sie entstehen vor allem durch Fehlerkosten und Fehlerfolgekosten.

8.4.3.1 Das tätigkeitsorientierte Modell

Dieses Modell stellt die Zusammenhänge zwischen den Kostenkategorien der klassischen Kosteneinteilung und den qualitätsbezogenen Gesamtkosten dar (siehe Bild 8.16).

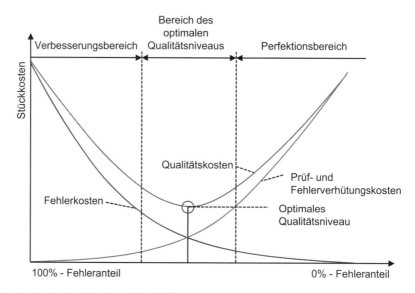

Bild 8.16 Tätigkeitsorientiertes Modell[37]

Die Kurve der Fehlerverhütungs- und Prüfkosten ist bei einem Vollkommenheitsgrad von Null ebenfalls Null, da davon ausgegangen wird, dass in diesem Fall keine Prüf- und Fehlerverhütungsaktivitäten durchgeführt werden. Mit steigendem Vollkommenheitsgrad nehmen diese Kostengrößen exponentiell zu. Andererseits sind die Fehlerkosten bei einem geringeren Vollkommenheitsgrad sehr hoch und nehmen mit steigendem Vollkommenheitsgrad ab, bis bei einem Vollkommenheitsgrad von 100 % keine Fehlerkosten mehr anfallen. Aufgrund dieser Kurvenverläufe nimmt die Kurve der qualitätsbezogenen Gesamtkosten einen U-förmigen Verlauf an. Daher liegt die optimale Höhe der qualitätsbezogenen Kosten bei einem Vollkommenheitsgrad von kleiner als 100 %.

---

[37] vgl. Rust; Zahorik; Kleiningham, 1994, S. 94

Eine Kostenoptimierung mit dem tätigkeitsorientierten Modells bedeutet somit im Umkehrschluss, dass eine absolut fehlerfreie Produktion nicht wünschenswert ist, da es unendlich hohe Kosten verursachen würde. Eine Auffassung, die mit dem heutigen Qualitätsverständnis nicht vereinbart werden kann.[38]

8.4.3.2 Das wirkungsorientierte Modell

Bei diesem Modell wird der Zusammenhang zwischen Konformitäts- und Nichtkonformitätskosten, beziehungsweise den qualitätsbezogenen Gesamtkosten beschrieben (siehe Bild 8.17).

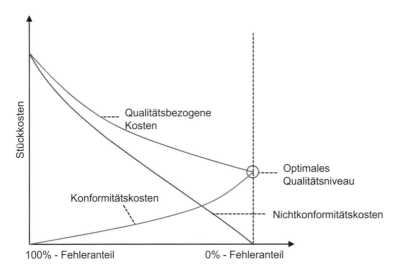

Bild 8.17 Wirkungsorientiertes Modell[39]

Die Kurve der Nichtkonformitätskosten, die zu einem großen Teil den Fehlerkosten entsprechen, hat ebenfalls einen fallenden Verlauf und schneidet die Abszisse bei einem Vollkommenheitsgrad von 100%. Die Kurve der Konformitätskosten steigt exponentiell an. Allerdings strebt sie bei einem Vollkommenheitsgrad von 100% nicht gegen unendlich. Dies hat zur Folge, dass die qualitätsbezogenen Gesamtkosten bei 100% einen endlichen Wert annehmen und in diesem Punkt den Konformitätskosten entsprechen. Das optimale Qualitätsniveau ist gegeben, wenn die Kundenerwartungen zu 100% erfüllt werden.

Im Unterschied zum Modell qualitätsbezogener Kosten nach der klassischen Kosteneinteilung, lässt das modifizierte Modell demnach implizieren, dass ein qualitätsbezogener Vollkommenheitsgrad von 100% anzustreben ist. Es kann nur zu

---

[38] vgl. Brüggemann; Bremer, 2012, S. 208
[39] vgl. Rust; Zahorik; Kleiningham, 1994, S. 94

einer Steigerung des Vollkommenheitsgrades kommen, wenn die Konformitätskosten weiter gesteigert werden. Ebenso setzt eine Steigerung der Konformitätskosten eine Senkung der Nichtkonformitätskosten voraus.

8.4.3.3 Die Verlustkostenfunktion[40]

TAGUCHI hat unter anderem mit seiner Verlustkostenfunktion (siehe Bild 8.18) das hergebrachte Qualitätsdenken in eine neue Richtung gelenkt. Er weist nach, dass jede Abweichung vom Zielwert – auch innerhalb der Toleranzgrenzen – zu Verlusten für Unternehmen und Gesellschaft führt. Diese Verluste sind nahe am Zielwert vernachlässigbar klein, steigen aber, einer Parabelfunktion folgend, mit größerem Abstand vom Zielwert progressiv an. Unmittelbar an den Toleranzgrenzen können sie entsprechend hoch sein. Daraus ergibt sich eine neue Erkenntnis und Grundregel:

„Qualitätsmanagement spielt sich innerhalb der Toleranzgrenzen ab und nicht außerhalb. Jede Abweichung vom Zielwert vergrößert progressiv das Ausfall- und Zusatzkostenrisiko."

Davon leitet sich, die zunächst erstaunlich scheinende, Aussage ab, dass eine Null-Fehler-Produktion (keine toleranzüberschreitenden Teile) noch weiter verbesserungsfähig ist. Es gilt, Zielabweichungen zu vermeiden.

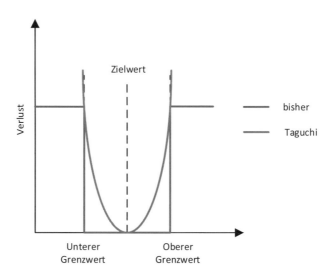

Bild 8.18 Verlustkostenfunktion von TAGUCHI

---

[40] Brunner, 2011, S. 43f

8.4.4 Nutzen des Qualitätsmanagements

„Der Nutzen des Qualitätsmanagements ergibt sich – anders als häufig bei klassischen Sachinvestitionen – nicht direkt aus dem Erlös durch den Verkauf von Produkten, sondern aus der Verbesserung ökonomischer Zielgrößen, durch die Durchführung der Qualitätsinvestitionen in Form von Erlössteigerungen und Kostensenkungen.[41]" Einen Überblick über die Nutzenarten des Qualitätsmanagements zeigt die nachfolgende Bild 8.19.

Realisierung \ Situation	Aktivitätsabstinenz	Aktivitätspräsenz
Liquiditätskomponente	**Kosten** Zusätzliche Kosten auf Grund von: • Nachträglichen Fehlerkorrekturen • Ausschuss • Wiederholung einer Dienstleistung • Garantiezahlungen	**Erlöse** Zusätzliche Erlöse durch: • Erhöhte Kundenbindung • Cross-Buying • Die Durchsetzung eines höheren Preises am Markt
Opportunitätskomponente	**Fehlerfolgekosten** Entgangene Erlöse auf Grund von: • Kundenabwanderungen • Einschränkung des Kaufvolumens • Preiseinbußen	**Fehlerfolgeerlöse** Vermiedene Kosten auf Grund von: • Verringerten Fehlerkorrekturen • Weniger Ausschuss • Weniger Wiederholungen einer Dienstleistung • Weniger Garantiezahlungen

Bild 8.19 Nutzenarten des QM[42]

Hierbei lassen sich zwei Extremsituationen unterscheiden:[43]
- **Aktivitätspräsenz** bezeichnet die Situation, in der der Investitionsgegenstand vorhanden ist, d.h. der Zeitraum nach Durchführung der Investition (z.B. Erlössteigerung aufgrund erhöhter Kundenbindung).
- **Aktivitätsabsenz** repräsentiert die Situation, in der der Investitionsgegenstand noch nicht vorhanden ist, d.h. der Zeitraum vor Durchführung der Investition (z.B. Kosten aufgrund nachträglicher Fehlerkorrektur).

---

[41] Bruhn, 1999, S. 73
[42] Bruhn, 1998, S. 202
[43] Bruhn, 1998, S. 201

Ein Nutzen des Qualitätsmanagements liegt dann vor, wenn die Nutzenkategorien in der Aktivitätspräsenz höhere Ausprägungen als in der Aktivitätsabsenz aufweisen.

8.4.5 Qualitätsbezogene Leistungsarten[44]

Dabei wird davon ausgegangen, dass bei Tätigkeiten im Unternehmen, das heißt sowohl bei der Erstellung von Produkten und Dienstleistungen als auch bei fertigungsnahen Prozessen, Fehler auftreten können, die nicht in der jeweiligen Höhe geplant waren.

In Anlehnung an die Einteilung der Fertigungsprozesse hinsichtlich ihres Leistungscharakters können folgende Leistungsarten unterschieden werden (siehe Bild 8.20):

Nutzleistung	Stützleistung	Blindleistung	Fehlleistung
geplant	geplant	ungeplant	ungeplant
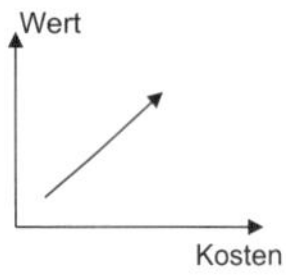 Wert ↗ / Kosten	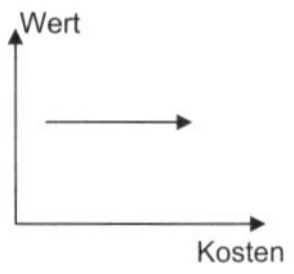 Wert → / Kosten	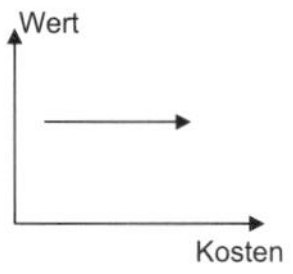 Wert → / Kosten	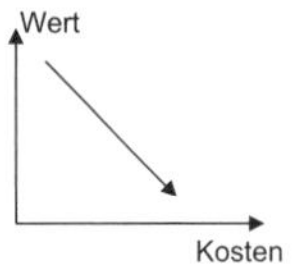 Wert ↘ / Kosten
Geplante Leistungen von Prozessen (Output)	Prozesse, die die Nutzleistung in der Wertschöpfungskette unterstützen	Unvollkommenheiten in der Wertschöpfungskette	Entstehen in Folge nichtfähiger bzw. nicht unter Kontrolle befindlicher Prozesse
▪Hauptzeit der Bearbeitung ▪Montage ▪Entwicklung ▪Einkauf ▪Marketing	▪Transport ▪Wareneingang ▪Zwischenprüfung ▪Rüsten ▪Werkzeugwechsel	▪Zwischenlagerung ▪Sicherheitspuffer ▪Transport von und zu Puffern ▪Konstruktionsänderungen nach Freigabe	▪Nacharbeit ▪Ausschuss ▪Fehlerfolgen ▪Sortierprüfung ▪Störungen

Bild 8.20 Prozessleistungsarten[45]

8.4.5.1 Nutzleistung

Die Summe der Nutzleistungen stellt die ideale Wertschöpfungskette für das fertige Ausgangsprodukt dar. Die für die Nutzleistung eingesetzten Ressourcen entsprechen der Wertsteigerung, die der Kunde auch durch den am Markt erzielbaren

---

[44] vgl. Kamiske, 2010, S. 48 ff
[45] vgl. Pfeifer, 2010, S. 197

Preis würdigt. Im Rahmen der Effizienzoptimierung von Prozessen ist die Nutzleistung im zeitlichen Verlauf zu maximieren, das heißt, das Verhältnis zwischen eingesetzten Ressourcen für einen Prozess und der Wertsteigerung des Produkts.

8.4.5.2 Stützleistung

Stützleistungen sind geplante Aktivitäten, die die Nutzleistung in der idealen Wertschöpfungskette unterstützen. Sie sind wertneutral, aber kostensteigernd; das heißt, der am Markt erzielbare Preis deckt die Stützkosten nicht ab. Die Kosten der Stützleistung verteuern das Produkt und schmälern den Gewinn. Stützleistungen müssen zu einem wirtschaftlichen Minimum geführt werden.

8.4.5.3 Blindleistung

Blindleistungen sind kostenintensive Unvollkommenheiten in der geplanten Wertschöpfungskette, die zu nicht geplanten Prozessen führen (liegen im Puffer, Konstruktionsänderungen usw.). Blindleistungen erhöhen die Herstellungskosten, haben aber keine positive Wirkung auf den Wert des Produktes. Blindleistungen sollten wenn möglich aus der Wertschöpfungskette eliminiert werden.

8.4.5.4 Fehlleistungen

Fehlleistungen charakterisieren den fehlerhaften Einsatz von Ressourcen, die infolge nicht fähiger beziehungsweise nicht unter Kontrolle befindlicher Prozesse entstehen. Fehlleistungen wirken wertmindernd auf das Produkt und den Prozess, da sie bei gleichzeitigem Ressourcenverbrauch, Kosten verursachen und die produzierte Gesamtleistung herabsetzen.

8.4.5.5 Wirkungsbereich der Prozessleistungsarten in der traditionellen Kostengliederung

In Bild 8.21 lässt sich erkennen, dass Nutzleistungen und Stützleistungen notwendige qualitätsbezogene Kosten darstellen, die gefördert werden sollen. Da Blindleistungen und Fehlleistungen teilweise zu qualitätsbezogenen Verlusten führen, sollen diese Leistungsarten auf ein möglichst geringes Maß minimiert werden. Man sollte sogar eine komplette Eliminierung dieser Kosten der Leistungsarten anstreben.

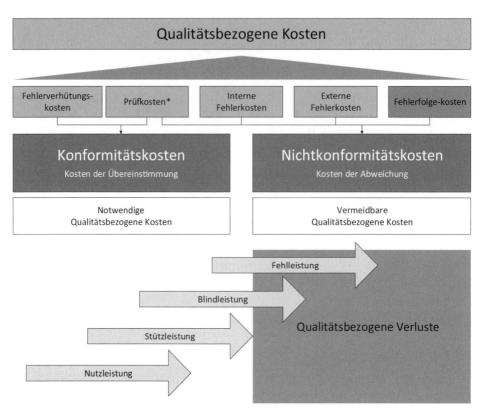

Bild 8.21 Qualitätsbezogene Kosten und Verluste[46]
 * Die Prüfkosten werden verringert in Hinblick auf Null-Fehler Management. Dies geschieht zum Beispiel durch den Wegfall der Prüfkosten bei Selbstprüfung.

---

[46] Pfeifer, 2010, S. 190

9 Werkzeuge und Methoden des Qualitätsmanagements

In Japan werden bei Verbesserungsarbeit hinsichtlich Qualität eines Unternehmens oder dessen Produkte überwiegend die sogenannten „Seven Tools" Q7 – vor allem das Pareto- und das Ishikawa-Diagramm verwendet. Ebenso werden Managementwerkzeuge, M7, zur Problemlösung herangezogen, welche eine einfache graphische Darstellung ermöglichen.

Ein weiteres Hilfsmittel, das zu einer Strukturierung von Problemlösungen und somit einer effizienteren Bearbeitung beiträgt, ist die sogenannte 6W (wer, was, wann, warum, wo, wie) – Hinterfragetechnik.[1]

In den folgenden Unterkapiteln werden diese Methoden und Hilfsmittel sowie weitere fortschrittliche Werkzeuge beschrieben.

■ 9.1 Grundlegende Werkzeuge des Qualitätsmanagements

Die Werkzeuge Q7, als auch die M7, die primär zur Unterstützung von Entscheidungsprozessen dienen, mögen als elementare Hilfsmittel erscheinen, sind aber – gründlich angewandt – trotz ihrer Einfachheit erstaunlich wirksam; nicht nur zur Problemidentifikation, sondern auch zur Problemlösung. Sie dienen zur:

- Datensammlung und Fehlererfassung;
- Fehleruntersuchung, Ursachenermittlung und Problemlösung;
- Verhinderung von Fehlern, Verbesserungsanalyse.[2]

---

[1] vgl. Brunner, 2008, S. 11 f
[2] vgl. Brunner, 2008, S. 12

9.1.1 Die sieben Qualitätswerkzeuge (Q7)

Die sieben Qualitätswerkzeuge Q7 (siehe Bild 9.1) stellen (statistische) Hilfsmittel[3] dar, die hauptsächlich zur Datenanalyse bei der Problemlösungssuche beitragen. Sie sind einfache Hilfsmittel, die auf graphischer Grundlage aufbauen um meist durch Bearbeitung zahlenmäßig vorliegender Daten Probleme zu erkennen, zu analysieren und zu lösen.

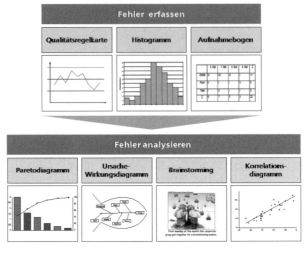

Bild 9.1 Die sieben Qualitätswerkzeuge Q7

9.1.1.1 Fehlersammelliste oder Datensammelblatt

Mit diesem Werkzeug wird ein systematisches Erfassen der Problemsituation ermöglicht. Die Datenerfassung und -darstellung wird vereinfacht; beispielsweise kann die Anzahl der Eintritte bereits bekannter Probleme „gesammelt" werden. Systematisches Erfassen der Problemsituation mittels konkreter Daten, z. B. Anzahl der zerkratzten oder beschädigten Teile in einem Tag).

9.1.1.2 Histogramm

Im Histogramm werden die Einzelereignisse gruppiert und mittels Säulendiagramm nach Häufigkeit des Auftretens, z. B. zeitlichen, geordnet. Wichtige Bestimmungsgrößen zur Interpretation der Verteilungsfunktion sind der Mittelwert und die Streuung. Durch die graphische Darstellung ist es möglich, den Bereich des Eintritts eines Ereignisses zu bestimmen oder Streuungsursachen zu interpretieren.

---

[3] vgl. Pfeifer, 2010, S. 40

9.1.1.3 Pareto-/ABC-Analyse

Einflüsse werden in Säulendiagrammen graphisch dargestellt und nach deren Wichtigkeit bzw. der Bedeutung ihrer Auswirkung geordnet. Somit werden die *vital few* von den *trivial many* getrennt und die Hauptursachen können schneller erkannt werden; z.B. 80/20-Prinzip: 20% der Maßnahmen erzielen gemeinsam 80% vom Ergebnis.

9.1.1.4 Brainstorming

Brainstorming ist in jedem Fall eine geeignete Vorgehensweise, wenn sich eine Gruppe mit einer Problemlösung beschäftigt. Es werden Ideen und Lösungsvorschläge verschiedener Denkrichtungen gesammelt, bewertet und für weitere Bearbeitung z.B. mit dem Ishikawa-Diagramm aufbereitet.

9.1.1.5 Ishikawa- oder Ursache/Wirkungs-Diagramm

Haupt- und Nebenursachen eines Problems bzw. Fehlers werden ermittelt und in einem fischgrätenartigen Diagramm graphisch dargestellt. Es dient der Verbindung unterschiedlichster Problemquellen, die zu einem Ziel oder Problem führen (z.B. schlechte Kundenberatung). Analyse der Hauptproblemquellen (5M (bzw. 7M): Mensch, Maschine, Methode, Material, Messen, (Mitwelt, Management)) in Bezug auf ihre Beträge zur Problementstehung.

Anwendungsbeispiel:

- Fehler („Gräten"; Hauptproblemquellen)
- Fehlerursache (hängt an Fehler; ein Fehler kann mehrere Ursachen aufweisen)
- Fehlerfolge („Fischkopf")

9.1.1.6 Korrelationsdiagramm

Das Korrelationsdiagramm ist ein Hilfsmittel zur graphischen Darstellung eines zuvor gemessenen oder beobachteten Wertepaares. Es werden Gesetzmäßigkeiten und Tendenzen aus der sich ergebenden „Punktewolke" abgeleitet. Es wird untersucht, wie die Größe, die beeinflusst werden soll (Zielgröße z.B. Kundenzufriedenheit) von der Größe abhängt, die beeinflusst werden kann (Streugröße z.B. Produktqualität).

9.1.1.7 Qualitätsregelkarte

Stichprobenartige Kontrollen mittels Eingriffskriterien, ob ein Prozess innerhalb der Toleranzgrenzen arbeitet. Die Regelkarte macht sichtbar, ob schwankende Einzelwerte eines sich wiederholenden Prozesses innerhalb der vorgegebenen Grenzen liegen. Werden diese überschritten, muss in den Prozess eingegriffen werden, um Störungen oder Ausschuss zu vermeiden.[4]

---

[4] vgl. Brunner, 2008, S. 12

9.1.2 Die sieben neuen Managementwerkzeuge (M7)

Die M7 (auch N7 genannt) sind einfache Methoden zur Unterstützung von Problemlösungs- und Entscheidungsprozessen. Unter Anwendung vor allem graphischer Hilfsmittel soll eine unübersichtlich vorliegende Menge an Informationen, in geeigneter Weise strukturiert und quantifizierbar gemacht werden um zur Entscheidungsfindung beitragen zu können.[5]

Die Methoden werden im Rahmen von Gruppenarbeit während der Entwicklungs- und Planungsphasen eingesetzt, insbesondere dort, wo kaum zahlenmäßige Daten zur Verfügung stehen. Sie fördern eine geordnete Vorgehensweise bei Problemuntersuchung, Lösungs- und Entscheidungsfindung.[6]

Jedes einzelne dieser sieben neuen Managementwerkzeuge ist für sich bereits sehr wirkungsvoll, ein zusätzlicher Nutzen liegt jedoch in der kombinierten Anwendung.[7]

Diese Reihung der M7 entspricht in etwa einer aufeinander aufbauenden Entscheidungsfindung und Umsetzung.[8]

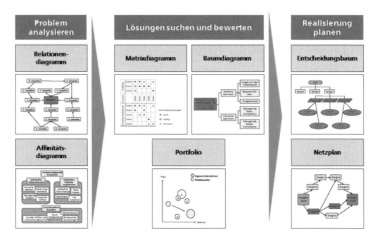

Bild 9.2 Die sieben neuen Managementwerkzeuge M7

9.1.2.1 (Inter-)Relationendiagramm

Zeigt Wechselbeziehungen zwischen verschiedenen Argumenten und Sichtweisen auf und trägt zur Vereinfachung komplizierter Zusammenhänge bei.[9]

---

[5] vgl. Brunner, 2008, S. 17
[6] vgl. Brunner, 2008, S. 17 f
[7] Pfeifer, 2010, S. 42
[8] Brunner, 2008, S. 17
[9] vgl. Pfeifer, 2010, S. 43

9.1.2.2 Affinitätsdiagramm

Stellt nach Oberbegriffen gesammelte und verdichtete Fakten und Ideen dar. Mit Hilfe der Affinitätstafel werden verschiedenartige verbale Aussagen zu strukturierten Arbeitsgrundlagen gruppiert und aufbereitet; z. B. einzelne Ideen werden auf Karten festgehalten und dann entsprechend ihrer thematischen Zusammengehörigkeit gruppiert.[10]

9.1.2.3 Matrixdiagramm

Beziehungen und Wechselwirkungen zwischen zwei Merkmalgruppen werden übersichtlich dargestellt und bewertet. Meistens dienen sie der Verknüpfung zweier Listen, z. B. „House of Quality".[11]

9.1.2.4 Baumdiagramm

Gliedert ein Thema in verschiedene Ebenen auf und erzeugt damit eine geordnete Übersicht über Mittel und Maßnahmen zur Problemlösung. Mit Hilfe des Baumdiagramms werden Zusammenhänge oder Abläufe in zunehmenden Detailierungsgrad strukturiert. Durch die logische Darstellung der Zusammenhänge können Fehler frühzeitig aufgedeckt und neue Ideen gewonnen werden. Ausgehend vom den zu realisierenden Ziel werden nach rechts mögliche Lösungen als Äste aufgezeichnet.[12]

9.1.2.5 Portfolio

Ein Portfolio dient zur Darstellung von Maßnahmen, Werten etc. anhand deren Lage oder Umfang im Koordinatenkreuz. Die Größen werden nach drei Kriterien, x-, y- und z-Achse (2D bzw. 3D), wie z. B. Preis, Funktionalität oder Marktanteil eingeteilt, z. B. in Form von Markierungen, Flächen, etc.

9.1.2.6 Entscheidungsbaum

Das angestrebte Ziel wird im Voraus auf mögliche Probleme untersucht und Gegenmaßnahmen werden erarbeitet. Logische Zusammenhänge werden mit Entscheidungskriterien dargestellt und der Entscheidungsprozess beschleunigt, da unlogische Entscheidungen vermieden werden können.[13]

9.1.2.7 Netzplan

Diese Methode wird zur Ermittlung von Zeitengpässen verwendet, um Störungen (z. B. Terminverzug) rechtzeitig vorzubeugen. Der zeitliche Ablauf eines Projektes

---

[10] vgl. Pfeifer, 2010, S. 42
[11] vgl. Pfeifer, 2010, S. 43
[12] vgl. Pfeifer, 2010, S. 43
[13] vgl. Pfeifer, 2010, S. 43

wird logisch verknüpft, kritische Punkte werden sichtbar gemacht und gegebenenfalls durch Ablaufänderungen beseitigt; z.B. Ermittlung des kritischen Pfads bei großen Projekten – die betroffenen Arbeitspakete erhalten höchstmögliche Aufmerksamkeit.

9.1.3 Die 6W-Hinterfragetechnik

Die 6W-Hinterfragetechnik sind eigentlich eine 6×6W-Checkliste. Das umfassende, gründliche Hinterfragen führt systematisch an die Wurzeln des Problems heran, die es „auszureißen" gilt. Wenige Fragen und vorschnelle Antworten liefern hingegen kaum die wahre, vollständige Problemursache und man muss sich mit dem Problem neuerlich befassen; die investierte Zeit war Verschwendung. Grundlage ist die Weisheit, dass jedes Problem mehrere Ursachen hat und die Beseitigung nur einer dieser Ursachen das Problem nicht gründlich lösen wird.[14]

Tabelle 9.1 6W-Checkliste

Wer	Was	Wo
1. Wer macht es?	1. Was ist zu tun?	1. Wo soll es getan werden?
2. Wer macht es gerade?	2. Was wird gerade getan?	2. Wo wird es getan?
3. Wer sollte es machen?	3. Was sollte getan werden?	3. Wo sollte es getan werden?
4. Wer kann es noch machen?	4. Was kann noch gemacht werden?	4. Wo kann es noch gemacht werden?
5. Wer soll es noch machen?	5. Was soll noch gemacht werden?	5. Wo soll es noch gemacht werden?
6. Wer macht die 3MU?	6. Welche 3 MU werden gemacht?	6. Wo werden 3 MU gemacht?
Wann	**Warum**	**Wie**
1. Wann wird es gemacht?	1. Warum macht er es?	1. Wie wird es gemacht?
2. Wann wird es wirklich gemacht?	2. Warum soll es gemacht werden?	2. Wie wird es wirklich gemacht?
3. Wann soll es gemacht werden	3. Warum soll es hier gemacht werden?	3. Wie soll es gemacht werden
4. Wann kann es sonst gemacht werden?	4. Warum wird es dann gemacht?	4. Kann diese Methode auch in anderen Bereichen angewendet werden?
5. Wann soll es noch gemacht werden?	5. Warum wird es so gemacht?	5. Wie kann es noch gemacht werden?
6. Gibt es die 3 MU?	6. Gibt es 3 MU in der Art zu denken?	6. Gibt es 3 MU in der Methode?

---

[14] vgl. Brunner, 2008, S. 22

Die sechste Frage jedes Fragewortes bezieht sich jeweils auf die Vermeidung der drei Mu's (Muda: Verschwendung, Muri: Überlastung, Mura: Unausgeglichenheit).

Es wird empfohlen, bei anstehenden Problemen für jede der 6W einen eigenen Fragebogen anzulegen und die Antworten darin festzuhalten. Die Antworten werden dann gewichtet, um die Hautursache des Problems gezielt aufspüren zu können.[15]

9.1.4 5S-Programm

Die 5S stehen für die japanischen Begriffe (im deutschsprachlichen Raum auch 5A genannt):[16]

SEIRI	Aussortieren (Ordnung schaffen): Unnötige Gegenstände sollen beseitigt werden: *„Trenne Notwendiges von nicht Notwendigem und entferne alles nicht Notwendige."*
SEITON	Aufräumen (Ordnungsliebe): Gegenstände sollen so aufbewahrt werden, dass sie bei Bedarf griffbereit sind.
SEISO	Arbeitsplatzsauberkeit: *„Halte deinen Arbeitsplatz sauber."*
SEIKETSU	Anordnung zur Regel machen (persönliche Ordnungsregeln): *„Mache Sauberkeit zur Gewohnheit."*
SHITSUKE	Alle Punkte einhalten und verbessern (Disziplin): *„Halte dich an die Regeln."*

---

[15] vgl. Brunner, 2008, S. 23
[16] vgl. Brunner, 2008, S. 82

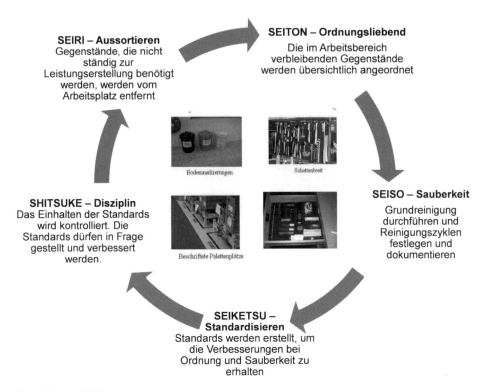

Bild 9.3 Das 5S-Programm

Anmerkung: Den bekannten 5S können noch durch ein 6. S bzw. A erweitert werden: Mit SHUKAN: Alles läuft von selbst (sich daran gewöhnen), sollen diese Schritte bei jedem Mitarbeiter verinnerlicht und zur täglichen Arbeitseinstellung werden.

Ordnung, Sauberkeit und Disziplin haben positive Auswirkung in den Betrieben. Abläufe sind klarer erkennbar und Defekte werden leichter entdeckt. Auch die Mitarbeiter werden durch die 5S in ihrer Arbeitsdurchführung positiv beeinflusst! Durch ständiges und konsequentes Anwenden dieser Methode erhöht sich die Problemlösungskompetenz der Mitarbeiter. Auftretende Probleme können dadurch von den Mitarbeitern selbst schon sehr früh abgestellt bzw. beseitigt werden.[17]

---

[17] vgl. Brunner, 2008, S. 109

9.2 Einführung in fortschrittliche Methoden des Qualitätsmanagements

9.2.1 Methodengliederung in Folge des Produktentstehungsprozesses

Die Entwicklung eines hochwertigen Produkts orientiert sich an den Bedürfnissen der Kunden und am Wirtschaftlichkeitsinteresse des herstellenden Unternehmens. Daher ist es notwendig, die Kunden- und Unternehmensanforderungen sorgfältig zu ermitteln, diese anschließend in konkrete Anforderungen an das Produkt zu überführen und dafür notwendige qualitätssichernde Maßnahmen zu planen und durchzuführen.

Es gibt zahlreiche Ansätze, die sich mit dieser Thematik auseinandersetzen. Hier werden, in Anlehnung an den sogenannten *„Advanced-Product-Quality-Planning-Ansatz (APQP)"* – Teil der QS 9000, die Methoden und Werkzeuge des Qualitätsmanagements entlang der fünf Phasen des Produktentstehungsprozess (PEP) gegliedert (Bild 9.4):

- Strategische Produktplanung (Qualitätsplanung und -definition)
- Produktentwicklung
- Prozessentwicklung
- Produkt- und Prozessvalidierung (vorbereitend für Serienproduktion)
- Betrieb und Recycling (Rückmeldung, Assessment und Korrekturmaßnahmen)

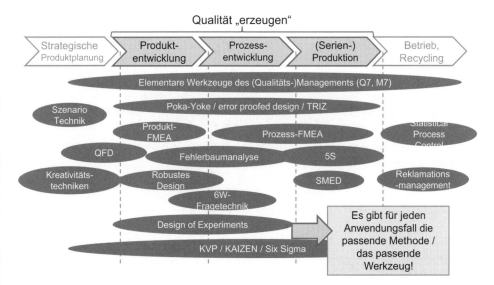

Bild 9.4 Einbettung von QM-Methoden entlang des Produktentstehungsprozesses

Die Strukturierung der Methoden entlang des PEP soll einen gewissen Orientierungsrahmen bieten, in welchen Entwicklungsphasen die Methoden schwerpunktmäßig zum Einsatz kommen können.[18] Die meisten dieser Methoden sind jedoch universell anwendbar, sie überlappen sich teilweise und sind nicht immer eindeutig zuordenbar.

9.2.2 Integrierte Produktentwicklung

Neue Produkte haben oftmals sehr lange Entwicklungszeiten und weisen viele Fehler vor und nach Serienbeginn auf. Diese Problematik ist u. a. auf mangelnde Kommunikation zwischen den Abteilungen eines Unternehmens zurückzuführen. Die Integrierte Produktentwicklung versucht daher Experten aus den produktbezogenen Funktionen frühzeitig in ein gemeinsam agierendes Team zu bündeln.[19]

9.2.2.1 Quality Gates

Der Entwicklungsprozess eines Produktes wird von ständigen Verbesserungsschleifen begleitet. Zur Absicherung der einzelnen Entwicklungsstufen werden an kritischen Prozessschnittstellen sogenannte Quality Gates eingeschoben.[20] Gates sind mit Meilensteinen vergleichbar, an denen ein Projekt hinsichtlich Reife und veränderter Umwelt umfassend gemessen und anhand vorher definierter Erfüllungskriterien über die Freigabe der nächsten Projektphase entschieden wird.[21]

Die Quality Gate Methodik kann daher wie folgt definiert werden:

„Die Quality-Gate-Methodik dient der Prozessfortschrittsmessung und -bewertung. Unter einem Quality Gate wird ein ergebnisorientierter Zeitpunkt verstanden, der durch produkt- bzw. prozessspezifische Inhalte und Leistungen definiert wird."[22]

Ein Quality Gate umfasst sowohl Reviews als auch Vorausschau und kann erst passiert werden, wenn Ergebnisse und weiteres Vorgehen freigegeben sind.

Ein Quality Gate kann bspw. beim Informationszusammenfluss zur Erstellung eines Lastenheftes oder beim Testdatenzusammenfluss zugekaufter Komponenten vor dem Prototypzusammenbau eingeführt werden, um Fehler direkt am Entstehungsort zu verhindern.[23]

---

[18] vgl. Pfeifer, Schmitt, 2014, S. 428 ff
[19] vgl. Brunner, Wagner, 2011, S. 112
[20] vgl. Brunner, Wagner, 2011, S. 113
[21] vgl. Pfeifer, Schmitt, 2014, S. 413
[22] Westkämper, 2007
[23] vgl. Brunner, Wagner, 2011, S. 113

9.2.2.2 Simultaneous Engineering[24]

Unter Simultaneous Engineering versteht man das gleichzeitige Arbeiten der Abteilungen Entwicklung, Versuch, Produktionsplanung und Beschaffung an verschiedenen Produktentstehungsphasen. Das bedeutet, dass einzelne Phasen ohne abgeschlossene Informationen aus anderen Phasen begonnen werden müssen. Es ist daher notwendig, dass die jeweiligen Fortschritte der verschiedenen Phasen für eigene Aufgaben berücksichtigt und eigene Resultate sofort weitergegeben werden.

Ziel des Simultaneous Engineering sind die Steigerung der Entwurfs- und Fertigungsqualität sowie die Senkung der Entwicklungszeiten und -kosten.

Vorteile:
- Wissenskonzentration und -austausch
- Verzahnung der Abteilungen
- Teamarbeit
- Frühes Erkennen und Lösen von Problemen
- Weniger Anpassungs- und Änderungsbedarf vor und nach Serienanlauf

9.2.3 Fehler-Möglichkeits- und Einfluss-Analyse (FMEA)

Die Fehlermöglichkeits- und -einflussanalyse (engl. failure mode and effects analysis) ist eine formalisierte Methode, um mögliche Probleme sowie deren Risiken und Folgen bereits vor ihrer Entstehung systematisch und vollständig zu erfassen. Das potenzielle Auftreten von Fehlern wird von einem bereichsübergreifenden Arbeitsteam unter Anwendung in der Vergangenheit gewonnener Erfahrungen und unter Benutzung des kreativen Potenzials der Beteiligten frühzeitig aufgezeigt, bewertet und durch Festlegung geeigneter Maßnahmen vorausschauend vermieden.

Die FMEA-Methode stammt aus den USA und wurde in den 1960er Jahren für die NASA im Rahmen des Apollo-Programms entwickelt. Inzwischen hat sie sich in vielen Branchen als wirkungsvolles Werkzeug zur Erkennung von Fehlern und deren Auswirkungen durchgesetzt. Über die Automobilindustrie gelangte die FMEA etwa Ende der 1970er Jahre nach Deutschland und wird seitdem auch in Europa erfolgreich angewendet.

Die Zielsetzung der FMEA ist die **vorausschauende Fehlervermeidung.** Derartige Präventivmaßnahmen setzen am wirksamsten in den frühen Phasen des Produktentstehungsprozesses an, wie z. B. im Rahmen von Entwicklung, Konstruktion und Planung. Dies betrifft insbesondere die Neuentwicklung von Produkten,

---

[24] vgl. Brunner, Wagner, 2011, S. 114

Sicherheits- und Problemteilen, neuen Fertigungsverfahren sowie Produkt- oder Prozessänderungen.

Neben ihrer präventiven, fehlervermeidenden Wirkung lassen sich wesentliche Aufgaben und Ziele einer FMEA zusammenfassen in:[25]

- Identifikation kritischer Komponenten und potentieller Schwachstellen
- Frühzeitiges Erkennen und Lokalisieren möglicher Fehlern
- Abschätzung und Quantifizierung von Risiken
- Anwendung und Weitergabe von Wissen und Erfahrungen
- Erfassung und Priorisierung von Entwicklungskriterien
- Verkürzung der Entwicklungszeit, Senkung der Entwicklungskosten und des Fehlleistungsaufwandes
- Beitrag zur Erfüllung der Qualitätszielsetzungen
- Führungsinstrument für die Entscheidungsebene.

Die FMEA dient ebenso der systematischen Analyse vorhandener Fehlerbilder und ermöglicht so eine Produkt- bzw. Prozessverbesserung, obwohl die Planungsphasen bereits abgeschlossen sind.

Ein besonderes Merkmal der FMEA ist die Grundregel, alle möglichen Fehlerursachen, die für einen potentiellen Fehler verantwortlich sein können, herauszufinden, zu bewerten und weitgehend zu eliminieren. Eine schlecht durchgeführte FMEA erkennt man daran, dass für einen potentiellen Fehler nur eine Fehlerursache angegeben wurde; denn jede Fehlermöglichkeit hat mehrere potentielle Ursachen, die herausgefunden werden müssen.

9.2.3.1 Arten der FMEA

Man unterscheidet zwischen:

- System-FMEA
- Konstruktions-FMEA
- Prozess-FMEA

Mit der **System-FMEA** wird das funktionsgerechte Zusammenwirken einzelner Komponenten eines komplexen Systems untersucht. Sie kann ferner für einen Systemvergleich sowie zur Entscheidungsunterstützung bei der Systemauswahl herangezogen werden. Dabei werden ins besondere Sicherheit und Zuverlässigkeit des geplanten Systems, sowie die Einhaltung gesetzlicher Vorschriften überprüft.[26]

Die **Konstruktions-FMEA** (in der Entwicklungs- und Konstruktionsphase) ist auf ein Produkt ausgerichtet. Sie wird bei neuen oder geänderten Teilen bzw. Werk-

---

[25] Kamiske, 2008, S. 73f
[26] Kamiske, Brauer; 2008; S. 78f

stoffen, bei geänderten oder zusätzlichen Anforderungen, bei besonderen Funktions- oder Sicherheitsrisiken oder bei Dauerproblemteilen eingesetzt.

Die **Prozess-FMEA** wird im Rahmen der Produktionsplanungsphase durchgeführt. Alle möglichen Faktoren und Zustände entlang der gesamten Handlungskette, die einen einwandfreien Prozessablauf erschweren, werden ermittelt. Dabei wird die Eignung und Sicherheit des Herstell- und Montageverfahrens, die Qualitätsfähigkeit sowie die Prozessstabilität und die Ermittlung von Prozesssteuerungsmerkmalen untersucht.[27]

Mit der Zeit wird die FMEA in weiteren Bereichen verwendet, z. B. als Service-FMEA.[28]

9.2.3.2 Durchführung einer FMEA

Die Durchführung einer **System-FMEA** erfolgt nach der Planung und Vorbereitung in fünf Teilschritten:[29]

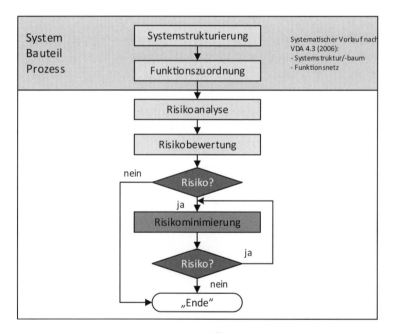

Bild 9.5 Systematische Vorgehensweise bei FMEA[30]

---

[27] vgl. Kamiske; Brauer, 2008, S. 78 f
[28] Binner, 2002, S. 200
[29] vgl. VDA 4.3, 2006, zit. in Schloske
[30] vgl. Schloske

Schritt 1: Systemstrukturierung

- Definieren der Systemelemente
- Strukturbaum erstellen

Schritt 2: Funktionszuordnung

- Zuordnen von Funktionen
- Funktionsbaum erstellen

Schritt 3: Fehler- oder Risikoanalyse

- Zuordnen von Fehlfunktionen
- Fehlernetz erstellen

Schritt 4: Risikobewertung

- Aktuelle Vermeidungs-/Entdeckungsmaßnahmen definieren
- Risiko bewerten (RPZ)

Schritt 5: Risikominimierung oder Optimierung

- Zusätzliche Maßnahmen definieren
- Risiko neu bewerten

Zur methodischen Durchführung einer FMEA empfiehlt sich die Verwendung eines Formblattes. Ein solches Arbeits- und Denkschema kann in vier Blöcke eingeteilt werden: Fehleranalyse, Risikobeurteilung (inkl. Berechnung der Risikoprioritätszahl RPZ), Lösungsmöglichkeiten bzw. Maßnahmenvorschläge und Ergebnisbeurteilung (Berechnung der RPZ nach Umsetzung der Maßnahmen).[31]

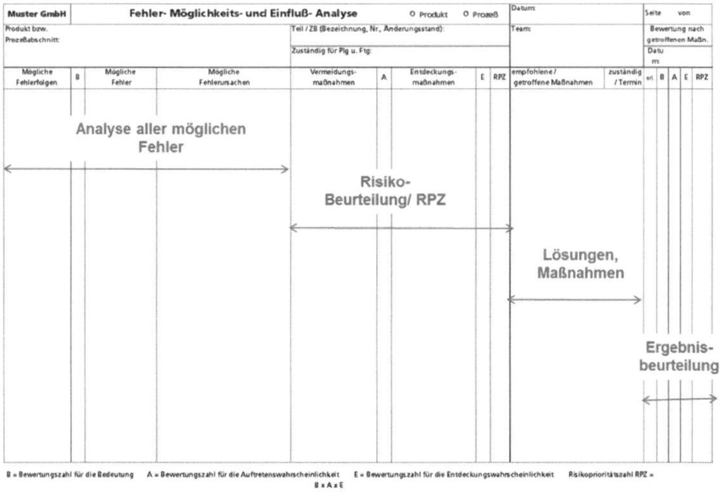

Bild 9.6 Struktur eines FMEA-Formblatts

---

[31] vgl. Kamiske, 2008, S. 74

9.2.4 Quality Function Deployment (QFD)

QFD ist ein Verfahren zur Entwicklung eines Produkts mit hoher Qualität, die sich an den Bedürfnissen der Kunden durch Umsetzung von Kundenanforderungen in technische Merkmale orientiert. Das grundlegende Prinzip ist es, die Kundenorientierung eines modernen Qualitätsmanagements in allen Phasen der Produktentwicklung zu verankern. Die Methode führt systematisch und schrittweise unterschiedliche Unternehmensbereiche, wie z.B. Marketing, Produktentwicklung, Fertigung, Beschaffung und Qualitätssicherung, durch ein System aufeinander abgestimmter Planungs- und Kommunikationsschritte zusammen.[32]

Die Ziele bzw. Vorteile der QFD lassen sich wie folgt beschreiben:[33]

- Verbesserung der Qualität
- Kosten und Wettbewerbsvorteile (z.B. bessere Verkaufsergebnisse durch verbesserte Befriedigung der Kundenanforderungen
- Führungsinstrument zur Förderung der Unternehmensziele

Ferner ist es möglich, die Produkte des Wettbewerbs hinsichtlich ihrer Potentiale, die Kundenanforderungen zu erfüllen, zu bewerten und dem Bewertungsprofil des eigenen Produktes gegenüberzustellen.[34]

Bei der **Durchführung einer QFD** wird zu Beginn ein QFD-Projektteam gebildet. Es besteht aus sechs bis acht Mitarbeitern, die aus unterschiedlichen Bereichen des Unternehmens stammen. In der ersten Phase setzt es sich aus Vertretern des Marketing und Vertriebs sowie der Entwicklung zusammen.[35]

Der Ablauf einer QFD wird grundsätzlich in **6 Schritte** unterteilt, welche in einer QFD-Matrix – dem „House of Quality" (HoQ) – zusammengefasst und dokumentiert werden, das somit eine Grundlage für weitere Diskussionen und Entscheidungen bildet (siehe Bild 9.7).

Schritt 1: Durchführung der Kundenbefragung und Identifizierung sowie Priorisierung der Kundenanforderungen. Offene und noch nicht artikulierte Kundenbedürfnisse werden in Workshops, mit Interviews, mit Fragebögen oder Marktanalysen identifiziert und in die Sprache des Unternehmens übersetzt.[36]

Schritt 2: Bewertung der Konkurrenzprodukte bzgl. der Kundenanforderungen. Nicht alle möglichen Anbieter des Marktes, sondern exakt die in der Zielgruppe vertretenen relevanten Wettbewerber, werden berücksichtigt.[37]

---

[32] vgl. Pfeifer, 2010, S. 313 ff

[33] vgl. Kamiske, 2008, S. 270

[34] vgl. Grote; Feldhusen, 2007, S. 96

[35] vgl. Pfeifer, 2010, S. 316

[36] vgl. Kamiske, 2008, S. 265; vgl. Masing, 2007, S. 495

[37] vgl. Werdich, 2001, S. 157

Schritt 3: Definition der eigenen Produktmerkmale

Schritt 4: Korrelation der Kundenanforderungen mit den Produktmerkmalen. Es wird ermittelt, welchen Einfluss die Verbesserung eines technischen Merkmals auf die Erfüllung der Kundenforderungen hat.[38]

Schritt 5: Technischer Wettbewerbsvergleich bzgl. der Produktmerkmale. Anhand Messverfahren und Messgrößen werden das eigene Produkt sowie die Produkte der Mitbewerber aus Kundensicht bewertet.[39]

Schritt 6: Gegenseitige Beeinflussung der Produktmerkmale. Das Dach des HoQ dient dazu, die identifizierten Funktionen paarweise miteinander zu vergleichen und zu bestimmen, ob Funktionen sich gegenseitig unterstützen oder sich negativ beeinflussen. Dadurch können kritische Funktionen identifiziert werden, welche mit vielen anderen interferieren. Das Dach wird oft als Konfliktmatrix bezeichnet.[40]

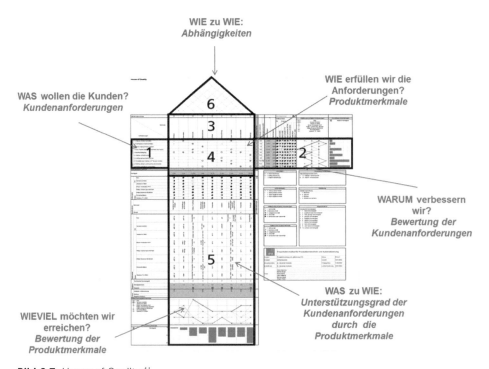

Bild 9.7 House of Quality [41]

---

[38] vgl. Werdich, 2001, S. 157
[39] vgl. Werdich, 2001, S. 158
[40] vgl. Werdich, 2001, S. 155ff; Masing, 2007, S. 497
[41] URL: http://www.quality-link.de/html/fachartikel__und_prasentatione.htm (20.06.2012)

Anmerkung: Der QFD-Prozess und die in diesem Rahmen geführten Diskussionen zeigen deutlich, wie schwer es ist, verschiedenartigste Zielvorstellungen und widersprüchlichste Erwartungen zu kombinieren. Dabei müssen Schwerpunkte festgelegt und auch Kompromisse eingegangen werden.

9.2.5 Null-Fehler-/Six Sigma-Management

Die Restrukturierung und Beschleunigung von Prozessen steht im Mittelpunkt vieler seit Jahren auf den Markt drängender Konzepte zur Steigerung von Effektivität und Produktivität. Null-Fehler-Management ist das wahrscheinlich in diesem Zusammenhang am häufigsten genannte Konzept. Das Denken und Handeln aller Mitarbeiter orientiert sich daran, gemachte Fehler nachhaltig zu beseitigen und aus ihnen zu lernen. Mit Six Sigma als Methodik, Programm und Geisteshaltung gelingt es, diesen nachhaltigen Managementansatz erfolgreich in die betriebliche Praxis zu transferieren.[42]

9.2.5.1 Verbesserungsprojekte zur Optimierung von Prozessen

Six Sigma bietet einen strukturierten Ansatz zur Optimierung der Prozesse. Im Kern von Six Sigma steht eine Verbesserungssystematik, die aus den folgenden fünf Schritten (DMAIC) besteht:[43]

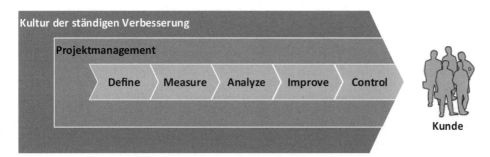

Bild 9.8 Der konzeptionelle Rahmen von Six Sigma[44]

DEFINE: Der zu verbessernde Umfang wird festgelegt. Zudem werden die notwendigen Rahmenbedingungen für das Verbesserungsprojekt geschaffen.

---

[42] vgl. Wappis; Jung, 2008, S. 350
[43] Wappis; Jung, 2008, S. 2
[44] Wappis; Jung, 2008, S. 2

MEASURE: Die gegenwärtige Situation des zu optimierenden Prozesses wird ermittelt. Für die Zielgröße wird der Ausgangszustand auf Basis von konkreten Daten und Fakten erhoben.

ANALYZE: Der Zusammenhang zwischen der Zielgröße und den Einflussfaktoren wird erhoben.

IMPROVE: Eine oder mehrere Lösungen werden entwickelt und erprobt. Nach einer Bewertung und Risikoanalyse wird die beste Lösung in die Praxis umgesetzt.

CONTROL: Es wird sichergestellt, dass der verbesserte Zustand auch dauerhaft erhalten bleibt.

9.2.5.2 Die Six Sigma-Roadmap

Bild 9.9 zeigt die Vorgehensweise zur Abwicklung von Verbesserungsprojekten in Form der Six Sigma-Roadmap. Jeder Balken beschreibt eine Six Sigma-Phase. Den Phasen zugeordnet sind die Ziele, die Hauptaufgaben, ausgewählte Werkzeuge und die Ergebnisse dargestellt.

Die Hauptaufgaben entsprechen dem Projektstrukturplan. An ihnen orientiert sich die gesamte Abwicklung des Projektes. Während der Planung des Projektes unterstützen die Hauptaufgaben bei der Festlegung der notwendigen Aufgaben, bei der Planung der Termine sowie bei der Abschätzung der erforderlichen Ressourcen. Orientiert man die Projektpräsentationen und das Projektreporting an den Hauptaufgaben, so können sich Außenstehende rasch einen Überblick über das Projekt verschaffen. Nicht zuletzt hilft diese Struktur auch dem Projektteam, sich nicht im Detail zu verlieren. Ein regelmäßiger Blick auf die Gesamtstruktur des Projektes hilft zu überprüfen, ob man auch die richtigen Dinge tut.

Die Hauptaufgaben ermöglichen es dem Projektteam, die richtigen Schritte zu setzen und zum richtigen Zeitpunkt die geeigneten Werkzeuge anzuwenden. Beim ersten Projekt ist dies für das Projektteam meist noch sehr schwierig, beim zweiten Projekt läuft es schon etwas leichter. Beim dritten Projekt wird schon sehr geschickt ein Schritt nach dem anderen gesetzt. Darin liegt eines der Erfolgsgeheimnisse von Six Sigma: Verbessern wird zur Routine.[45]

---

[45] vgl. Wappis; Jung, 2008, S. 3

9.2 Einführung in fortschrittliche Methoden des Qualitätsmanagements

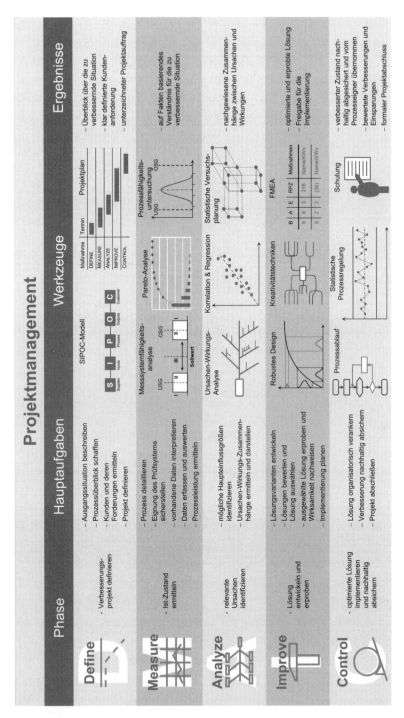

Bild 9.9 Die Six Sigma-Roadmap[46]

---
[46] Wappis; Jung, 2008, S. 3

9.2.5.3 Erfolgsfaktoren für Six Sigma[47]

Die Elemente von Six Sigma sind weder neu noch revolutionär. Die Besonderheit des Programms liegt in der Gesamtkomposition. Dies startet bei der Steuerung des Six Sigma-Programms durch die Führungskräfte und reicht über den Einsatz schlagkräftiger Werkzeuge und der damit verbundenen Mitarbeiterqualifikation bis hin zum zielgerichteten Ressourceneinsatz durch konsequentes Projektmanagement.

Bild 9.10 Die Erfolgsfaktoren für Six Sigma

- **Steuerung des Six Sigma-Programms durch die Führungskräfte**

Wie bei allen vergleichbaren Programmen zählt die Unterstützung durch die Leitung zu den wichtigsten Erfolgsfaktoren. Six Sigma einzuführen ist eine strategische Entscheidung, die durch die Unternehmensleitung getroffen werden muss. Die Unternehmensleitung muss von Six Sigma überzeugt sein und den Bedarf für Verbesserung im Unternehmen erkennen. Six Sigma ist das Werkzeug, mit dem die Unternehmensleitung und die Führungskräfte aktiv die Verbesserungen im Unternehmen steuern. Die wesentlichen Aufgaben dabei sind:

- Einführen des Verbesserungsprogramms (z. B. Mitarbeiter auswählen und ausbilden)
- Schaffen und Aufrechterhalten der Erfolgsfaktoren (z. B. Ressourcen bereitstellen, Mitarbeiter motivieren)
- Auswählen von Projektthemen und Beauftragen der Projekte
- Verfolgen der Projektfortschritte und Unterstützen bei Schwierigkeiten
- Sicherstellen der nachhaltigen Umsetzung der Projektergebnisse

---

[47] vgl. Wappis; Jung, 2008, S. 5ff

- **Orientierung am Kunden**

  Verbesserungsprojekte zielen darauf ab, die Kundenzufriedenheit zu erhöhen und die Kosten zu reduzieren. Um die Kundenzufriedenheit verbessern zu können, muss bekannt sein, was dem Kunden wichtig ist und was dem Kunden vielleicht weniger wichtig ist. Jedes Verbesserungsprojekt startet daher mit einer eingehenden Analyse der Kundenforderungen. Dies beschränkt sich nicht auf den externen Kunden, sondern gilt auch für gegebenenfalls vorhandene interne Kunden.

- **Anwendung von bewährten Methoden**

  Gerade in den USA wurde Six Sigma häufig als neu und revolutionär dargestellt. Eine so radikale Reklame kommt in Europa nicht an, sondern führt eher zu einer Ablehnung.

  Bei genauerer Betrachtung trifft man auf viel Bekanntes. Insbesondere die im Rahmen von Six Sigma-Projekten eingesetzten Werkzeuge und Methoden sind nicht neu. Das ist auch gut so, denn es handelt sich um bewährte und erprobte Werkzeuge. Beispiele dafür sind die Messsystemanalyse, die Fehler-Möglichkeits- und Einfluss-Analyse und natürlich die Statistische Versuchsmethodik. Die meisten dieser Werkzeuge sind in den Unternehmen bekannt bzw. werden erfolgreich eingesetzt. Six Sigma vernetzt diese Werkzeuge und fokussiert sie im Zuge eines Verbesserungsprojektes auf eine Aufgabenstellung.

- **Ausbildung in Methoden, qualifizierte Mitarbeiter**

  Um die angesprochenen Werkzeuge und Methoden einzusetzen, sind die Mitarbeiter auch entsprechend zu qualifizieren. Dabei wird vor allem zwischen folgenden Rollen unterschieden:

  - Champions – sind die Führungskräfte in Unternehmen und setzen das Programm um
  - Master Black Belts – leiten die Projekte und unterstützt die Champions
  - Black Belts – leiten die Projekte
  - Green Belts – sind die Prozessexperte
  - Yellow Belts/White Belts – bringen ihr fachliches Wissen in die Projekte ein

- **Rasche und nachvollziehbare Erfolge**

  Ein entscheidender Vorteil von Six Sigma ist es, dass Erfolge rasch realisiert werden („quick wins"). Green Belts und Black Belts wickeln im Zuge ihrer Ausbildung Verbesserungsprojekte ab und erzielen damit bereits während der Ausbildung Qualitätsverbesserungen und Einsparungen für ihr Unternehmen. Die Erfahrung zeigt, dass die durchschnittliche Netto-Einsparung pro Projekt bei Serienherstellern in der Größenordnung von etwa € 50 000,– liegt. Sie übersteigt damit bei weitem die Ausbildungskosten.

- **Geplanter Ressourceneinsatz**

  Six Sigma wirkt dem häufig gemachten Fehler entgegen, dass Projekte zwar mit großem Aufwand gestartet werden, dann aber mangels Ressourcen im Sand verlaufen. Während der Umsetzung des Projektes wird plötzlich anderen Themen höhere Priorität eingeräumt. Die Ressourcen aus einzelnen Fachbereichen stehen dann dem Verbesserungsprojekt nicht mehr zur Verfügung. Bei Six Sigma-Projekten wird dem entgegengewirkt, indem der Ablauf des Verbesserungsprojektes standardisiert ist. Die für die Abwicklung des Projektes notwendigen Ressourcen können durch die in der Grundstruktur standardisierte Projektdurchführung leichter abgeschätzt und geplant werden.

- **Entscheidungen aufgrund von Zahlen, Daten und Fakten**

  Entscheidungen werden häufig auf Basis von Meinungen getroffen. Diese Meinungen unterscheiden sich oft von der Realität. Manchmal wurden zufällige Effekte beobachtet. Ebenso kann es sein, dass sich die Prozessleistung durch Umstellungen im Prozess verändert hat. Dies führt zur häufig praktizierten Probiermethode: Man dreht an der einen Schraube, dann an der anderen Schraube und hofft, dass das Ergebnis des Prozesses den Vorgaben entspricht. Man hat kein Wissen über den Prozess gesammelt, und nach einer Umstellung beginnt das Spiel von vorne. Bei Six Sigma ist die Datenanalyse wie die Arbeit eines Detektivs. Man nutzt Daten, um Informationen über den Prozess zu erhalten. Schlagkräftige Werkzeuge werden zur Entscheidungsfindung eingesetzt. Die Zusammenhänge im Prozess werden auf fundierter Basis beschrieben.

- **Klare, strukturierte Projektauswahl sowie konsequentes Projektmanagement**

  Die klare und strukturierte Auswahl, verbunden mit einer konsequenten Abwicklung der Projekte, ist wohl einer der wichtigsten Erfolgsfaktoren für Six Sigma. Viele Ideen für Projekte werden gesammelt, und die besten davon werden ausgewählt. Die Anzahl der gestarteten Projekte richtet sich nach den verfügbaren Ressourcen im Unternehmen. Ein konsequentes Management der Projekte sorgt dafür, dass die Projekte nicht im Sand verlaufen sondern in der vorgesehenen Zeit zu Ende gebracht werden und der geplante Nutzen auch erzielt wird.

10 Qualitätsmanagementsysteme

Mit Beginn der 80er Jahre, woraufhin die weitläufig bekannte ISO-Normenreihe 9000 herauskam, begannen Unternehmen vermehrt zu den als traditionell zu bezeichnenden Führungssystemen, welche sich beispielsweise in Teilbereich wie Planung und Controlling, Rechnungswesen oder Finanzen und dergleichen aufteilten, themenzentrierte Teilführungssysteme, zu welchen u. a. der Bereich des Qualitätsmanagements zu zählen ist, hinzuzufügen.[1] Seit dem wurde und wird diese Normenreihe kontinuierlich weiter entwickelt.

Unter einem Qualitätsmanagementsystem (QMS) versteht man die **festgelegte Aufbau- und Ablauforganisation** sowie die hierfür erforderlichen Mittel zur einheitlichen und gezielten Durchführung der Qualitätsplanung, -sicherung, -lenkung und -verbesserung.[2]

10.1 Mit Konzepten und Modellen ein spezifisches QMS entwickeln[3]

Grundsätzlich basieren Führungs- und Organisationssysteme auf Konzepten, worunter in diesem Zusammenhang die gedankliche Vorstellung zu verstehen ist, in welcher Form die Vision, das Leitbild und die Politik eines Unternehmens gestaltet und realisiert werden sollen.

Dementsprechend soll der Begriff Konzept für die weiteren Ausführungen in den nachfolgenden Kapiteln wie folgt definiert werden:

> *„Das Konzept ist eine ideelle Basis zur Gestaltung und Implementierung von Führung und Organisation in die Realität."*[4]

---

[1] vgl. Masing, 2007, S. 156
[2] vgl. Kamiske; Brauer, 2008, S. 219
[3] vgl. Masing, 2007, S. 157ff
[4] Masing, 2007, S. 156

In Verbindung mit Qualitätsmanagement bzw. einem Qualitätssystem ist es somit unerlässlich ein entsprechendes Konzept zu entwickeln, welches die Vorstellungen zur Verwirklichung von Visionen und Leitbilder bezüglich Qualität eines Unternehmens beinhaltet. Die darauffolgende Umsetzung, der im Konzept enthaltenen theoretischen Idealvorstellung in ein reales und in der Wirklichkeit funktionierendes System, stellt ein ebenso komplexes wie mit hohem Risiko behaftetes Vorhaben für eine Unternehmung dar, sodass Hilfe oft in Form eines externen Beratungsunternehmens oder von einem geeigneten Modell benötigt wird (siehe Bild 10.1). Somit stellen Modelle die Abbildung der gedanklichen Vorstellungen von Konzepten dar, welche die Umsetzung dieser in ein reales Gebilde begünstigen sollen.

Konzepte, Modelle und Systeme stehen, im Zusammenhang mit Führungs- und Organisationssystemen und deren Entwicklung, unter gegenseitiger Wechselwirkung und dementsprechend kann folgendes festgehalten werden:

„*Modelle sind (...) das Zwischenglied zwischen Konzepten und realen Systemen.*"[5]

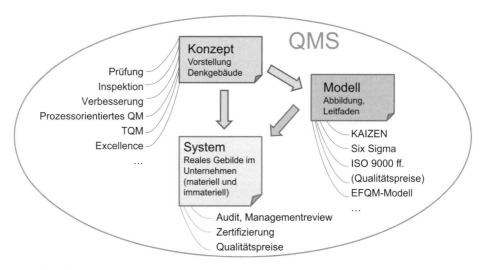

Bild 10.1 Zusammenhang von Konzepten, Modellen und Systemen[6]

Ein gründlich durchdachtes Konzept stellt in Verbindung mit einem entsprechenden Modell eine Grundlage für die Entwicklung und Einführung eines (Qualitäts-)Managementsystems dar. Diese Tatsache spiegelt sich vor allem dahingehend wider, dass in den vergangenen 25 Jahren die wesentlichsten Konzepte und Modelle im Bereich des Qualitätsmanagements eine große Verbreitung erfahren haben. Vor allem der Erfolg der ISO-Normenreihe 9000 liegt darin begründet, dass es sich bei diesen Modellen um sogenannte Metastandards handelt, in welchen vordergrün-

---
[5] Masing, 2007, S. 156
[6] vgl. Kamiske; Brauer, 2008, S. 219

dig das „Was" geregelt ist; d. h. im Gegensatz zu den geläufigen Standards in denen das „Wie" etwas geregelt werden soll dargelegt wird, enthalten Metastandards Anforderungen an aufzubauende Systeme, für deren Ausgestaltung den Unternehmen verhältnismäßig viel Bewegungsfreiheit zugestanden wird. SEGHEZZI bringt dies wie folgt auf den Punkt:

> *„Ein Normmodell legt fest, was im Rahmen eines Führungssystems getan werden soll, sagt jedoch nicht, wie dies zu geschehen hat. Über von Ihm anzuwendende Konzepte und Modelle muss jedes Unternehmen seine eigenen Vorstellungen entwickeln."*[7]

Tabelle 10.1 Qualitätskonzepte und -modelle[8]

Konzept	Modell
- Qualitätsprüfung/Inspektion - Qualitätslenkung	
- Qualitätsverbesserung	- Ursprüngliches Modell von Kaizen (Imai)
- Qualitätssicherung	- Lückenmodell (Gap-Modell)
- Prozessorientiertes - Qualitätsmanagement	- ISO 9001:2008 - Six Sigma
- Companywide Quality Control - Total Quality Management	- ISO 9004:2005 als Weg - Deming Prize
- Excellence (Business, Performance, Organizational)	- Malcolm Baldrige National - Quality Award Model - EFQM Excellence Model

10.2 Total Quality Management als Konzept für ein QMS

10.2.1 Historische Entwicklung von TQM

Der Begriff Total Quality Management (TQM) tauchte erstmals Mitte der 1980er Jahre im Zuge fachlicher Diskussionen auf. Seine Entwicklung als philosophischer Begriff reicht jedoch in die Zeit der „frühen Amerikaner" (Edwards DEMING, Joseph Moses JURAN und Armand FEIGENBAUM) zurück und unterliegt aufgrund seiner Aktualität nach wie vor ständigen Veränderungen. Der Terminus TQM geht hinsichtlich seines Namens und dessen Inhalte auf den Total Quality Control Ansatz (TQC), der 1961 von FEIGENBAUM entwickelt wurde, zurück. Aufbauend auf

---
[7] In: Masing, 2007, S. 157
[8] vgl. Masing, 2007, S. 157

den Visionen DEMINGs und den TQC-Ansatz FEIGENBAUMs, entwickelte der Japaner Kaoru ISHIKAWA das Companywide Quality Control Konzept (CWQC). Dieses ist im Grunde eine Erweiterung des TQC-Ansatzes und äußert sich in der verstärkten Einbeziehung aller Mitarbeiter und dem gesellschaftlichen Umfeld einer Organisation auf allen Ebenen eines Unternehmens. TQM beinhaltet wiederum die Grundbestandteile des CWQC-Ansatzes und weitet diesen entsprechend aus, indem die prinzipiell übergeordnete Philosophie des Unternehmens auf das Qualitätsziel ausgerichtet wird und zusätzlich das gesamte Unternehmensumfeld Berücksichtigung findet. Mit Ende der 80er/Anfang der 90er Jahre wurde das Konzept des Total Quality Managements erstmals in der westlichen Wirtschaft eingesetzt.[9]

Betrachteten man nun die Entwicklung der Qualitätskonzepte in Richtung Total Quality Management im Zeitverlauf bis heute so kann festgehalten werden, dass sich diese in 3 große Phasen unterteilen lassen (siehe Bild 10.2).

„Die Entwicklung der Qualitätskonzepte in Richtung Total Quality Management (TQM) war geprägt durch die Erweiterung des Betrachtungsfeldes und durch die Betonung ganzheitlicher Sichtweisen. Von Bedeutung dabei ist, dass die Weiterentwicklung durch die Anwendung des PDCA-Kreises nach Deming getrieben worden ist."[10]

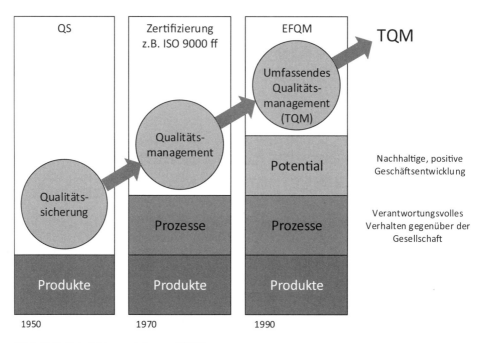

Bild 10.2 Entwicklungsstufen zu TQM[11]

---

[9] vgl. Kamiske; Brauer, 2008, S. 343; vgl. Masing, 2007, S. 20ff
[10] Brunner; Wagner, 2008, S. 330
[11] vgl. Brunner; Wagner, S. 330

10.2.2 Begriffsbestimmung[12]

TQM ist ein umfassendes, ganzheitliches Managementkonzept, das sich auf das gesamte Unternehmensgeschehen bezieht. TQM bedeutet also nicht nur das Steuern der Produkt-Qualität als Teil des Unternehmensmanagements, sondern beinhaltet das bewusste qualitätsorientierte Ausrichten und Handeln des gesamten Unternehmens über alle Hierarchieebenen unter Berücksichtigung aller Interessenspartner.

Der Begriff TQM wird in der ISO 8402 folgendermaßen definiert:

„Total Quality Management, in der deutschen Übersetzung Totales Qualitätsmanagement: Auf der Mitwirkung aller ihrer Mitglieder beruhende Führungsmethode einer Organisation, die Qualität in den Mittelpunkt stellt und durch Zufriedenstellung der Kunden auf langfristigen Geschäftserfolg sowie auf Nutzen für die Mitglieder der Organisation und für die Gesellschaft zielt."[13]

Grundlage ist ein umfassendes Qualitätsverständnis, das sowohl die verwendungsorientierte Qualität der Produkte als auch die Prozessqualität beinhaltet. In diesem Sinne bezieht sich das Attribut „Total" auf die Gesamtheit der Unternehmensprozesse, Prozessergebnisse und Mitarbeiter unter dem Blickwinkel funktionsübergreifender Zusammenarbeit. D. h., das Qualitätsverständnis von TQM ist ausgehend von der Betrachtung der Produktqualität hin zu einer umfassenden Sicht unter Einbezug der unterschiedlichen Aspekte der Qualität.

- des **Produktes** (Ergebnisqualität),
- des (Erstellungs-)**Prozesses** (Prozessqualität, Verhalten) und
- des **Potenzials** des Anbieters (Image, Leistungsvermögen)

Ausgehend vom ganzheitlichen Qualitätsverständnis ist TQM eine ganzheitliche Managementphilosophie, die sich auf das gesamte Unternehmensgeschehen bezieht. Dies wird vor allem durch die Zerlegung des Begriffes in seine Bestandteile „Total", „Quality" und „Management" deutlich (siehe Bild 10.3):[14]

- **TOTAL:** Einbeziehung aller Mitarbeiter sowie im Besonderen die Kunden und Lieferanten. Dementsprechend verlangt TQM nach einer ganzheitlichen und umfassenden Denkweise über alle Unternehmensbereiche hinweg.

- **QUALITY:** Der Qualitätsbegriff ist hierbei nicht nur auf die Produkte bzw. Dienstleistungen beschränkt sondern umschließt ebenso Aspekte wie Arbeitsumgebung oder die Prozesse eines Unternehmens, welche Unternehmen erst in die Lage versetzen Qualität zu erzeugen.

---

[12] vgl. Brunner; Wagner, 2008, S. 329 ff
[13] ISO 8402
[14] vgl. Pfeifer, 2010, S. 5 ff; Hummel; Malorny, 2002, S. 6 ff

- **MANAGEMENT:** Bezeichnet in diesem Zusammenhang alle aktiven Führungs-, Planungs-, Steuerungs- und Überwachungsaktivitäten. Das Management eines Unternehmens hat somit die Aufgabe, die Rahmenbedingungen für ein TQM zu schaffen und über die Unternehmensebenen hindurch die Verfolgung der Strategie zu fördern.

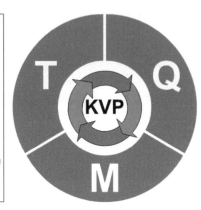

TOTAL:
- Prozessorientierung
  Bereichs- und funktionsübergreifend
- Kundenorientierung
  Partnerschaftliches Verhältnis zu Kunden und Lieferanten
- Mitarbeiterorientierung
  Einbeziehung aller Unternehmensangehörigen
- Gesellschaftsorientierung
  Dialog- und mitwirkungsorientierte Öffentlichkeitsarbeit

QUALITY:
- Unternehmensqualität
- Arbeitsqualität
- Potentialqualität
- Produktqualität
- Prozessqualität

MANAGEMENT:
- Führungsaufgabe Qualität
  Sinnorientiertes Handeln
- Führungsqualität
  (Vorbildfunktion)
  Team- und Lernfähigkeit
  Beharrlichkeit

Bild 10.3 Grundpfeiler des TQM[15]

Zusammenfassend lässt sich somit festhalten, dass Total Quality Management wie folgt abgegrenzt werden kann. TQM ist:

- Eine Managementphilosophie, eine Einstellung.
- Ein Prozess, der die persönliche Verantwortung aller hervorhebt, die ständige Verbesserung anstrebt und damit nie zu Ende ist.
- Ein System aus organisatorischen, administrativen und technischen Verfahren, Methoden, Techniken und Werkzeugen.

10.2.3 Einführung von TQM[16]

Grundsätzlich steht die Einführung von Total Quality Management in direkter Verbindung mit einer einschneidenden Veränderung der Kultur eines Unternehmens. Dabei liegt der Fokus auf einem Wandel des Bewusstseins und Verhaltens der Führungskräfte und Mitarbeiter einer Organisation.

Bei der Erarbeitung einer auf Qualität ausgerichtete Unternehmenskultur im Sinne des Konzeptes des Total Quality Managements, sind prinzipiell vier Phasen zu un-

---

[15] vgl. Pfeifer, 2010, S. 6; Hummel; Malorny, 2002, S. 7
[16] vgl. Kamiske, 2000, S. 43 ff; Masing, 2007, S. 1000 ff

terscheiden, wobei das Unternehmen in jeder Phase zunehmend Kompetenz für TQM gewinnt (siehe Bild 10.4):

- **Sensibilisierungsphase:** Veränderungen einleiten.
- **Realisierungsphase:** unternehmensweite Anwendung und Entfaltung von TQM.
- **Stabilisierungsphase:** Beschleunigung des Verbesserungsprozesses und innovative Ausrichtung des Unternehmens.
- **Phase der Exzellenz:** Kontinuität, Verfeinerung und Konvergenz von TQM.

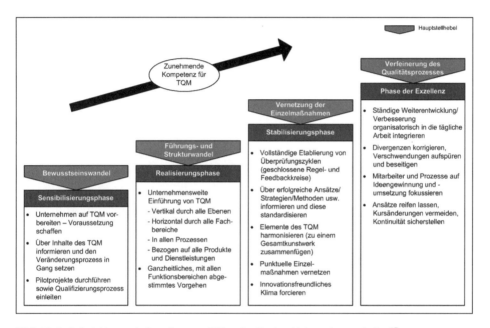

Bild 10.4 Entwicklungsstufen einer qualitätsorientierten Unternehmenskultur[17]

10.3 Excellence als Konzept für ein QMS

Grundsätzlich haben sich im Laufe der Zeit die deutschen Ausdrücke „umfassendes Qualitätsmanagement" und „Geschäftsexzellenz" nur im geringem Maße durchsetzt und somit finden die englischen Begriffe „Total Quality Management" und „Business Excellence" vermehrt Anwendung. Im Laufe der weiteren Entwicklungen des (TQM-)Konzeptes erfuhr der Begriff Excellence eine entsprechende Ausdehnung, wodurch Begrifflichkeiten wie Business Excellence, Organizational

---

[17] vgl. Masing, 2007, S. 1000

Excellence o. ä. entstanden.[18] Dementsprechend war es erforderlich, den Begriff entsprechend zu definieren:

„Excellence ist definiert als überragende Vorgehensweise beim Managen einer Organisation und beim Erzielen ihrer Ergebnisse."[19]

10.4 Der prozessorientierte Ansatz der ISO 9001 als Modell für ein QMS

10.4.1 Begriffsbestimmungen

Unter der Vielzahl von Qualitätssicherungs- und Qualitätsmanagementnormen hat die ISO 9000, die erstmals 1987 erschienen ist, die größte Bedeutung erlangt.[20]

Jedes Unternehmen hat ihr individuelles QM-System zu entwickeln, und zwar in der Weise, dass alle Normforderungen sinngemäß richtig erfüllt sind, aber nur in dem Ausmaß, wie sie zum Erreichen der gesetzten Ziele notwendig sind. Wesentlich ist, dass (a) die Maßnahmen in angemessener Form beschrieben sind, (b) deren Nachweis erbracht werden kann und (c) die Maßnahmen eingeführt und wirksam sind.

Die Grundlage dafür bildet das sogenannte **prozessorientierte Ansatz** (aktuelle Version: ISO 9001:2008; eine neue Version wird Ende 2015/Anfang 2016 veröffentlicht und liegt zur öffentlichen Stellungnahme auf), das auf alle Organisationen und alle Sparten von Produktionsunternehmen und Dienstleistungsunternehmen, aber auch von öffentlichen Körperschaften anwendbar ist. Er zielt darauf ab, das Unternehmensgeschehen wirklichkeitsgetreuer darstellen zu können. In der neuen Version werden gegenüber der Version 2008 u. a. folgende Punkte geändert sein[21]:

- Änderung der Struktur, damit die ISO 9001 wie die ISO 14001 aufgebaut ist
- Übernahme der „High Level Structure" (d. h. Abschnittsreihenfolge, einheitlicher Text und einheitliche Terminologie), die von der ISO erarbeitet wurde, um die gegenseitige Angleichung ihrer internationalen Normen für Managementsysteme zu verbessern
- Basisdefinitionen für den Gebrauch von Managementnormen geändert, z. B.:

---

[18] vgl. Masing, 2007, S. 163 ff
[19] EFQM 2003a
[20] vgl. Masing, 2007, S. 159
[21] DIN ISO 9001:2015

- „Dokumentierte Informationen" als Sammelbegriff für „dokumentierte Verfahren" und „Aufzeichnungen" verwenden
- Forderung nach einem QM-Handbuch entfällt
- Der „risikobasierte Ansatz" wird hervorgehoben, wobei nicht alle Prozesse des Qualitätsmanagementsystems den gleichen Risikograd – bezüglich der Zielerreichungsfähigkeit der Organisation – verkörpern
- „Wissen einer Organisation" wird als Ressource explizit hinzugefügt
- Der prozessorientierte Ansatz wird gestärkt, neue Normanforderungen werden formuliert

In der ISO 9001-Norm wird ein **Prozess definiert als** Satz zusammenhängender und sich gegenseitig beeinflussender Tätigkeiten, der Eingaben in Ergebnisse umwandelt.[22] Prozesse sind immer wiederkehrende Aktivitäten und sollen planbar und beherrscht sein um internen oder externen Kunden einen Mehrwert zu verschaffen.

In einem Unternehmen beeinflussen sich Prozesse gegenseitig und haben üblicherweise Schnittstellen zu verschiedenen Personen, Medien, Systemen, anderen Prozessen. In Summe können Prozesse eines Unternehmens als Prozesslandschaft abgebildet werden:

- Kernprozesse oder Geschäftsprozesse
- Managementprozesse
- Supportprozesse
- Mess-, Analyse- und Verbesserungsprozesse

10.4.2 Die Einbeziehung des prozessorientierten Ansatzes[23]

Der Nutzen eines effektiven Qualitätsmanagementsystems begründet sich nicht in der erforderlichen und umfassenden Dokumentation, sondern in der Fähigkeit eines Unternehmens, die Ergebnisse der Prozesse wirksam, nachhaltig, konsequent und ständig zu verbessern. Unter dem prozessorientierten Ansatz versteht man eine schematische Beschreibung jener Aktivitäten eines Unternehmens, die den Input des Kunden unter Verwendung angemessener Ressourcen in jenen Output umsetzten, der den Wünschen des Kunden entspricht.

Die Normanforderungen bestimmen, WAS zu verbessern ist. Die unternehmensspezifischen Prozesse bestimmen, WIE diese Forderungen umgesetzt werden. Die Kategorien präsentieren den Inhalt eines Qualitätsmanagementsystems. Die Inhalte der einzelnen Kategorien sind nicht isoliert und in sich abgeschlossen, son-

---

[22] DIN ISO 9001:2015
[23] vgl. Brunner; Wagner, 2008, S. 93 ff

dern stehen in gegenseitiger Verbindung zur Erreichung eines umfassenden Qualitätsmanagementsystems.

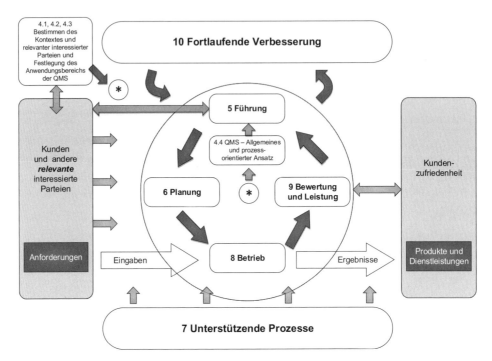

Bild 10.5 Modell eines prozessorientierten Qualitätsmanagementsystems[24]

Der prozessorientierte Ansatz basiert auf dem bekannten Verbesserungskreis von Deming (PDCA), der sowohl bei Verbesserungsmaßnahmen, als auch Korrektur- und Vorbeugungsmaßnahmen festlegt. In der Norm wird er als „Planen-Durchführen-Prüfen-Handeln"-Zyklus bezeichnet. In der neuen Norm wird der Fokus auf „risikobasiertes Denken" im „prozessorientierten Ansatz" gelegt, womit unerwünschte Ergebnisse frühzeitig erkannt und verhindert werden sollen. In den Prozessen sind demzufolge Kennzahlen zu verankern, um eine ständige Verbesserung sicher zu stellen. Dabei wird angehalten, in Regelkreisen und risikobasiert zu denken. Bei Prozessverbesserungen (z. B. Verschwendung vermeiden) unterstützen die klassischen Methoden und Vorgehensweisen aus dem Lean Management.

---

[24] vgl. Brunner; Wagner, 2008, S. 94

10.5 Das EFQM-Modell für Excellence als Modell eines QMS

Die Frage, durch was sich ein exzellentes Unternehmen auszeichnet bzw. woran ein exzellentes Unternehmen erkennbar ist, beantwortet die European Foundation for Quality (EFQM) anhand des Excellence-Modells, das dem europäischen Qualitätspreis (European Quality Award) zugrunde liegt.

Dieses „Modell für Excellence" konkretisiert jene Kriterien, die ein exzellentes Unternehmen auszeichnen, und ermöglicht somit eine Messung, die eine Auskunft darüber gibt, wie weit ein Unternehmen auf dem Weg zur Exzellenz vorangekommen ist.[25]

Excellence Modelle wie beispielsweise das EFQM-Modell für Excellence, das Schema des Malcolm Baldrige National Quality Award (MBNQA) oder das Deming-Modell (Japan), sind praktische und geeignete Werkzeuge zur Entwicklung des Managementsystems einer Organisation in Richtung Excellence/TQM. Excellence Modelle geben Hinweise bzw. Hilfestellungen und können zur Bewertung des Fortschritts von Organisationen auf ihrem Weg zu Excellence herangezogen werden. Die Modelle berücksichtigen die vielen Vorgehensweisen, mit denen nachhaltig Excellence in allen Leistungsaspekten erzielt werden kann.[26]

Exzellente Ergebnisse im Hinblick auf Leistung, Kunden, Mitarbeiter und Gesellschaft werden durch eine Führung erzielt, die Politik und Strategie, Mitarbeiter, Partnerschaften, Ressourcen und Prozesse auf ein hohes Niveau hebt.[27]

Ein Excellence Modell bietet einen Rahmen, um das aktive Handeln (Wirken) und die damit erzielten Ergebnisse einer Unternehmung:

- darzustellen
- zu analysieren
- zu bewerten und
- die aktive Weiterentwicklung im Sinne proaktiver Gestaltung zu unterstützen.[28]

---

[25] Wagner; Patzak, 2007, S. 347
[26] Brunner; Wagner, 2008, S. 338
[27] EFQM 2003b
[28] Brunner; Wagner, 2008, S. 338 ff

10.5.1 Modellbeschreibung[29]

Unabhängig von Branche, Größe, Struktur oder Reifegrad brauchen Organisationen ein geeignetes Managementsystem, wenn sie erfolgreich sein wollen. Das EFQM-Modell für Excellence ist ein praktisches Werkzeug, das den Organisationen eine Hilfestellung gibt und zugleich aufzeigt, wo sie sich „auf der Reise" zu Excellence befinden. Es hilft, Lücken zu erkennen und regt zu Lösungen an. EFQM hat sich zur Modellpflege verpflichtet. Sie hält das Modell mit Hilfe des Inputs bestens bewährter Vorgehensweisen tausender von Organisationen inner- und außerhalb Europas aktuell. So wird sichergestellt, dass das Modell seinen dynamischen Charakter bewahrt und mit dem aktuellen Managementwissen Schritt hält.[30] Die derzeit aktuelle Version ist das EFQM-Modell 2010.

Das Excellence Modell der EFQM in Bild 10.6 ist eine aus neun (Haupt-)Kriterien bestehende, offen gehaltene Grundstruktur und erlaubt eine Vielzahl an Vorgehensweisen um Excellence zu erreichen.

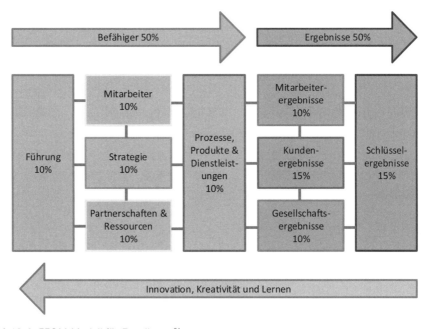

Bild 10.6 EFQM-Modell für Excellence[31]

---

[29] Brunner; Wagner, 2008, S. 339 ff
[30] EFQM 2003a; EFQM 2003b
[31] vgl. Brunner; Wagner, 2008, S. 339; EFQM 2003b

Die grundsätzliche Unterteilung des Modells in Befähiger (Enablers) und Ergebnisse (Results) geht auf die Frage zurück: „Wie erreicht eine Organisation welche Ergebnisse?"

- Befähiger-Kriterien behandeln das Vorgehen einer Organisation (WIE sie etwas tut.)
- Ergebnis-Kriterien behandeln die Ergebnisse der Organisation (WAS wird erreicht.)

Die Ergebnisse sind auf die **Befähiger** zurückzuführen. Innovation und Lernen aus den Ergebnissen und den zugehörenden Vorgehensweisen schließen einen Regelkreis. Im Rahmen einer Bewertung können im EFQM-Modell insgesamt 1000 Punkte vergeben werden, die entsprechend der prozentuellen Gewichtung im Modell auf die Hauptkriterien verteilt sind.

10.5.1.1 Haupt- und Teilkriterien des EFQM-Modells

Die neun Hauptkriterien sind in Teilkriterien unterteilt. Diese Teilkriterien beschreiben detailliert jene Inhalte die im Rahmen des Managens einer Organisation berücksichtigt und, auf die im Falle einer Bewertung einzugehen ist. Des Weiteren bietet jedes Teilkriterium eine Aufzählung sogenannter **Orientierungs- bzw. Ansatzpunkte.** Es muss weder auf jeden dieser Punkte zwingend eingegangen werden, noch erhebt die Aufzählung einen Anspruch auf Vollständigkeit. Die Orientierungspunkte sollen lediglich beispielhaft die Bedeutung des Teilkriteriums noch detaillierter erklären.

Der Zusammenhang zwischen Hauptkriterium, Teilkriterium und Orientierungs- bzw. Ansatzpunkten wird in folgender Abbildung dargestellt.

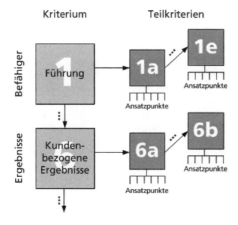

Bild 10.7
Modellaufbau EFQM[32]

---

[32] vgl. Brunner, Wagner, 2008, S. 340

Übersicht der Haupt- und Teilkriterien des EFQM-Modells 2010:

- **1 Führung**

  Exzellente Organisationen haben Führungskräfte, die die Zukunft konsequent gestalten und verwirklichen. Sie agieren als Vorbilder für Werte und Moral und schaffen kontinuierlich Vertrauen. Sie sind flexibel und ermöglichen der Organisation, vorausschauend zu agieren und rechtzeitig zu reagieren, um anhaltenden Erfolg der Organisation zu gewährleisten.

  - **1a** Führungskräfte entwickeln die Vision, Mission, Werte und ethischen Grundsätze und sind Vorbilder.
  - **1b** Führungskräfte definieren, überprüfen und verbessern das Managementsystem und die Leistung der Organisation.
  - **1c** Führungskräfte befassen sich persönlich mit externen Interessensgruppen.
  - **1d** Führungskräfte stärken zusammen mit den Mitarbeiterinnen und Mitarbeitern der Organisation eine Kultur der Excellence.
  - **1e** Führungskräfte gewährleisten, dass die Organisation flexibel ist und Veränderungen effektiv gemanagt werden.

- **2 Strategie**

  Exzellente Organisationen verwirklichen ihre Mission und ihre Vision, indem sie eine auf die Interessensgruppen ausgerichtete Strategie entwickeln. Leitlinien, Pläne, Zielsetzungen und Prozesse werden entwickelt und umgesetzt, um diese Strategie zu realisieren.

  - **2a** Die Strategie beruht auf dem Verständnis der Bedürfnisse und Erwartungen der Interessensgruppen und des externen Umfelds.
  - **2b** Die Strategie beruht auf dem Verständnis der eigenen Leistungen und Fertigkeiten.
  - **2c** Die Strategie und unterstützende Leitlinien werden entwickelt, überprüft und aktualisiert.
  - **2d** Die Strategie und unterstützende Leitlinien werden kommuniziert und durch Pläne, Prozesse und Zielsetzungen umgesetzt.

- **3 Mitarbeiterinnen und Mitarbeiter**

  Exzellente Organisationen achten ihre Mitarbeiterinnen und Mitarbeiter – wertschätzen sie – und schaffen eine Kultur, die es erlaubt, wechselseitig nützliche Ziele für die Organisationen und für die Menschen zu erreichen. Sie entwickeln die Fähigkeiten ihrer Mitarbeiterinnen und Mitarbeiter und fördern Fairness und Gleichberechtigung. Sie kümmern sich um Mitarbeiterinnen und Mitarbeiter, sie kommunizieren, belohnen und erkennen in einer Art an, die Menschen motiviert, Engagement fördert und die Mitarbeiterinnen und Mitarbeiter in die Lage versetzt, ihr Können und ihr Wissen zum Wohl der Organisation einzusetzen.

  - **3a** Personalpläne unterstützen die Strategie der Organisation.

- **3b** Das Wissen und die Fähigkeiten der Mitarbeiterinnen und Mitarbeiter werden entwickelt.
- **3c** Mitarbeiterinnen und Mitarbeiter handeln abgestimmt, werden eingebunden und zu selbstständigem Handeln ermächtigt.
- **3d** Mitarbeiterinnen und Mitarbeiter kommunizieren wirkungsvoll in der gesamten Organisation.
- **3e** Mitarbeiterinnen und Mitarbeiter werden belohnt, anerkannt und betreut.

- **4 Partnerschaften und Ressourcen**

Exzellente Organisationen planen und steuern externe Partnerschaften, Lieferanten und eigene Ressourcen, um die Strategie und Leitlinien sowie die wirkungsvolle Durchführung von Prozessen zu unterstützen. Sie gewährleisten, dass sie ihren Einfluss auf die Umwelt und die Gesellschaft wirksam steuern.

- **4a** Partner und Lieferanten werden zu nachhaltigem Nutzen gemanagt.
- **4b** Finanzen werden zum nachhaltigen Erfolg gemanagt.
- **4c** Gebäude, Sachmittel und Material werden zur Unterstützung der Strategie nachhaltig gemanagt.
- **4d** Technologie wird gemanagt, um die Realisierung der Strategie zu unterstützen.
- **4e** Informationen und Wissen werden gemanagt, um die effektive Entscheidungsfindung zu unterstützen und um die Fähigkeiten der Organisation aufzubauen.

- **5 Prozesse, Produkte und Dienstleistungen**

Exzellente Organisationen entwerfen, managen und verbessern Prozesse, Produkte und Dienstleistungen, um Wertschöpfung für Kunden und andere Interessensgruppen zu generieren.

- **5a** Prozesse werden entwickelt und gemanagt, um den Nutzen für die Interessensgruppen zu optimieren.
- **5b** Prozesse und Dienstleistungen werden entwickelt, um optimale Werte für Kunden zu schaffen.
- **5c** Produkte und Dienstleistungen werden effektiv beworben und vermarktet.
- **5d** Produkte werden erstellt, geliefert und gemanagt, um den laufenden Erfolg der Organisation zu sichern.
- **5e** Kundenbeziehungen werden gemanagt und vertieft.

- **6 Kundenbezogene Ergebnisse**

Exzellente Organisationen führen bezüglich ihrer Kunden umfangreiche Messungen durch und erzielen dabei ausgezeichnete Ergebnisse.

- **6a** Wahrnehmungen: Diese Messergebnisse zeigen, wie die Kunden die Organisation wahrnehmen (z. B. anhand von Kundenumfragen, Fokusgruppen, Lieferantenbewertungen, Anerkennung und Beschwerden).

- **6b** Leistungsindikatoren: Diese Indikatoren sind Messergebnisse, die die Organisation verwendet, um ihre Leistung zu überwachen, zu analysieren, zu planen sowie zu verbessern und um vorherzusagen, wie ihre externen Kunden ihre Leistungen wahrnehmen werden.

- **7 Mitarbeiterbezogene Ergebnisse**

  Exzellente Organisationen führen bezüglich ihrer Mitarbeiter umfangreiche Messungen durch und erzielen dabei ausgezeichnete Ergebnisse.

  - **7a** Wahrnehmungen: Diese Messergebnisse zeigen, wie die Mitarbeiter die Organisation wahrnehmen (z. B. anhand von Umfragen, Fokusgruppen, Interviews, strukturierten Beurteilungsgesprächen).

  - **7b** Leistungsindikatoren: Dabei handelt es sich um interne Messergebnisse, die die Organisation verwendet, um die Leistung ihrer Mitarbeiter zu überwachen, zu analysieren, zu planen, zu verbessern und um vorherzusagen, wie die Mitarbeiter diese Leistungen wahrnehmen werden.

- **8 Gesellschaftsbezogene Ergebnisse**

  Exzellente Organisationen führen bezüglich ihrer Beziehung zur Gesellschaft umfangreiche Messungen durch und erzielen dabei ausgezeichnete Ergebnisse.

  - **8a** Wahrnehmungen: Diese Messergebnisse zeigen, wie die Gesellschaft die Organisation wahrnimmt (z. B. anhand von Umfragen, Berichten, Presseartikel, öffentlichen Veranstaltungen, Vertretern der Öffentlichkeit, Regierungsbehörden); (Einige der folgenden Messergebnisse aus Sicht der Gesellschaft können auch als Leistungsindikatoren Verwendung finden und umgekehrt.)

  - **8b** Leistungsindikatoren: Dabei handelt es sich um interne Messergebnisse, die die Organisation benutzt, um die Leistung zu überwachen, zu analysieren, zu planen, zu verbessern und um vorherzusagen wie die Gesellschaft diese Leistungen wahrnehmen wird.

- **9 Schlüsselergebnisse**

  Exzellente Organisationen führen bezüglich der Schlüsselelemente ihrer Politik und Strategie umfangreiche Messungen durch und erzielen dabei ausgezeichnete Ergebnisse.

  - **9a** Erfolgsmessgrößen: Diese Kennzahlen sind von der Organisation definierte Schlüsselergebnisse und in ihrer Politik und ihren Strategien festgelegt worden. (In Abhängigkeit von Zweck und operativen Zielen der Organisation können einige der folgenden Messergebnisse auch als Schlüsselleistungsindikatoren Verwendung finden und umgekehrt.)

  - **9b** Schlüsselleistungsindikatoren: Dies sind die operativen Kennzahlen zur Überwachung und zum Verständnis der Prozesse sowie zur Voraussage und Verbesserung der Folgen der Schlüsselleistungen der Organisation.

10.5.2 RADAR-Logik[33]

Die RADAR-Logik repräsentiert das Bewertungsmodell der EFQM. Sie fasst kurz und prägnant die Anforderungen zusammen, die innerhalb des EFQM-Modells in den Befähiger- und den Ergebnis-Kriterien abgedeckt werden sollten.

RADAR ist ein Akronym für:

- **R**esults (Ergebnisse)
- **A**pproach (Vorgehen)
- **D**eployment (Umsetzung)
- **A**ssessment und **R**eview (Bewertung und Überprüfung)

Durch den Einsatz der Radar-Logik kommt es zu einem vertieften Anwenden der Regelkreisgedanken. Insgesamt wird die konsequente Nutzung von Lernchancen durch die gesamte Organisation wesentlich stärker betont.

Der RADAR-Logik immanent ist die PDCA-Logik, indem sie ausgehend von den Ergebnissen dazugehörende Vorgehensweisen, die entsprechende Umsetzung sowie Bewertung als folgerichtige Schritte festlegt (siehe Bild 10.8).

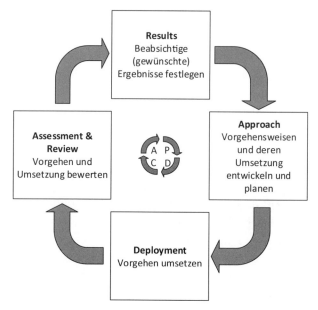

Bild 10.8 RADAR-Logik und der PDCA-Zyklus[34]

---

[33] Brunner; Wagner, 2008, S. 346

[34] vgl. Brunner; Wagner, 2008, S. 347

Dieses logische Konzept empfiehlt einer Organisation folgendes:

- Sie muss die Ergebnisse (Results) bestimmen, die sie mit ihrem Politik- und Strategieprozess erzielen möchte. Diese Ergebnisse enthalten die Leistung der Organisation in finanzieller und operationeller Hinsicht und berücksichtigen die Einstellung ihrer Interessengruppen.
- Sie muss eine Reihe fundierter Vorgehensweisen (Approaches) planen und entwickeln, um gegenwärtig und zukünftig die geforderten Ergebnisse zu erzielen.
- Sie muss Vorgehensweisen auf systematische Art und Weise umsetzen (Deployment), um deren vollständige Einführung zu gewährleisten.
- Sie muss verwendete Vorgehensweisen und deren Umsetzung bewerten und überprüfen (Assement und Review), und zwar durch Überwachung und Auswertung der erzielten Ergebnisse und mit Hilfe lernorientierter Maßnahmen. Daraus sind bei Bedarf Verbesserungen zu identifizieren, zu priorisieren, zu planen und einzufahren.

Bei der Anwendung des EFQM-Modells und der RADAR-Logik für die Bewertung einer Organisation werden die Elemente Vorgehen, Umsetzung, Bewertung und Überprüfung für jedes Befähiger-Teilkriterium und das Element Ergebnisse für jedes Ergebnis-Teilkriterium behandelt werden. Auf der Grundlage einer graduellen Bewertung wird diese Vorgehensweise quantifiziert und man erhält eine Messgröße die die Leistung einer Unternehmung repräsentiert. Auf der Bewertungsskala sind theoretische Leistungen von 0 bis 100 Punkte möglich; der praktische -bisher erreichte -Bereich liegt zwischen 200 und 800 Punkten. Die Exaktheit, die Verifizierbarkeit und die Validität der Bewertung wird durch eine tiefergehende Untergliederung der RADAR-Logik – der sogenannten Bewertungsmatrix – sowie durch das gleichzeitige Bewerten durch verschiedene Assessoren verbunden mit einer Konsensfindung erreicht.

Im Zuge einer Preis-Bewertung werden die erreichten Punkteergebnisse ausschließlich in 50er Schritten/Kategorien bekanntgegeben. Diese Tatsache begründet sich u.a. dadurch, dass ausschließlich Entwicklungsstufen auf dem Weg zu Excellence sinnvoll interpretierbar sind und eine entsprechende Vergleichbarkeit bieten und nicht konkrete Punkteergebnisse.

10.5.3 Der unternehmerische Regelkreis[35]

Ein zentraler Grundgedanke in Zusammenhang mit Excellence und TQM ist die Implementierung von Regelkreisen in allen Ebenen und in allen Prozessen im Unternehmen. Der Unternehmerische Regelkreis in einer Organisation ist jener Re-

---

[35] Brunner; Wagner, 2008, S. 348

gelkreis, der sich auf den Strategiebildungs- und Strategieumsetzungsprozess bezieht und damit zur langfristigen Steuerung des gesamten Unternehmens dient. Die Balancierung, also der Aus- bzw. Abgleich der verschiedensten Anforderungen aller Interessenpartner stellt im Rahmen der Strategiebildung eine grundlegende Aufgabe dar und bedeutet grundlegende Auswirkungen für die aus der Strategie resultierende Ausrichtung der Prozesse und des unternehmerischen Handelns. Der Unternehmerische Regelkreis wird im EFQM-Modell durch die Kriterien **2 Politik & Strategie, 5 Prozesse** und durch **9 Schlüsselergebnisse** repräsentiert.

Das Fundament eines ganzheitlichen Managements im Sinne von TQM ist das Denken in Regelkreisen. Durch kontinuierliche Verbesserungen in diesen Regelkreisen wird Excellence angestrebt. Ein Grundsatz von TQM ist es, diesen strategischen Regelkreis nicht nur aktiv zu betreiben, sondern – soweit sinnvoll – auch möglichst transparent in der Organisation zu kommunizieren.

Im Zusammenhang mit dem Unternehmerischen Regelkreis und Excellence stellen sich folgende Fragen:

- Wer sind unsere **Interessengruppen?**
  Welche Erwartungen haben sie an uns?
  Wie erfüllen wir ihre Erwartungen?
- Welche **Politik,** welche Strategie verfolgen wir?
  Was sind unsere kritischen Erfolgsfaktoren (KEF)?
  Welche Ziele haben wir uns gesetzt?
- Welche **Prozesse** sind zur Erreichung der Ziele erforderlich?
  Welche Prozesse ergeben sich aus den zentralen Gedanken des Leitbildes?
  Was sind unsere Schlüsselprozesse?
  Gibt es Prozesseigner?
  Welche Kennzahlen, Messindikatoren verwenden wir für die Prozesse?
  Wie überprüfen wir Prozesse?
  Wie sind die Interessengruppen und ihre Erwartungen in den Prozessen berücksichtigt?

Was sind die **Ergebnisse** und was geschieht mit den Erkenntnissen aus den Ergebnissen?

Ausgehend von der Mission, der Vision, den Werten – die zusammen mit der Politik im deutschen Sprachraum oftmals als das Leitbild bezeichnet werden – formuliert die Führung einer Organisation die Strategie und die mit ihr verbundenen strategisch erforderlichen Maßnahmen. Die Erwartungen aller Interessengruppen (Kunden, Mitarbeiter, Gesellschaft, Lieferanten/Partner, Aktionäre/Eigentümer) müssen bei der Entwicklung der Unternehmensstrategie genauso berücksichtigt werden, wie die Inputs aus Benchmark- und Wettbewerbsanalysen oder gesetzlichen Rahmenbedingungen (siehe Bild 10.9).

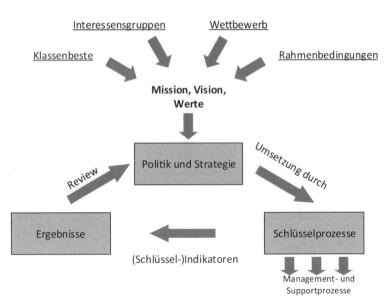

Bild 10.9 Der unternehmerische Regelkreis[36]

10.5.4 Schlüsselprozesse[37]

Ausgehend von der Sichtweise und ihrer Bedeutung im EFQM-Excellence Modell und im Unternehmerischen Regelkreis sowie in Anlehnung an JUNG werden Schlüsselprozesse folgendermaßen definiert:

„*Schlüsselprozesse sind jene Prozesse die aufgrund der strategischen Maßnahmen einer Organisation definiert bzw. aus diesen abgeleitet werden und die Aufgabe erfüllen, die Strategie zu realisieren.*"[38]

Sie sind somit jene Leistungserstellungs-, Geschäfts-, Management-, unterstützende Prozesse, o. ä., die aus strategischer Sicht und daher für den Unternehmenserfolg mittel- und langfristig von Bedeutung sind. Im Rahmen des Konzepts des Unternehmerischen Regelkreises „tragen" Schlüsselprozesse die Strategie in die Organisation hinein. Die Ownerschaft – also die Verantwortlichkeit – für Schlüsselprozesse ist unter den Mitgliedern des Führungskreises einer Organisation zu verankern.

Merkmale von Schlüsselprozessen sind:

- Sie sind nicht-outsourcebar. Einzigartigkeit in Bezug auf die jeweilige Organisation, unternehmensspezifisch

---

[36] vgl. Brunner; Wagner, 2008, S. 349

[37] Brunner; Wagner, 2008, S. 349

[38] vgl. Jung, 2002, S. 159

- Nicht-Imitierbarkeit
- Wahrnehmbarer Kundennutzen -unmittelbarer Beitrag zur Erfüllung der Kundenbedürfnisse
- Maßgebliche Beeinflussung des Geschäftserfolgs

Die strategischen Maßnahmen und die zugehörenden strategischen Ziele als messbare Leistungsziele sind das Bindeglied zu den Prozessen der operativen Ebene. Die Messgrößen für Schlüsselprozesse – die Schlüsselindikatoren – ergeben sich aus den strategischen Zielen und gewährleisten somit eine logische Verknüpfung zwischen den generellen Absichten und der realen Umsetzung in Organisationen.

10.5.5 Gegenüberstellung der ISO 9000 und EFQM-Modell[39]

Das **Prozessmodell** der ISO visualisiert das Zusammenwirken jener wichtigen Prozesse (Verantwortung der Leitung, Management der Mittel, Produktrealisierung und Messung, Analyse und Verbesserung) denen in der Norm jeweils eigene Kapitel gewidmet sind. Beispielsweise trägt der Prozess **Produktrealisierung** der Tatsache Rechnung, dass Kunden und weitere interessierte Parteien bei der Festlegung von Anforderungen eine wichtige Rolle spielen. Die Fokussierung des Prozessmanagement-Verständnisses liegt im „Betreiben" der Prozesse. Es werden alle Prozesse durchgeführt, die zur Realisierung des Produktes oder Dienstleistung erforderlich sind und ihre Ergebnisse verifiziert. Messungen der Kundenzufriedenheit und weitere Zufriedenheitsmessungen der relevanten, interessierten Parteien werden als Rückmeldung zur Bewertung und Validierung der Frage herangezogen, ob die Kundenanforderungen erfüllt werden.[40]

Das **EFQM-Modell** stellt Prozesse ebenfalls in den Mittelpunkt der Betrachtung, allerdings unter dem Gesichtspunkt, WIE eine Organisation ihre Prozesse entwickelt, managet und verbessert, um Politik und Strategie zu unterstützen und die Interessenpartner voll zufrieden zu stellen und Mehrwert für sie zu schaffen.

Im Rahmen der ISO 9001 ist

- die Dokumentation der Prozesse und
- der Nachweis des „Funktionierens"

erforderlich, während die Anforderungen an das Prozessdenken im EFQM-Modell umfassender sind.

Im EFQM-Modell geht es um die Frage:

- Wie Prozesse systematisch ermittelt werden
- Wie diese Systematik aufgebaut ist

---

[39] Brunner; Wagner, 2008, S. 351
[40] vgl. Kirsten in: Kamiske: 2000, S. 36

- Wie Prozesse verbessert werden
- Welche Kriterien dabei zur Anwendung gebracht werden und
- Nach welchen Methoden Prozesse optimiert werden

Zusammenfassend kann festgestellt werden, dass im Falle der ISO nach dem Vorhandensein von Prozessen gefragt wird, im Falle des EFQM-Modells die Vorgehensweise im Umgang mit Prozessen beleuchtet wird.

Die Implementierung und das „Leben" eines Prozessmanagementsystems bedingen die Beantwortung und Umsetzung der beiden angedeuteten Denkrichtungen. Ein fundiertes Prozessmanagementsystem ist einerseits Grundlage für die Erfüllung der Normforderungen, andererseits Voraussetzung auf dem Weg zu Excellence und repräsentiert somit die Verbindung zwischen Norm und EFQM-Modell.

Prozessmanagement bietet den „Brückenschlag" zwischen ISO und EFQM-Modell mit unterschiedlichen Schwerpunktsetzungen und Nutzenaspekten.

Das EFQM-Modell hingegen bietet ein Konzept, das einen Rahmen für die freie Gestaltung einer Unternehmung darstellt. Im Gegensatz zur Norm repräsentiert das EFQM-Modell Leistungen und Vorgehensweisen die von Spitzenunternehmungen erbracht werden können.

10.5 Das EFQM-Modell für Excellence als Modell eines QMS

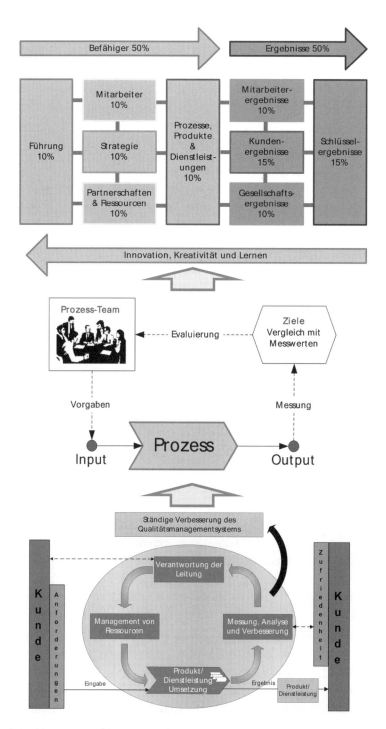

Bild 10.10 Verbindung der ISO und des EFQM-Modells durch Prozessmanagement[41]

---
[41] vgl. Brunner; Wagner, 2008, S. 352

10.5.5.1 Einsatzgebiete der ISO und des EFQM-Modells

Die ISO-Norm bietet eine gute Anleitung für den Aufbau eines Qualitätsmanagementsystems. Die wesentlichen Elemente eines Managementsystems sind in der Norm beschrieben und können in einer konkreten Organisation angewendet werden. Das EFQM-Modell bietet als geeigneter Denkrahmen in Kombination mit der Norm als methodischer Absicherung eine erfolgreiche Strategie in Richtung zu einem umfassenden Qualitätsmanagement (siehe Bild 10.11).

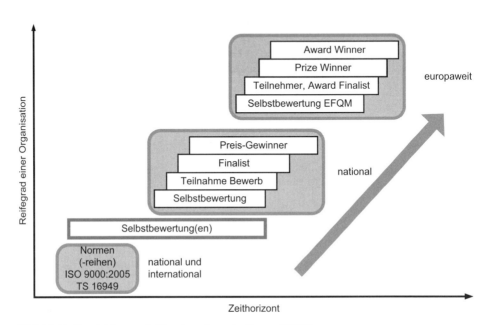

Bild 10.11 Entwicklungsschritte einer Organisation zu TQM[42]

Erfolgreich zertifizierte Organisationen sind nicht notwendigerweise erfolgreiche Unternehmungen im Sinne von TQM. Die Normenreihe der ISO 9000 ist eine notwendige jedoch noch keine ausreichende Bedingung zur Erfüllung von TQM. Sie ist „üblicherweise" der Einstieg in TQM. Begründet ist dies durch die großen Anforderungsunterschiede zwischen einer Zertifizierung und dem umfassenden Verständnis von TQM.

Auf einem zertifizierten Qualitätsmanagementsystem aufzubauen und die grundlegende Philosophie des TQM einzuführen, bietet sich weiterführend an. Das EFQM-Modell bietet dafür einen praktikablen Rahmen, der einerseits eine methodische Grundlage in der ISO 9001 und der ISO 9004 findet und andererseits auf einem fundierten Denkansatz in Richtung umfassendes Qualitätsmanagement begründet ist.

---
[42] vgl. Brunner; Wagner, 2008, S. 354

Der Schritt von der ISO 9001 zum EFQM-Modell ist konsequent, da er zur Weiterentwicklung der Organisation eine geeignete Vorgehensweise darstellt. Organisationen bietet sich auf diesem Weg die Möglichkeit mit beliebigen Zwischenschritten die für sie passende Position anzustreben.

10.5.5.2 Vergleichender Überblick ISO-EFQM

Die nachfolgende Tabelle bietet, ohne den Anspruch auf Vollständigkeit zu erheben, einen qualitativen, vergleichenden Überblick zwischen der Normenreihe ISO 9000 und dem EFQM-Modell.

Tabelle 10.2 Vergleichender Überblick ISO-EFQM[43]

	Normenreihe ISO 9000:2005	EFQM-Modell
Grundsätzlicher Charakter	Regelwerk	Denkansatz und Bewertungsmodell
Anforderungsumfang	Mindestanforderungen	Rahmen für freie Gestaltung
Orientierung	verbesserungsorientiert	leistungsorientiert
Prozessbetrachtung	▪ Definiert vier essentielle Prozesskategorien und das Zusammenwirken von Verantwortung der Leitung, Produktrealisierung, Messen, Analysieren und Verbessern sowie Managen der Ressourcen. ▪ Dokumentation und Nachweis des „Lebens" von Prozessen.	▪ Orientiert sich an der Art und Weise des Managens der Prozesse. ▪ Legt Wert auf systematisches Verbessern der Prozesse. ▪ Ein Teilkriterium befasst sich mit dem Management der Prozesse.
Zufriedenheitsanalysen	Gefordert – z. B. Kundenzufriedenheit	Zahlreiche Zufriedenheitsanalysen vorausgesetzt
Anforderungserfassung	Einbeziehung der Kunden gefordert	Einbeziehung aller Interessenspartner
Bewertung intern	Interne Audits	Selbstbewertung
Bewertung extern	Zertifizierungsaudit	Assessment im Rahmen eines Qualitätspreises
Formale Bestätigung	Zertifikat	Gewinn des Awards, Preisträger, Finalist
Einsatz	Einstieg zur Weiterentwicklung und kontinuierlichen Verbesserung	Umfassende Weiterentwicklung
Ständige Verbesserung	alle 3 Jahre Rezertifizierung	Keine formalen Vorschriften-systemimmanent

---

[43] vgl. Brunner; Wagner, 2008, S. 355

10.5.6 Levels of Excellence[44]

Die EFQM hat, beispielsweise zur Weiterentwicklung von QM-Systemen nach ISO 9001, im Jahre 2001 ein Stufenmodell, die sogenannten Levels of Excellence, ins Leben gerufen, mit dem Organisationen mit unterschiedlichen Excellence-Niveaus an Spitzenleistungen herangeführt werden (siehe Bild 10.12).

Die drei Stufen der Levels of Excellence[45]

- Committed to Excellence (Verpflichtung zu Excellence)
- Recognized to Excellence (Anerkennung für Excellence)
- European Quality Award (Teilnahme an einem Qualitätspreis)

basieren auf dem EFQM-Modell für Excellence und den acht Grundkonzepten der Excellence.

Die Bewertungshierarchie des Programms ist zugeschnitten auf die unterschiedlichen Erfahrungen von Organisationen bei der Umsetzung des EFQM Modells. Organisationen können sich auf jener Stufe bewerben, die ihrem Ermessen nach dem gegenwärtigen Reifegrad entspricht.

Bei dem Konzept der Levels of Excellence erhalten Organisationen Informationen bzw. eine Rückmeldung über den Ihren Reifegrad auf ihrem Weg zur Excellence. Auf beiden ersten Stufen überreicht die EFQM erfolgreichen Bewerber eine Urkunde, die den jeweiligen Reifegrad attestiert. Die Urkunde hat eine Gültigkeit von zwei Jahren.

Ziele der Levels sind:

- Organisationen ihre erfolgreiche Arbeit mit dem EFQM-Modell für Excellence zu ermöglichen und zu bescheinigen, die noch nicht zur „Spitzenklasse" der Anwender gehören.
- Einem größeren Kreis von Organisationen zu ermöglichen, das EFQM-Modell für Excellence für die Verbesserung ihres Managements zu nutzen.
- Praxisnahe Produkte und Dienstleistungen zur Verfügung zu stellen, mit denen stufenweise die Entwicklung zu Excellence vollzogen werden kann.

---

[44] Brunner; Wagner, 2008, S. 355
[45] EFQM 2003c

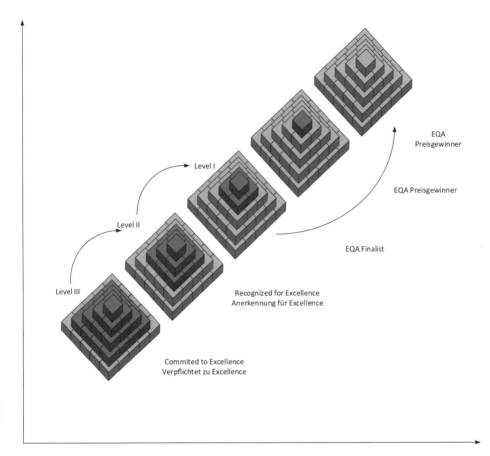

Bild 10.12 Levels of Excellence[46]

10.5.6.1 Committed to Excellence (Verpflichtung zu Excellence)

Committed to Excellence wurde für Organisationen entwickelt, die beginnen möchten, die Kriterien des EFQM-Modells umzusetzen. Organisationen werden unterstützt, ihre gegenwärtige Leistungsfähigkeit kennen zu lernen und Prioritäten für Verbesserungen zu setzen.

Committed to Excellence ist als Prozedere mit zwei Phasen gestaltet, das über einen Zeitraum von 6–9 Monaten durchlaufen wird.

In Phase 1 führt die Bewerbungsorganisation anhand der neun Kriterien des EFQM-Modells eine fundierte Selbstbewertung durch. Als Resultat hat der Bewerber seine Stärke und Verbesserungspotenziale identifiziert und Verbesserungsmaßnahmen abgeleitet, die zur Weiterentwicklung der Organisation geeignet sind. Anschließend plant und priorisiert der Bewerber diese Verbesserungsmaßnah-

---
[46] vgl. Brunner; Wagner, 2008, S. 356

men. In Phase 2 zeigt der Bewerber, dass er die geplanten Maßnahmen mit Erfolg umsetzt. Der Erfolg der Umsetzung wird von einem geschulten Validator auf der Basis des EFQM-Modells und der RADAR-Bewertungsmethodik bewertet.

10.5.6.2 Recognised for Excellence (Anerkennung für Excellence)

Diese Stufe ist für Organisationen vorgesehen, die Erfahrung mit Selbstbewertungen nach dem EFQM-Modell haben. Grundlage ist das gesamte Modell, d. h. alle neun Kriterien und den insgesamt 32 Teilkriterien. Bewerber profitieren vom strukturierten Ansatz zur Identifizierung von Stärken und Verbesserungspotenzialen ihrer Organisation. Sie durchlaufen einen Prozess, der dem bei einer Bewerbung um den European Quality Award oder einen anderen, nationalen Qualitätspreis vergleichbar ist. Die Bewerbung ist allerdings weniger umfangreich, weil vorstrukturiert. Ein Assessorenteam analysiert die Bewerbung und verifiziert die Angaben der Organisation anlässlich eines Vorortbesuchs. Anschließend erstellt das Assessorenteam einen Statusbericht, in dem Verbesserungspotenziale und eine detaillierte Punktebewertung auf Teilkriterienebene festgehalten werden. Anders als im Bewerbungsprozess um einen Qualitätspreis ist die Vorgehensweise bei Recognised nicht zeitkritisch und kann über einen Zeitraum von bis zu zwölf Monaten durchlaufen werden. Bewerber, die nach einem Vorortbesuch des Assessorenteams 400 oder mehr Punkte erreichen, erhalten eine Urkunde „Recognised for Excellence".

10.5.6.3 European Quality Award (Teilnahme an einem Qualitätspreis)

Qualitätspreise im Allgemeinen, der Europäische Qualitätspreis (EQA) im Speziellen auf europäischer Ebene und nationale Qualitätspreise sind konsequente und anspruchsvolle Wettbewerbe für Organisationen oder Organisationseinheiten, die als nationale oder europäische Vorbilder anzusehen sind und eine Geschichte der kontinuierlichen Verbesserung durchlebt haben. Award- oder Preisgewinner sowie Finalisten der jeweiligen Bewerbe setzen durch das Erreichen dieser Stufe ein Zeichen, dass sie höchstes Excellence Niveau erreicht haben.

10.5.7 Selbstbewertung[47]

Eine Selbstbewertung (Self-Assessment) ist eine umfassende, systematische und regelmäßige Überprüfung der Tätigkeiten und Ergebnisse einer Organisation anhand eines Excellence Modells. Durch den Prozess der Selbstbewertung werden die Stärken und Verbesserungspotenziale einer Organisation sichtbar. Nach dem Beurteilungsprozess werden Verbesserungspläne realisiert und deren Fortschritt

---

[47] vgl. Brunner; Wagner, 2008, S. 358

überwacht. Um tatsächliche und nachhaltige Verbesserungen zu erzielen, wenden Organisationen die zyklische Wiederholung der Beurteilung einer Maßnahme nach ihrer Durchführung an.

Selbstbewertungen stützen sich auf Qualitätsreifegrade in Unternehmungen, der TQM-Erfahrung und organisationsweite, ständige Verbesserungsarbeit vorausgesetzt. Eine Selbstbewertung soll zu weiteren Verbesserung anregen und eine starke, messbare Verbindung zwischen Qualitätsverbesserungen und Geschäftsergebnissen herstellen. Die Auswirkungen einer Selbstbewertung können durch die in der Balanced Scorecard BSC abgebildeten Kennzahlen sichtbar gemacht werden.

Selbstbewertungen bieten für Organisationen folgende Nutzenaspekte:

- Sie identifiziert Stärken und Verbesserungspotenziale der Organisation.
- Sie verschafft ein besseres Verständnis über die Organisation als Gesamtes, ihr Umfeld, ihre Ziele sowie ihre laufenden Aktivitäten, Leistungen und Ergebnisse, und fördert dadurch das Festlegen von zielgerichteten Entwicklungs- und Steuerungsmaßnahmen.
- Sie bietet eine strukturierte, auf Fakten abgestützte Vorgehensweise zur Bewertung der Organisation und erlaubt eine periodische Überwachung des Fortschritts.
- Sie ermöglicht eine gemeinsame sprachliche Ausrichtung und einen konzeptuellen Rahmen zur Führung und Verbesserung einer Organisation.
- Sie schult Mitarbeiter in den maßgebenden Excellence Konzepten und stellt Zusammenhänge zu ihren Verantwortlichkeiten her.
- Sie beteiligt die Mitarbeiter auf allen Ebenen und in allen Organisationseinheiten an der Prozessverbesserung.
- Sie macht Stärken in den Prozessen (good practice) offensichtlich und fördert deren Übertragung innerhalb der gesamten Organisation.
- Sie verbessert die Entwicklung des Geschäftsplanes und der Strategie.
- Sie bereitet die Organisationen auf die Bewerbung um die nationalen Qualitätspreise vor.

10.6 Qualitätspreise als Modelle für ein QMS

Zur Förderung und Anerkennung der Bemühungen um Qualität sind in Japan, den USA und schließlich auch in Europa Qualitätsauszeichnungen geschaffen worden. Die Auszeichnungen stellen eine Anerkennung für hervorragende Leistungen bei der Umsetzung umfassender Qualitätskonzepte im Sinne von Total Quality Management dar und sind mit erheblichem Prestige für das jeweilige Unternehmen verbunden. Gleichzeitig dienen die Beurteilungskriterien, nach denen die Bewerber begutachtet werden, für viele Unternehmen als interner Leitfaden und Bewertungsmaßstab für ihre Qualitätsbemühungen (Quality bzw. Self-Assessment, Selbstbewertung), denn die Anforderungen gehen über diejenigen der Zertifizierungsnorm für Qualitätsmanagementsysteme (z. B. ISO 9001:2008) hinaus und können somit als Maßstäbe für ein Unternehmen auf seinem Weg in Richtung TQM/Excellence eingesetzt werden.[48]

10.6.1 Nutzen von Qualitätspreisen[49]

Qualitätspreise versuchen die Gedanken des TQM auf der Grundlage eines Excellence Modells zu erfassen, zu charakterisieren und quantitativ zu bewerten. Dadurch entstehen vergleichbare Standards, die wiederum Vergleiche mit dem „Best in Class" ermöglichen.

Organisationen, die auf ihrem Weg zu Excellence beispielsweise die Selbstbewertung eingeführt haben, interessieren sich möglicherweise für eine Bewerbung um einen Qualitätspreis. Eine Bewerbung um einen Qualitätspreis liefert eine objektive, externe Bewertung der Position einer Organisation anhand des Excellence Modells und schärft den Focus des organisationsintern eingesetzten Selbstbewertungsverfahren. Die Bewerber schätzen die unabhängige, externe Sicht auf ihre Organisation und betrachten den Feedback-Report als Hilfe beim Identifizieren von Stärken, die ausgebaut werden können und von Verbesserungen, die sie weiter „voran" bringen.

Ursprünglich waren Qualitätspreise eher als Bewertungsraster für die Vergabe der Auszeichnungen gedacht. Den verschiedenen Qualitätspreisen kommt jedoch eine vielfältigere Bedeutung zu.

Die nachfolgenden, verschiedenen Nutzenaspekte einer Bewerbung um einen Qualitätspreis wurden von Organisationen folgendermaßen formuliert, auch wenn sie nicht zu den Gewinnern zählten:

- Die Bewerbung bildet ein konkretes Ziel und unterstützt die Führung bei der Motivation ihrer Mitarbeiter. Sie erleichtert in dieser Weise den Weg zu TQM.
- Durch die Forderung der Preise nach konkreten Zahlen, Trenddarstellungen und Benchmarking (Messen mit den Besten bzw. dem Branchendurchschnitt) werden die Bewerber dazu angehalten, regelmäßig diesbezügliche Erhebungen wie z. B. Kundenbefragungen, Mitarbeiterbefragungen, Marktanteilserhebungen u. a. durchzuführen.

---

[48] Kamiske; Brauer, 2008, S. 181
[49] Brunner; Wagner, 2008, S. 331 ff

- Bei konsequenter und umfassender Beschäftigung mit TQM entsteht im Unternehmen ein starker Veränderungsdruck von abteilungsorientierter Struktur in Richtung Prozessorientierung.
- Durch eine der Bewerbung vorangehende Selbstbewertung werden verschiedene Verbesserungspotenziale identifiziert.
- Jede Bewerbung wird durch ein unparteiisches Expertenteam (Assessoren) bewertet und diese Bewertung dem Bewerber zugänglich gemacht (Feedback-Report).
- Die Bewerber/die Finalisten erhalten ein Site Visit durch ein Assessorenteam, das weitere wertvolle Hinweise auf Verbesserungsmöglichkeiten liefert.

Die wesentlichsten Preise sind:

- **Deming-Prize** in Japan (eingeführt 1951; seit 1984 auch für Unternehmen außerhalb Japans zugänglich)
- **Malcolm Baldrige National Quality Award** (MBNQA) in den USA (1987)
- **European Quality Award** (EQA) in Europa (1992); Im Jahre 2006 erfolgte eine Namensänderung zu Eorpean Excellence Award (EEA), wobei es keine Veränderungen bei den Bewertungskriterien gab.

In Österreich wird der Staatspreis für Qualität (Austrian Quality Award; 1996 erstmals vergeben) auf Grundlage des EFQM-Modells vergeben.

10.6.2 Kritische Reflexion von Qualitätspreisen

Nur wenige der Quality Awards sind mit einem direkten finanziellen Vorteil für die ausgezeichnete Organisation in Form eines Geldpreises verbunden. Allerdings ist die Auszeichnung selber nicht alleine das Rezept für Erfolg. Schon die Möglichkeit der Bewerbung eröffnet Türen zu einem verbesserten Qualitätsmanagement.

Durch eine objektive, externe Bewertung erfährt das Unternehmen, welche Verbesserungsmöglichkeiten bestehen. Für viele Unternehmen ist dies schon Grund genug, um sich zu bewerben. Nur für diejenigen, die sich auf einer hohen bzw. auf der höchsten Stufe des Qualitätsmanagements wähnen, ist die Erreichung einer Auszeichnung und der Erhalt eines Preises das erreichenswerte Ziel. Es ist natürlich einer der angestrebten Ziele der Auszeichnungen, dass das Qualitätsbewusstsein und die Anstrengungen zu Erreichung von Qualität gesteigert werden. Viele Unternehmen versuchen, auf kostengünstige Weise qualifizierte Beurteilungen zu erhalten. Das zeigt sich auch darin, dass z. B. bei dem European Quality Award alle Organisationen ausgezeichnet werden, die einen bestimmten Standard, gemessen in Punkten, erreicht haben.

Die oben erwähnte Problematik kann aber auch positiv gewertet werden. So haben alle Organisationen, die sich beworben haben, die gleiche Chance, dass ihre Mühen und Anstrengungen honoriert werden. Dies ist ein Zeichen für andere Unternehmen, dass auch für sie eine Aussicht auf eine Auszeichnung besteht.

Unbestritten ist, dass einige der Kriterienkataloge, z.B. beim MALCOLM BALDRIGE NATIONAL QUALITY AWARD, eine äußert präzise Anleitung zur Einführung von Qualitätsmanagement bieten, die große Aussichten auf Erfolg hat. Das Beispiel des Deming Prize verdeutlicht auch die Bedeutung für eine ganze Volkswirtschaft. Die Steigerung des Qualitätsbewusstseins durch Einführung der Auszeichnung führte zu einem wirtschaftlichen Aufschwung in Japan. Aber auch das Unternehmen selber zieht seine Vorteile aus der positiven Entwicklung im Qualitätsmanagement. Wie schon zu Beginn erwähnt, führt eine konsequente Durchführung von Qualitätsmanagement zu erheblichen und dauerhaften Kostensenkungen, die für die Sicherung der Existenz des Unternehmens unabdingbar sind.

Kritisch ist die Beurteilung der Erfüllung der Kriterien zu betrachten. Wie soll und kann bewertet werden, ob gerade die qualitativen Kriterien erfüllt oder zumindest teilweise erfüllt wurden? Aber auch die quantitativen Größen sind nicht ohne weiteres pauschal bewertbar. Ein typisches Beispiel dafür sind die Ergebnisse des Unternehmens, die weitestgehend aus dem Jahresabschluss hervorgehen. Durch die Einräumung zahlreicher Wahlrechte zum Ansatz und zur Bewertung, beispielsweise im bundesdeutschen Raum, wird die Vergleichbarkeit der Daten massiv erschwert. So kann beispielsweise bezweifelt werden, ob die Verbesserung der Unternehmensergebnisse ausschließlich aus Qualitätsverbesserungen resultiert, oder ob nicht andere Faktoren auch eine entscheidende Rolle gespielt haben.

■ 10.7 Aufbau und Einführung eines QMS

10.7.1 Systemverständnis bezüglich QMS

Systeme können von verschiedenen Ebenen aus betrachtet werden. Auch die Normenreihe ISO 9000 versucht Systeme in Organisationen mit unterschiedlicher Tiefe zu sehen (siehe Bild 10.13).

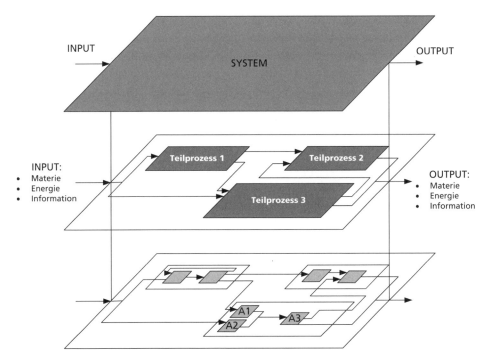

Bild 10.13 Systemverständnis bezüglich QMS

10.7.2 Aufbau eines Qualitätsmanagementsystems

Prinzipiell steht der Aufbau bzw. die Struktur eines QMS im direkten Zusammenhang mit der Unternehmensstruktur, welche sich den, in immer kürzer werdenden Abständen und fortlaufend ändernden, Herausforderungen des Marktes entgegenstellen muss. Durch die Einführung einer prozessorientierten Organisationsstruktur werden die erforderlichen Voraussetzungen geschaffen, damit ein Unternehmen unter den sich ständig ändernden Anforderungen in die Lage versetzt wird, eine gleichbleibend hohe Qualität seiner Leistungen bzw. Produkte am Markt anbieten zu können. Dementsprechend müssen prozessorientierte Qualitätsmanagementsysteme imstande sein, einerseits die Abläufe und deren gegenseitige Wechselwirkungen innerhalb einer an Prozessen ausgerichteten Unternehmensstruktur abzubilden, und andererseits das Hervorbringen von (hoher) Qualität sicherstellen. Demzufolge müssen alle in einem Unternehmen vorhandenen Prozesse zunächst identifiziert, entsprechend abgegrenzt und auf den Kunden ausgerichtet werden. Für die Prozessidentifikation lassen sich diese grundsätzlich in die drei Kategorien Kern-, Management- und Stützprozesse unterteilen und können wie folgt definiert werden:[50]

---

[50] vgl. Pfeifer, 2010, S. 51

- **Kernprozesse** sind die für das Unternehmen wertschöpfenden Prozesse. Sie wandeln Kundenerwartungen bzw. -anfragen in Produkte oder Dienstleistungen. Der Output des Kernprozesses kann unmittelbar vom Kunden bewertet werden. Kernprozesse stellen den wirtschaftlichen Erfolg eines Unternehmens sicher.
- **Managementprozesse** (lenkende Prozesse, Führungsprozesse, Steuerungsprozesse) sind planende, bewertende und steuernde Tätigkeiten insbesondere durch prozessverantwortliche Mitarbeiter und die Unternehmensleitung.
- **Stützprozesse** (unterstützende Prozesse, Supportprozesse; auch Mess- und Analyseprozesse) dienen der Unterstützung einzelner Teilprozesse der Kernprozesse. Sie ermöglichen den reibungslosen Ablauf der wertschöpfenden Prozesse, dienen aber auch der laufenden Verbesserung der Kernprozesse, z. B. „Kontinuierlichen Verbesserungsprozess (KVP) sicherstellen".

Die oben angeführten Prozessarten werden in einer unternehmensspezifischen Prozesslandschaft übersichtlich dargestellt und verwaltet, jeweils z. B. durch Prozesseigentümer mit Zweck, Aktivitäten, Schnittstellen, Verzweigungen/Schleifen, Zuständigkeiten, Inputs, Output, Beginn und Ende.

10.7.2.1 Dokumentation des Qualitätsmanagementsystems[51]

Die Dokumentation des Qualitätsmanagementsystems hat die Klärung und Festlegung der Unternehmensprozesse zum Ziel. Sie besteht aus (siehe Bild 10.14):

- dem Qualitätsmanagement-Handbuch (QM-HB) – wobei die Forderungen danach in der kommenden Version entfällt,
- den Qualitätsmanagementsystemverfahren bzw. Prozessbeschreibungen,
- den dokumentierten Informationen (Arbeits-, Prüfanweisungen, Checklisten, Formularen und anderen Vorgabeinformationen).

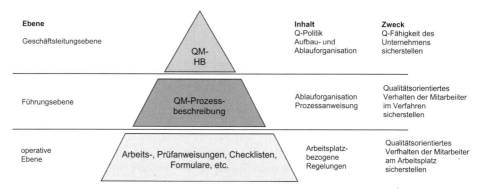

Bild 10.14 Hierarchie der Qualitätsmanagement-Dokumente[52]

---

[51] vgl. Wagner; Käfer, 2008, S. 138
[52] vgl. Brunner; Wagner, 2008, S. 73; Wagner; Käfer, 2008, S. 139 ff

10.7.2.2 Qualitätsmanagement-Handbuch[53]

Bisherige QMS-Zertifizierungen nach ISO 9001 haben ein Qualitätsmanagement-Handbuch (QM-Handbuch) verlangt. Da dies in Unternehmen mit gültigen Zertifizierungen noch vorhanden ist, werden die Grundlagen dazu erläutert.

Das QM-Handbuch beschreibt das Qualitätsmanagementsystem der Organisation. Es dient vor allem zur externen Darlegung der Organisation sowie der Abläufe und Zuständigkeiten gegenüber Kunden. Definition eines QM-Handbuchs:

„Dokument, in dem das Qualitätsmanagementsystem einer Organisation festgelegt ist."[54]

Das Qualitätsmanagement-Handbuch stellt die Beschreibung des Qualitätsmanagementsystems eines Unternehmens oder Unternehmensbereiches dar. Es wird von der Unternehmensleitung in Kraft gesetzt, bezüglich ihrer praktischen Anwendung überwacht und jeweils dem neuesten Stand angepasst.

Der Hauptzweck eines Qualitätsmanagement-Handbuchs besteht darin, die Grobstruktur des Qualitätsmanagementsystems darzulegen. Gleichzeitig dient das Qualitätsmanagement-Handbuch als ständige Referenz bei der Verwirklichung und Aufrechterhaltung dieses Systems.

Der Umfang und Inhalt sind dabei auf Organisationsstruktur, Produkte und Dienstleistungen, Prozesse, Unternehmensgröße sowie Unternehmenskultur abzustimmen.

Da das Handbuch im Sinne der Norm kein eigenständiges Dokument sein muss, besteht auch die Möglichkeit, die Strukturen und Inhalte des Qualitätsmanagementsystems in der Form eines elektronischen Handbuchs im Rahmen einer Intranet-Lösung abzubilden.

Das Verfahren zur Durchführung von Änderungen, Modifikationen, Überarbeitungen oder Ergänzungen des Qualitätsmanagement-Handbuches ist festzulegen.

Beispielhaft setzt sich das Qualitätsmanagement-Handbuch in Papierform aus folgenden Teilen zusammen:

- **Deckblatt:** Enthält den Firmennamen und die Adresse, den Titel, die Exemplarnummer bzw. den Vermerk betreffend Änderungsdienst sowie den Hinweis auf den Vertraulichkeitscharakter.
- **Inhaltsverzeichnis:** Das Inhaltsverzeichnis kann auch als Liste der gültigen Abschnittsangaben verfasst werden. Diese Liste soll es dem Benutzer ermöglichen, den aktuellen Änderungsstand des Qualitätsmanagement-Handbuchs selbst zu prüfen. Bei jeder Änderung ist eine neue Liste der gültigen Abschnittsangaben mit zu verteilen.

---

[53] vgl. Wagner; Käfer, 2008, S. 138
[54] DIN EN ISO 9000:2005, 2005, S. 29

- **Administratives und Benutzerhinweise:** Enthält die Hinweise für die Bearbeitung, Ergänzung und Verteilung des Qualitätsmanagement-Handbuchs.
- **Vorwort/Grundsatzerklärung/Qualitätspolitik:** Es handelt sich um eine kurze Grundsatzerklärung der Unternehmensleitung zur Qualitätspolitik des Unternehmens. Diese Erklärung ist von der Unternehmensleitung zu unterzeichnen.
- **Organisationsspezifischen Darlegung des Qualitätsmanagementsystems:** Es empfiehlt sich die Gliederung entsprechend dem Prozessmodell vorzunehmen und dar-zustellen. Bei der Beschreibung der Prozesse im Qualitätsmanagement-Handbuch sind folgende Punkte zu berücksichtigen:
- **Zweck:** Kurzer Hinweis auf die Beschreibung in diesem Abschnitt.
- **Anwendungsbereich:** Welche Produkte oder Produktgruppen, welche Dienstleistungen, welche Organisationsbereiche oder Standorte sind betroffen? Gibt es Ausnahmen?
- **Prozessbeschreibung:** Wie werden die Punkte der Qualitätsmanagement-Norm aufgegriffen und beschrieben? Ein Querverweis zu den Prozessbeschreibungen muss ersichtlich sein.
- **Dokumentation und mitgeltende Unterlagen:** Welche Unterlagen und Dokumente sind zusätzlich zu berücksichtigen? Enthält beispielsweise eine Auflistung der Systemverfahren bzw. Prozessbeschreibungen, der Firmenstandorte, etc.

10.7.2.3 QM-Prozessbeschreibungen[55]

Eine QM-Prozessbeschreibung stellt eine bis ins Detail gehende Abfassung von Richtlinien und Prozessschritten im Unternehmen oder in einzelnen Bereichen dar (siehe Bild 10.15). Damit wird beschrieben, „wie" die Tätigkeiten, welche die qualitative Ausführung eines Produktes oder einer Dienstleistung beeinflussen, auszuführen sind.

Begriffsdefinition:

> *„Mit Hilfe der QM-Prozessbeschreibung werden Abläufe im Unternehmen festgelegt und dargestellt. In diesen Anweisungen sind die zuständigen Personen, deren Kompetenzen und Aufgaben beschrieben. Eine QM-Prozessbeschreibung legt für die Ausführung eines Vorhabens ein systematisches und geprüftes Vorgehen fest und ist somit eine wesentliche Voraussetzung dafür, dass das Ergebnis einer Tätigkeit mit den geplanten Vorgaben übereinstimmt."*

---

[55] Brunner; Wagner, 2008, S. 176 ff

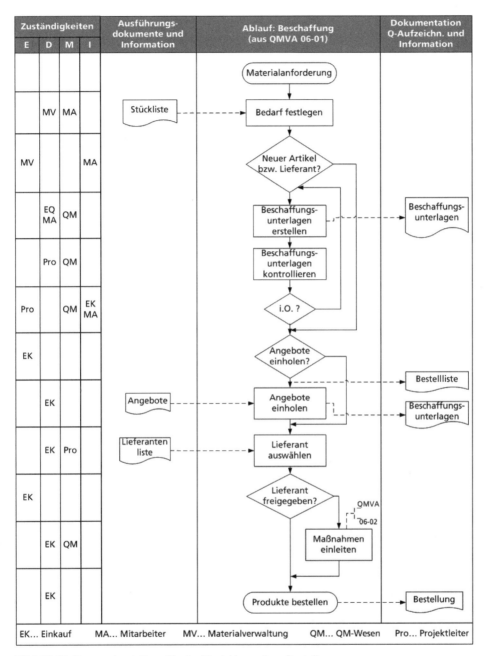

Bild 10.15 Prozessdarstellung für die Abwicklung einer Bestellung

Qualitätsmanagement-Prozessbeschreibungen müssen als Informations- und Instruktionsträger des Qualitätsmanagement-Systems in ihrem Inhalt möglichst einheitlich gegliedert sein:

- Zweck: Warum wird dieser Prozess beschrieben?
- Geltungsbereich: Was bzw. Wer ist davon betroffen? (gesamtes Unternehmen, etc.)
- Begriffsbestimmungen (sofern zum Verständnis nötig)
- Prozessverantwortlicher und Prozessteam (Prozessverantwortung, Recht und Pflichten, etc.)
- Beschreibung der Abläufe und Zuständigkeiten
- Prozessziele (messbar)
- Hinweise auf mit geltende Unterlagen bzw. Dokumente
- Verteilung, Verwaltung und Änderungsdienst dieser Prozessbeschreibung
- Anhang (sofern dies erforderlich ist).

10.7.3 Einführung eines Qualitätsmanagementsystems[56]

Aufbau und Umfang eines Qualitätsmanagementsystems werden von den unternehmensspezifischen Zielsetzungen bestimmt. Maßgeblich dabei sind die internen und externen Einflüsse, unterschiedliche Produkte und Leistungen, organisatorische Abläufe sowie die Größe des Unternehmens. Daher bedarf es, wie auch von der Normenreihe ISO 9000 gefordert, einer unternehmensspezifischen Anpassung des Qualitätsmanagementsystems an die individuellen Firmengegebenheiten.

Von entscheidender Bedeutung für den praxisrelevanten Aufbau eines Qualitätsmanagementsystems ist die Einbindung der Mitarbeiter in die Planungs-, Erhebungs- und Umsetzungsphase des Qualitätsmanagementsystems.

Die Bild 10.16 zeigt die wichtigsten Phasen des Aufbaus eines Qualitätsmanagementsystems:

---

[56] Brunner; Wagner, 2008, S. 57 ff

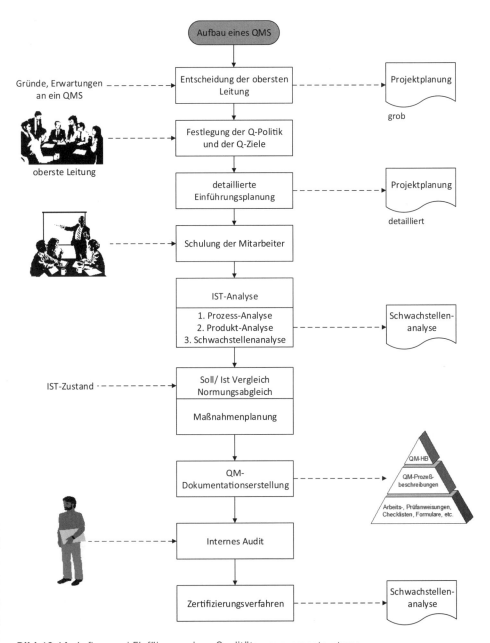

Bild 10.16 Aufbau und Einführung eines Qualitätsmanagementsystems

10.7.3.1 Entscheidung der obersten Leitung

Es ist wichtig, dass die Entscheidung des Aufbaus eines Qualitätsmanagementsystems von der obersten Führungsebene getroffen wird. Nur so kann das System im gesamten Unternehmen verankert werden.

Die Praxis hat gezeigt, dass es sinnvoll ist, den engeren Führungskreis vor Erstellung eines Projektplans hinsichtlich des Umfangs und der Bedeutung eines Qualitätsmanagementsystems zu schulen um das Verständnis für die Hintergründe, Vorteile und nötigen Aufbauschritte zu wecken. Nur wenn der Führungskreis überzeugt werden kann, ist eine erfolgreiche Umsetzung überhaupt möglich.

Im Rahmen einer Veranstaltung für die Führungskräfte sollten folgende Punkte behandelt werden:

- Neue Leitlinien festlegen
- Schwächen herkömmlicher Qualitätsstrategien
- Neue, kundenorientierte, umfassende QM-Konzepte
- Bedeutung der Mitarbeiter im modernen Qualitätsmanagement
- Vorteile eines durchgängigen Qualitätsmanagements
- Prinzipielle Vorgangsweise beim Aufbau

Ausgehend von einem internen Diskussionsprozess, bei dem die Vor- und Nachteile einer kooperativen Führung, die Probleme der personellen und finanziellen Ressourcen, die Neuordnung der Qualitätsverantwortung und die umfangreichen Aufgaben der Führungsebene behandelt werden, wird eine Entscheidung über den Aufbau eines Qualitätsmanagementsystems gefällt.

10.7.3.2 Festlegung der Qualitätspolitik und der Qualitätsziele

Die Festlegung der Qualitätspolitik als Teil der Unternehmenspolitik, liegt in der Verantwortung der obersten Leitung. Von der Qualitätspolitik sind die Qualitätsziele abzuleiten und zu definieren. Die allgemeinen, von der Geschäftsführung vorgesehenen Qualitätsziele müssen konkretisiert, quantifiziert und in einem Projektplan umgesetzt werden. Die Projektleitung sollte von einem Mitglied der Geschäftsführung übernommen werden. Förderlich ist es, wenn die Identifikation und die Mitarbeit der Unternehmensleitung deutlich zum Ausdruck kommen. Neben der Vorbild- und Motivationsfunktion der Unternehmensleitung ist eine umfassende Überzeugung der Mitarbeiter von besonderer Bedeutung.

Da mit dem Aufbau eines Qualitätsmanagementsystems häufig Veränderungen der gewohnten Abläufe einhergehen, stoßen entsprechende Maßnahmen nicht selten auf Widerstand. Hier hat sich eine **Top-Down-Vorgehensweise** bewährt, d. h. Motivation und Information von der Unternehmensleitung über die mittleren Führungskräfte zu den einzelnen Mitarbeitern. Dies gilt sowohl für die Information als auch die Durchführung von Schulungsmaßnahmen. Von zentraler Bedeutung für die Überzeugung der Mitarbeiter ist das Vorleben der Zielsetzung durch das Management.

Um sicherzustellen, dass die Qualitätspolitik in die täglichen Abläufe verankert wird, bedarf es eines **Bottom-Up-Regelkreises,** d. h. die Auswirkungen der Qualitätspolitik und der Ziele bedürfen einer Rückmeldung bezüglich ihrer Wirksamkeit an die Unternehmensleitung.

Maßnahmen zur Bekanntgabe und Umsetzung der Qualitätspolitik und der daraus abgeleiteten Ziele sind:

- Zielbesprechung mit Belegschaftsvertretern;
- Betriebsversammlung: Bekanntgabe der Einführungsziele und -schritte durch die Unternehmensleitung;
- Aushang: Die Grundsatzerklärung (Q-Politik) der Geschäftsleitung soll bekanntgemacht werden;
- Qualitätsbroschüre für die Mitarbeiter: Eine Broschüre über die Qualitätspolitik, das Managementsystem und seine Grundlagen ist für die Mitarbeiter des Unternehmens motivierend;
- Veröffentlichung von Qualitätszielen und Artikel an Anschlagtafeln oder in der Hauszeitschrift;
- Besprechungen und Arbeitsgruppen innerhalb der Abteilungen dienen als wichtiges Führungsinstrument und zur Motivation der Mitarbeiter.

Gerade vor dem Hintergrund des raschen Wandels von Märkten und Produkten sowie der zunehmenden Komplexität von Produkten und Abläufen gewinnen Verhaltensrichtlinien und Strategien gegenüber detaillierten Anweisungen an Bedeutung. Sie bilden einen Bezugsrahmen, an dem sich Mitarbeiter orientieren, die eigenständig an Problemlösungen arbeiten.

Es ist daher von großer Bedeutung, dass die Umsetzung der Qualitätspolitik nicht programmhaften Charakter hat, sondern langfristig und nachhaltig erfolgt. Andernfalls besteht die Gefahr, dass der Qualitätspolitik von den Mitarbeitern nicht genügend Aufmerksamkeit geschenkt wird.

10.7.3.3 Schulung der Mitarbeiter

Jeder einzelne Mitarbeiter muss sich am Ende der Einführung mit dem Qualitätsmanagementsystem identifizieren und die ständige Qualitätsverbesserung als persönliches Ziel und als seinen Beitrag zum Gesamtunternehmenserfolg ansehen.

Erreicht wird die Motivation und Einbeziehung der Mitarbeiter durch Schulung und durch konsequente Aufgabenverteilung in den betroffenen Bereichen.

Die Unternehmensleitung muss allerdings bereit sein, Mitarbeiter sowohl für Zusatzaufgaben bei der QMS-Einführung als auch parallel dazu für Schulungsmaßnahmen freizustellen.

Zum Thema Schulungskonzept sind zwei Aspekte besonders wichtig:

- Die Schulungsinhalte sind im Sinne einer Top-Down-Strategie im Unternehmen zu vermitteln. Hierdurch erhalten Führungskräfte einen gewissen Wissensvorsprung, der einem drohenden Autoritätsverlust entgegenwirkt. Zudem hat sich gezeigt, dass die größten Identifikationen mit einer neuen Idee und den Schulungsinhalten dann erreicht wird, wenn die Schulung durch die Führungskräfte selbst erfolgt.

- Die Schulung in Arbeitsgruppen mit anwesenden Vorgesetzten fördert den Kommunikations- und Anwendungsprozess.

10.7.3.4 Analyse des IST-Zustandes

Zu Beginn werden hierbei die aktuellen Geschäftsprozesse im Rahmen der Ist-Analyse erfasst und dokumentiert, denn nach JURAN gilt: *„Wer die Prozesse eines Unternehmens beherrscht, beherrscht das Unternehmen".*

Bereits anhand der Ist-Analyse und der damit verbundenen kritischen Diskussion bezüglich der aktuellen Prozesse wird der Handlungsbedarf der jeweiligen Arbeitsgruppen deutlich. Schon während der Ist-Analyse werden in der Regel Verbesserungspotentiale in der Ablauf- und Aufbauorganisation gefunden, die den unmittelbaren Nutzen des Aufbaus eines Qualitätsmanagementsystems verdeutlichen.

Erfahrungen aus Projektarbeiten in Betrieben haben gezeigt, dass neben methodischen Problemen primär organisatorische und menschliche Probleme des Veränderungsprozesses überwunden werden müssen und deren Lösung zum Schlüssel des Erfolgs wird. Eine gründliche Vorbereitung durch den Teamleiter des Prozessteams ist daher von tragender Bedeutung und bildet die Basis der Problemerfassung.

- **Prozessanalyse**

  Unter Prozessanalyse versteht man die systematische Analyse aller betrieblichen Abläufe nach den Kriterien Tätigkeiten, Abläufe, Funktionen, Zuständigkeiten und Befugnisse, verwendete Unterlagen, Dokumente, Informationen und Nachweise.

  Die Darstellung der Tätigkeiten erfolgt vorteilhaft in Form eines Ablaufdiagramms oder einer Matrix. Für die Prozessanalyse sollten alle betroffenen Mitarbeiter herangezogen werden.

  Die Aufbauorganisation muss mit unterschiedlicher Betrachtungsweise und -tiefe durchleuchtet werden. Gegenstand der Betrachtung sind hierbei der Firmenverband, das Einzelunternehmen oder die einzelnen Bereiche. Als Ergebnis dieser Analyse werden qualitätsrelevante Verantwortlichkeiten, Kompetenzen und Befugnisse sowie deren gegenseitige Abhängigkeiten beschrieben.

  Die prozessorientierte Betrachtungsweise verhindert:
  - Schnittstellenprobleme und Kompetenzüberschneidungen,
  - Umwege im Ablauf, Leerläufe und Missverständnisse.

  Alle qualitätsbezogenen Abläufe und alle relevanten Dokumente des Unternehmens werden analysiert und hinsichtlich ihrer Zweckmäßigkeit geprüft. Interne und externe Dokumente müssen hierbei entweder das Ergebnis innerbetrieblicher Abläufe sein oder aber der Anlass zur Auslösung innerbetrieblicher Abläufe.

Das Ergebnis der Prozessanalyse muss ein detaillierter Überblick über alle vorhandenen, fehlenden oder unzureichend wirksamen, qualitätsrelevanten Aufgaben und Tätigkeiten sein (Checkliste mit Erfüllungsgrad und Prozesszielen).

- **Sammlung der vorhandenen Daten**
  Es werden zunächst alle Unterlagen gesammelt, die ausdrückliche Anforderungen an das Qualitätsmanagementsystem stellen, und auch solche, aus denen sich Anforderungen ableiten lassen. Gegebenenfalls sind Dokumente zu überarbeiten oder zu erstellen.

- **Schwachstellenanalyse**
  In der Schwachstellenanalyse wird festgestellt, ob und inwieweit die Anforderungen an ein Qualitätsmanagementsystem im Unternehmen bereits erfüllt sind. Stellt man die Ergebnisse der Ist-Analyse (Prozess-, Produkt-, Qualitäts- und Dokumentationsanalyse) dem Sollzustand und den zu erreichenden Unternehmenszielen gegenüber, so ergeben sich Abweichungen, die nach ihrer Bedeutung für das Unternehmen gewichtet und priorisiert werden müssen.

  Das Ergebnis einer Schwachstellenanalyse beinhaltet:
  - eine Beschreibung der Schwachstellen und deren Ursachen,
  - eine Beschreibung der möglichen Auswirkungen,
  - die Notwendigkeit zur Durchführung von Verbesserungsmaßnahmen,
  - Vorschläge für Verbesserungsmaßnahmen.

- **Soll-Ist-Vergleich, Normabgleich und Umsetzungsmaßnahmen**
  Es werden die vorhandenen Abläufe (Ist-Analyse) den Anforderungen der ISO 9001 gegenübergestellt und die aufgetretenen Abweichungen hinsichtlich des Qualitätsmanagementsystems durch die Arbeitsgruppen behoben.

10.7.3.5 Erstellung der Dokumentation:

Nachdem nun der gewünschte bzw. aufgrund verschiedenster Normforderungen erforderliche SOLL-Zustand hergestellt wurde, wird in einem weiteren Schritt die Dokumentation des Qualitätsmanagementsystems erstellt. Wie bereits unter Kapitel 10.7.2 angeführt besteht diese im Wesentlichen aus:

- dem Qualitätsmanagement-Handbuch (QM-HB),
- den Qualitätsmanagementsystemverfahren bzw. Prozessbeschreibungen und
- den Arbeits-, Prüfanweisungen, Checklisten, Formularen und anderen Vorgabeinformationen.

10.7.4 Audit

Der Begriff **Audit** stammt ursprünglich aus dem Lateinischen, wurde aus dem Englischen übernommen und heißt so viel wie Buchprüfung, Revision des Rechnungswesens oder der Rechenschaftslegung. Das im Deutschen zunächst mit **Qualitätsrevision** bezeichnete Verfahren wird wegen der Verwechslungsgefahr mit der Abteilung **Revision** durchwegs **Qualitätsaudit** genannt.

Das Audit ist nach PFEIFER ein *„Instrument zur Aufdeckung von Schwachstellen, zur Anregung von Verbesserungen und zur Überwachung der eingeleiteten Qualitätsmanagement-Maßnahmen."*[57]

Zielsetzung des Audits ist es, Voraussetzungen zu schaffen, um gesetzliche Auflagen und vertragliche Vereinbarungen sowie Qualitätsziele in einer beherrschten Auftragsabwicklung anforderungsgerecht zu verwirklichen.[58]

Die Qualitätsaudits gehören zum festen Bestandteil der Unternehmenspolitik, weil es ein Instrument der permanenten Verbesserung ist.

10.7.4.1 Bedeutung des Audits[59]

Mit Hilfe des Qualitätsaudits sollen mittels Analysen alle qualitätssichernden Aktivitäten eines Unternehmens auf Wirksamkeit überprüft werden.

Dadurch werden:

- Schwachstellen aufgezeigt,
- Verbesserungsmaßnahmen veranlasst und
- Wirksamkeit der Verbesserungsmaßnahmen überwacht

um die Qualität entsprechend den Vorgaben sicherzustellen und gleichzeitig die Wirtschaftlichkeit aller qualitätssichernden Maßnahmen zu überprüfen.

Zur optimalen Gestaltung des Audits und zur Sicherung der Wirksamkeit der Auditergebnisse orientieren sich Audits an den Leistungserstellungsprozessen und an der internen Kunden-Lieferantenkette.

10.7.4.2 Auditarten[60]

- **Systemaudit:** Das Systemaudit bewertet das gesamte Qualitätsmanagementsystems eines Unternehmens dahingehend, ob die bereitgestellten Prozesse und Methoden in der Lage sind, die Anforderungen an das Qualitätsmanagementsystem zu erfüllen.

---

[57] Pfeifer, 2010
[58] vgl. Pfeifer, 2010, S. 401
[59] vgl. Kamiske; Brauer, 2008, S. 5
[60] vgl. Brunner; Wagner, 2008, S. 79 ff

- **Prozessaudit:** Das Prozessaudit verfolgt einen bestimmten Prozess und bewertet dessen Fähigkeit zur Erfüllung der an ihn gestellten Anforderungen.
- **Produkt-/Dienstleistungsaudit:** Das Produkt-/Dienstleistungsaudit begleitet die Entstehung eines Produkts oder die Durchführung einer Dienstleistung bezüglich der Erfüllung der spezifischen Anforderungen. Dabei können Rückschlüsse auf die Qualität der durchlaufenen Prozesse vorgenommen werden.

10.7.4.3 Interne Audits

Das Interne Audit dient zum Überprüfen und Sicherstellen ob das vorhandene Qualitätsmanagementsystem angewendet wird, und ist somit ein wichtiger Schritt beim Abschluss der Umsetzungsaktivitäten. Zusätzlich dient es der Vorbereitung auf das Zertifizierungsaudit.

Interne Audits sind ein wirksames Werkzeug, um zu bestimmen, in welchem Maße das Managementsystem der Organisation bestimmte Kriterien erfüllt und es bietet wertvolle Informationen für das Verständnis, die Analyse und die ständige Verbesserung der Organisationsleistung. Audits sollten von Personen durchgeführt werden, die nicht in die zu unter- suchende Aktivität eingebunden sind, um eine unabhängige Sicht auf das zu bekommen, was ausgeführt wird.

Mithilfe interner Audits sollten die Verwirklichung und die Wirksamkeit des Managementsystems beurteilt werden. Sie können auch der Auditierung gegen mehr als eine Managementsystemnorm, wie ISO 9001 (Qualitätsmanagement) und ISO 14001 (Umweltmanagement), dienen oder spezielle Anforderungen überprüfen, die sich auf Kunden, Produkte, Prozesse oder spezielle Themen beziehen.

Die interne Auditierung ist ein wirksames Werkzeug zur Ermittlung von Problemen, Risiken und Abweichungen wie auch für das Überwachen des Fortschritts bei der Beseitigung der vorher festgestellten Abweichungen (die durch eine Ursachenanalyse sowie die Entwicklung und Umsetzung von Plänen zu Korrektur- und Vorbeugungsmaßnahmen behoben sein sollten). Eine Verifizierung der Wirksamkeit der ergriffenen Maßnahmen kann durch eine Bewertung der verbesserten Fähigkeit der Organisation zum Erfüllen ihrer Ziele erfolgen. Die interne Auditierung kann auch auf die Ermittlung bewährter Vorgehensweisen (die für die Anwendung in anderen Bereichen der Organisation in Betracht kommen können) sowie auf Verbesserungsmöglichkeiten ausgerichtet werden.

Die Ergebnisse von internen Audits stellen eine nützliche Informationsquelle dar für:

- das Behandeln von Problemen und Fehlern,
- das Benchmarking,
- das Fördern bewährter Vorgehensweisen innerhalb der Organisation und
- das wachsende Verständnis der Wechselbeziehungen zwischen Prozessen.

10.7.5 Zertifizierung

„Eine Zertifizierung ist ein Verfahren, nach dem eine dritte Stelle schriftlich bestätigt, dass ein Produkt, ein Prozess, eine Dienstleistung oder ein System mit festgelegten Anforderungen konform ist."[61]

Gemeint ist damit der Vorgang des Nachweises der Wirksamkeit und Funktionsfähigkeit eines entsprechenden Managementsystems im Unternehmen. Dieser Nachweis wird durch ein externes Systemaudit erbracht, das von einer neutralen Zertifizierungsstelle durchgeführt werden muss. Dabei auditiert die Zertifizierungsstelle das Qualitäts- oder Umweltmanagementsystem des Unternehmens auf dessen Auftrag hin und vergibt bei Erfüllung der Anforderungen gemäß der sogenannten zertifizierungsfähigen Normen DIN EN ISO 9001:2008 oder DIN EN ISO 14001 ein entsprechendes Zertifikat.[62]

10.7.5.1 Ablauf der Zertifizierung[63]

Das Zertifizierungsverfahren gliedert sich wie in Bild 10.17 ersichtlich in:

- **Auswahl des Zertifizierungsinstituts**

    Als Kriterien zur Auswahl des Zertifizierers können dessen Bekanntheitsgrad, seine Referenzen, die Branchenerfahrung, der Preis, etc. herangezogen werden. Auch der Eindruck und die Sympathie aus dem informativen Vorgespräch haben entscheidenden Einfluss auf die Auswahl.

- **Informatives Vorgespräch**

    Anhand einer Kurzfrageliste überprüft der Zertifizierungsinstitut, ob das Qualitätsmanagementsystem des Unternehmens soweit ausgereift ist, dass es grundlegende Elemente einer erfolgreichen Zertifizierung erfüllt.

- **Qualitätsmanagement-Dokumentencheck**

    Es werden das Qualitätsmanagement-Handbuch und die Prozessbeschreibungen hinsichtlich der Erfüllung der zugrundeliegenden Norm geprüft. Festgestellte Schwachstellen sind vor dem Zertifizierungsaudit zu beheben.

- **Zertifizierungsaudit**

    Es wird anhand von detaillierten Fragen die Realisierung des Qualitätsmanagementsystems überprüft. Die Ergebnisse werden im Auditbericht zusammengefasst. Wenn im Qualitätsmanagementsystem gravierende Schwachstellen vorhanden sind, wird ein Nachaudit angesetzt. Um zu verhindern, dass man sich in dieser Schleife endlos bewegt, besteht die Möglichkeit des Abbruchs durch beide Seiten (Zertifizierungsinstitut oder Unternehmen).

---

[61] Pfeifer, 2010, S. 111
[62] Kamiske; Brauer, 2008, S. 397 ff
[63] Brunner; Wagner, 2008, S. 104

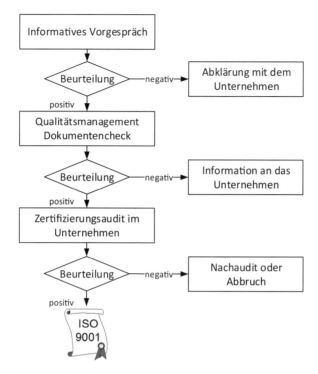

Bild 10.17 Zertifizierungsablauf[64]

Nach positivem Zertifizierungsaudit erhält das Unternehmen ein drei Jahre gültiges Zertifikat, das nach Ablauf in einem Erneuerungsaudit um weitere drei Jahre verlängert wird.

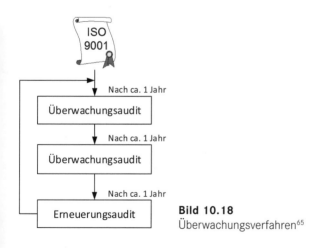

Bild 10.18 Überwachungsverfahren[65]

---

[64] vgl. Brunner; Wagner, 2008, S. 105
[65] vgl. Brunner; Wagner, 2008, S. 106

Zur laufenden Überwachung des Qualitätsmanagementsystems wird durch den Zertifizierer mindestens einmal jährlich ein Überwachungsaudit durchgeführt (siehe Bild 10.18).

10.7.5.2 Nutzen einer Zertifizierung[66]

Grundsätzlich existieren verschiedenste Auslöser für ein Unternehmen ein Managementsystem einzuführen und zertifizieren zu lassen. Beispielsweise aufgrund von Forderungen seitens der Kunden bzw. des Gesetzgebers oder das betriebsinterne Streben nach (ständiger) Verbesserung der Unternehmensabläufe.

Der wesentlichste Nutzen der infolge einer erfolgreichen Zertifizierung für ein Unternehmen entsteht, ist das Vorhandensein eines funktionierenden und gleichsam wirksamen Qualitätsmanagementsystems. Dies hat organisierte und aufeinander abgestimmte Tätigkeiten eines Unternehmens als Ergebnis und generiert wiederum Vorteile für das Unternehmen selbst, seine Mitarbeiter und schlussendlich für seine (zufriedenen) Kunden.

10.7.6 Management Review[67]

Die Bewertung des Qualitätsmanagementsystems gibt über dessen Wirksamkeit Auskunft und initiiert Verbesserungen. Diese Form der Qualitätsmanagement-Bewertung wird auch als sogenanntes **Management Review** bezeichnet.

Begriffsdefinition nach DIN EN ISO 9001:

> *„Die oberste Leitung muss das Qualitätsmanagementsystem der Organisation in geplanten Abständen bewerten, um dessen fortdauernde Eignung, Angemessenheit und Wirksamkeit sicherzustellen.[68]"*

Eingaben für die Managementbewertung müssen Informationen zu Folgendem enthalten:[69]

- Status von Maßnahmen vorheriger Managementbewertungen
- Veränderungen bei externen und internen Themen, die das Qualitätsmanagementsystem betreffen, einschließlich dessen strategische Ausrichtung
  - Informationen über die Qualitätsleistung, einschließlich Entwicklungen und Indikatoren,
  - Nichtkonformitäten und Korrekturmaßnahmen;
  - Ergebnissen von Überwachungen und Messungen

---

[66] vgl. Masing, 2007, S. 349 ff
[67] Wagner; Käfer, 2008, S. 167
[68] DIN EN ISO 9001:2015, S. 22
[69] DIN EN ISO 9001:2015, S. 41 f

- Ergebnisse von Audits,
- Kundenzufriedenheit,
- Themen in Bezug auf externe Anbieter und andere relevante interessierte Parteien Rückmeldungen von Kunde,
- Eignung von Ressourcen, die für Aufrechterhaltung eines wirksamen Qualitätsmanagementsystems
- Prozessleistung und Konformität von Produkten und Dienstleistungen,
- Wirksamkeit von Maßnahmen zur Behandlung von Risiken und Chancen,
- neue potentielle Chancen zur fortlaufenden Verbesserung.

Die Ergebnisse der Managementbewertung müssen Entscheidungen und Maßnahmen zu folgenden Punkten enthalten:[70]

- Chancen der fortlaufenden Verbesserung
- jeglichem Änderungsbedarf am Qualitätsmanagementsystem, einschließlich des Ressourcenbedarfs

10.7.6.1 Vorbereitung des Management-Reviews

Inhalt der Vorbereitung des Management-Reviews ist das Verdichten der unternehmensspezifischen Daten als Basis zur Bewertung der Wirksamkeit des Qualitätsmanagementsystems (siehe Bild 10.19).

Folgende Daten können die Basis bilden:

- Ermittlung der Effektivität und Effizienz des Qualitätsmanagementsystems zur Beurteilung dessen Gesamtwirksamkeit. Als Informationsquelle werden die Ergebnisse der internen Audits, Kundenaudits und eventuell durchgeführter Produktaudits herangezogen. Das Management Review kann auch als Rechtfertigung der Aufwendungen für Qualitätsmanagement gesehen werden.
- Auswertung des Kundenfeedbacks und die Frage, ob das Vertrauen des Kunden weiterhin gegeben ist! Dies kann die Analyse der Kundenzufriedenheit beinhalten.
- Analyse von Konkurrenz und Markt und Anwendung von Benchmarking.
- Berücksichtigung und Einbeziehung neuer Technologien, qualitätsbezogener Konzepte, Marktstrategien und sozialer oder Umweltbedingungen. Überlegungen zur Anpassung des Qualitätsmanagementsystems, inklusive die Qualitätspolitik und die Qualitätsziele, im Hinblick auf diese Änderungen sollten angestellt werden.
- Übersicht über den Bedarf oder die Möglichkeit von Verbesserungen.

---

[70] DIN EN ISO 900:2015, S. 42

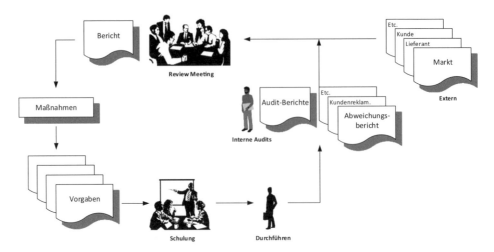

Bild 10.19 Aufgabe des Management-Reviews[71]

Folgende finanzielle und nichtfinanzielle Messgrößen können darüber hinaus in die Bewertung einbezogen werden:

- **Finanzielle Messgrößen:** Umsatz, Gewinn, Wertschöpfung, Cash-Flow, Liquidität, Deckungsbeitrag, Qualitätskosten, etc.
- **Nichtfinanzielle Messgrößen:** Marktanteil, Lieferzeit, Entwicklungszeit, Durchlaufzeit, Lagerumschlag, Nacharbeit und Ausschuss, Marktverhalten der Produkte und Dienstleistungen, Reklamationen, Mängelberichte, etc.

Die Information für das Management-Review muss von solcher Qualität und Detaillierung sein, dass durch die (oberste) Leitung Schlüsse und Entscheidungen für Verbesserungen getroffen werden können.

10.7.6.2 Durchführung des Management-Reviews

Die Qualitätsmanagement-Bewertung sollte von der obersten Leitung in einem von ihr für geeignet gehaltenen zeitlichen Abstand vorgenommen werden. Dieser sollte in Übereinstimmung mit dem strategischen Planungszyklus der Organisation stehen.

Das Management-Review basiert auf den beschriebenen strukturierten und zusammengefassten Evaluierungen. Alle betroffenen Manager sollten reguläre Teilnehmer des Management-Reviews sein. Darüber hinaus kann es sinnvoll sein, auch Manager andere Bereiche und Ebenen teilnehmen zu lassen. Dies stellt eine möglichst breite Basis an aktueller Information für alle Betroffenen dar und fördert die Akzeptanz bei den Teilnehmenden.

---

[71] vgl. Wagner; Käfer, 2008, S. 168

Die Unternehmensleitung hat den Erfüllungsstand der Unternehmensziele zu bewerten, bei Nichterfüllung Korrekturmaßnahmen einzuleiten, diese zu überwachen und zu dokumentieren. Es ist festzulegen, nach welchen Regeln/Vorschriften/Anweisungen diese Bewertungen durchgeführt werden.

Management-Reviews werden in der Praxis meist jährlich durchgeführt. Störungen, organisatorische Änderungen oder eine Verringerung der Produktqualität sollten allerdings immer zu außerordentlichen Bewertungen in kürzeren Abständen führen.

10.7.6.3 Ergebnisse des Management-Reviews

Das Ergebnis des Management-Reviews umfasst Feststellungen, Schlussfolgerungen und Empfehlungen, die in der Qualitätsmanagement-Bewertung erzielt wurden. Die Aufzeichnung dieser Informationen stellt die Basis für die erforderlichen Maßnahmen dar, die zur Verbesserung des Qualitätsmanagementsystems ergriffen werden.

11 Integrierte Managementsysteme

Steigende Globalisierung der Märkte, der damit wachsende Konkurrenzdruck und steigende rechtliche Regelungsdichte, sowie eine ausgeprägte Kundenorientierung, prägen heute das Umfeld betrieblicher Managementsysteme. Unternehmen sehen sich deshalb mit einer Vielzahl an – von Kunden – geforderten Anforderungen konfrontiert, die ein Unternehmen bzw. eine Organisation erfüllen muss, um zukünftige Aufträge generieren zu können.

Um diesen Herausforderungen begegnen zu können, bedarf es klarer Strukturen und systematisch geleiteter Vorgehensweisen, die dynamische Handlungsweisen auf allen Ebenen und in allen Zuständigkeitsbereichen des Unternehmens zulassen.

■ 11.1 Geschichtliche Entwicklung[1]

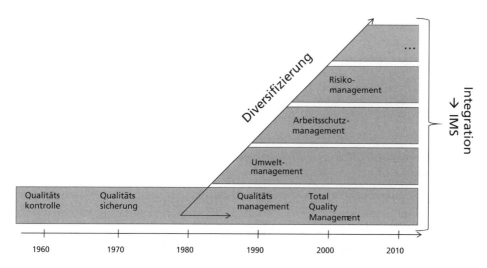

Bild 11.1 Entwicklung Integrierter Managementsysteme (IMS)

---

[1] vgl. Positionspapier IMS Quality Austria, 2012, S. 4 ff

Die Entwicklung der Gesamtheit der heutigen Managementsysteme wurde durch zwei markante Teilprozesse geprägt:

11.1.1 Diversifizierung

Das starke wirtschaftliche Wachstum Mitte des 20. Jahrhunderts, bedingt durch den industriellen Aufschwung nach dem 2. Weltkrieg, führte zu der Entstehung von verschiedenen Managementsystemen. Diese leisten einen wesentlichen Beitrag zur Unternehmensführung, müssen jedoch auch zielgerichtet eingesetzt und in der Unternehmensphilosophie verankert werden.

Rund um unterschiedliche Problemstellungen entwickelten sich verschiedene Managementansätze:

- Qualitätsmanagement
- Umweltmanagement
- Risikomanagement
- Arbeitsschutz- und Sicherheitsmanagement
- zusätzliche branchenspezifische Managementsysteme

11.1.2 Integration

Die Vielfalt an unterschiedlichen Managementstrukturen führte zu einem erheblich erhöhten Verwaltungsaufwand durch ungeklärte Zuständigkeitsbereiche und Interessenskonflikte innerhalb der Führungsebenen. Dies führte dazu, dass versucht wurde, dass die unterschiedlichen Managementkonzepte in einem einzigen zusammen geführt wurden.

In den letzten Jahrzehnten wurde daher an Strukturen gearbeitet, die eine Abstimmung zwischen den verschiedenen Managementsystemen erreichen sollen und somit doppelte Arbeitsschritte eliminieren und Synergieeffekte nutzen. Als Ausgangsbasis zur Entwicklung integrierter Managementsysteme bietet sich das in vielen Branchen bereits etablierte und durch Normenreihen standardisierte Qualitätsmanagement(-system) an.

Als Integrationsmodelle bieten sich drei gängige Möglichkeiten an (summarisches, adaptives und prozessorientiertes Modell), wobei sich Effizienzsteigerungen in der Bewirtschaftung vor allem durch das prozessorientierte Modell (vgl. Prozessmodell der ISO 9001) ergeben.[2]

---

[2] vgl. Positionspapier IMS Quality Austria, 2013, S. 8

Generell ist festzuhalten, dass sich die Strukturen und Terminologien der Normen angleichen und dem „High Level Structure"-Ansatz folgend aufgebaut und formuliert werden, um den Anforderungen der Integration Folge zu leisten.

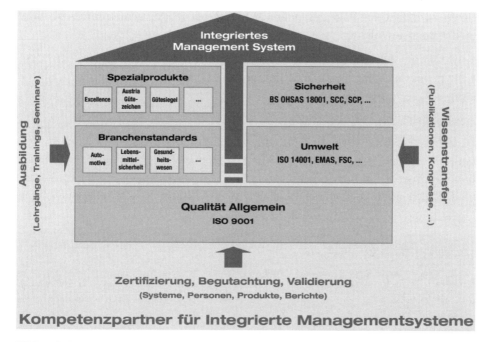

Bild 11.2 Das Qualitätsmanagement als Integrationsplattform[3]

11.2 Integrationskomponenten eines IMS

Nachfolgend werden gängige Normen und Branchenstandards angeführt, die neben andern in einem IMS Einzug finden können.

11.2.1 Arbeitsschutz- und Sicherheitsmanagementsystem (AMS)

11.2.1.1 AschG

Der Sicherheits- bzw. ArbeitnehmerInnenschutz wird in Österreich durch das ArbeitnehmerInnenschutzgesetz (AschG) geregelt (siehe Tabelle 11.1). Dabei wird die Evaluierung von Arbeitsplätzen, das heißt eine IST-Analyse der Gefährdungspotentiale, vorgeschrieben, womit eine grundlegende Erfassung aller Gefähr-

---
[3] Positionspapier IMS Quality Austria, 2012, S. 6

dungsmöglichkeiten besteht. Darauf aufbauend können Ziele und Maßnahmen zur Gefahrenabwehr und -vorsorge getroffen werden. Diese Evaluierung bietet somit die Basis für die dritte Säule zukünftiger integrierter Managementsysteme; dem Sicherheits-Managementsystem.

Damit wird die Grundlage geschaffen, ein innerbetrieblich gemeinsames Managementsystem aufzubauen und auditieren zu lassen, das

- die Qualität der Produkte,
- die Reduktion von Umweltauswirkungen und
- die Sicherheit der Arbeitnehmer

gewährleistet.

Dieser Entwicklung wird auch international Rechnung getragen, wonach in England bereits ein „British Standard" für Sicherheits-Managementsysteme, der BS 8800, erarbeitet wurde, der die Verbindung zur bestehenden Normenreihe ISO 9000 (für Qualitätsmanagement) sowie zur ISO 14001 (für Umweltmanagement) herstellt und die Synergien nutzt.

Tabelle 11.1 Regelungen durch das ASchG

Durch ASchG geregelt	Nicht durch ASchG geregelt

- Bestimmungen zu §
 - Arbeitsstätten u. Baustellen
 - Arbeitsmitteln
 - Überwachung der Gesundheit am Arbeitsplatz
 - Rechte und Pflichten der AG und AN
 - Inhalte der Beratung der AG und AN der Präventivdienste
 - Ermittlung und Beurteilung von Gefahren
 - Festlegung von Maßnahmen
 - Information und Unterweisung der Arbeitnehmer
 - Dokumentationo
     - Arbeitsplatzevaluierung
     - Einsatzzeiten
     - Präventivfachkräfte
     - Meldepflichten
     - Protokolle der Arbeitsschutzausschüsse
	- Systematische Bewertung mit Fehlerermittlung und Korrekturmaßnahmen
	 - Regelmäßige interne Audits, evt. externe Audits
	 - Regelmäßige Managementreviews
	 - Sicherheits- und Gesundheitspolitik
	 - Strategische Zielvorgaben des Unternehmens
	 - Innerbetriebliche Organisation und Struktur für den Arbeitnehmerschutz
	 - Präventive & systematische & strategische Planung von Maßnahmen
	 - Umsetzung der Maßnahmen
	 - Systematische Erfassung des Bedarfs an Information und Unterweisung
	 - Lenkung der Dokumentation
	     - Schnittstellenregelungen
	     - Anweisungen zu Abläufen
	     - Schulungsbedarf und
	     - Durchführung
	     - Systemüberwachung
	     - Mitarbeiterbeteiligung
	     - Erfüllung von Auflagen aus Bescheiden und
	     - Rechtsvorschriften

11.2.1.2 Arbeitsschutzmanagementsysteme (OHSAS 18001:2007)[4]

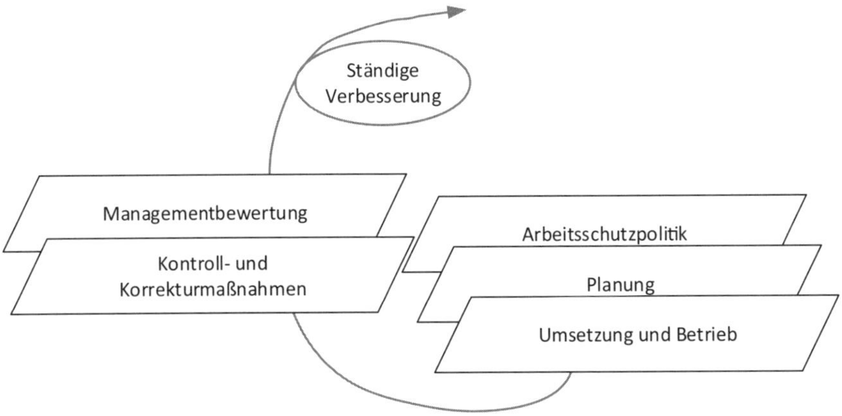

Bild 11.3 Elemente eines erfolgreichen Arbeitsschutzmanagements

Da es auf ISO-Ebene noch keinen umfassenden Standard für Sicherheits-Managementsysteme gibt, haben Normierungsstellen und Institute verschiedener Länder mit Occupational Health and Safety Assessment Series (OHSAS) 18001 im Jahre 1999 einen gemeinsamen Leitfaden für Arbeitsschutzmanagementsysteme erarbeitet (siehe Bild 11.3).

Im Jahre 2007 erfuhr OHSAS 18001 die erste Revision. Bei der Überarbeitung wurde verstärkt auf Gesundheitsschutz durch präventive Maßnahmen und nachhaltige Gesundheitsförderung gesetzt.

Sorgfältige Analyse und Bewertung von Risiken sowie deren Kontrolle mindern die Gefahren, da gezielt und präventiv Maßnahmen ergriffen werden können und Mitarbeiter über Gefahren informiert werden.

Schlüsselelement zu einem effektiven Arbeitssicherheitsmanagement ist die Risikoanalyse, die in Europa gesetzlich gefordert ist. Das Ergebnis zeigt u. a. deutlich, wo Hauptrisiken liegen, wie diese beseitigt werden können bzw. in welchen Bereichen Ziele und Programme für die kontinuierliche Verbesserung des Arbeits- und Gesundheitsschutzes gesetzt werden sollten, welche Schulungen notwendig sind.

Durch die Konzentration auf die schwerwiegendsten Risiken wird eine Verbesserung des Arbeitsschutzes unter optimaler Nutzung der Ressourcen erreicht.

Die vorliegende Spezifikation der Normenreihe Arbeitsschutzbeurteilung enthält Anforderungen an Arbeitsschutzmanagementsysteme (AMS), mit deren Hilfe Organisationen ihre Arbeitsschutzrisiken lenken und ihre Leistung verbessern können.

---

[4] URL: http://www.tuev-sued.de/management_systeme/arbeitsschutz/ohsas_18001; „OHSAS 18001 - Sicherheit im Unternehmen" (05.09.2012)

Vorteile eines etablierten Arbeitsschutzmanagementsystems:

- Minimierung von Arbeitsschutzrisiken (und damit Ausfalls- oder Prozesskosten)
- Kontinuierliche Verbesserung des Arbeitsschutzes
- positive Öffentlichkeitswirkung durch
  - Nachweisliche Übereinstimmung mit der eigenen Sicherheitspolitik
  - Zertifizierung des AMS durch eine externe Organisation

11.2.1.3 Safety Certificate Contractors (SCC)[5]

„Safety Certificate Contractors" ist ein internationaler Standard für Sicherheits- und Gesundheitsschutzmanagement, spezialisiert auf technische Dienstleistungsunternehmen und Kontraktoren, der vor allem im deutschen Sprachraum weit verbreitet ist.

Die Daseinsberechtigung neben OHSAS erhält SCC vor allem durch seinen Fokus auf die Anforderungen an Subunternehmer und deren Zertifizierung. Als Subunternehmer werden Fremdfirmen bezeichnet, die auf Areal der Kunden tätig sind und technische Dienstleistungen erbringen, wie Baufirmen, Wartungs-, Montage-, Installationsfirmen sowie Reinigungs-, Transport- und Entsorgungsunternehmen.

Der SCC Standard wurde entwickelt, um die Anforderungen an die Auftrags- und Subunternehmer im Bezug auf Arbeitssicherheit, Gesundheits- und Umweltschutz zu vereinheitlichen. Dabei wurde SCC soweit allgemein gültig aufgebaut, dass es von allen Industrie- und Gewerbezweigen angewandt werden kann.

SCC ist ein Instrument, das auf freiwilliger Basis zur Etablierung und Zertifizierung eines Sicherheitssystems angewandt wird. Die Einhaltung der Vorgaben durch diesen Standard wird durch eine unabhängige Zertifizierungsgesellschaft geprüft.

Ziele:

- Sicherstellung hoher Sicherheits-, Gesundheits- und Umweltschutzstandards (SGU)
- Ermittelung und Bewertung von Gefährdungen
- Ausbildung des Personals nach SGU-Kriterien
- Verbesserung des betrieblichen Gesundheitswesens
- Abstimmung des Beschaffungswesens für Ausrüstung und Dienstleistungen nach SGU-Kriterien
- Vorbereitung auf Notfallsituationen
- Meldung, Registrierung und Untersuchung von Unfällen und Zwischenfällen

---

[5] URL: http://www.qualityaustria.com/ (20.08.2012)

11.2.2 Umweltmanagementsystem (UMS)[6]

Grundsätzlich bestehen zwei Regelwerke, nach denen Umwelt-Managementsysteme aufgebaut und zertifiziert bzw. begutachtet werden können. Einerseits die international gültige Norm ISO 14001 und andererseits die vor allem in Europa bedeutsame EMAS (seit 2010 in der Version EMAS III gültig).

Vergleicht man Qualitäts- und Umweltmanagementsysteme miteinander, so ist ein wesentlicher Unterschied darin zu sehen, dass bei Umweltmanagementsystemen (UMS) ein Öffentlichkeitsbezug gegeben ist. Zudem ist der betroffene Personenkreis größer und erstreckt sich auch auf die Öffentlichkeit, den Staat sowie beispielsweise Umweltverbände.

Bild 11.4 Leistungsfähigkeit eines UMS

11.2.2.1 Ziele eines Umweltmanagementsystems (UMS)

Das Umweltmanagementsystems (UMS) ist ein Teil des Gesamtmanagements. Einem Unternehmen soll ermöglicht werden:

- Signifikante Umweltauswirkungen erfassen und bewerten zu können
- Umweltleitlinien und Umweltziele zu formulieren
- Erreichung der selbst gesetzten Ziele zu sichern
- Erfolgreiche Umsetzung im Rahmen von Umweltaudits Dritten gegenüber zu dokumentieren

---

[6] vgl. Pischon, 1999, S. 177 ff

Das Unternehmen kann die Existenz und das Funktionieren eines solchen UMS durch eine akkreditierte Zertifizierungsstelle beglaubigen lassen und erhält ein entsprechendes Zertifikat.

Die Zertifizierung eines funktionierenden UMS erfolgt heute meist über die EMAS. Daneben existiert die ISO 14001, in der die kontinuierliche Verbesserung des Umweltmanagementsystems als Ziel festgeschrieben ist.

11.2.2.2 Vorteile für das Unternehmen

Bild 11.5 Vorteile eines UMS

Vorteile für die Unternehmen ergeben sich zumeist in Form verringerter Kosten. Ein funktionierendes UMS trägt demnach auch zur verbesserten Wirtschaftlichkeit und Wettbewerbsfähigkeit von Unternehmen bei.

Daneben ergeben sich ökologische Vorteile, die sich im Unternehmen nach außen darstellen und so einen Imagevorteil zur Folge haben können. Darüber hinaus lassen sich durch eine verbesserte Risikovorsorge etwaige Haftungsansprüche vermeiden und erhebliche Imageschädigungen beispielsweise bei einem Störfall vermeiden (siehe Bild 11.5). Ein funktionierendes Umweltmanagementsystem ist nicht als starres Leitkonstrukt sondern nach dem Deming-Kreis als kontinuierlicher Verbesserungsprozess zu verstehen.

11.2.2.3 ISO 14000 für Umweltmanagementsysteme

Die ISO 14000 ist eine Normenfamilie die ursprünglich im Jahre 1994 veröffentlicht wurde. Sie definierte damals zum ersten Mal begrifflich und inhaltlich den Bereich Umweltmanagement.

Ein Element der Normenfamilie, die ISO 14001:2009, spezifiziert ein Umweltmanagementsystem, mit dem der Umweltschutz systematisch im Management verankert wird. Somit können bei allen täglichen Aufgaben und firmenpolitischen Entscheidungen die Umweltaspekte berücksichtigt werden.

Durch eine Zertifizierung nach ISO 14001 kann ein Unternehmen nachweisen, dass es sich umweltgerecht verhält. Mit ihrer Hilfe werden Betriebe konkret und systematisch beim Aufbau des Umweltmanagementsystems nach weltweit gültigem Standard unterstützt. Die Betriebe erhalten somit ein wirkungsvolles Instrument, mit dem sie Umweltbelastungen systematisch erfassen und die Umweltsituation laufend verbessern können. Umweltrisiken werden bewertet und Notfallpläne ausgearbeitet, um Störfälle zu verringern.

Natürlich müssen bei einem UMS nach ISO 14001 auch alle relevanten gesetzlichen Umweltvorschriften eingehalten werden. Gewährleistet wird das durch regelmäßige Überprüfungen durch Umwelt-Auditorien einer unabhängigen Zertifizierungsstelle.

Auf Grund des ähnlichen Aufbaus von ISO 14000 und ISO 9000 (der Normenreihe für Qualitätsmanagement) und der daraus resultierenden hohen Kompatibilität von QMS und UMS ist die ISO 14001:2009 ein Umweltmanagementsystem, speziell für Betriebe, die bereits ein Qualitätsmanagementsystem aufgebaut haben und nun zusätzlich auch die umweltrelevanten Bereiche des Betriebes systematisch erfassen und kontinuierlich verbessern wollen.

11.2.2.4 Die Ökobilanz

Unter einer **Ökobilanz** (engl. auch Life Cycle Assessment – LCA) versteht man eine systematische Analyse von Produkten, Stoffen und Prozessen unter ökologischen Gesichtspunkten. Im Zuge einer solchen werden sämtliche umweltrelevanten Entnahmen aus der Umwelt (z. B. Erze, Rohöl) sowie Emissionen in die Umwelt (z. B. Abfälle, Kohlendioxidemissionen) untersucht und die damit verbundene Umweltbelastung durch das Untersuchungsobjekt analysiert. Die Ökobilanz gehört zu den ökologieorientierten Planungsinstrumenten des Controllings. Der Begriff der Bilanz wird bei der Ökobilanz im Sinne von einer Gegenüberstellung verwendet, sie ist nicht zu verwechseln mit der Bilanz innerhalb der Buchhaltung.

Allgemein unterscheidet man zwischen einer Ökobilanz, die den Umweltaspekt eines einzelnen Produkts berücksichtigt, einer vergleichenden Ökobilanz, die eine Gegenüberstellung mehrerer Produkte verfolgt sowie einer ganzheitlichen Bilanzierung, die wirtschaftliche, technische und/oder soziale Aspekte mit einbezieht.

Mit der Norm ISO 14040 ist der Begriff Ökobilanz nur noch ausschließlich auf produktbezogene Ökobilanzen anwendbar.

Eine gesamte Ökobilanz nach den Normen ISO 14040 bis ISO 14043 umfasst:

- Zieldefinition (ISO 14040)
- Sachbilanz (ISO 14041)
- Wirkungsbilanz (ISO 14042)
- Bewertung (ISO 14043)

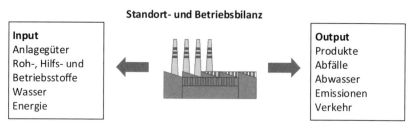

Input und Output sowie die Bestände des Betriebes werden mengenmäßig erfasst und bewertet

Bild 11.6 Standort- und Betriebsbilanz

11.2.2.5 EG-Öko-Audit- oder EMAS-Verordnung[7]

Die EMAS-Verordnung (Eco-Management and Audit Scheme; dt: Umweltmanagement und Umweltbetriebsprüfung) auch bekannt als Öko-Audit ist ein, vom europäischen Rat entwickeltes System zur freiwilligen Prüfung und Zertifizierung von besonders umweltbewussten Unternehmen innerhalb der EU. Die Verordnung basiert zu großen Teilen auf der ISO 14000 Normenreihe, geht jedoch in einigen Bereichen darüber hinaus.

Durch die Zertifizierung als „EMAS"- Organisation hat das Unternehmen die Möglichkeit, sich als außerordentlich umweltfreundlich und nachhaltig orientierte Organisation zu positionieren und dadurch sowohl den Kundenstamm zu erweitern als auch die öffentliche Meinung zu verbessern.

Die umfangreichen, positiven Erfahrungen mit der EMAS-Verordnung hat im Jahre 2000 zu einer Revision, der sogenannten EMAS II geführt, die die Produkt- und Prozessbezogenheit stärker berücksichtigt und folgende Neuerungen aufweist:

- Jedes Unternehmen – nicht nur produzierendes Gewerbe – darf teilnehmen
- Die Organisation und nicht mehr der Standort werden begutachtet
- Die ISO 14001 gilt als Basis für das Umweltmanagement
- Nachweis der Konformität mit dem Umweltrecht muss erbracht werden

---

[7] vgl. Informationspublikation EMAS III, 2012, S. 2 ff

11.2.3 Risikomanagementsystem (RMS)

In jedem Unternehmen können Risiken sowohl aus internen als auch aus externen Ursachen erwachsen. Risikomanagementsysteme beinhalten Standards (= Frameworks) wie mit Risiken systematisch, vorausschauend und geplant umzugehen ist.

In vielen Organisationen ist bereits ein Risikomanagementsystem (RMS) vorhanden. Meist wird dieses System aber ausschließlich im Controlling-Bereich angewandt und beschäftigt sich primär mit finanziellen Risiken. Dadurch vergibt das Unternehmen die Chance, von dem RMS als ein Steuerungsinstrument für das gesamte Geschäftsgeschehen zu profitieren.

Bei der Einführung eines RMS in den Alltagsgebrauch, ist es wichtig, die Teambildung zwischen Controlling und Management, sowie eine weitgehende Einbindung der Mitarbeiter zu fördern. Es ist von entscheidender Bedeutung für die erfolgreiche Etablierung im Unternehmen, dass Unternehmensziele und -erwartungen an das Managementsystem hinreichend über alle Ebenen kommuniziert werden.

„Risiken völlig zu umgehen ist weder möglich noch wünschenswert. Sie zu erkennen und richtig einzuschätzen ist jedoch unerlässlich!"[8]

11.2.4 Energiemanagementsystem (EnMS)

Die Norm DIN EN ISO 50001 „Energiemanagementsysteme – Anforderungen mit Anleitung" ist eine international gültige Norm und bietet ein Grundgerüst zum Aufbau und zur Gestaltung von Energiemanagementsystemen (EnMS). Neben der Möglichkeit, ein solches System nach ISO 50001 zu zertifizieren, unterstützt sie Unternehmen vor allem der Verbesserung der Energieeffizienz, des Energieeinsatzes und des Energieverbrauchs.[9] Sie ersetzt die bis dahin gültige Norm DIN EN 16001:2009-08 „Energiemanagementsysteme".[10]

Wie die ISO-Managementsystemnormen DIN EN ISO 9001 und die DIN EN ISO 14001 basiert auch die ISO 50001 auf dem PDCA-Zyklus. Die ISO 50001 verfolgt das Ziel, durch eine ständige Optimierung des Energieverbrauchs in kleinen Schritten das Energie-Effizienzniveau zu erhöhen.[11]

---

[8] URL: http://www.tuev-sued.at/managementsysteme/qualitaetsmanagement/risikomanagement/ (22.08.2012)
[9] vgl. DIN EN ISO 50001:2011, S. 5 ff.
[10] vgl. DIN EN ISO 50001:2011, S. 2
[11] vgl. DIN EN ISO 50001:2011, S. 2

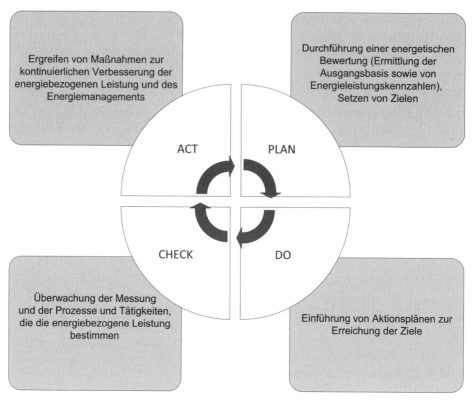

Bild 11.7 PDCA-Zyklus der ISO 50001[12]

---
[12] vgl. Wahren, 2014, S. 32

12 Produktionsinstandhaltung

Die Aufgabe der Instandhaltung[1] ist die Erhaltung der Funktion und der Leistungsfähigkeit einer Maschine bzw. Anlage. Sie wird wegen der steigenden Komplexität von Produktions-, Handhabungs- und Transporteinrichtungen einschließlich ihrer Automatisierung und Verkettung immer wichtiger. Heute genügt es für die Aufrechterhaltung einer möglichst hohen Verfügbarkeit der Produktionsanlagen nicht mehr nach Ausfällen zu reparieren, sondern es sind planmäßige und vorbeugende Maßnahmen notwendig um teure Ausfälle und Risiken für die Sicherheit und Umwelt zu vermeiden.

Dem Aufwand für die Instandhaltung muss immer der Nutzen gegenübergestellt werden. Diese ganzheitliche Sichtweise führt zu neuen Konzepten, deren Ziel die Erhöhung der Gesamtverfügbarkeit der Anlagen und die Reduktion der Gesamtkosten bei gleich bleibender Ausbringung ist.

Damit verschwimmen die Grenzen zwischen den Verantwortungsbereichen der Produktion, der Instandhaltung, der Logistik und des Qualitätsmanagements. Diese klassische funktionsorientierte Betrachtungsweise wurde in den letzten Jahren durch eine Konzentration auf die Prozesse ersetzt. Mitverantwortlich dafür ist die prozessorientierte Qualitätsmanagement-Norm ISO 9001:2015, die zwischen Hauptprozessen, Managementprozessen, unterstützenden Prozessen und Mess-, Analyse- und Verbesserungsprozessen unterscheidet. Dabei steht die Kundenorientierung im Vordergrund eines ganzheitlichen Konzepts.

Die Quantifizierung des Nutzens der Instandhaltung ist für die betroffenen Instandhaltungsabteilungen, die häufig als Gemeinkostenverursacher, die keine direkte Leistung für die Produkterstellung erbringen, gesehen werden, sehr wichtig. Die Instandhaltungsleistung muss heutzutage sowohl intern als auch extern verkauft werden. Die internen Instandhaltungsabteilungen stehen in Konkurrenz zu externen Anbietern von Instandhaltungs-Dienstleistungen. Die Kostenvergleiche, die zwischen externen Anbietern und internen Abteilungen gemacht werden, sollten unter objektiven und vergleichbaren Randbedingungen erfolgen. Bevor an ein

---

[1] vgl. Matyas, 2010

Outsourcing von Leistungen gedacht werden kann, sollten die auszulagernden Prozesse genau definiert und klar abgegrenzt sein und die entsprechenden Prozesskosten bekannt sein. Diese Analysen können mit den Methoden des Prozessmanagements und der Prozesskostenrechnung durchgeführt werden.

Der Stellenwert, den die Instandhaltung genießt, ist nicht in jedem Unternehmen gleich hoch. Je anlagenintensiver der Betrieb ist und je kontinuierlicher der Produktionsprozess abläuft, desto höher sind die Ausfallkosten und desto größer ist damit auch die Bedeutung der Instandhaltung.

■ 12.1 Instandhaltung im Wandel

Seit den 30er Jahren lässt sich die Entwicklung der Instandhaltung über vier Generationen verfolgen (siehe Bild 12.1).

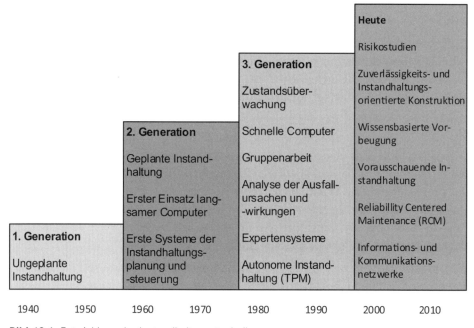

Bild 12.1 Entwicklung der Instandhaltungstechniken

12.1.1 Erste Generation

Die erste Generation der Instandhaltung erstreckte sich bis in die Zeit des zweiten Weltkrieges. Die Mechanisierung war in jener Zeit noch nicht so weit fortgeschritten, dass Stillstandzeiten die gleiche Auswirkung gehabt hätten wie heute. Abgesehen von der routinemäßigen Reinigung, Inspektion und Abschmierung hatten vorbeugende Maßnahmen gegen Maschinenausfälle keinen sehr hohen Stellenwert, zumal die Maschinen einfach aufgebaut und überdimensioniert waren.

12.1.2 Zweite Generation

Der erhöhte Bedarf an Gütern und die stark zurückgehende Zahl der Industriearbeiter im zweiten Weltkrieg führten zu einer zunehmenden Mechanisierung und Komplexität der Maschinen. Damit stieg auch die Bedeutung der Stillstandzeiten und das Konzept der vorbeugenden Instandhaltung entstand. Die rasch ansteigenden Instandhaltungskosten führten zu einer Entwicklung von Instandhaltungsplanungs- und Lenkungssystemen, um die Instandhaltung kontrollierbar zu machen.

12.1.3 Dritte Generation

Neue Erwartungen, neue Techniken und neue Forschungsergebnisse haben zu zahlreichen neuen Instandhaltungstechniken geführt. Beispiele dafür sind die zustandsorientierte Instandhaltung, Total Productive Maintenance (TPM) und die Rüstzeiten-Minimierung.

Die technische Entwicklung hin zu immer komplexere verketteten Anlagen einerseits und die geänderten gesetzlichen Rahmenbedingungen, wie Umweltauflagen und Arbeitssicherheit, andererseits haben eine Reihe von Auswirkungen auf die heutige Instandhaltung der dritten Generation:

- Die Maschinen und Anlagen sind durch die große Anzahl an Bauteilen störanfälliger geworden und müssen daher öfter instand gesetzt werden.
- Aufgrund dieser Komplexität dauern Fehlersuche und Instandsetzung unter Umständen länger und können außerdem nur von qualifiziertem Fachpersonal durchgeführt werden.
- Die Auslastung der Anlagen wird immer höher, die Stillstandzeiten außerhalb der Produktionszeit, die für Instandhaltungsmaßnahmen zur Verfügung stehen, werden damit immer kürzer.

- Durch die Verkettung der Anlagen fallen bei einer Störung an einer Maschine oft gleich mehrere Maschinen aus, was zu einer beträchtlichen Steigerung der Ausfallkosten führt.

12.1.4 Heute: Vierte Generation

Die heutigen Anforderungen an die Instandhaltung gehen über die Aufrechterhaltung des Betriebes und die Sicherung der Verfügbarkeit hinaus. Instandhaltung soll zur Verbesserung der Anlagen beitragen, das Ziel ist die Instandhaltungsvermeidung, was durch Änderung der Konstruktion an den Anlagen erreicht werden kann. Voraussetzung dafür ist ein umfassendes Konzept der vorausschauenden Instandhaltung.

In Bild 12.1 wird auch gezeigt, welche Entscheidungswerkzeuge und Instandhaltungstechniken während der verschiedenen Generationen der Instandhaltung zum Einsatz kamen und heute noch kommen.

Die technische Entwicklung hin zu immer komplexeren, verketteten Anlagen einerseits und die geänderten gesetzlichen Rahmenbedingungen wie Umweltauflagen und Arbeitssicherheit andererseits haben eine Reihe von Auswirkungen auf die heutige Instandhaltung der vierten Generation (siehe Bild 12.2).

Bild 12.2 Bedeutung der Instandhaltung in der vierten Generation

- Die Maschinen und Anlagen sind aufgrund der vielen Bauteile störanfälliger und müssen daher öfter instand gesetzt werden.
- Der Nutzungszeitraum der Anlagen wird immer höher, die Stillstandzeiten außerhalb der Fertigungszeit, die für Instandhaltungsmaßnahmen zur Verfügung stehen, werden damit immer kürzer.
- Aufgrund der Komplexität der Anlagen dauern Fehlersuche und Instandsetzung unter Umständen länger und können außerdem nur von qualifiziertem Fachpersonal durchgeführt werden.

- Die hohen Anschaffungskosten bringen hohe Maschinenstundensätze und damit auch hohe Stillstands- bzw. Ausfallkosten mit sich. Die Dauer der Instandhaltungsmaßnahmen sollte dementsprechend gering gehalten werden.
- Durch die Verkettung der Anlagen fallen bei einer Störung an einer Maschine oft gleich mehrere Maschinen aus, was zu einer beträchtlichen Steigerung der Ausfallkosten führt.

Die angeführten Fakten zeigen, dass die Bedeutung der Instandhaltung auch in Zukunft weiter zunehmen wird.

Die Instandhaltung der vierten Generation kümmert sich nicht nur um Anlagenverfügbarkeit und Kosten, sondern betrifft alle Aspekte von Effektivität und Risiko der Geschäftstätigkeit, Sicherheit, Umweltschutz, Energieeffizienz, Produktqualität und Kundenservice.

■ 12.2 Maßnahmen der Instandhaltung

12.2.1 Begriffe

Instandhaltung wird nach DIN 31051 definiert als:

„Kombination aller technischen und administrativen Maßnahmen sowie Maßnahmen des Managements während des Lebenszyklus einer Betrachtungseinheit zur Erhaltung des funktionsfähigen Zustandes oder der Rückführung in diesen, so dass sie die geforderte Funktion erfüllen kann."

Demgemäß können ihre Aufgabenbereiche in vorbeugende Instandhaltung und störungsbedingte Instandsetzung unterschieden werden, wobei sich die vorbeugende Instandhaltung in die vier Teilaufgaben

- Wartung (z. B. Reinigen, Schmieren)
- Inspektion (Feststellung und Beurteilung des Zustandes)
- Geplante Instandsetzung (z. B. Anlagenrevisionen)
- Verbesserung (Maßnahmen zur Steigerung der Funktionssicherheit)

gliedern lässt (siehe Bild 12.3).

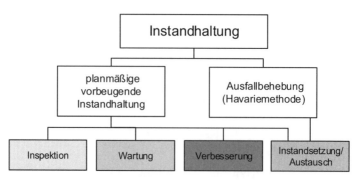

Bild 12.3 Maßnahmen der Instandhaltung

Definitionen nach DIN 31051

Inspektion: Maßnahmen zur Feststellung und Beurteilung des Ist-Zustandes einer Betrachtungseinheit einschließlich der Bestimmung der Ursachen der Abnutzung und dem Ableiten der notwendigen Konsequenzen für eine künftige Nutzung.

Wartung: Maßnahmen zur Verzögerung des Abbaus des vorhandenen Abnutzungsvorrats.

Instandsetzung: Maßnahmen zur Rückführung einer Betrachtungseinheit in den Funktionsfähigen Zustand, mit Ausnahme von Verbesserungen.

Verbesserung: Kombination aller technischen und administrativen Maßnahmen sowie Maßnahmen des Managements zur Steigerung der Funktionssicherheit einer Betrachtungseinheit, ohne die von ihr geforderte Funktion zu ändern."

Chemische und/oder physikalische Vorgänge führen zu einer unvermeidbaren Abnutzung einer Betrachtungseinheit. Solche Vorgänge sind z. B. Korrosion, Ermüdung und Reibung. Sie haben einen Abbau des Abnutzungsvorrates zur Folge.

Jede Betrachtungseinheit hat, wenn neu, noch den vollen Abnutzungsvorrat (Leistung, Genauigkeit ...). Mit der Inbetriebnahme beginnt die Abnutzung, d. h. der Abnutzungsvorrat verringert sich, was sich z. B. in einer Drehzahlabweichung, Minderleistung oder Spielvergrößerung äußert (siehe Bild 12.4).

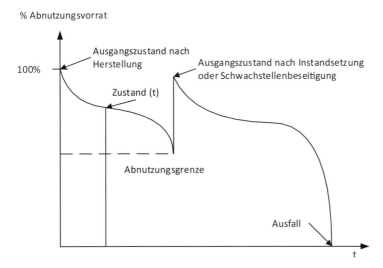

Bild 12.4 Verlauf des Abnutzungsvorrates einer Betrachtungseinheit

Definitionen nach DIN 31051

Abnutzungsvorrat: Vorrat der möglichen Funktionserfüllungen unter festgelegten Bedingungen, der eine Betrachtungseinheit aufgrund der Herstellung, Instandsetzung oder Verbesserung innewohnt.

Abnutzungsgrenze: Vereinbarter oder festgelegter Mindestwert des Abnutzungsvorrates.

Fehler: Zustand einer Betrachtungseinheit, in dem sie unfähig ist, eine geforderte Funktion zu erfüllen, ausgenommen die Unfähigkeit während der Wartung oder anderer geplanter Maßnahmen oder infolge des Fehlens äußerer Mittel.

Ausfall: Beendigung der Fähigkeit einer Betrachtungseinheit eine geforderte Funktion zu erfüllen.

In der Literatur werden oft die Begriffe Ausfall und Fehler synonym verwendet. DIN 31051 grenzt diese Begriffe jedoch klar zueinander ab.

Die drei nachfolgend genauer beschriebenen Instandhaltungsmaßnahmen **Inspektion, Wartung** und **Instandsetzung** werden vom **Deutschen Komitee Instandhaltung** (DKIN), welches Empfehlungen zu besonderen Instandhaltungsthemen herausgibt, in der Empfehlung Nr. 2 nach folgenden Gesichtspunkten strukturiert:

- Betrachtungseinheit ist im Betriebszustand
- Betrachtungseinheit befindet sich im Stillstand

Mit DIN 31051:2003-06 wird als vierte eigenständige Grundmaßnahme die „Verbesserung" eingeführt.

12.2.2 Inspektion

Bei der Inspektion sollte der Zustand stets unter **konstanten Betriebs- und Umweltbedingungen** festgestellt und unter Beibehaltung von Maßstäben und Toleranzen in denselben Dimensionen wie der Ausgangszustand angegeben werden um einen direkten **Vergleich zwischen Ausgangs- und Ist-Zustand** zu ermöglichen. Folgende Teilmaßnahmen der Inspektion können unterschieden werden (siehe Bild 12.5):

- Feststellen des Zustandes von technischen Einrichtungen
- Beurteilen des Zustandes
- Auswerten der Zustandsinformationen (Vergleichen, Fehler ermitteln)
- Bestimmen der Ursachen der Abnutzung
- Fehleranalyse
- Weitere Maßnahmen, die aufgrund des beurteilten Zustandes erforderlich werden, veranlassen

Für die Feststellung und Beurteilung des Zustandes ist ein **Messen** und **Prüfen** notwendig.

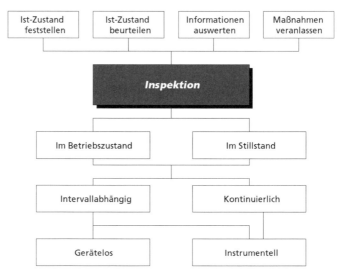

Bild 12.5 Teilmaßnahmen der Inspektion und verschiedene Arten der Durchführung

Die Anlagenüberwachung kann auch gegliedert werden in:

- Technologische Prozessführung
- Wirkungsgradüberwachung
- Beanspruchungsüberwachung
- Abnutzungsüberwachung

Die jeweils erzielten Überwachungsergebnisse sollen für die technische Diagnostik genutzt werden. Die Durchführung der Inspektionen kann durch den Einsatz von Diagnosesystemen unterstützt werden, die entweder durch eine Online-Überwachung Inspektionsarbeiten unnötig machen oder im Rahmen einer Offline-Überwachung die Inspektionstätigkeiten wesentlich vereinfachen.

Computergesteuerte Werkzeugmaschinen, Bearbeitungszentren usw. haben meist schon ein eingebautes Fehlerdiagnosesystem. Die Funktionsweise eines solchen Überwachungs- und Diagnosesystems ist in Bild 12.6 dargestellt.

Bei Auftreten von Fehlern können diese durch das Diagnosesystem angezeigt und somit sehr schnell behoben werden. Zusätzlich können durch ein Diagnosesystem Fehler erkannt werden, bevor sie den Fertigungsprozess stören. Hierdurch werden sowohl Wirtschaftlichkeit und Prozessfähigkeit als auch Sicherheit und Umweltverträglichkeit der Anlagen verbessert.

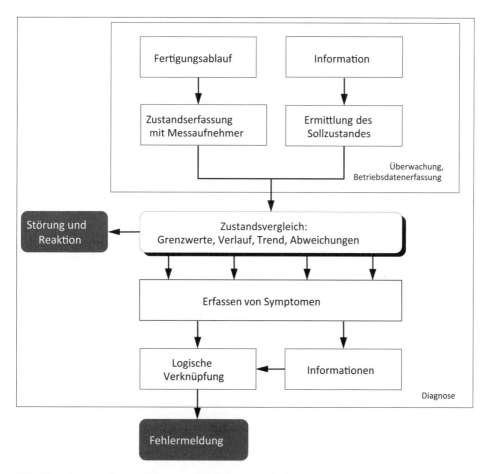

Bild 12.6 Anlagenüberwachung und Fehlerdiagnose im Fertigungsbereich

12.2.3 Wartung

Die Wartungsmaßnahmen dienen dazu, den Ausgangszustand technischer Einrichtungen zu erhalten und damit auch die Arbeitssicherheit zu gewährleisten. Sie führen letztendlich zur Verringerung der Abnutzungsgeschwindigkeit und zur Erhöhung der Lebensdauer. Bild 12.7 zeigt die wichtigsten Teilmaßnahmen der Wartung und die verschiedenen Arten der Durchführung.

- **Reinigen:** Entfernen von Fremd- und Hilfsstoffen
- **Konservieren:** Durchführung von Schutzmaßnahmen gegen Fremdeinflüsse
- **Nachstellen:** Beseitigung eines Fehlers mit Hilfe dafür vorgesehener Einrichtungen
- **Schmieren:** Zuführen von Schmierstoffen zur Schmier- bzw. Reibstelle zur Erhaltung der Gleitfähigkeit
- **Ergänzen:** Nach- und Auffüllen von Hilfsstoffen
- **Auswechseln:** Ersetzen von Hilfsstoffen und Kleinteilen (kurzfristige, einfach durchführbare Tätigkeiten)

Bild 12.7 Teilmaßnahmen der Wartung

12.2.4 Instandsetzung

Die Instandsetzung (ehemals Reparatur) wird in die beiden folgenden Teilmaßnahmen gegliedert:

- **Ausbessern** (Instandsetzung durch Bearbeiten)
- **Austauschen** (Instandsetzung durch Ersetzen)

Die Gliederung der Instandsetzungsmaßnahmen nach Zeitpunkt und Planbarkeit der Maßnahmen wird in Bild 12.8 dargestellt und im Folgenden erläutert.

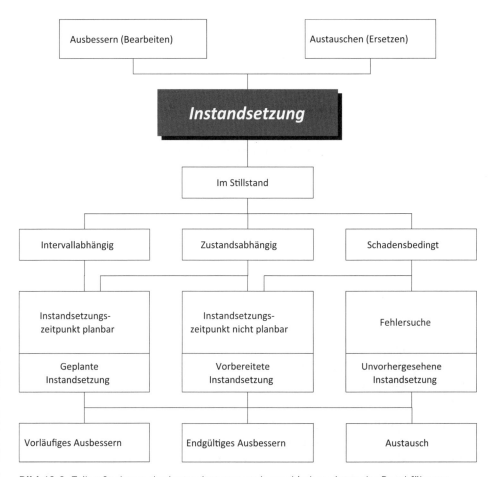

Bild 12.8 Teilmaßnahmen der Instandsetzung und verschiedene Arten der Durchführung

Der Zeitpunkt der Instandsetzungsmaßnahmen kann aufgrund verschiedener Ereignisse geplant werden:

- **Zustand:** Aufgrund des bei der Inspektion festgestellten Zustandes wird der Zeitpunkt der Instandsetzung festgesetzt.

- **Intervall:** Einleitung von Maßnahmen aufgrund messbarer Parameter wie Zeit, Betriebszeit, Stückzahl usw.
- **Geplante Instandsetzung:** Die Instandsetzungsmaßnahmen werden nach Zeitpunkt, Art und Umfang vorausgeplant und durchgeführt, um die volle Betriebsfähigkeit zu erhalten oder wiederherzustellen, bevor die Abnutzungsgrenze erreicht wird. Meist werden die Zeitpunkte aufgrund von Erfahrungen bestimmt, oder bei zu erwartender Beeinträchtigung des Betriebszustandes durchgeführt.
- **Überschreiten der Abnutzungsgrenze:** Die Instandsetzungsmaßnahmen werden erst bei Überschreiten der Abnutzungsgrenze durchgeführt, sind aber in der Regel im Zuge der vorbereiteten Instandsetzung nach Art und Umfang vorgeplant.
- **Vorbereitete Instandsetzung:** Die Maßnahmen zur Instandsetzung werden vorgeplant, der Zeitpunkt der Durchführung ist unbekannt.
- **Ungeplante Instandsetzung:** Weder der Eintrittszeitpunkt, noch die Art und der Umfang der Instandsetzungsmaßnahmen sind bekannt.

Vor der Durchführung der Instandsetzungsmaßnahmen sind Arbeitspläne zu erstellen, die entweder schon vom Anlagenhersteller vorgegeben sind, oder mit Hilfe von Richtlinien (DIN 31052), in denen Beispiele für Inspektions-, Wartungs- und Instandsetzungsanleitungen angegeben werden.

12.2.5 Verbesserung

Da es die Instandhaltung ist, die technische Verbesserungsmöglichkeiten erkennt und diese nach wirtschaftlichen Gesichtspunkten beurteilen kann, zählen auch Verbesserungen zu den vier Grundmaßnahmen der Instandhaltung. Dabei ist zwischen Änderungen und Verbesserungen zu unterscheiden. Die Änderung einer Betrachtungseinheit, so dass diese eine geänderte Funktion erfüllen kann, zählt nicht zur Instandhaltung, während die Verbesserung einer Betrachtungseinheit mit dem Ziel die Funktionssicherheit zu erhöhen sehr wohl Teil der Instandhaltung ist.

Die Funktionssicherheit lässt sich z.B. durch das Beseitigen von Schwachstellen erhöhen, wobei man unter einer **Schwachstelle** nach DIN 31051 eine Betrachtungseinheit versteht, bei der ein Ausfall häufiger als es der geforderten Verfügbarkeit entspricht eintritt und bei der eine Verbesserung möglich und wirtschaftlich vertretbar ist.

Die **Fehleranalyse** beinhaltet eine auf der **Fehlerdiagnose** (Fehlererkennung, Fehlerortung und Ursachenfeststellung) aufbauende Prüfung, ob eine Verbesserung der Betrachtungseinheit überhaupt möglich ist. Wird eine Verbesserungsmöglichkeit gefunden, muss im Folgenden deren wirtschaftliche Sinnhaftigkeit geklärt werden (siehe Bild 12.9).

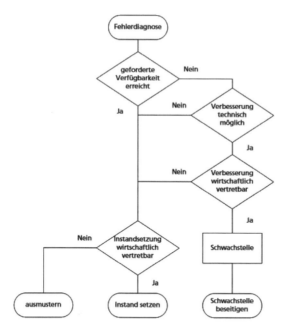

Bild 12.9 Fehleranalyse nach DIN 31051

12.3 Kostenbetrachtung

Das Hauptziel der Instandhaltung ist im Produktionsbetrieb neben der **Zuverlässigkeitsmaximierung** überwiegend die **Kostenminimierung**. Zwischen den gegenläufigen Kosten von Instandhaltungsaktionen und Ausfällen muss ein Optimum gefunden werden. Dabei sind die Ausfallkosten überwiegend durch den bei **Produktionsausfällen entgangenen Gewinn** (Deckungsbeitrag) und **nicht durch die Fixkosten der stillstehenden Maschinen** gegeben.

Die Kosten der Instandhaltung können nahezu exakt erfasst werden. Bei zu wenigen Planmaßnahmen oder zu großen Instandhaltungsintervallen ergeben sich zwar geringe Kosten für die Planmaßnahmen, jedoch werden mehr Ausfälle eintreten und damit mehr Kosten zu deren Behebung anfallen.

Sieht man dagegen **zu viele Planmaßnahmen** (zu kleine Instandhaltungsintervalle) vor, so erhält man **hohe Kosten der Planmaßnahmen,** dafür werden aber Ausfälle und deren Kosten weitgehend vermieden (siehe Bild 12.10).

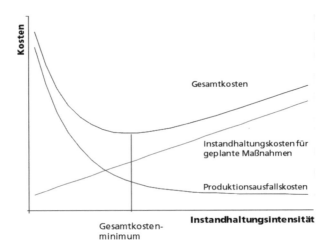

Bild 12.10 Kostenverläufe in Abhängigkeit von der Instandhaltungsintensität

Das **optimale Intervall** ist dann erreicht, wenn die gesamten Instandhaltungskosten (Summe aus den Kosten der geplanten Maßnahmen, der Ausfälle und der ungeplanten Maßnahmen) ein Minimum werden.

■ 12.4 Ausfallrate

In der Praxis ist die Zeitspanne zwischen Einbau und Ausfall (= Laufzeit) nicht bekannt. Die Instandhaltungsplanung muss sich daher auf Laufzeitprognosen stützen. Wenn die Länge der Laufzeit überwiegend von der Beanspruchung durch die Produktion abhängig ist, wird sie in **Betriebs-** oder **Nutzungszeit** gemessen. Sollten die Abnützungsursachen auch in den Stillstandszeiten wirken, so wird die Laufzeit als **Kalenderzeit** gewählt. Die **Ausfallrate** gibt die zeitliche Entwicklung der Ausfallwahrscheinlichkeit unter der Bedingung, dass der Bauteil zum Zeitpunkt t funktionstüchtig geblieben ist, für das folgende Intervall (von t bis t + 1) an.

Von großer Bedeutung für Probleme der Instandhaltungsplanung ist der Verlauf der Ausfallrate. Man unterscheidet zwischen **steigender, konstanter** und **fallender Ausfallrate**. Mit Hilfe des Verlaufs der Ausfallrate können die charakteristischen Phasen der Lebensdauer eines Bauteils beschrieben und durch die so genannte **Badewannenkurve** (siehe Bild 12.11) dargestellt werden. Diese Kurve gilt fast für alle Anlagenteile, die einer direkten Abnützung unterliegen (speziell an jenen Stellen, die mit dem bearbeiteten Werkstück in Berührung kommen). Für komplexe Anlagen, und solche Anlagenteile, die keiner direkten Abnützung unterliegen, können von diesem Verlauf abweichende Ausfallraten auftreten.

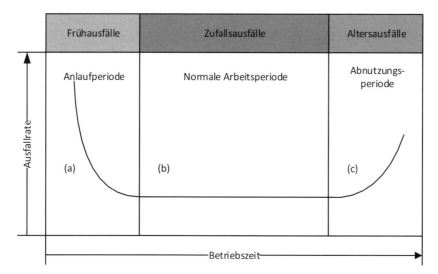

Bild 12.11 Klassische Badewannenkurve

Während der Betriebszeit der Anlage durchläuft die betrachtete Einheit drei Phasen:

a) Die **Frühausfälle** beruhen auf **Fehlern in Konstruktion** und **Fertigung** beim Hersteller, auf Fehlern beim **Zusammenbau** oder bei der **Einstellung**. Sie zeigen sich am Anfang und werden mit fortschreitender Betriebszeit seltener.

b) Die **Zufallsausfälle** werden durch Zusammenwirken ungünstiger Umstände, deren **Einzelursachen unbekannt** sind, ausgelöst. Ihr Auftreten ist unabhängig vom Alter des Bauteils und kann nicht vorhergesehen werden.

c) Die **Altersausfälle** sind durch **Abnützungs- und Alterserscheinungen** bedingt, die mit dem Alter des Bauteils zunehmen.

Aus dieser Unterscheidung wird verständlich, dass eine vorbeugende Instandhaltung nur in der Phase **Altersausfälle** sinnvoll sein kann, da nur dann die Ausfallursache bekannt und durch Vorbeugungsmaßnahmen beeinflussbar ist. In den Phasen **Frühausfälle** und **Zufallsausfälle** kann durch vorbeugende Instandhaltungsmaßnahmen und damit höheren Instandhaltungskosten keine höhere Verfügbarkeit erreicht werden.

Zusammen mit dem Kostenverhältnis zwischen den Arten von Maßnahmen ergeben sich folgende zwei Voraussetzungen für vorbeugende Instandhaltungsmaßnahmen:

- Es muss sich um Altersausfälle handeln.
- Die Kosten bei einer vorbeugenden Instandhaltung einschließlich ihrer Folgekosten müssen kleiner sein als die bei einer Instandsetzung nach einem Ausfall einschließlich der zugehörigen Folgekosten.

Das Auftreten von Zufallsausfällen kann nur dann durch zustandsorientierte Instandsetzung (eventuell mit Hilfe der Maschinendiagnose) verhindert werden, wenn die Zustandsverschlechterung durch Inspektion und Diagnose rechtzeitig erkannt wird, und sich so langsam ausbreitet, dass noch Zeit für entsprechende Maßnahmen bleibt.

■ 12.5 Instandhaltungsstrategien

Instandhaltungsstrategien sind Regeln, die angeben, zu welchen Zeitpunkten welche Aktionen an welchen Aggregaten bzw. Bauteilen vorgenommen werden sollen. Es gilt, im Spannungsfeld Wirtschaftlichkeit - Sicherheit - Verfügbarkeit, die richtigen Entscheidungen zu treffen, um eine Kostenminimierung und eine Verfügbarkeitsmaximierung der Anlagen zu erreichen.

> *„Die Erhaltung optimaler Anlagenbedingungen bedeutet mehr, als sicherzustellen, dass die Maschine gut läuft. Es bedeutet, dass sie so gut läuft, dass sie niemals ausfällt, immer in der vorgesehenen Geschwindigkeit und ohne unnötige Stopps oder Kurzausfälle produziert, niemals ein fehlerhaftes Produkt herstellt und mit minimalen Rüst- oder Anlaufzeiten auskommt."*

In Zukunft wird immer weniger Personal immer komplexere Anlagen betreiben und auch instand halten. Die indirekten Instandhaltungskosten, insbesondere die Ausfallfolgekosten sind häufig Ursache mangelnder Transparenz von Abläufen und Kosten sowie unzulänglicher Planung von Instandhaltungsmaßnahmen. Welche Instandhaltungsstrategie letztendlich zu wählen ist, hängt von dem einzelnen Unternehmen ab. Allgemein kann festgestellt werden, dass es keine einheitliche Instandhaltungspolitik gibt, die überall angewendet werden kann.

Abgesehen von den unterstützenden Prozessen der Instandhaltung und der Total Productive Maintenance (TPM) Philosophie gibt es vier grundlegende Strategien der Instandhaltung, die individuell anlagenbezogen angewendet werden können (siehe Bild 12.12).

In einem **umfassenden Instandhaltungskonzept** sollte eine optimale Mischung aus:

- Ausfallbehebung
- Vorbeugender Instandhaltung
- Zustandsorientierter Instandhaltung
- Vorausschauender Instandhaltung

enthalten sein. Die Vorgabe dafür ist die Einhaltung der geforderten Zuverlässigkeit bei minimalen Kosten. Welche Anlagen und Maschinen auf welche Art instand gehalten werden sollen, wird im Zuge einer umfangreichen Analyse festgestellt.

Zum Beispiel werden Maschinen, deren Ausfall keine Folgen für Sicherheit und Umwelt hat, weitere Anlagen beeinflusst und deren Ausfallkosten lediglich die Wiederinstandsetzungskosten dieser Maschine beinhalten, nicht vorbeugend instand gehalten.

Bild 12.12 Instandhaltungsstrategien

Maschinen, die Teil komplexer verketteter Anlagen sind und deren Ausfälle den Stillstand größerer Anlagenteile bedeuten bzw. zu einem Umwelt- oder Sicherheitsrisiko werden, werden dagegen individuell vorbeugend oder zustandsorientiert instand gehalten.

Richtig durchgeführte Instandhaltung verändert die bisher verwendeten Instandhaltungspläne und -strategien in Richtung einer Instandhaltung, die effektiver, harmonischer und billiger ist als die bisher verwendeten Verfahren.

Da die Eigenschaften der Fehler eine genaue Vorhersage des Eintritts oft unmöglich machen, ist auch die Festlegung eines optimalen Instandhaltungszeitpunktes ohne Kenntnis des Anlagenzustandes nur schwer möglich.

Zeitgesteuerte periodische Instandhaltung
- Austausch zu früh oder zu spät

Ausfallbehebung
- Austausch immer zu spät

Zustandsüberwachung
- Austausch nur, wenn erforderlich (Vorteil: Ausnutzung der Lebensdauer)

Bei der zustandsorientierten Instandhaltung orientieren sich die Wartungs- und Instandhaltungsmaßnahmen möglichst genau am konkreten Abnutzungsgrad des Instandhaltungsobjektes. Dieser kann durch **Anlagenüberwachung** und **Anlagendiagnose** ermittelt werden. In der Literatur wird die Anlagenüberwachung und -diagnose auch oft als **Technische Diagnostik** bezeichnet.

Die kontinuierliche Zustandsüberwachung ist in der Industrie mittlerweile unter dem Titel **Condition Monitoring** bekannt geworden. Es gibt eine große Anzahl von Anbietern für diese Condition Monitoring-Systeme.

12.6 Total Productive Management (TPM)

Im Gegensatz zur klassischen Instandhaltung, die als Hilfsbetrieb oder als Servicefunktion der Produktion verstanden wird, verfolgt TPM eine viel weitergehende Zielsetzung, da alle Mitarbeiter in den Verbesserungsprozess mit einbezogen werden. Das Konzept wurde ursprünglich als **Total Productive Maintenance** entwickelt, um eine hundertprozentige Verfügbarkeit der Maschinen zu erreichen. Die maximale Anlageneffizienz soll durch die Etablierung eines durchgehenden Systems der produktiven Instandhaltung über die gesamte Lebensdauer der Anlage erreicht werden. Verschiedene Bereiche wie Ingenieurwesen, Anlagenbetreiber oder Instandhaltung sind an den TPM-Aktivitäten beteiligt, wobei jeder Beschäftigte vom Top-Manager bis zum Mitarbeiter im Werk mit eingeschlossen ist. Durch Kleingruppen-Aktivitäten und durch die Verantwortung für ihre Maschine wird einerseits die Motivation der Mitarbeiter erhöht, und andererseits führt die erhöhte Aufmerksamkeit für die Anlage zu einer Verringerung der Störungen in den Prozessabläufen. TPM kann am besten anhand des 5-Säulen-Modells visualisiert werden (siehe Bild 12.13).

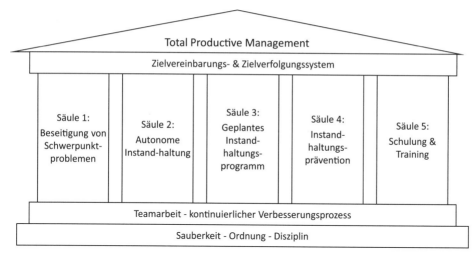

Bild 12.13 Die fünf Säulen von TPM

Zur Einführung der Autonomen Instandhaltung schlägt das Japan Institute of Plant Maintenance (JIPM) die Sieben-Schritte-Methode vor (siehe Bild 12.14).

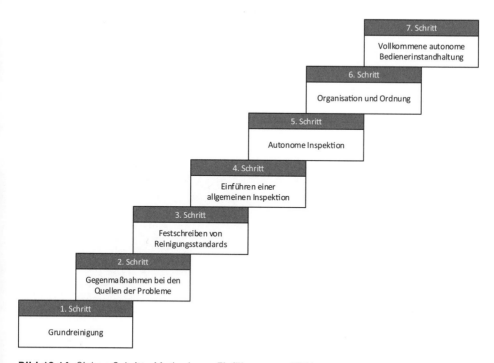

Bild 12.14 Sieben-Schritte-Methode zur Einführung von TPM

Eine erfolgreiche TPM-Einführung ist nur möglich, wenn jeder der sieben Schritte durchlaufen wird. Gerade die ersten drei Schritte sind oft sehr mühsam zu erreichen, bringen aber schon einen messbaren Erfolg.

13 Zeitstudium

Der „Information Zeit[1]" und ihre Bedeutung als Produktionsfaktor, Stell- und Kontrollgröße wird im heutigen Produktionsumfeld, in der flexibles und rasches Reagieren auf Veränderungen einen entscheidenden Wettbewerbsvorteil darstellt, wieder mehr Beachtung zugemessen. Der historische Hintergrund ist wie folgt: Aufgrund der negativen Auswirkungen des Taylorismus – wobei damals drastische Produktivitätssteigerungen erreicht wurden – auf den Menschen haben sich in den vergangenen Jahrzehnten Strömungen wie „Volvoismus" und „Humanisierung der Arbeit" entwickelt. Dabei wurde der Information Zeit eher wenig Bedeutung zugemessen, was zu einer Vernachlässigung von Revisionen oder gar eines fehlenden Bewusstseins dafür führte. Seit einigen Jahren geht der Trend – aus verschiedenen Gründen[2] – wieder zu einer Erhöhung der Fertigungstiefe in Hochlohn-Standorten, man spricht von einer Re-Industrialisierung.

Deshalb ist es für diese Unternehmen unbedingt erforderlich, eine belastbare Zeit-Datengrundlage zu haben, um darauf basierend zukunftsrelevante Entscheidungen wie bspw. Kapazitätsdimensionierung in einem turbulenten Umfeld bei hohen erforderlichen Investitionen treffen zu können. Eine Einmal-Datenerhebung mit einer Stoppuhr ist dafür nicht ausreichend und vor allem bei größeren Unternehmen mit dem Betriebsrat abzustimmen.

■ 13.1 Begriffsdefinition von Zeitstudium

Der Begriff „Zeitstudium" wird in der Literatur und im betrieblichen Sprachgebrauch für unterschiedliche Inhalte verwendet, zum einen für termin- und kapazitätsorientierte Funktionen der Produktionsplanung und -steuerung, zum anderen als das, was Zeitstudium sein sollte: ein wichtiges Instrument der Betriebsführung

---

[1] Kuhlang, 2011

[2] z. B. fehlerhafte Qualität, lange Wiederbeschaffungszeiten bei Fehlern, lange Reaktionszeiten und -wege, technologischen Anforderungen an Produktion und Mitarbeiter steigen, u. v. m.

zur Gewährleistung der Unternehmensziele. In der Aufbauorganisation der (herkömmlichen) Arbeitsvorbereitung heißt die Gruppe oder Abteilung, die sich hauptsächlich mit der Ermittlung von Zeitdaten befasst, häufig „Zeitstudienabteilung", „Arbeitsstudium" o. ä. In den 80er Jahren bürgerte sich der Begriff „Zeitwirtschaft" ein; seit Anfang der 90er Jahre spricht man von „Zeitmanagement" (zum Beispiel Integriertes Zeitmanagement) und betont damit den Charakter der aktiven, gezielten Betriebsführung bezüglich Verkürzung von Durchlaufzeiten, Einhaltung von Lieferterminen und Reduzierung von Kosten.

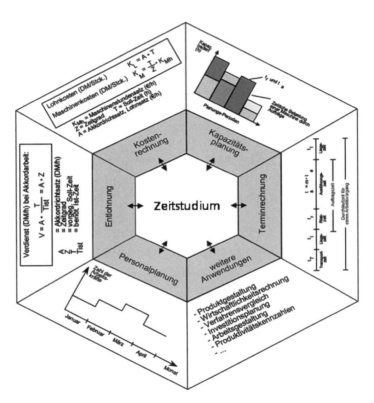

Bild 13.1 Zentrale Stellung des Zeitstudiums

Die zentrale Stellung des Zeitstudiums wird deutlich, wenn man die vielfältige Verwendung der im Zeitstudium erfassten und aufbereiteten (Zeit-)Daten betrachtet (siehe Bild 13.1). Insbesondere für die Simulation von betrieblichen Abläufen und die Geschäftsprozessoptimierung sind Zeitdaten erforderlich, um z. B. den Zeitbedarf parallel laufender Prozesse abbilden und diese aufeinander abstimmen zu können.

Der Begriff Zeitstudium (Zeitwirtschaft) lässt sich somit wie Folgt definieren:

„Zeitstudium ist die Studie aller im Unternehmen benötigten Zeiten für Mensch, Betriebsmittel, Material und andere Produktionsfaktoren. Bewirtschaften bedeutet: Planen, Verwenden und Kontrollieren der Zeiten sowie das Ableiten entsprechender Gestaltungsmaßnahmen."

Hieraus folgt die zentrale Stellung des Zeitstudiums, deren Arbeitsergebnisse nicht nur für Kostenkalkulation, Durchlaufzeitermittlung, Kapazitätsplanung, Verdienstabrechnung usw. verwendet werden, sondern die auch aus diesen Bereichen Informationen für ihre Zwecke verarbeitet.

Beispiele für zeitwirtschaftliche Kennzahlen zur Betriebsführung, ausgehend von Daten einer Zeitstudie:

- Kennzahlen unter Beachtung der Arbeitszeit des Menschen

$$\text{Anwesenheitsgrad in Prozent} = \frac{\sum \text{Anwesenheitsstunden}}{\sum \text{theoretische Einsatzzeit}} \cdot 100 \qquad (13.1)$$

$$\text{Zeitgrad in Prozent} = \frac{\sum \text{Vorgabezeiten}}{\sum \text{Ist} - \text{Zeiten}} \cdot 100 \qquad (13.2)$$

- Kennzahlen unter Berücksichtigung der Nutzung der Betriebsmittel

$$\text{Hauptnutzungsgrad in Prozent} = \frac{\sum \text{Hauptnutzungszeiten}}{\sum \text{theoretische Einsatzzeit}} \cdot 100 \qquad (13.3)$$

■ 13.2 Weitere Begriffsbestimmungen

Ist-Zeiten sind tatsächlich gebrauchte Zeiten für die Ausführung bestimmter Ablaufabschnitte. Diese Zeiten können durch direkte Messung am Arbeitsplatz erfasst werden.

Soll-Zeiten sind Zeiten für Soll-Abläufe, die bei Planungen ermittelt und benutzt werden. Sie werden i. A. aus zuvor erfassten Ist-Zeiten abgeleitet.

Werden die Ist-Zeiten mit Hilfe der REFA-Normalleistung in Soll-Zeiten umgewandelt oder beziehen sich Soll-Zeiten auf die Normalleistung (z. B. bei technologischen Funktionen), so bezeichnet man diese als *Normalzeiten*.

Vorgabezeiten sind Soll-Zeiten für Arbeitsabläufe, die vom Menschen (Auftragszeit) oder von den Betriebsmitteln (Belegungszeit) ausgeführt werden, und enthalten Zeitanteile für nicht genau vorausbestimmbare Ablaufabschnitte (z. B. Verteilzeiten). Sie erfüllen im Wesentlichen drei Aufgaben:

- Bezogen auf den Menschen sind die Zeitstandards Basis für die Personalkapazitätsplanung und die Entgeltberechnung.
- Die Belegungszeit ist eine der Grundlagen sowohl für die kurzfristige Kapazitäts- und Terminplanung als auch für die langfristige Investitionsplanung.
- Außerdem ist eine Kostenermittlung für Produkte oder Dienstleistungen nur unter Kenntnis der Lohn- und Maschinenstundensätze und der benötigten Zeiten möglich.

Der Grundsatz der Wirtschaftlichkeit gebietet es, bei der Ermittlung von Zeiten soweit wie möglich auf bereits vorhandene Soll-Zeiten zurückzugreifen und sie als so genannte Planzeiten aufzubereiten:

Planzeiten sind Soll-Zeiten, die mit Hilfe von Einflussgrößen beschrieben sind (z. B. als Funktion oder Tabellenwert) und bei Kenntnis der Einflussgrößen errechnet oder abgelesen werden können.

13.3 Gliederung der Auftragszeit und der Belegungszeit

Vorgabezeiten sind Soll-Zeiten und beziehen sich je nach Verwendung auf den Menschen oder das Betriebsmittel. Man unterscheidet zwischen:

- **Auftragszeit T** bezogen auf den Menschen
- **Belegungszeit T_{bB}** bezogen auf das Betriebsmittel

13.3.1 Die Auftragszeit

Die Auftragszeit T ist die Vorgabezeit einer Arbeit des Menschen mit Stück- und Auftragsbezug und besteht aus (siehe Bild 13.2):

- Rüstzeit t_r (nur 1 Mal je Auftrag)
- Ausführungszeit t_a (für m Stk. bzw. 1 Auftrag)

13.3 Gliederung der Auftragszeit und der Belegungszeit

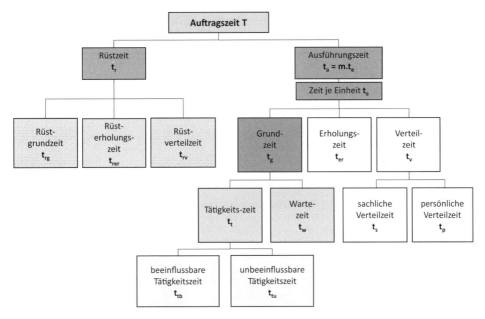

Bild 13.2 Gliederung der Auftragszeit

Eine weitere Untergliederung bezieht sich beim Rüsten und Ausführen einer Arbeitsaufgabe in:

- Grundzeit t_{rg} bzw. t_g
- Erholungszeit t_{rer} bzw. t_{er}
- Verteilzeiten t_{rv} bzw. t_v

Diese Begriffe lassen sich wie folgt definieren:

- **Grundzeit:** gibt die Soll-Zeit für die planmäßige Ausführung von Abläufen an und stellt somit den wesentlichen Anteil der Vorgabezeit dar.
- **Erholungszeit:** besteht aus Soll-Zeiten für das infolge der Tätigkeit notwendige Erholen des Menschen. Sie hängt von der Beanspruchungshöhe und Beanspruchungsdauer des Menschen durch die Arbeit ab.
- **Verteilzeiten:** sind zusätzlich zur planmäßigen Ausführung vorkommende Soll-Zeiten die mit unterschiedlicher Häufigkeit und Dauer auftreten. Entstehen sie beim Erfüllen der Aufgabe (z.B. störungsbedingte Unterbrechung durch Werkzeugbruch) spricht man von sachlichen Verteilzeiten (t_s). Im Gegensatz dazu stehen persönliche Verteilzeiten (t_p) nicht im Zusammenhang mit der Aufgabe (z.B. Brille putzen).

In der Praxis rechnet man bei den Verteil- und Erholungszeiten im Allgemeinen mit **Zuschlagssätzen:**

- Verteilzeitzuschlag:

$$z_v = \frac{t_v}{t_g} \cdot 100 \ (deto: z_{rv})$$ (13.4)

- Erholungszeitzuschlag:

$$z_{er} = \frac{t_{er}}{t_g} \cdot 100 \ (deto: z_{rer})$$ (13.5)

Eine genaue Übersicht der Bedeutungen der einzelnen Zeitarten der Auftragszeit liefert folgende Bild 13.3:

Auftragszeit	Zeit, die der Arbeitsperson zur ordnungsgemäßen Erledigung einer Arbeitsaufgabe an ihrem Arbeitsplatz vorgegeben wird.
Rüstzeit	Zeit, die der Mensch für die Vorbereitung der auftragsgemäß auszuführenden Arbeit, insbesondere der Betriebsmittel und deren Rückversetzung in den ursprünglichen Zustand, benötigt. Die Rüstzeit kommt in der Regel nur einmal je Auftrag vor (z.B. Rüsten einer Drehmaschine für eine Dreharbeit).
Rüstgrundzeit	Rüstzeit, die für das planmäßige Vorbereiten des Arbeitsplatzes benötigt wird (z.B. Werkzeug ein- und ausspannen).
Rüsterholunszeit	Zeit, welche die Arbeitsperson als Folge der Arbeitsanstrengung beim Rüsten benötigt.
Rüstverteilzeit	Zeit, die für nicht planmäßige, sondern den Ablauf des Rüstens unterbrechende Verrichtungen benötigt wird (z.B. Auftrag mit den Meister besprechen).
Ausführungszeit	Zeit, die für die Erledigung der Arbeit an den m Einheiten des Auftrages – ohne den Zeitaufwand für das Rüsten – vorgegeben wird (z.B. 100 Kontaktträger montieren).
Zeit je Einheit	Zeit, die der Arbeitsperson für die Erledigung der Arbeit an einem Stück (oder für eine bestimmte Einheitsmenge) vorgegeben wird (daher auch Stückzeit genannt).
Grundzeit	Summe der Soll-Zeiten, die für die planmäßige Ausführung bei jeder Einheit regelmäßig anfallen.
Tätigkeitszeit	Summe der Soll-Zeiten aller Ablaufabschnitte, bei denen der Mensch planmäßig tätig ist.
Beeinflussbare Tätigkeitszeit	Planmäßige, unmittelbar der Erfüllung der Arbeitsaufgabe dienende Tätigkeit, die der Mensch durch seinen Leistungsgrad beeinflussen kann (z.B. regelmäßiger Werkzeugwechsel, Fügen bei Montage).
Unbeeinflussbare Tätigkeitszeit	Planmäßige, unmittelbar der Erfüllung der Arbeitsaufgabe dienende Tätigkeit, die die Arbeitsperson nicht beeinflussen kann, weil sie durch die Technologie vorgegeben ist (z.B. Beobachten des Zerspanungsprozesses).
Wartezeit	Teil der Grundzeit, während der die Arbeitsperson aufgrund des Arbeitsablaufes regelmäßig untätig ist (Fertigungsprozess ohne Überwachung durch die Arbeitsperson).
Erholungszeit	Zeit, welche als Folge der Arbeitsbeanspruchung durch die Tätigkeitszeit benötigt wird, um sich zu erholen.
Verteilzeit	Summe der Zeiten, welche die Arbeitsperson für die Erledigung sachlich oder persönlich bedingter unregelmäßig auftretender Tätigkeiten im Zusammenhang mit dem Auftrag benötigt.
Sachliche Verteilzeit	Zeit für die Erledigung unregelmäßig auftretender Tätigkeiten, die im Zusammenhang mit dem Auftrag stehen (z.B. Säubern des Arbeitsplatzes am Abend oder am Wochenende, gelegentlich Maschine abschmieren, Akkordschein ausfüllen).
Persönliche Verteilzeit	Zeit für persönlich bedingtes Unterbrechen der Tätigkeit (z.B. Gang zur Toilette).

Bild 13.3 Detaillierte Beschreibung der Zeitarten der Auftragszeit

13.3.2 Die Belegungszeit

Die Belegungszeit T_{bB} bezieht sich auf ein Arbeits- oder Betriebsmittel und lässt sich ähnlich der Auftragszeit T gliedern. Der große Unterschied zur Betrachtung des Menschen ist der Wegfall der Erholungszeit (siehe Bild 13.4).

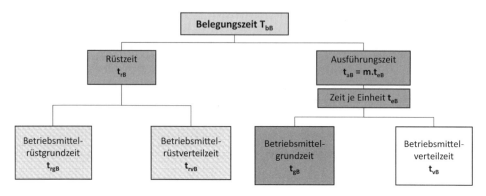

Bild 13.4 Gliederung der Belegungszeit

Die Begriffe und Berechnungen sind analog zu denen der Auftragszeit, als Ressource wird jedoch das Betriebsmittel betrachtet.

13.4 Einteilung und Beschreibung ausgewählter Zeitermittlungsmethoden

Die Begriffe „Zeitstudie" oder „Zeitermittlung" werden vielfach mit dem Namen des amerikanischen Ingenieurs F. W. Taylor (1856–1916) in Verbindung gebracht. Er gilt als der Begründer der Betriebsführung, die eine „wissenschaftliche Zeitstudie" voraussetzte. Wesentlich war die methodische Gründlichkeit, mit der der Produktionsablauf zeitlich erfasst und nach Zeitdaten geplant und gesteuert wurde. In Deutschland wurde 1924 der Reichsausschuss für Arbeitszeitermittlung (REFA) gegründet, dessen Aufgabe es ist, alles, was sich auf dem Gebiet der Arbeitszeitermittlung in Wissenschaft und Praxis ereignet, zu sammeln und zu systematisieren. Heute nennt sich REFA „Verband für Arbeitsgestaltung und Betriebsorganisation und Unternehmensentwicklung e. V.". REFA hat u. a. ein eigenes Zeitermittlungsverfahren entwickelt, die so genannte (REFA-)Zeitaufnahme.

Die Methoden der Zeitermittlung kann man nach „Zeiterfassung" (Ist-Zeiten erfassen) und „Zeitbestimmung" (Soll-Zeiten bestimmen) wie folgt gliedern (siehe Bild 13.5):

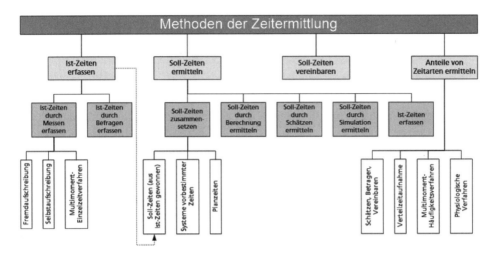

Bild 13.5 Methoden der Zeitermittlung

Welche Methode angewandt wird hängt u. a. auch von der erforderlichen Genauigkeit ab, welche in nachfolgender Bild 13.6 ersichtlich ist.

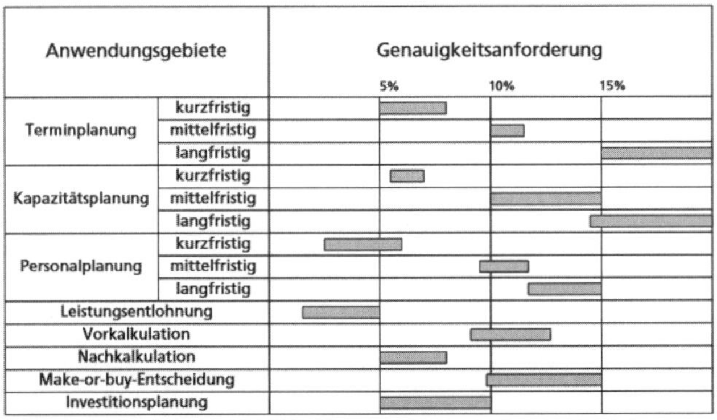

Bild 13.6 Genauigkeitsanforderungen an Zeitdaten

13.4.1 Selbstaufschreibung

Die Selbstaufschreibung ist ein Verfahren zur Erfassung von Ist-Zeiten durch den Mitarbeiter oder durch selbsttätige Registrierung am Arbeitsmittel. Dabei werden die Tätigkeiten inklusive des Zeitbedarfs in chronologischer Reihenfolge über einen bestimmten Zeitraum hinweg in einen Bericht eingetragen.

Es wird unterschieden in:

- **Freie Selbstaufschreibung:** Mitarbeiter schreiben, meist rückwirkend für einen zuvor bestimmten Zeitraum, ihre Aufgaben frei auf und schätzen dessen prozentuale Anteile sowie die Arbeitsmengen. So erhält man schnell einen ersten groben Überblick.
- **Selbstaufschreibung nach vorgegebener Struktur:** Für alle aufzuschreibenden Vorkommnisse und Sachverhalte werden Kategorien und Beispiele vorgegeben. Der Mitarbeiter trägt dies bei Anfall der erfragten Ereignisse in vorbereitete Vordrucke ein.

Man unterscheidet folgende Arten der Selbstaufschreibung (siehe Bild 13.7):

- Tagesablaufanalyse
- Einzelaufgabenanalyse
- Durchlaufanalyse/Laufzettelverfahren

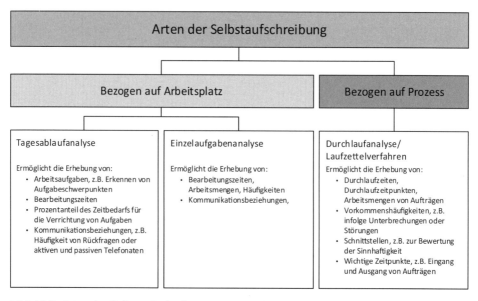

Bild 13.7 Arten der Selbstaufschreibung

Ein Beispiel für ein häufiges Einsatzgebiet der Selbstaufschreibung wäre die Führung eines Fahrtenbuches.

13.4.2 Multimomentaufnahme

Ziel einer Multimomentaufnahme ist das **Erfassen der Auftretenshäufigkeiten** von zuvor **festgelegten Vorkommnissen**. Viele stichprobenartig durchgeführte Augenblicksbeobachtungen liefern, als daraus abgeleitete Ergebnisse, statistisch abgesicherte Zeitdaten. Der beobachtete Werker wird dabei weder zu Auskünften, Erläuterungen, oder Unterbrechungen seiner Tätigkeit aufgefordert.

Zu zuvor festgelegten Zeitpunkten auf Rundgängen wird die zum Beobachtungszeitpunkt vom Mitarbeiter gerade verrichtete Ablaufart/Aufgabe beobachtet und vermerkt. Durch eine Vielzahl solcher Beobachtungen (Stichproben) wird auf die Häufigkeit aller Sachverhalte (Aufgaben- und Zeitanteile) für einen bestimmten Zeitraum geschlossen. Die Genauigkeit der Analyse hängt davon ab, ob die Stichprobe repräsentativ für die Grundgesamtheit aller Vorkommnisse ist. Je höher die gewünschte Genauigkeit, je größer muss die Anzahl der Beobachtungen sein. Die rechnerische Bestimmung des Stichprobenumfangs basiert auf statistischen Zusammenhängen (Vertrauensbereich), die an dieser Stelle nicht erläutert werden.

Damit die Stichprobe zufällig und damit repräsentativ erhoben wird, ist ein **Rundgangsplan** in Form einer Tabelle oder aber einer Skizze des Rundgangs aufzustellen. Hierin wird die Reihenfolge der zu beobachtenden Arbeitssysteme in Form eines Weges festgelegt. Als Erfassungsdokument hat sich ein **Multimomentaufnahmebogen** bewährt, in dem die Ablaufarten und Erhebungsergebnisse zusammengefasst eingetragen werden können.

Anwendungsbereiche:

Die Multimomentaufnahmeverfahren eignen sich für Tätigkeiten mit kleinem bis mittlerem Abwechslungsreichtum. Bei kreativen Tätigkeiten stößt das Verfahren an seine Grenzen, da eine genaue Aufschlüsselung der Tätigkeiten nicht mehr möglich ist. Folgende Aufgabenstellungen können mit den Multimomentaufnahmeverfahren untersucht werden:

- Auslastungsermittlung
- Tätigkeitsprofiluntersuchung
- **Verteilzeitstudie**
- Feststellung von Störungsursachen
- Terminkontrollen

Je nachdem ob Zeiten oder Häufigkeiten am Ende einer Untersuchung stehen, unterscheidet man zwischen (siehe Bild 13.8):

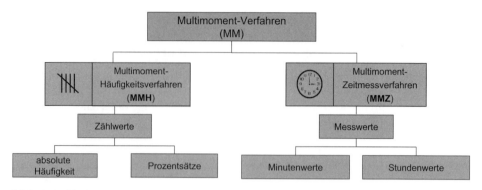

Bild 13.8 Gliederung der Multimomentverfahren

13.4.2.1 Multimoment-Zeitmessverfahren (MMZ)

Dieses Verfahren wird zur Ermittlung von Ist-Zeiten für langzyklische und unregelmäßig auftretende Arbeitsabläufe angewendet. Es wird vorwiegend zur Ermittlung der Durchlaufzeiten für muskuläre, sensomotorische und technologische Arbeiten angewendet. Mittels statistischer Auswertung kann auf die Ist-Zeiten der Tätigkeiten geschlossen werden.

13.4.2.2 Multimoment-Häufigkeitsverfahren (MMH)

Durch Zählen von Ablaufarten wird eine Aussage über die absolute oder prozentuelle Häufigkeit von Abläufen mit einer statistisch gesicherten Genauigkeit gemacht. Mit diesem Verfahren werden Häufigkeitsangaben (z. B. Durchlaufzeit- oder Störzeitanteile) gemacht, es werden keine Zeitdauern angegeben. Aus diesem Grund ist das Verfahren auch nicht als Methode zur Zeitermittlung im eigentlichen Sinne zu sehen.

Bei der Anwendung des Verfahrens sind folgende Punkte von den beteiligten Personen durchzuführen bzw. zu berücksichtigen:

- Organisator: Der Organisator hat die zu Beobachtenden Personen zu informieren. Er listet die beobachteten Tätigkeiten in einem Formular auf und trägt die Beobachtungen ein. Am Ende der Untersuchung erfolgt die Auswertung und Bereitstellung der Ergebnisse
- Beobachteter: Dieser sollte seine Arbeit in gleichem Umfang, gleicher Intensität und gleicher Sorgfalt wie im nicht beobachteten Zustand durchführen

13.4.3 Befragen

Bei der Datenermittlung durch Befragen erkundet ein Fragender (meist Arbeitsstudienmann) die Meinung eines Befragten (arbeitender Mensch oder Vorgesetzter).

So können für alle Arbeitsabläufe Ist-Zeiten und Soll-Zeiten ermittelt werden. Da als Informationsquelle ausschließlich der Befragte zur Verfügung steht, weisen die so ermittelten Daten nur eine begrenzte Genauigkeit auf.

13.4.4 Zeitmessung

Bei der Zeitmessung können Ist-Zeiten sowohl für manuelle beeinflussbare Tätigkeiten wie auch für betriebsmittelbezogene, unbeeinflussbare Tätigkeiten durch einen Beobachter ermittelt werden. Man bezeichnet dieses Verfahren deshalb auch als Fremdaufschreibung. Mit Hilfe einer Stoppuhr oder eines speziellen elektronischen Erfassungs- und Auswertungsgerätes wird die Dauer zuvor dokumentierter und begrenzter Arbeitsabläufe gemessen.

Die Tätigkeiten müssen vor der Messung in kleine überschaubare Tätigkeiten aufgespalten werden, wobei Anfangs- und Endpunkt genau definiert sein müssen. Nur so können später die Einzelergebnisse kombiniert zusammengesetzt werden. Ebendiese erforderliche klare Definition der zu messenden Tätigkeiten macht es unmöglich reaktive oder kreativ-schöpferische Arbeiten mit der Methode der Zeitmessung zeitlich zu bewerten.

In der Praxis ist die Bedeutung der Zeitmessung eher gering, vielmehr wird sie als Bestandteil der Zeitaufnahme gesehen.

13.4.5 Zeitaufnahme

Mit einer Zeitaufnahme werden Grundzeiten durch **Messen der Ist-Zeiten** mit einem Zeitmessgerät ermittelt. Zeitaufnahmen erfolgen durch Fremdbeobachtung und Fremdaufschreibung. Die Ist-Zeiten werden ausgewertet, um daraus **Soll-Zeiten** für manuelle, beeinflussbare Tätigkeiten **abzuleiten.** Hinsichtlich der Reproduzierbarkeit von Hergang und Bedingungen während der Untersuchung erfüllt die Zeitaufnahme hohe Ansprüche.

Die Zeitaufnahme umfasst folgende Punkte:

- Die Beschreibung des Arbeitssystems, im Besonderen
  - des Arbeitsverfahrens
  - der Arbeitsmethode
  - der Arbeitsbedingungen
- Die Erfassung
  - der Bezugsmengen
  - der Einflussgrößen

- der Leistungsgrade
- der Ist-Zeiten für Ablaufabschnitte auf einem Zeitaufnahmebogen
■ Das Auswerten der erfassten Ergebnisse und das Bilden von Soll-Zeiten

Sie wird von der erhebenden Person in der Rolle eines Beobachtenden parallel zur Bearbeitung einer Aufgabe durchgeführt (Fremdbeobachtung). Als Zeitmessgerät wird üblicherweise eine Stoppuhr benutzt. Vermehrt kommen elektronische Zeiterfassungssysteme wie Tragbare Personalcomputer (PDA) oder mobile Aufnahmebretter mit integrierten Mikroprozessoren zum Einsatz.

Anwendungsbereiche:

- Berechnung von Personalkapazitäten.
- Vorgabezeitermittlung als Basis für Entlohnung.
- Weiterverarbeitung der Soll-Zeiten zu Planzeiten.
- Ableiten von Verbesserungspotentialen aus den zeitlich quantifizierten Arbeitsabläufen möglich.

Es wird nach Fortschrittszeitmessung und Einzelzeitmessung unterschieden (siehe Bild 13.9).

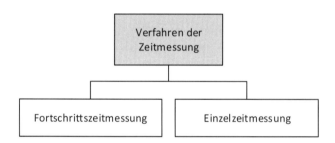

Bild 13.9 Verfahren der Zeitmessung

13.4.5.1 Fortschrittszeitmessung

Zu festgelegten Messpunkten wird die Fortschrittszeit durch den Beobachter abgelesen und in den Zeitaufnahmebogen eingetragen. Die Zeit läuft dabei während der gesamten Aufnahme weiter. Die Dauer eines Ablaufabschnittes ist die Differenz zwischen den Fortschrittszeiten zweier aufeinander folgender Messpunkte.

13.4.5.2 Einzelzeitmessung

Bei der Einzelzeitmessung wird das Zeitmessgerät am ersten Messpunkt in Gang gesetzt und beim nächsten Messpunkt des Ablaufes gestoppt. Jeder Ablaufabschnitt wird gesondert gemessen. Die Lückenlosigkeit der Einzelmessungen wird durch ein Zeitmessgerät gewährleistet, welches zusätzlich die Gesamtzeitmessung der Aufnahmedauer ermöglicht und so eine Kontrolle der Summen aller Einzelzeiten erfolgen kann.

13.4.5.3 Leistungsgrad

Die Zeit für die Ausführung einer bestimmten Arbeitsaufgabe kann auch bei gleicher Arbeitsmethode, bei Verwendung der gleichen Betriebsmittel und bei auch sonst gleichen Arbeitsbedingungen sehr unterschiedlich sein. Dies ist vornehmlich durch die Streuung der menschlichen Leistung begründet, die bis etwa 1:2 betragen kann. Ist-Zeiten können nicht unmittelbar als Soll-Zeiten verwendet werden, aufgrund der Leistungsstreuung:

- Von Mitarbeitern untereinander
- Beim gleichen Mitarbeiter zu verschiedenen Zeiten

Zum Ausgleich von (zufälligen) Streuungen verwendet man den durchschnittlichen Wert der Ist-Leistungen oder der Ist-Zeiten (z. B. den arithmetischen Mittelwert). Ein solcher durchschnittlicher Ist-Wert charakterisiert zwar die Gegebenheiten des Ist-Ablaufes, er ist aber nur bedingt als Soll-Wert verwendbar, nämlich nur dann, wenn die Bezugsleistung des Soll-Zustandes mit der Leistung des Ist-Zustandes übereinstimmt. Da dies in der Praxis für Zeiten im Allgemeinen jedoch nicht zutrifft, müssen bei Akkord-Entlohnung die Ist-Zeiten unter Verwendung des so genannten Leistungsgrades in Soll-Zeiten umgerechnet werden.

Es gilt:

$$\text{Leistungsgrad } L = \frac{\text{beobachtete Ist} - \text{Leistung}}{\text{vorgestellte Bezugsleistung}} \cdot 100\% \quad (13.6)$$

$$\text{Leistungsfaktor} = \frac{\text{Leistungsgrad}}{100\%} \quad (13.7)$$

Die für den Soll-Zustand definitorisch festgelegte Bezugsleistung erhält den Leistungsgrad 100 %. Daraus folgt:

$$\text{Soll} - \text{Zeit} = \text{Ist} - \text{Zeit} \cdot \text{Leistungsfaktor} \quad (13.8)$$

Um Normalleistung als Bezugsleistung verwenden zu können, muss der Mitarbeiter in erforderlichem Maße geeignet, geübt und voll eingearbeitet sein sowie seine Fähigkeiten ungehindert entfalten können (siehe Bild 13.10).

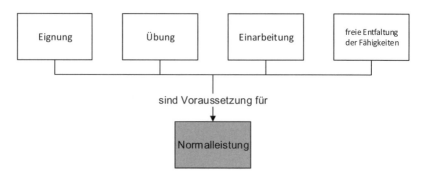

Bild 13.10 Voraussetzungen für Normalleistung

Zusammengefasst ergibt sich daraus folgende Begriffsbestimmung für Normalleistung (REFA 1978):

„Unter REFA-Normalleistung wird eine Bewegungsausführung verstanden, die dem Beobachter hinsichtlich der Einzelbewegungen, der Bewegungsfolge und ihrer Koordinierung besonders harmonisch, natürlich und ausgeglichen erscheint. Sie kann erfahrungsgemäß von jedem in erforderlichem Maße geeigneten, geübten und voll eingearbeiteten Mitarbeiter auf die Dauer und im Mittel der Schichtzeit erbracht werden, sofern er die für persönliche Bedürfnisse und für Erholung vorgegebenen Zeiten einhält und die freie Entfaltung seiner Fähigkeiten nicht behindert wird."

13.4.6 Schätzen/Vergleichen

Das Vergleichen und Schätzen ist eine **Methode zur Ermittlung hinreichend genauer Bearbeitungszeiten** für die Erledigung von Aufgaben mit unterschiedlichen Sachverhalten und Varianten, **sowie für geistige Tätigkeiten.** Zeitdaten für ähnliche Arbeitsaufgaben aus der Vergangenheit werden mit der betrachteten Arbeitsaufgabe vergleichen. Hierbei wird die Soll-Zeit durch Schätzen des Zeitmehr- bzw. Zeitminderbedarfs zur betrachteten Arbeitsaufgabe geschätzt.

Die mehr oder weniger komplexen Arbeitsabläufe werden soweit in Teilabläufe gegliedert, bis es möglich wird, den Zeitbedarf für die einmalige Durchführung der Teilabläufe mit einem ähnlichen bekannten Teilablauf gezielt zu vergleichen. Die Unterschiede und Gemeinsamkeiten werden festgestellt und der daraus resultierende Mehr- oder Minderzeitbedarf begründet geschätzt. Die Einzelzeiten werden dann zur Gesamt-Bearbeitungszeit des Ablaufs addiert.

Man unterscheidet folgende **drei Verfahren:**

- **Summarisches Vergleichen und Schätzen:** Gesamte Arbeitsabläufe werden mit einem ähnlichen bekannten Ablauf verglichen und daraus die Soll-Zeit ermittelt.

- **Analytisches Schätzen:** Unterteilung der Arbeitsabläufe in Teilaufgaben, bis für diese der Zeitbedarf mit ähnlichen Aufgaben verglichen werden und der Mehr- oder Minderzeitbedarf begründet geschätzt werden kann. Es ist mit einer Fehlerreduzierung aufgrund der Vielzahl der Schätzungen infolge eines Fehlerausgleichs zu rechnen.
- **Zeitklassenverfahren:** Analytisches Schätzen, bei dem Intervallschätzungen (Häufigkeitsklassen) anstelle von Punktschätzungen vorgenommen werden. Grundlage ist eine Zeitklassentabelle, die darauf beruht, dass die Zeit in lückenlos aufeinander folgende Zeitklassen gegliedert wird. Die Zeitklassen haben je eine(n):
  - Untergrenze
  - Obergrenze
  - Mittelwert

13.4.7 Berechnen

Mit dieser Methode können unbeeinflussbare Haupt- und Nebennutzungszeiten von Betriebsmitteln berechnet werden. Zum Einsatz kommt dieses Verfahren hauptsächlich in der spanenden Fertigung, z. B. bei Dreh- und Fräsmaschinen. Für die zeitliche Bewertung verschiedener Bewegungsabläufen von Betriebsmitteln werden Formeln verwendet, die Informationen (z. B. Maße der zu bearbeitenden Fläche, Anzahl der Schnitte oder Schnittgeschwindigkeiten) als Input benötigen. Oft wird der formelle Zusammenhang der Zeit mit ihren Einflussgrößen zur leichteren und schnelleren Anwendung graphisch in so genannten Nomogrammen dargestellt.

Während der Bearbeitung eines Arbeitsgegenstandes mit einem automatisch arbeitenden Betriebsmittel kann der Bearbeitungsvorgang vom Mitarbeiter häufig nicht oder nur in sehr geringem Umfang beeinflusst werden. Er übt während dieser Zeit meist eine Überwachungsfunktion aus oder hat eine Arbeitsunterbrechung. Bei Mehrstellenarbeit kann er dann an anderer Stelle tätig werden.

Die benötigte Zeit für die Erledigung einer Arbeitsaufgabe eines Betriebsmittels hängt maßgeblich von der gewählten Arbeitsgeschwindigkeit ab. Bei der Berechnung von Prozesszeiten handelt es sich grundsätzlich um die Berechnung der Zeit für einen bestimmten Weg bei gegebener Geschwindigkeit (Zeit = Weg/Geschwindigkeit). Für die Geschwindigkeit ist daher ein wirtschaftlich sinnvolles Ausmaß auszuwählen (z. B. Standzeit des Werkzeugs beachten). Oft wird der formelle Zusammenhang der Zeit mit ihren Einflussgrößen zur leichteren und schnelleren Anwendung graphisch in so genannten Nomogrammen dargestellt.

13.4.8 Prozessbausteinsysteme (Systeme vorbestimmter Zeiten)

Die Prozessbausteinsysteme, früher auch Systeme vorbestimmter Zeiten (kurz: SvZ) genannt, sind Verfahren, mit denen Soll-Zeiten für das Ausführen von Vorgangselementen, welche vom Menschen voll beeinflussbar sind, bestimmt werden können.

Grundgedanke der unter dem Oberbegriff „Systeme vorbestimmter Zeiten" bekannten Verfahren ist es, eine Arbeitsaufgabe in kleinere Arbeitselemente zu zerlegen. Für diese Elemente werden so genannte „Elementarzeiten" ermittelt und in Tabellen zusammengefasst. Auf diese Weise soll es möglich sein, jede beliebige Arbeitsaufgabe durch entsprechende Synthese von Arbeitselementen und zugehörigen Elementarzeiten vorherzubestimmen.

Wesentliche Impulse für die Entwicklung der SvZ gingen von F. W. Taylor (1856–1915) und insbesondere von F. B. Gilbreth (1868–1924) aus. Aufbauend auf dem Taylorismus, welcher auf dem Prinzip der Zerlegung von Arbeitsvorgängen in einzelne Bewegungsabläufe zum Zwecke der Rationalisierung beruht, gewann Gilbreth in seinen Untersuchungen die Erkenntnis, dass die Zeit zur Ausführung eines Ablaufs bei

- gleicher Übung (Fertigkeit),
- gleicher Eignung (Fähigkeit) und
- gleicher Leistungshergabe (Anstrengung)

des arbeitsausführenden Menschen nur von der angewandten Arbeitsmethode abhängt. Bei der Auswertung zahlreicher Filme von Bewegungsabläufen stellte er fest, dass sich menschliche Bewegungen auf 17 Grundelemente zurückführen lassen. Auf diesem Gedanken aufbauend entwickelte SEGUR, ein Schüler GILBRETHs in den Jahren 1919–1924, das erste wirkliche SvZ, indem er den einzelnen Bewegungselementen exakte Ausführungszeiten zuordnete. Nach der Publikation seiner Forschungsergebnisse entwickelten sich in den nachfolgenden Jahren mehrere SvZ. Am weitesten verbreitet sind:

- MTM-Verfahren (Methods-Time Measurement) und
- WF-Verfahren (Work-Factor)

13.4.8.1 MTM-Verfahren

In den 50iger Jahren des letzten Jahrhunderts entwickelten die Arbeitswissenschaftler H. B. Maynard, J. L. Schwab und G. J. Stegemerten aufbauend auf den Erkenntnissen von Segur die Grunddaten des MTM-Verfahrens. Der ersten Entwicklungsstufe, dem MTM-Grundverfahren, liegen die Grundbewegungselemente des menschlichen Körpers nach Gilbreth zugrunde. Bei der Entwicklung wurden folgende Anforderungen gestellt:

- In jedem Wirtschaftszweig anwendbar;
- Allgemein verständlich und ohne jede Vorkenntnisse erlernbar;
- Ausführungszeit durch gegebene Arbeitsmethode bestimmt;
- International gleiche Handhabung.

MTM (Methods- Time Measurement) wird mit Methodenzeitmessung übersetzt und aus dieser Bezeichnung geht hervor, dass die bei der Durchführung einer bestimmten Arbeit beanspruchte Zeit von der gewählten Methode dieser Arbeit abhängt. Als Ergebnis einer MTM-Analyse liefern in Grundbewegungen gegliederte Bewegungsabläufe Soll-Zeiten für vom Menschen beeinflussbare manuelle Tätigkeiten. Jeder Grundbewegung sind Normzeitwerte (Verteil- und Erholungszeiten sind darin nicht enthalten) zugeordnet, die einem einheitlichen, international gültigen Leistungsstandard unterliegen und in ihrer Höhe durch die erfassten Einflussfaktoren vorbestimmt sind. Durch die Betrachtung von Bewegungsabläufen wird bereits deutlich, dass sich MTM-Verfahren auf manuelle Tätigkeiten beschränken. Eine zeitliche Quantifizierung geistiger Tätigkeiten die über eine Ja-Nein-Entscheidung hinausgehen ist mit diesen Verfahren nicht möglich.

MTM ist ein modernes Instrument zur Beschreibung, Strukturierung, Planung und Gestaltung von Arbeitssystemen mittels standardisierter Prozessbausteine. Ein Prozessbaustein ist ein Ablaufabschnitt mit definiertem Arbeitsinhalt (branchenneutral) und klarem Verwendungszweck für den ein Zeitstandard gilt. Ein Prozessbausteinsystem setzt sich aus einer abgrenzten Menge an Prozessbausteinen zusammen, und ist in Form von Datenkarten (übersichtlich) zusammen gefasst. MTM-Prozessbausteinsysteme sind klar definierten Einsatzfeldern, wie beispielsweise der Massen-, der Serien- oder der Einzelfertigung, zugewiesen. Dabei spielt die Verdichtung der Basiszeitwerte zu Prozessbausteinen eine entscheidende Rolle. Dadurch wird es möglich, dass nicht der genaue Bewegungsablauf in seinen Grundelementen analysiert werden muss, sondern nur bestimmte Vorgänge und deren Einflussgrößen benannt werden müssen, um zu Zeiten für die entsprechenden Abläufe zu gelangen. Dies ermöglicht eine erhöhte Analysiergeschwindigkeit bei gleichzeitig sinkender Genauigkeit bzw. größer werdender mittlerer Prozessbausteingröße. Bei folgenden MTM-Prozessbausteinsystemen kommt dieses Prinzip zum Einsatz:

- MTM-Standarddaten (Basiswerte, Bereichswerte und Einzweckwerte)
- Universelles Analysiersystem für die Serienproduktion (UAS, siehe Bild 13.11)
- MTM in der Einzel- und Kleinserienproduktion (MEK, siehe Bild 13.11)

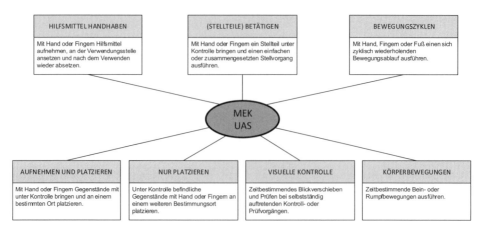

Bild 13.11 Grundvorgänge bei MEK und UAS

Die Prozesssprache MTM wird im Wesentlichen durch folgende vier Eigenschaften bzw. **Aspekte** charakterisiert:

- Die Gestaltung und Planung von Prozessen bzw. (Arbeits-)Methoden kann im Vorhinein – also vor der realen Umsetzung – erfolgen.
- MTM bietet einen international gültigen Leistungsstandard für menschliche Arbeit (manuelle Tätigkeiten). Die MTM Prozesssprache ist international „gesprochen", wird durch internationale Regeln einheitlich angewendet, ist somit ein unerlässlicher Standard für die Gestaltung menschlicher Arbeitsprozesse.
- Die verschiedenen MTM-Prozessbausteinsysteme haben klar definierte Einsatzfelder wie beispielsweise die Massen-, die Serien- oder die Einzelfertigung oder auch für administrative Tätigkeiten, für Logistik, für Instandhaltung, für Prüftätigkeiten usw. Ein MTM-Prozessbausteinsystem wurde immer für eine spezielle, klar definierte Prozesstypologie, eine bestimmte Ablaufkomplexität und definierte Prozessmerkmale – das sogenannte Methodenniveau – entwickelt.
- Durch das MTM immanente einheitliche Leistungsniveau ist die Prozesssprache eine solide und besonders wertvolle Grundlage für Simulationen der verschiedensten Art (bis hin zu Simulation von Menschmodellen).

Durch die Vorgehensweise beim MTM-Verfahren, bei dem die Analyse der Arbeitsvorgänge und der zeitlichen Einflussfaktoren eine entscheidende Rolle spielt, stellt das Verfahren mehr als nur eine Zeitermittlungsmethode dar. Als Werkzeug des Arbeitsstudiums kann es in folgenden Bereichen zur Anwendung kommen:

- Zeitermittlung: Planzeitbildung, Vorkalkulation, Vorgabezeitermittlung
- Planung und Gestaltung von Prozessen, Arbeitsmethoden und Erzeugnissen: Rationalisierung von Arbeitssystemen, bewegungsgerechter Entwurf von Arbeitsplätzen, Vorrichtungen oder Bedienelementen, Prozess- und Arbeitsmethodenverbesserung

- Arbeitsunterweisung: Methodenbeschreibung als Unterweisungsunterlage, Prozessbeschreibungen
- Die Anwendung von MTM-Prozessbausteinsystemen dient zur Bestimmung von Produktivitätskenngrößen, von zeitbasierten Planungs- und Steuerungsinformationen und der Identifikation von Gestaltungs- und Organisationsmängeln

Aktuelle Entwicklungen in MTM ermöglichen die ergonomische Bewertung der menschlichen Arbeit mittels MTM-Prozessbausteinsystem. An dieser Stelle wird auf die beiden Methoden „EAWS" (Ergonomic Assessment Worksheet) und „MTM-HWD" (Human Work Design) hingewiesen. EAWS ermöglicht die ergonomische Bewertung einer MTM-Analyse, MTM-HWD die gesamte Modellierung der Prozessbausteine und Ergonomie-Bewertung mittels Piktogramme.[3]

13.4.8.2 Work-Factor

Da das Work-Faktor-Verfahren (WF), ein System vorbestimmter Zeiten ist, dient es zur Bestimmung von Soll-Zeiten für vom Menschen voll beeinflussbaren, manuellen Tätigkeiten. Dabei erfolgt die Bewegungsablaufanalyse ähnlich wie beim MTM-Verfahren, der primäre Unterschied liegt in der Berücksichtigung der Einflussfaktoren. Während beim MTM-Verfahren auch qualitative Einflussgrößen, also solche die eine Beurteilung verlangen berücksichtigt werden, kommen beim WF-Verfahren nur quantitativ ermittelbare Einflussgrößen zum Einsatz. Diese lassen sich hauptsächlich durch die Bestimmung der Abmessungen des Arbeitsplatzes, der Arbeitsgegenstände und -vorrichtungen ermitteln.

Ähnlich dem MTM-Verfahren hat sich auch das WF-Verfahren zu verschiedenen Verfahren unterschiedlich verdichteter Zeitdaten weiterentwickelt. Folgende Verfahren lassen sich dabei unterscheiden:

- WF-Grundverfahren: Hier werden Abläufe bis in die Bewegungselemente erfasst. Es stellt das genaueste aber auch aufwendigste Verfahren dar und findet deshalb hauptsächlich in der Massen- und Großserienfertigung Anwendung, da hier kurzzyklische, sich wiederholende Abläufe vorherrschen.
- WF-Schnellverfahren: Gegenüber dem Grundverfahren sind die Zeittabellen vereinfacht worden. So kann bei vereinfachter Anwendung eine in den meisten Fällen ausreichende Genauigkeit erzielt werden. Haupteinsatzgebiet ist die Produktion kleiner Losgrößen.
- WF-Blockverfahren: Die Zeitelemente sind hier bereits zu einzelnen Blöcken für Teilvorgänge zusammengefasst. Somit ist es zwar rasch, dafür aber mit mäßiger Genauigkeit, anwendbar. Einsatzgebiete sind die Einzel- und Kleinserienfertigung.

---

[3] vgl. Kuhlang, 2015

13.4.9 Planzeiten

Der Begriff Planzeit (auch Richtzeit, Zeitnorm) wird in vielen Unternehmen für die Soll-Zeit eines Prozessbausteins verwendet. Planzeiten zeichnen sich durch ihre mehrfache Nutzbarkeit der Daten aus. Sie sind als Soll-Zeiten für bestimmte Ablaufabschnitte aufzufassen, deren Ablauf mit Hilfe von **Einflussgrößen** beschrieben ist. Planzeiten für größere Arbeitsabläufe können aus Soll-Zeiten für kleine Arbeitsablaufabschnitte zusammengesetzt werden. Soll-Zeiten lassen sich auf diese Weise auch für Ist-Abläufe sowie für geplante Abläufe bestimmen.

Anforderungen an Planzeiten:

- Sie müssen wirtschaftlich sinnvoll ermittelt werden können.
- Sie müssen eine hinreichende Genauigkeit gewährleisten.
- Sie erfordern eine genaue Beschreibung der Einflussgrößen.
- Sie müssen auf einer gesicherten statistischen Basis beruhen.
- Aufbau universeller, wiederverwendbarer Planzeiten zur besseren Übersichtlichkeit und Reduzierung der Datenmenge.
- Sie müssen über einen längeren Zeitraum verwendbar bleiben.

Anwendungsbereiche:

Die Ermittlung von Planzeiten ist vor allem in der Einzel- und Kleinserienfertigung sinnvoll, da hier oft ähnliche, aber nicht identische Abläufe stattfinden.

14 Kennzahlen und Kennzahlensysteme

14.1 Kennzahlen – Definitionen

„Kennzahlen sind hoch verdichtete Messgrößen, die in präziser, konzentrierter und dokumentierter Form als Verhältniszahlen oder absolute Zahlen über einen zahlenmäßig erfassbaren Sachverhalt berichten, über Entwicklungen einer Unternehmung informieren und strategische Erfolgsfaktoren bilden." [1]

Kennzahlen lassen sich als wesentliches Instrument des laufenden Controllings bezeichnen. Sie beziehen sich auf alle Arten von Aktivitäten und Funktionsbereiche. Im Finanzcontrolling gibt es Kennzahlensysteme (z.B. "Return-on-Investment"), die sich an Geldgrößen orientieren, während im Produktionscontrolling (z.B. Absatzmenge) überwiegend Leistungsgrößen im Mittelpunkt stehen.[2]

Ihre Erfassung und Nutzung erfolgt vor dem Hintergrund eines zuvor definierten Zwecks. Daher bereiten Kennzahlen eine spezielle Form der Information mit einem definierten Informationscharakter quantitativ auf.[3]

Kennzahlen stellen ein geeignetes Mittel dar, die mit der Steuerung und Analyse betrieblicher Bereiche verbundene „Informationsflut" zu bewältigen. Des Weiteren sind sie ein Hilfsmittel zur Planung, Gestaltung und Überwachung bzw. Kontrolle diverser betrieblicher Aktivitäten.

---

[1] Preißler, 2008, S.11
[2] vgl. Preißler, 2008, S.197
[3] vgl. Sihn, 2011, S.1

14.2 Funktion von Kennzahlen

Kennzahlen geben in knapper Form Auskunft über Stärken und Schwächen eines Unternehmens und warnen vor unerwünschten Entwicklungen.[4] Durch die laufende Überwachung der Kennzahlen lassen sich Abweichungen und Veränderungen frühzeitig registrieren. Kennzahlen erleichtern Zeitvergleiche, innerbetriebliche Vergleiche (z.B. getrennte Produktionsanlagen) und zwischenbetriebliche Vergleiche (z.B. innerhalb der Branche).[5]

Die unterschiedlichen Funktionen ergeben sich aus ihrer spezifischen Verwendung. Kennzahlen haben eine:[6]

- Entscheidungsfunktion
  - Problemerkennung
  - Mustererkennung
  - Informationsgewinnung
  - Übersichtliche Darstellung
- Kontrollfunktion
  - Soll-Ist-Vergleich
  - Zeitvergleich
  - Betriebsvergleich
- Koordinationsfunktion
  - Entscheidungsfunktion
  - Koordination
  - Verhaltenssteuerung
- Dokumentations- und Informationsfunktion

14.3 Risiken von Kennzahlen

Wichtig ist die richtige Interpretation der erstellten Kennzahlen. Die Beurteilung ist in der Praxis oft schwierig, deshalb dürfen die einzelnen Kennzahlen nicht isoliert betrachtet, sondern immer im Zusammenhang mit anderen Erkenntnissen interpretiert werden.

---

[4] Posluschny, 2007, S. 8
[5] vgl. Schultz, 2009, S. 59
[6] vgl. Sihn, 2011, S. 3

Dabei bekommt es insbesondere auf die richtige Auswahl, die genaue Berechnung und den sinnvollen Vergleich der Kennzahlen an.[7]

Folgende Risiken können auftreten:[8]

- Bedeutet der Rückgang von Reklamationen wirklich eine bessere Qualität, oder sind die unzufriedenen Kunden zur Konkurrenz abgewandert?
- Ist der Rückgang der Personalkosten zum Umsatz tatsächlich eine positive Entwicklung oder sind die guten (und in der Regel besser bezahlten) Mitarbeiter einfach zur Konkurrenz gewechselt?
- Wenn sich der Debitorenumschlag erhöht (das heißt, die Kunden zahlen später), muss das nicht zwingend eine negative Entwicklung sein. (Vielleicht sind neue Kunden durch günstige Zahlungskonditionen gewonnen worden.)

Durch Kennzahlen werden nur quantifizierbare betriebliche Tatbestände abgebildet. Andere Tatbestände (z. B. Image, Ausbildungstand der Mitarbeiter, technisches Know-how, Qualität des Managements) bleiben unberücksichtigt.[9]

■ 14.4 Kennzahlkategorien

Grundsätzlich kann man zwischen folgenden drei Kategorien von Kennzahlen unterscheiden:[10]

- **Vergangenheitsorientierte Kennzahlen** erlauben einen Rückblick auf vergangene Perioden und dienen vornehmlich der Analyse bereits abgeschlossener Aktionen. Sie eignen sich somit besonders für Erfolgskontrollen und Analysen der Ursachen aktueller Probleme und Schwachstellen (z. B. Preisindex, der über die Entwicklung des Preisniveaus Auskunft gibt). Zu den vergangenheitsorientierten Kennzahlen zählt unter anderem auch der „Return-on-Investment" und „Return-on-Quality".
- **Gegenwartsbezogene Kennzahlen** bilden die aktuelle Situation des Unternehmens ab. Sie geben Auskunft über das „Ist" des Unternehmens und dienen als Grundlage der Kontrolle und Analyse durch entsprechende Vergleiche mit dem geplanten „Soll" oder dem „Ist" einer vergangenen Periode.
- **Zukunftsorientierte Kennzahlen** schließlich haben Plan- bzw. Prognosecharakter, indem sie Tatbestände vorwegnehmen und angestrebte oder erwartete Werte festlegen. Sie eignen sich vor allem für die Abbildung von Zielen, die als

---

[7] vgl. Posluschny, 2007, S. 9
[8] vgl. Probst, 2006, S. 51
[9] vgl. Piontek, 2004, S. 353
[10] vgl. Sihn, 2011, S. 1 ff.

Sollwerte den entsprechenden Unternehmensbereichen als Vorgaben dienen und haben insofern eine Steuerungs- und Orientierungsfunktion.

■ 14.5 Kennzahlarten

Voraussetzung für die Bildung von Kennzahlen für die Betriebskontrolle ist es, den betrachteten Tatbestand in sinnvoller Weise quantifizieren zu können. Dies kann entweder durch absolute Kennzahlen in Form von Messzahlen, Summen, Differenzen und Mittelwerten oder durch Verhältniszahlen (= relative Kennzahlen) in Form von Gliederungs-, Beziehungs- und Indexzahlen erfolgen.[11]

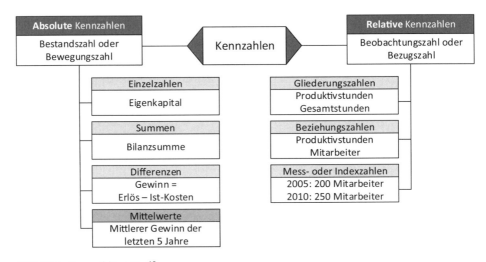

Bild 14.1 Kennzahlenarten[12]

Die einfachsten Formen von Kennzahlen sind **absolute Kennzahlen.** Dabei handelt es sich um isolierte Kenngrößen, die sich einfach und nahezu unbegrenzt ermitteln lassen (z. B. Umsatz, Betriebsergebnis, Anzahl der Mitarbeiter).[13]

- **Einzelzahlen** (z. B. Lagerbestandswert nach Durchführung einer Inventur, Anzahl der Arbeitsschritte pro Produktionsabschnitt)
- **Summen** (z. B. Gesamtkosten der Materialwirtschaft, Jahreseinkaufsvolumen gesamt)

---

[11] vgl. Sihn, 2011, S. 2
[12] vgl. Meyer, 2008, S. 22
[13] vgl. Preißler, 2008, S. 198

- **Differenzen** (z. B. Inventurdifferenzen, Kostenveränderungen für den Jahresbedarf in €, Schrottverkaufsgewinn)
- **Mittelwerte** (z. B. durchschnittlicher Lagerbestand, durchschnittlicher Bestellwert, durchschnittliches Einkommen)

Der wesentliche Nachteil ist jedoch die mangelnde Aussagekraft einzelner Zahlen. Aus diesem Grund werden **relative Kennzahlen** gebildet. Es werden verschiedene Kennzahlen miteinander verknüpft, um eine Zielerreichung zu überprüfen und zu analysieren, warum gegebenenfalls ein Ziel verfehlt wurde.[14]

Hierbei lassen sich unterscheiden:[15]

- **Gliederungszahlen:** Gliederungszahlen geben den Anteil einer Größe (z. B. Kosten für Verpackungsmaterial) an einer Gesamtmenge (z. B. Versandkosten) an. Dabei besteht immer ein sachlicher Zusammenhang zwischen Zähler und Nenner.
- **Beziehungszahlen:** Hierbei werden zwei verschiedenartige Größen zueinander ins Verhältnis gesetzt (z. B. Anteil des Umsatzes zu der Anzahl der Mitarbeiter). Das Ergebnis kann in derselben Dimension (z. B. €/€) als auch in unterschiedlichen Dimensionen (z. B. €/Anzahl der Mitarbeiter) gemessen werden. Damit die Beziehungszahl einen informativen Gehalt besitzt, sollte ein sachlicher Zusammenhang zwischen dem Zähler und Nenner bestehen.
- **Indexzahlen:** Die Indexzahlen setzen inhaltlich gleichartige, aber zeitlich und örtlich verschiedene Größen zueinander in Beziehung (z. B. Verlauf der Mitarbeiteranzahl). Indexzahlen werden insbesondere zur Analyse der Entwicklung von Einstandspreisen, Vorräten und Kosten sowie zur Kontrolle von Verbrauchsentwicklungen gebildet.

■ 14.6 Darstellung von Kennzahlen

Zur Darstellung von Kennzahlen gibt es grundsätzlich die Möglichkeiten der Auflistung in Tabellen, der grafischen Darstellung und der Behandlung in Berichten. Bild 14.2 zeigt einige Beispiele.

---

[14] vgl. Brühl, 2009, S. 409
[15] vgl. Barth, 2008, S. 137

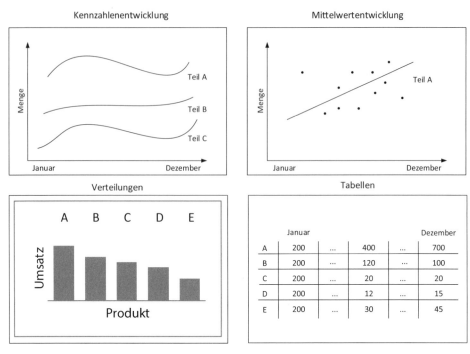

Bild 14.2 Darstellung von Kennzahlen[16]

Als Beispiel zur graphischen Darstellung ist hier die Verteilung des Umsatzes der Produkte A bis E in einem Monat im obigen Bild aufgeführt, die die Umsätze über den Produktgruppen oder Einzelprodukten darstellt. Häufig eingesetzt werden auch Umsatzkurven, Gewinnkurven, Versandkurven und ähnliches. Säulen in unterschiedlicher Höhe stellen Vergleiche dar, und Teile eines Kreises zeigen die jeweiligen Anteile an einer Gesamtheit. Derartige Darstellungen eignen sich auch besonders gut zur Information der übrigen Mitarbeiter, da sie sehr übersichtlich die Kennwerte wiedergeben.

Zusätzlich zu den Listen, Kennziffern und graphischen Darstellungen ist in manchen Fällen eine verbale Kommentierung in Form von Berichten erforderlich.[17]

Ein weiteres Mittel sind Echtzeit-Darstellungen in Form von **„Kennzahlen-Cockpits"** oder **„Kennzahlen-Dashboards"**. Sie werden heutzutage immer häufiger eingesetzt.[18] Sie gelten als eine weitere Darstellungsmethode von Kennzahlen. Diese computerunterstützenden Visualisierungsformen geben meist komprimierte Kennzahlenwerte in Form einer Ampel-, Tachometer- oder Thermometer-Darstellung wieder und werden in **Echtzeit** aktualisiert. Somit hat z. B. der Qualitäts-

---

[16] vgl. Sihn, 2011, S. 4
[17] vgl. Sihn, 2011, S. 4
[18] vgl. Külpmann, 2006, S. 101

manager einen ständigen und einfachen Überblick, ob signifikante Veränderungen innerhalb der Fertigung auftreten.

In großen Produktionshallen findet auch eine Darstellung von Smiley-Gesichtern als Kennzahlenwiedergabe Verwendung (z. B. Ein grünes (lachendes) Gesicht signalisiert dem Mitarbeiter, dass die Zeitvorgabe eingehalten werden kann).[19]

Bild 14.3 Dashboard in Tachometerdarstellung[20]

■ 14.7 Praxisrelevante Kennzahlen

Den Möglichkeiten zur Erfassung von Kennzahlen sind nahezu keine Grenzen gesetzt. Dieses Skript konzentriert sich hierbei auf Kennzahlen speziell im Produktionsmanagement und Qualitätsmanagement.

14.7.1 Kennzahlen im Produktionsmanagement

In der Produktion dienen Kennzahlen als wichtiger Bestandteil der quantitativen Analyse in Bezug auf die Produktionstätigkeiten.[21]

Diese Kenngrößen unterstützen den Verbesserungsprozess im Unternehmen, indem sie Potentiale der Produktion aufdecken. Sie helfen Fehlentwicklungen rechtzeitig zu erkennen und Unternehmensstrategien durchzusetzen und zu begründen. Hierzu ist eine Berechnung und Veröffentlichung der Kennzahlen in möglichst kleinen Zeitintervallen wichtig.

---

[19] vgl. Dietrich; Schulze; Weber, 2007, S. 33

[20] URL: http://www.eucon.de/automotive/bilder/dashboard_de.jpg (25. 03. 2012)

[21] vgl. Gladen, 2011, S. 279

Zudem gilt es auch hier auf Widersprüche gegenüber anderer Kennzahlen zu achten (z. B. Auslastung der Maschinen steht im Widerspruch zur Termintreue und Durchlaufzeit).[22]

Die Schwerpunkte von Kennzahlen im Produktionsmanagement sind vielfältig. Sie orientieren sich nach den unternehmensspezifischen Kerngebieten. Einige Bereiche können hierzu z. B. sein:[23]

- Auftragsdaten (beschreiben z. B. für die Stückzahlen oder Fertigungszeiten)
- Betriebsmitteldaten (Rüstzeiten, Produktions- und Stillstandszeiten könnten erfasst werden)
- Personaldaten (die geleisteten Arbeitsstunden oder Fehlzeiten könnten erfasst werden)
- Qualitätsdaten (hinzuziehen der Qualitätskennzahlen)
- Prozessdaten (technische Daten wie, Druck, Durchflussgeschwindigkeit und Temperatur werden hierbei erfasst)

Häufig verwendete Kennzahlen in der Produktion:[24]

$$\text{Fehlerproduktionsquote (in Prozent)} = \frac{\text{Ausschuss} + \text{Zahl der Reklamationen}}{\text{Gesamte Produktionsmenge}} \cdot 100 \tag{14.1}$$

$$\text{Arbeitsproduktivität (in Prozent)} = \frac{\text{Vorgabezeit}}{\text{Verbrauchte Zeit}} \cdot 100 \tag{14.2}$$

$$\text{Kapazitätsauslastungsgrad (in Prozent)} = \frac{\text{Effektive Ausbringungsmenge}}{\text{Bestmögliche Ausbringungsmenge}} \cdot 100 \tag{14.3}$$

$$\text{Anteil der Rüstzeit (in Prozent)} = \frac{\text{Rüstzeit}}{\text{Gesamte Fertigungszeit}} \cdot 100 \tag{14.4}$$

$$\text{Ausschussquote (in Prozent)} = \frac{\text{Ausschussmenge}}{\text{Gesamte Produktivitätsmenge}} \cdot 100 \tag{14.5}$$

---

[22] vgl. Kletti; Schumacher, 2011, S. 75 ff
[23] vgl. Fandel; Fistek; Stütz, 2011, S. 855
[24] vgl. Preißler, 2008, S. 147 ff

14.7.2 Kennzahlen im Qualitätsmanagement

Quantifizierbare Qualitätsmerkmale können ebenfalls durch Kennzahlen ausgedrückt werden. Sie liefern wichtige Informationen um die Qualitätslage des Unternehmens sowie die Schwachstellen der einzelnen Prozesse zu erkennen. Somit sind sie ein wichtiges Instrument zur Planung des Organisationsgeschehens.[25]

Hinzu kommt eine ständige Überwachung zur Sicherstellung von Wirksamkeit (Effektivität) und Wirtschaftlichkeit (Effizienz) der eingeleiteten Maßnahmen. Ziel der Erstellung von Qualitätskennzahlen ist es, unternehmensweit qualitätsrelevante Prozesse soweit zu koordinieren, dass hohe Qualität bei gleichzeitig wettbewerbsfähigen Kosten erreicht wird. In qualitätsbezogenen Unternehmen bilden diese nicht monetären Kennzahlen die Grundlage für entsprechende kostenbezogenen Zielgrößen.[26]

Qualitätskennzahlen finden ihren Schwerpunkt dabei in folgenden Unternehmensbereichen:[27]

- Eingangsprüfung (Qualitätskennzahlen dienen der Bewertung von Lieferanten und Lieferungen)
- Fertigungsprüfung (anwendbar auf Prozesse und Produkte sowie in Abteilungen, Werken und Bereichen)
- Endprüfung (Qualitätsabnahme)
- Kundendienst und Produktbeobachtung (Reklamationen, After-Sales-Management)
- Beurteilung von Wettbewerbsprodukten (Benchmarking)
- Qualitätsprogramme und Verbesserungsmaßnahmen (langfristige Sicherung der Qualität)

Häufig verwendete Qualitätskennzahlen:[28]

$$\text{Rate an Fehlproduktionen (in Prozent)} = \frac{\text{Anzahl beanstandeter Einheiten}}{\text{Anzahl der angenommenen Einheiten}} \cdot 100 \qquad (14.6)$$

$$\text{Fehleranteil in der Produktion (in Prozent)} = \frac{\text{Anzahl der Fehler}}{\text{Anzahl geprüfter Einheiten}} \cdot 100 \qquad (14.7)$$

---

[25] vgl. Piontek, 2004, S. 187
[26] vgl. Kamiske; Brauer, 2011, S. 205
[27] vgl. Piontek, 2004, S. 187 ff
[28] vgl. Piontek, 2004, S. 188

$$\text{Fehlerdichte in der Produktion (in Stück)} = \frac{\text{Anzahl der Fehler}}{\text{Zeiteinheit (z.B. Stunden)}} \quad (14.8)$$

$$\text{Ausfallrate im Maschinenpark (in Prozent)} = \frac{\text{Anzahl ausgefallener Geräte}}{\text{Anzahl betriebener Maschinen}} \cdot 100 \quad (14.9)$$

$$\text{Reklamationsrate (in Prozent)} = \frac{\text{Anzahl Reklamationen}}{\text{Anzahl verkaufter Produkte}} \cdot 100 \quad (14.10)$$

■ 14.8 Kennzahlensysteme – Definition

Die Erkenntnis von Kennzahlen kann deutlich gesteigert werden, wenn es gelingt, ein System aus hierarchisch sinnvollen Kennzahlen miteinander in Verbindung zu bringen.[29]

> *„Ein Kennzahlensystem ist eine geordnete Gesamtheit von Kennzahlen, die in einer Beziehung zueinander stehen und so als Gesamtheit über einen Sachverhalt vollständig informieren."*[30]

> *„Kennzahlensysteme dienen zur Zielvorgabe, zur Koordination, zur Beschreibung und zur Analyse des unternehmerischen Geschehens. Sie beschreiben das Unternehmen modellhaft."*[31]

Kennzahlensysteme dienen zur Zielvorgabe, zur Koordination, zur Beschreibung und zur Analyse des unternehmerischen Geschehens. Sie beschreiben das Unternehmen modellhaft.

Sie sind Bestandteil des Informationssystems eines Unternehmens und ermöglichen Vergleiche zwischen geplanten und erreichten Werten (Soll-Ist-Vergleiche). Kennzahlensysteme bilden komplexe Zusammenhänge im Unternehmen in quantitativer Form ab.

Die Aussagekraft einer einzelnen Kennzahl ist oftmals begrenzt, da ein Sachverhalt häufig durch unterschiedliche, quantitative Informationen beschrieben und bewertet werden muss. Dieser Tatsache wird durch die Bildung eines Kennzahlensystems Rechnung getragen. Ein Kennzahlensystem ist eine Zusammenstellung von quantitativen Variablen, wobei die einzelnen Kennzahlen in einer sachlogi-

---

[29] vgl. Preißler, 2008, S. 17
[30] Horváth, 2006, S. 545
[31] Jankulik; Kuhlang; Piff, 2005, S. 129

schen Beziehung zueinander stehen, einander ergänzen oder erklären und insgesamt auf ein gemeinsam übergeordnetes Ziel ausgerichtet sind.

Der Aufbau eines Kennzahlensystems beruht auf der Aufspaltung von Unternehmenszielen in Teilziele, und somit der Offenlegung betrieblicher Zusammenhänge.

Allgemeine Anforderungen an ein Kennzahlensystem stellen sich wie folgt dar:

- Jede Kennzahl muss in prägnanter Form über den durch sie erklärten Sachverhalt genau Auskunft geben; d.h. sie muss eine Veränderung des Sachverhalts durch eine Änderung der Kennzahlgröße anzeigen.
- Ein Kennzahlensystem wird für den Anwender transparent und verständlich, wenn es hierarchisch aufgebaut ist und dabei die übergeordneten Größen durch die untergeordneten erklärt. Die Kennzahlen auf einer Stufe müssen dabei möglichst unabhängig voneinander sein, damit sie isoliert voneinander bzgl. ihres jeweiligen Einflusses oder Beitrags untersucht werden können.
- Genauigkeit, Vollständigkeit, Aktualität und Übersichtlichkeit bei der Datenermittlung und -verdichtung müssen gewährleistet sein.
- Es müssen Ressourcen (z.B. Personal, IT-Unterstützung) für die Entwicklung und Anwendung des Kennzahlensystems bereitgestellt sein.
- Das Kennzahlensystem muss so aufgebaut sein, dass es an veränderte Anforderungen angepasst werden kann.

■ 14.9 Traditionelle Kennzahlensysteme

Traditionelle Kennzahlensysteme sind hierarchisch aufgebaut und werden durch zwei Erscheinungsformen (siehe Bild 14.4) charakterisiert:[32]

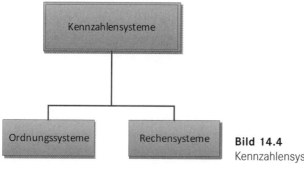

Bild 14.4
Kennzahlensysteme[33]

---

[32] vgl. Jung, 2007, S. 162
[33] vgl. Jung, 2007, S. 162

- **Ordnungssysteme:** Sie teilen den Kennzahlen bestimmte Sachverhalte zu (z. B. Absatzbereich der Unternehmung) und erfassen bestimmte Aspekte der Unternehmung (sachlogische Verbindung).
- **Rechensysteme:** Sie beruhen auf der rechnerischen Zerlegung von Kennzahlen und haben die Struktur einer Pyramide (mathematische Verknüpfung). Aufgrund des hierarchischen Aufbaus des Kennzahlensystems steht an der Spitze eine sogenannte *„Spitzenkennzahl"*.[34]

14.10 Anforderungen an ein Kennzahlensystem

Sie stellen sich wie folgt dar:[35]
- **Quantifizierbarkeit:**
  - Sie müssen sich in Geld- oder Mengeneinheiten messen lassen
- **Begrenzter Zahlenumfang:**
  - Wenige wichtige Kennzahlen verwenden, die auf das Unternehmen zugeschnitten sind
  - Kennzahlen für das Gesamtunternehmen, sowie die einzelnen Bereiche sind nötig
  - In einem Kennzahlensystem müssen alle Unternehmensbereiche integriert werden
- **Zukunftsbezug:**
  - Kennzahlen beziehen sich meist auf Vergangenheitsdaten; mögliche Zukunftsdaten dürfen in der Analyse nicht vernachlässigt werden
  - Bei Vergleichen den Zeitbezug beachten
- **Vergleichbarkeit:**
  - Branchenvergleiche sind möglich
  - Willkürliche Änderungen im Aufbau der Kennzahlensysteme vermeiden, damit längerfristige Vergleiche möglich bleiben
- **Widerspruchslosigkeit:**
  - Die Kennzahlen eines Kennzahlensystems müssen in einer sachlich sinnvollen Beziehung zueinander stehen und somit keine Widersprüche enthalten

---

[34] vgl. Zdrowomyslaw, 2002, S. 89
[35] vgl. Jung, 2007, S. 163

- **Vollständigkeit:**
  - Relevante Daten dürfen nicht vernachlässigt werden
- **Wirtschaftlichkeit:**
  - Der Informationsnutzen muss höher sein als die Kosten für die Informationsbeschaffung und -aufbereitung
  - Kennzahlensysteme sollten nur Informationen liefern, die regelmäßig benötigt werden
  - Weiterführende Informationen des Kennzahlensystems werden nur bei Bedarf erstellt

14.11 Praxisrelevante traditionelle Kennzahlensysteme

Ähnlich wie bei den einzelnen Kennzahlen sind auch bei den Kennzahlensystemen keinerlei Grenzen in ihrer Gestaltung und Erfassung gelegt. In der Literatur besonders oft erwähnte Systeme werden unten angeführt, diese kommen in Betrieben häufig zur Anwendung.

14.11.1 DU-PONT-Kennzahlenmodell

Das wohl bekannteste und älteste Kennzahlensystem ist das **Du-Pont System of Financial Control.** Es wurde von dem amerikanischen Chemiekonzern „E.I. Du Pont de Nemours and Company" entwickelt und wird seit 1919 angewendet (siehe Bild 1.3). Seitdem gilt es als Vorbild für zahlreiche Abwandlungen und Verbesserungen.[36]

Das Kennzahlensystem von Du Pont zielt auf eine Maximierung des „Return on Investment" (RoI), die Rendite des eingesetzten Kapitals. Neben der finanzpolitischen Analyse wird durch das RoI eine Beurteilung der betrieblichen Leistungsfähigkeit ermöglicht.[37]

Das RoI hängt von zwei bedeutenden Einflussgrößen ab, der Umsatzrentabilität (Verhältnis von Erfolg zum Umsatz) und dem Kapitalumschlag (Verhältnis von Umsatz zum Gesamtvermögen). In der Praxis kann dadurch eine geringe Umsatzrentabilität durch einen höheren Kapitalumschlag ausgeglichen werden (z.B. Dis-

---

[36] vgl. Gladen, 2011, S. 82
[37] vgl. Preißler, 2008, S. 48

counter). Umgekehrt sinkt das RoI eines umsatzrentablen Unternehmens durch eine geringe Kapitalumschlagsquote (z. B. Spezialgeschäfte).[38]

$$\text{Return on Investment (in Prozent)} = \frac{\text{Gewinn} + \text{Fremdkapitalzinsen}}{\text{Gesamtkapital}} \qquad (14.11)$$

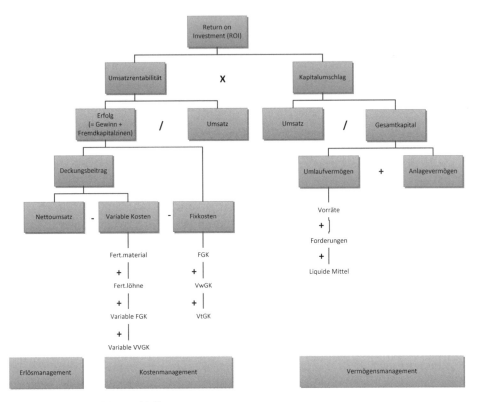

Bild 14.5 DU-PONT-Pyramide[39]

14.11.2 Return-on-Quality

Der von KAMISKE entwickelte Ansatz des **Return-on-Quality** (RoQ) zieht insbesondere die Maßnahmen in Betracht, die in einem an TQM-Grundsätzen orientierten Unternehmen durchgeführt werden. Der RoQ basiert auf dem Modell des RoI. Anstelle von monetären Kenngrößen wird die Qualität des Prozesses beurteilt.[40]

---

[38] vgl. Preißler, 2008, S. 201 ff
[39] vgl. Gladen, 2011, S. 83
[40] vgl. Kamiske, 2005, S. 87

Im Rahmen des RoQ-Kennzahlenmodells wird der Gewinn eines Unternehmens als Funktion abgebildet (siehe Bild 14.6).

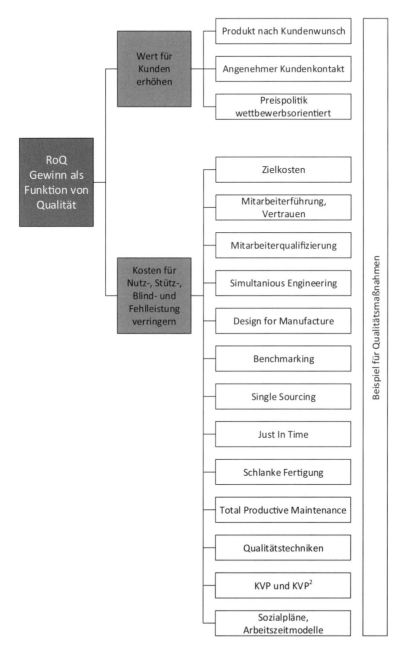

Bild 14.6 Return-on-Quality-Kennzahlensystem[41]

---

[41] vgl. Kamiske, 2005, S. 89

Das Return-on-Quality-Kennzahlensystem verdeutlicht, wie die Rentabilität des Unternehmens mit einem umfassenden Paket von **Qualitätsmaßnahmen** verbessert werden kann.

Die TQM-Maßnahmen sollen dabei einerseits den Wert der Unternehmensleistung für den Kunden erhöhen und andererseits die Kosten für die Leistungsarten Nutz-, Stütz-, Blind- und Fehlleistungen verringern.[42]

Als Werterhöhung für den Kunden wird die Erfüllung der Produktwünsche einschließlich positiver Überraschungen gesehen, aber auch die zwischenmenschlichen Beziehungen innerhalb der Serviceleistung spielen eine große Rolle, ohne dass dabei die Preisrelation zum Wettbewerb aus dem Auge verloren wird. Zur Produkt- und Leistungsgestaltung entsprechend der Kundenwünsche können Qualitätstechniken wie beispielsweise ein Quality Function Deployment (QFD) eingesetzt werden.

Die Maßnahmen zur Kostenreduzierung orientieren sich streng am Wertschöpfungsprozess und werden mit dem Instrument des **Target Costing** gesteuert. Sie setzen in den früheren Phasen ein, beispielsweise mit dem **Design for Manufacture**. Kontinuierliche Verbesserungsprozesse im gesamten Unternehmen dienen der ständigen Reduzierung der Herstellkosten. Betont wird dabei, dass deutliche Rentabilitätsverbesserungen nur durch eine sinnvolle Kombination der Einzelmaßnahmen erzielt werden.

Der Ansatz des RoQ empfiehlt Qualitätsmaßnahmen zur gezielten Beeinflussung von Preis und Herstellkosten.

Die aufgezeigten Qualitätsmaßnahmen zielen nicht nur auf Erlösverbesserungen und Kostensenkungen, sondern insbesondere auf eine Verbesserung der **Qualitätskompetenz** des Unternehmens. Sie werden als Qualitätstreiber bezeichnet (siehe Bild 14.7).[43]

---

[42] vgl. Kamiske; Butz, 2010, S. 105 ff
[43] vgl. Jankulik; Kuhlang; Piff, 2005, S. 132 ff

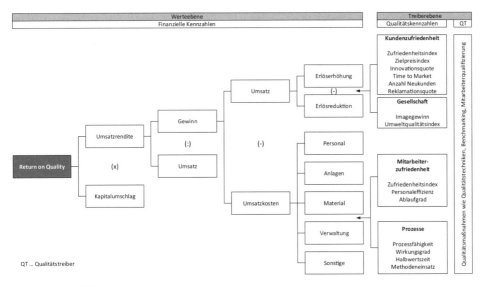

Bild 14.7 RoQ-Baum

14.12 Performance Measurement

Die zuvor genannten traditionellen Kennzahlensysteme betrachten lediglich den kurzfristigen Periodenerfolg. Unternehmen werden jedoch letztlich aufgrund des langfristigen und nachhaltigen Erfolgs beurteilt.[44] Die Entwicklung von Kennzahlensystemen geht von traditionellen und erfolgsorientierten reinen Finanzkennzahlen (z. B. RoI) zu mehrdimensionalen, wertorientierten Systemen (z. B. Balanced Scorecard).[45] Diese Entwicklung fällt unter dem Begriff **Performance Measurement,** welche die Leistung des Unternehmens aufdecken soll, indem zusätzliche Ebenen, wie die Kundenperspektive und Wachstumsperspektive mit einbezogen werden. Kernelemente bleiben allerdings die erhobenen Daten aus den einfachen Kennzahlen und traditionellen Kennzahlensystemen.[46]

In der Literatur findet neben dem Begriff „Performance Measurement" auch der Name **„Performance Management"** Gebrauch. Diese Bezeichnungsumwandlung soll verdeutlichen, dass sich die Performance Measurement Systeme nicht nur für die Funktionen wie die Wiedergabe von Kennwerte eigenen, sondern auch Management-Aufgaben übernehmen können. Das zusätzliche Verbesserungspotential des Unternehmens kann durch die Nutzung von strategieorientierten Performance

---

[44] vgl. Gladen, 2011, S. 117

[45] vgl. Hoch, 2003, S. 73

[46] vgl. Zdrowomyslaw, S. 96

Measurement Systemen aufgedeckt werden, welches ohne die Nutzung derartiger Systeme wahrscheinlich unentdeckt bleiben würde.[47]

Übersichtlich lassen sich traditionelle Kennzahlensysteme und strategieorientierte Performance Measurement Systeme wie folgt unterscheiden:[48]

Tabelle 14.1 Unterschied Kennzahlensysteme

Traditionelle Kennzahlensysteme (z. B. RoI)	Performance Measurement (z. B. Balanced Scorecard)
- Finanzwirtschaftliche Ausrichtung (vergangenheitsorientiert) - Rentabilitätsorientiert - Begrenzte Auswertungsflexibilität - Keine systematische Verknüpfung mit strategischen Unternehmenszielen - Verringerung der Kosten - Vertikale, fragmentierte Analyse - Individuelle Leistungsanreize - Individuelles Lernen	- Einbezug nicht finanzwirtschaftlicher Größen - Kundenorientiert (zukunftsorientiert) - Flexible Auswertungsmöglichkeiten - Anregung für Prozessverbesserungen - Verbesserung der Leistung - Horizontale integrierte Analyse - Team-/gruppenbezogene Leistungsanreize - Lernen der gesamten Organisation

Bekannte Konzepte für Performance Measurement sind:
- Balanced Scorecard
- Performance Pyramid
- Wertorientierte Führung
- Data-Envelopment-Analysis

14.13 Balanced Scorecard

Balanced Scorecard = ausgewogener Berichtsbogen. Traditionelle Kennzahlen werden um weitere Sichtweisen, im Wesentlichen strategischer Art erweitert.[49]

Die bisher beschriebenen Kennzahlen-Systeme basieren auf Rechen-Systemen und orientieren sich an **quantitativ erfassten Kennzahlen**, wie finanzielle und materielle Größen. Sie vernachlässigen allerdings **qualitative Merkmale,** die mit den quantitativen Daten in einem **Ursachen-Wirkungszusammenhang** stehen und dadurch nicht sichtbar werden.

---

[47] vgl. Gladen, 2011, S. 411
[48] vgl. Hoch, 2003, S. 73; Zdrowomyslaw, 2002, S. 97
[49] vgl. Probst, 2006, S. 248

Mit der Balanced Scorecard haben KAPLAN/NORTON Anfang der 1990er Jahre versucht, ein ganzheitliches Instrument zur zielorientierten und strategischen Unternehmensführung zu entwickeln.[50]

Die **Nachteile** der zuvor genannten traditionellen Kennzahlensysteme wie:

- Vergangenheitsorientierung,
- zu starke Aggregation,
- mangelnde Verständlichkeit und
- (Über-)Betonung einzelner Aspekte

werden umgangen.[51] Damit das Konzept der Balanced Scorecard funktioniert und tatsächlich zielführend benutzt werden kann, verlangt es eine intensive Auseinandersetzung mit dem Unternehmen, dessen Vision, Mission und einer daraus systematisch abgeleiteten Strategie.[52]

14.13.1 Die Perspektiven der Balanced Scorecard

Den Mittelpunkt des Balanced Scorecards bilden die Vision und die Strategie. Sie sind Ausgangspunkt, um schrittweise die wichtigsten Ziele, Kennzahlen und Vorgaben der jeweiligen Perspektive zu erreichen. KAPLAN/NORTON gingen von vier sogenannten Grundperspektiven aus:[53]

---

[50] vgl. Meyer, 2011, S. 159
[51] vgl. Baier, 2000, S. 204
[52] vgl. Preißler, 2008, S. 60
[53] vgl. Kamiske; Büchner, 2000, S. 208

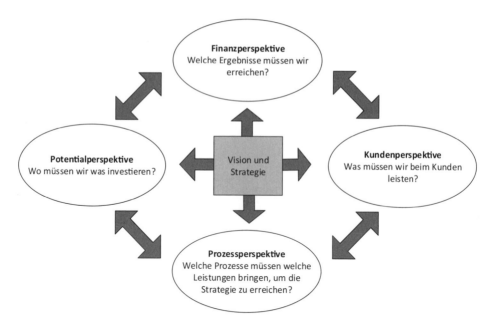

Bild 14.8 Perspektiven der Balanced Scorecard[54]

14.13.2 Finanzperspektive[55]

Das oberste kurz- und langfristige Ziel eines jeden Unternehmens ist es, einen möglichst hohen Gewinn zu erzielen. Deshalb dominieren auch bei der Balanced Scorecard die finanziellen Kennzahlen. Somit orientieren sich auch alle anderen Perspektiven an der Finanzperspektive.

Die finanzielle Perspektive liefert ein Überblick über das Betriebsergebnis und wie sich die Umsetzung der Unternehmensstrategie auf dieses ausgewirkt hat.

In der Interpretation des Ergebnisses spielt vor allem der Lebenszyklus der Geschäftseinheit eine wichtige Rolle:

- In der **Wachstumsphase** steht das Umsatzwachstum im Vordergrund. Eine untergeordnete Rolle spielt hierbei der Mehrbedarf an finanziellen Mitteln, der sich mit dem hohen Aufwand an Kundenerschließung und dem Aufbau der Produktionsanlagen für die Produkte begründet.
- In der **Reifephase** steht neben dem Umsatzwachstum der Fokus auf Kosten- und Rentabilitätskennziffern. Es geht darum, die Kapazitäten zu erweitern und das Produkt kontinuierlich zu verbessern.

---

[54] vgl. Gladen, 2011, S. 416; Kamiske; Büchner, 2000, S. 209
[55] vgl. Baier, 2000, S. 206; Erichsen, 2011, S. 202 ff; Preißler, 2008, S. 61 ff

- In der **Erntephase** geht es letztendlich um möglichst hohe Renditen. Die Ausgaben, insbesondere für Forschung und Entwicklung werden zurückgefahren.

Mögliche Kennzahlen:

- Umsatzwachstum
- Gewinn
- Umsatzrentabilität
- Return on Investment
- etc.

14.13.3 Kundenperspektive[56]

In der Kundenperspektive wird identifiziert, wie das Unternehmen oder das Produkt aus Sicht des Kunden gesehen wird. Hierzu werden die wichtigsten Kunden- und Marktsegmente, mit dem Hintergrund, dass die Kunden stets als Garanten für finanzielle Erträge stehen, erschlossen.

Nach KAPLAN/NORTON haben vor allem drei Eigenschaften entscheidenden Einfluss auf die Kundenperspektive:

- Produkt- oder Dienstleistungseigenschaften wie Funktionalität, Qualität oder Preis
- Unternehmens- und/oder Produktimage
- Verhältnis zu den Kunden

Die Kundenzufriedenheit ist eine qualitative Größe, die als Indikator für Kundengewinnung, Kundenbindung und Kundenprofitabilität gilt. Sie hat somit Einfluss auf den Marktanteil des Unternehmens und des Produktes. Zielkonflikte zwischen der Kundenperspektive und den finanziellen Kenngrößen sind möglich und müssen mittels Priorisierung in der Unternehmensstrategie behoben werden. Ein Beispiel hierfür ist der Mehraufwand, um die Kundentreue zu steigern.

Mögliche Kennzahlen:

- Marktanteil
- Kundenakquisition (Maßnahmen zur Kundengewinnung)
- Kundenbindung
- Kundentreue
- Kundendeckungsbeiträge (Beitrag des Kunden an den Unternehmenskosten)
- Kundenzufriedenheit
- etc.

---

[56] vgl. Baier, 2000, S. 206; Erichsen, 2011, S. 202 ff; Preißler, 2008, S. 61 ff

14.13.4 Interne Prozessperspektive[57]

Die Perspektive des internen Geschäftsprozesses beschäftigt sich vor allem mit den Kernprozessen im Unternehmen, d.h. mit jenen Prozessen, die das Unternehmen besonders gut beherrschen muss um erfolgreich zu sein. Dieses kann z.B. bedeuten: Wie gut muss ich den Prozess beherrschen um die erforderliche Qualität zu erbringen bzw. um pünktlich zu liefern?

Die wichtigste Aufgabe dieser Perspektive ist es, zentral bestehende und/oder neue Prozesse zu identifizieren, die für die Umsetzung der Strategien der anderen Dimensionen entscheidend sind. Nach Kaplan/Norton lassen sich diese unterscheiden in:

- **Innovationen,** denn ständig neue und innovative Produkte und Dienstleistungen sind für nahezu jedes Unternehmen überlebenswichtig. Aufgabe der internen Geschäftsprozesse ist die Bereitstellung der erforderlichen Pläne für Material, technischen Lösungen, etc. (insbesondere Produktion, Vertrieb und Verwaltung).
- **Betriebsprozesse,** hierbei sollen die Kosten, Zeitdauer und Qualität der Prozesse überwacht und ständig zu optimiert werden. (insbesondere Produktion, Vertrieb und Verwaltung).
- **Kundendienst,** wobei vor allem der Service und die Wartung eine positive Beziehung zu bestehenden und potentiellen Kunden herstellen soll.

Mögliche Kennzahlen:

- Time-to-market (Produktentwicklungsdauer)
- Produktivität
- Nachbearbeitungsquote
- Dauer der Reklamationsbearbeitung
- Qualitätssicherung
- Break-even-Betrachtung
- Angebot-Erfolgsrate
- etc.

---

[57] vgl. Baier, 2000, S.206; Erichsen, 2011, S. 202 ff; Preißler, 2008, S. 61 ff

14.13.5 Lern- und Entwicklungsperspektive (Wissensperspektive)[58]

Unternehmen, die langfristig wachsen möchten, müssen in ihre Potentiale investieren. Diese werden im Rahmen der Balanced Scorecard im Bereich Lern- und Wachstumsperspektive betrachtet. Die Mitarbeiter stehen mit ihrer (Arbeits-)Leistung im Mittelpunkt. Deren Potentiale können aber auch durch Informationssysteme, Motivationsfaktoren, Empowerment (Maßnahmen um die Selbstbestimmung der Mitarbeiter zu erhöhen) und neue Zielausrichtungen verbessert werden.

Zusätzlich bezieht sich die Wissensperspektive auf die Analyse der gesamten Infrastruktur des Unternehmens und deren organisatorische Abläufe. Die Lern- und Wachstumsperspektive beschäftigt sich allerdings nur mit Faktoren, die für das Unternehmen bzw. das Produkt im Wettbewerb eine Rolle spielen. Somit hat diese Perspektive vor allem in Unternehmen, die sich aufgrund ständiger Innovationen am Markt den laufenden Wettbewerb anpassen müssen, eine hohe Bedeutung.

Mögliche Kennzahlen:

- Mitarbeiterzufriedenheit
- Anzahl abgegebener Verbesserungsvorschläge
- Anzahl umgesetzter Verbesserungsvorschläge
- Umsatz je Mitarbeiter
- Innovationsquote
- Gruppenarbeitsintensität
- etc.

---

[58] vgl. Baier, 2000, S.206; Erichsen, 2011, S. 202 ff; Preißler, 2008, S. 61 ff

14.13.6 Ausschnitt einer Balanced Scorecard

Die folgende Tabelle zeigt ein Beispiel für eine Balanced Scorecard.

Tabelle 14.2 Beispielhafter Ausschnitt einer Balanced Scorecard[59]

	Strategisches Ziel	Maßgröße	Zielwert	Initiative
Finanzen	Rentabilität steigern	Umsatzrentabilität	15 %	Steigerung des Unternehmenswertes
	Schnelles Wachstum	Umsatzwachstum	20 %	
Kunden	Kundenzufriedenheit steigern	CSI-Index (Customer-Service-Index)	CSI > 90	Kundenbindungsprogramm einleiten
	Neue Kunden gewinnen		> 20 %	Werbekampagnen
Interne Prozesse	Kurze Entwicklungszeiten	Anzahl First-to-market Produkte	> 5	Prozessoptimierung F&E
	Wettbewerbsfähige Prozesse	Kosten	– 10 Mio. €	Projekt zur Komplexitätsreduktion von Prozessen
Lern- und Entwicklung	Mitarbeiter an das Unternehmen binden	Mitarbeiterzufriedenheit (Mitarbeiter-Service-Index)	MSI > 90	Anreizmodell realisieren
	Zugang zu strategischen Informationen schaffen	Anzahl verfügbarer strategischer Informationen	> 200	Datenbank aufbauen

14.13.7 Ursachen-Wirkungskette

Die vier Perspektiven allein und isoliert darzustellen und zu betrachten erschließt nur ein Teil des potentiellen Nutzens. Erst die Verknüpfung der Dimensionen untereinander stellt den maximalen Erfolg des Unternehmens sicher.[60] Die genauen Zusammenhänge lassen sich in einer Ursachen-Wirkungskette abbilden. So wird die Erhöhung des Marktanteils Auswirkungen auf die finanzielle Dimension haben, höhere Motivation wird die Produktivität steigern und mehr Wissen wird die Entscheidungsfindung fördern.[61]

---

[59] vgl. Preißler, 2008, S. 63
[60] vgl. Erichsen, 2011, S. 209
[61] vgl. Probst, 2006, S. 254

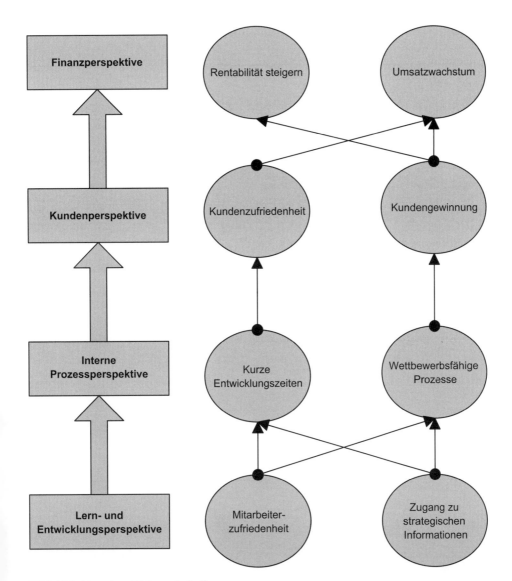

Bild 14.9 Ursachen-Wirkungskette[62]

---

[62] vgl. Erichsen, 2011, S. 211

14.13.8 Grundregeln für die Einführung der Balanced Scorecard[63]

Um eine Balanced Scorecard einzuführen, sind vor allen die folgenden Regeln zu beachten:

- Diejenigen, die die Balanced Scorecard realisieren sollen, müssen an der Erarbeitung von Zielen, Messgrößen und Maßnahmen beteiligt sein.
- Ziele müssen einerseits herausfordernd, andererseits aber auch realistisch sein.
- Wurden genügend Alternativen geprüft, ist die Informationsbasis überhaupt ausreichend für die Festlegung des Zieles?
- Es darf nur eine Balanced Scorecard geben.
- Derjenige, der an den Zielen und Maßnahmen mitgearbeitet hat bzw. umgesetzt, erhält auch die Ist-Daten, das Feedback.
- Eine Balanced Scorecard muss leben, eine ständige Kommunikation ist wichtig.
  - Was für Erfahrungen haben wir gemacht?
  - Was ist schief gelaufen?

Was würde man das nächste Mal besser machen?

---

[63] vgl. Probst, 2007, S. 160 ff

15 Technologie- und Variantenmanagement

15.1 Grundlagen des Technologiemanagements

Unsere industrielle Welt wird immer technischer; die große Mehrheit von Unternehmen und Institutionen sind heute faktisch Technologieunternehmen. Selbst Dienstleister, Handelsunternehmen oder Verwaltungen kommen nicht ohne anspruchsvolle Technologien in Produkten, Prozessen und der Arbeitsplatzgestaltung aus.[1]

Technologien gelten als „Motor der wirtschaftlichen Entwicklung" – Technologische Innovationen bieten einerseits die Möglichkeit, neue Produkt-Markt-Felder zu eröffnen, andererseits können auf vorhandenen Märkten Differenzierungs- und Kostenvorteile gegenüber Konkurrenten erzielt werden. Der Aufbau und das Halten erfolgreicher Wettbewerbspositionen ist daher maßgeblich auch eine Frage des Potentials an verfügbaren Technologien und des adäquaten Technologieeinsatzes.[2]

15.1.1 Begriffe und Definitionen

In der wissenschaftlichen Literatur herrscht kein einheitliches Verständnis bzgl. des Aufgaben- und Wirkungsbereichs des Technologiemanagements. Um dennoch eine Einordnung dieses Begriffs zu treffen, sollen hier wichtige Definitionen und Abgrenzungen angeführt werden.

- **Technik, Technologie und Management**

    Im Sprachgebrauch werden die beiden Begriffe Technik und Technologie fälschlicherweise oft gleichgesetzt. Beide Bezeichnungen gehen zwar auf das griechische Wort „technikos" zurück, was handwerkliches und kunstfertiges Verfahren

---

[1] vgl. Schuh, 2011, S. V
[2] vgl. Abele, 2006, S. 17

bedeutet, sie beschreiben aber dennoch unterschiedliche Inhalte, die es für das Verständnis des Begriffs Technologiemanagement zu beachten gilt:[3]

Technik: „Materielle Ergebnisse von Problemlösungsprozessen"
z. B.: Fertigungstechnik (Laserschneidmaschine), Nachrichtentechnik (Mobiltelefon)

Technologie: „Lehre von der Technik"; „Wissen über Wege zur techn. Problemlösung"
z. B.: Laser-Schneidtechnologie, Funktechnologie

Der Begriff Management leitet sich vom italienischen Wort „maneggiare – an der Hand führen" ab und bedeutet im heutigen Verständnis das „Leiten von Unternehmen in personen- und sachbezogener Hinsicht".

- **Technologie- und Innovationsmanagement**

Technologiemanagement beantwortet im Wesentlichen die Frage, wie ein Unternehmen mit (einer) Technologie umgeht, damit es mit dieser Erfolg hat. Diese gemeinsame Sichtweise geht auch aus folgenden drei Definitionen hervor.

Technologiemanagement ist ...

„Die Planung, Durchführung und Kontrolle der Entwicklung und Anwendung von (neuen) Technologien zur Schaffung erfolgswirksamer Wettbewerbsvorteile." (Feldmann 2007)

„Die Entscheidungen zur Gewinnung, zum Aufbau und zum Einsatz naturwissenschaftlicher Kenntnisse und Fähigkeiten, die zur Lösung technischer Probleme notwendig sind und umfasst die Bereiche Beschaffung, Speicherung und Verwertung neuen technologischen Wissens." (Stummer/Günther/Köck 2008)

„Die integrierte Planung, Gestaltung, Optimierung, Nutzung und Bewertung von technischen Produkten und Prozessen, welche unter der Berücksichtigung der Perspektiven, Mensch, Organisation, Technik und Umwelt der Wettbewerbsfähigkeit dienen." (Bullinger, 1994)

Aufgaben des Technologiemanagements sind u. a.:

- die Akquirierung, Entwicklung und der Vertrieb von Technologien,
- der Einsatz von Technologien in FuE-, Produktions- und Dienstleistungsprozessen und
- die Unterstützung der Unternehmensführung durch Führungsinformationssysteme[4]

---

[3] vgl. Schuh, 2011, S. 33
[4] vgl. Abele, 2006, S. 25

Oftmals werden die Begriffe Technologiemanagement und Innovationsmanagement in einem Atemzug genannt. Trotz großer inhaltlicher Überschneidungen dürfen diese beiden Begrifflichkeiten aber nicht synonym verwendet werden. Bild 15.1 soll die Gemeinsamkeiten und Unterschiede verdeutlichen.

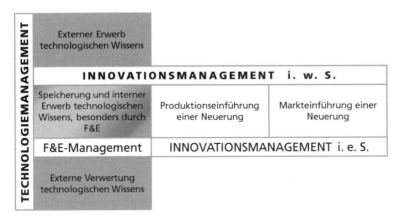

Bild 15.1 Technologie- und Innovationsmanagement

Innovationsmanagement im weiteren Sinne (i. w. S.) setzt mit einer Erfindung oder Invention ein und führt über die verschiedenen Phasen der Produktentwicklung bis zur Einführung auf dem Markt. Das F&E-Management stellt das Bindeglied zwischen Technologie- und Innovationsmanagement dar. Es umfasst alle Aktivitäten von der Grundlagenforschung bis zur Produkt- und Prozessentwicklung.[5]

15.1.2 Elemente des Technologiemanagements

Es gibt vier wesentliche Elemente bzw. Aktivitäten des Technologiemanagements, die miteinander vernetzt sind und nacheinander durchlaufen werden. Dieser Prozesscharakter geht auch aus Bild 15.2 hervor. Da das Technologiemanagement eine interdisziplinäre Aufgabe darstellt, werden sowohl natur- und ingenieurwissenschaftliche, betriebs- und volkswirtschaftliche, juristische als auch soziologische Fachrichtungen tangiert.

---

[5] vgl. Stummer, 2010, S. 26

Bild 15.2 Elemente des Technologiemanagements[6]

15.1.2.1 Technologiefrüherkennung

Die Technologiefrüherkennung soll einem Unternehmen aufzeigen, welche Technologien im Umfeld und in anderen Branchen relevant werden und einen Einfluss auf das Unternehmen und seine Märkte haben. Dabei gilt es, die Früherkennung so zu organisieren, dass alle relevanten Signale erfasst werden, um in der Technologiebewertung die daraus resultierenden Chancen und Risiken abzuleiten.

Es gibt eine Vielzahl von Methoden und Instrumente, die zum einen direkt für die Identifizierung von Quellen technologischer Veränderungen entwickelt worden sind, die aber auch für Analysen verschiedener anderer Aspekte eingesetzt werden. Die in Bild 15.3 vorgestellten Methoden lassen sich daher auch für andere Elemente des Technologiemanagements (bspw. Technologiebewertung) einsetzen. Sie können hinsichtlich ihres Zeithorizontes und des Charakters der Analyse unterschieden werden.[7]

Quantitative Methoden verarbeiten eher numerisches Datenmaterial, qualitative Methoden arbeiten eher mit verbalem Datenmaterial. Oftmals werden auch beide Ansätze vermischt, so dass eine klare Trennung nicht möglich ist.

Die Reichweite der zu treffenden Aussage ist meist ein bedeutsames Auswahlkriterium. So wird angestrebt, möglichst qualifizierte Zukunftsbilder zu entwickeln; jedoch steigt häufig mit der zeitlichen Dimension die Unsicherheit bezüglich der abzuschätzenden Entwicklungen.

---

[6] vgl. Schuh, 2011, S. 15 ff
[7] vgl. Spath, 2011, S. 48 f

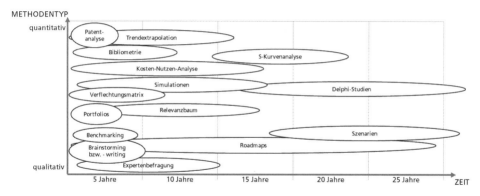

Bild 15.3 Methoden der Technologiefrüherkennung

Im Folgenden werden zwei wichtige Methoden, die v. a. zur Technologiefrüherkennung dienen vorgestellt:

- **Szenariotechnik**

  Die Szenariotechnik dient als Analyseinstrument zur Prognose zukünftiger Technologieentwicklungen. Durch die Betrachtung mehrerer möglicher Zukunftsszenarien berücksichtigt sie die Tatsache, dass die Zukunft nicht exakt zu prognostizieren, sondern in Abhängigkeit verschiedener Faktoren verschiedene Entwicklungsmöglichkeiten eintreten können. Ein Szenario beschreibt also eine mögliche zukünftige Situation. Darüber hinaus aber auch noch den Entwicklungsverlauf, der zu dieser zukünftigen Situation führt. Szenarios werden häufig in Form eines Szenariotrichters dargestellt (Bild 15.4):

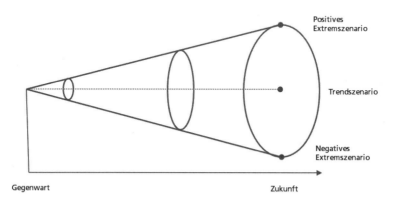

Bild 15.4 Szenariotechnik

Das Trendszenario ist jenes, welche die zukünftige Entwicklung unter der Annahme stabiler Umweltbedingungen (Ceteris paribus) darstellt. Allerdings muss man im Regelfall von instabilen Umweltbedingungen ausgehen, also sowohl von positiven als auch negativen Entwicklungsmöglichkeiten. Jenes Szenario, welches die bestmögliche Entwicklung aufzeigt ist das positive Extremszenario, jenes mit der schlechtesten Entwicklung das negative Extremszenario.

Durch die immer weitere Entfernung von der Gegenwart und den damit verbundenen möglichen Abweichungen vom Trendszenario erhöht sich die Spannweite des Trichters.

Es gibt verschiedenste Vorgehensweisen um zu den verschiedenen Szenarien zu gelangen, wobei sich das 5-Phasen-Konzept nach Gausemeier im deutschsprachigen Raum am weitesten verbreitet hat:[8]

1. Vorbereitung: Abgrenzung des Untersuchungsgegenstandes und grobe Analyse der Ist-Situation.

2. Analyse: Ermittlung der Einflussfaktoren welche die zukünftige Entwicklung des Untersuchungsgegenstandes beeinflussen, extrahieren der wesentlichen Einflussfaktoren (Schlüsselfaktoren) und sammeln von ausreichend Informationen über deren künftige Entwicklungsrichtung.

3. Prognostik: Messung der Ist-Situation und Entwicklung möglicher Projektionen. Die Einflussfaktoren werden anschließend zueinander in Beziehung gesetzt und mögliche Vernetzungen identifiziert.

4. Szenarien-Bildung: Nun werden mehrere mögliche Szenarien ausgearbeitet. Ein Szenario wird z. B. hauptsächlich die positiven Entwicklungsmöglichkeiten berücksichtigen, ein anderes die negativen. Ein Drittes geht von der wahrscheinlichen Entwicklung aus. Danach werden Störungen eingeführt, die außerhalb von der erwarteten Entwicklung liegen und mögliche Gegenmaßnahmen ausgearbeitet.

5. Transfer: Schließlich werden die Szenarien auf den Untersuchungsgegenstand übertragen und es wird eine Strategie erarbeitet.

Zusammenfassend lässt sich sagen, dass die Szenariotechnik eine gute Entscheidungsgrundlage zur Entwicklung von Handlungsstrategien darstellt. Andererseits muss aber auch bedacht werden, dass die Unsicherheit sowie die Anzahl möglicher Szenarien bei zunehmendem Planungshorizont steigt.

- **Technologie-Roadmap**

Eine Technologie-Roadmap stellt eine grafische Repräsentation von Technologien und deren zeitlichen Verknüpfung dar. Hierbei steht im Vordergrund, die Entwicklungspotentiale, Risiken und Chancen aber auch erforderliche Prozesstechnologien und Vorprodukte einzelner Technologien aufzudecken.

Zur Entwicklung einer Technologie-Roadmap muss zunächst eine Projektgruppe aus Experten zusammengestellt werden, die versucht Marktwissen mit techno-

---

[8] vgl. Gausemeier et al., 2009

logischem Wissen zu verknüpfen. In weiterer Folge werden Abhängigkeiten und Wechselwirkungen von Markt-, Produkt- und Technologieentwicklungen im Zeitverlauf untersucht und eine erste Roadmap erstellt.[9]

Die Technologie-Roadmap fließt als wichtiger Input in die Entscheidung über zukünftig zu nutzende Technologien oder technologische Weiterentwicklungen ein. Ziel ist die Erreichung eines Konsenses über die zukünftige technologische Ausrichtung des Unternehmens.

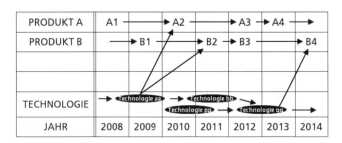

Bild 15.5 Technologie-Roadmap

Eine Technologie-Roadmap erlaubt also die Prognose über künftige Entwicklungspfade betrachteter Technologien auf Basis von Rechercheergebnissen und Expertenmeinungen. Die Validität der Prognoseergebnisse ist abhängig von der Qualität der Rechercheergebnisse und der Qualifikation der Experten.

15.1.2.2 Technologiebewertung[10]

Technologiebewertung ermöglicht Aussagen darüber, mit welchen Technologien der Umsatz und die Marktanteile der Unternehmen erhöht, die Kundenanforderungen besser erfüllt, die Unternehmenspotenziale gestärkt, Wettbewerbsvorteile und Zeitvorsprünge erzielt und die Stärken des Unternehmens ausgebaut bzw. die Schwächen abgebaut werden.

Die Technologiebewertung und somit die Ermittlung und Beurteilung des Grades der Erfüllung vorgegebener Zielstellungen für eine bestimmte Technologie geschieht im untenstehenden Spannungsfeld (vgl. Bild 15.6). Der Vergleich zwischen erforderlichen Soll-Zustand und Ist-Zustand erfolgt auf der Grundlage von Bewertungsmaßstäben mit Hilfe geeigneter Bewertungsmethoden.

---

[9] vgl. Schuh, 2011, S. 171 ff
[10] vgl. Spath, 2011, S. 52 ff

Bild 15.6 Spannungsfeld der Technologiebewertung

Auf Grundlage einer komplexen Informationsbasis aus der Technologiefrüherkennung gilt es mit Methoden der Technologiebewertung Entscheidungen zur Umsetzung vorzubereiten. Während in der Phase der Technologiefrüherkennung der Fokus auf qualitativen Bewertungsmethoden liegen sollte, stehen in der späteren Phase des Technologiemanagements mehr die quantitativen Verfahren im Vordergrund.

Durch den effektiven und effizienten Einsatz dieser Bewertungsmethoden soll die Qualität der Entscheidungen und damit die Wahrscheinlichkeit des Erfolgs erhöht werden.

15.1.2.3 Technologieplanung[11]

Innerhalb der Technologieplanung werden die richtigen Entscheidungen im Hinblick auf die zukünftige technologische Ausrichtung des Unternehmens getroffen und deren Umsetzung vorausgedacht. Es werden daher alle notwendigen Aktivitäten, Abläufe, Kosten, Ressourcen und Termine ermittelt und systematisiert, sodass eine „geistige Vorwegnahme zukünftigen Handelns" erreicht wird.

Ergebnis der Technologieplanung ist der sogenannte Technologieplan, der beschreibt, wie, zu welchem Zeitpunkt und zu welchem Zweck eine Technologie zur Anwendung kommen soll. Außerdem wird Auskunft erteilt, woher die Technologien bezogen werden und welche Vorgaben für die Ressourcenplanung gelten. Es entstehen somit konkrete, umsetzbare Vorgaben für die Entwicklung und den Einsatz von Technologien.

---

[11] vgl. Schuh, 2011, S. 171 ff

15.1.2.4 Technologiestrategie[12]

Damit der Umgang mit Technologie erfolgreich ist, bedarf es der Formulierung und der Verfolgung der richtigen Technologiestrategie. Diese muss im Einklang mit der Unternehmensstrategie stehen. Es geht vor allem um den sinnvollen und stabilen Einsatz von Technologie. Bestimmte Schlüsselfragen können zur Findung der Strategie beitragen:

- In welche Technologie soll investiert und zu welchem Zeitpunkt eingestiegen werden?
- Welche Position soll bezüglich der technologischen Leistungsfähigkeit angestrebt werden?
- Wie soll das technologische Wissen geschaffen bzw. woher soll es bezogen werden?
- Auf welche Weise kann die neue Technologie verwendet werden?
- Welches sind neue, relevante Technologien für das unternehmerische Produkt?
- Wie können Technologien identifiziert, bewertet und umgesetzt werden?
- Wie können Technologien in das Unternehmen bzw. das Produkt integriert werden?
- Welche Unterstützung gibt es bei der Entwicklung neuer Produkte mit neuen Technologien?
- Wie sieht die Technologiestrategie für das eigene Unternehmen aus?

Es gibt im Wesentlichen vier Technologiestrategien, die zur Schaffung und Behauptung von Wettbewerbsvorteilen durch gezielten Technologieeinsatz führen:[13]

- Pionierstrategie: Die Pionierstrategie ist die „Strategie der Technologie-führerschaft", d.h. das Bemühen, stets als erster technische Innovationen am Markt durchzusetzen.
- Imitationsstrategie: Ein Unternehmen versucht, durch die Imitation von Technologien Risiken zu senken und Pionierkosten einzusparen.
- Nischenstrategie: Nischenstrategien sind auf das Besetzen möglichst wettbewerbsarmer, aber sehr lukrativer Marktsegmente ausgerichtet. Sie versuchen möglichst unauffällig (um keine Konkurrenten anzulocken) Gewinne zu erzielen.
- Kooperationsstrategie: In Form von Kooperationsstrategien können Unternehmen ihr technologisches Know-how verbessern. Angesichts des zunehmenden technologischen Wandels, sich verkürzender Innovationszyklen und des globalen Wettbewerbs wird eine derartige Grundstrategie in vielen Fällen unumgänglich sein.

---

[12] vgl. Spath, 2011, S. 71
[13] vgl. Bullinger, 1994, S. 137ff

15.2 Grundlagen des Variantenmanagements

Durch die in den letzten Jahren stattgefundene Verlagerung vom Anbieter- zum Käufermarkt, die erhöhte Wettbewerbsintensität, länderspezifische Gegebenheiten und Gesetzesanforderungen werden Unternehmen vor die Herausforderung gestellt, ihre Produkte in einer immer höheren Variantenvielfalt anzubieten. Die Anzahl der Varianten steht dabei in direkter Verbindung mit dem Kostentreiber Komplexität, welche sich in vielen Gebieten des Unternehmens erhöht.[14]

Um die Herausforderungen, die mit der steigenden Komplexität einhergehen, bewältigen zu können, bedarf es effizienter Methoden und Ansätze zur Komplexitätsreduzierung, -bewältigung und -vermeidung.

15.2.1 Begriffe und Definitionen

- **Variante**
  Nach DIN 199 bezeichnet man Gegenstände als Varianten, die in ihrer Form und/oder Funktion einander ähneln mit einem in der Regel hohen Anteil identischer Gruppen oder Bauteile.[15]

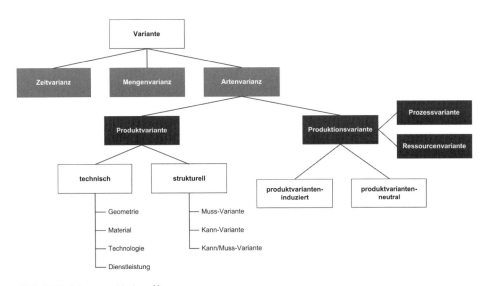

Bild 15.7 Arten von Varianz[16]

---

[14] vgl. Zenner, 2006, S. 46
[15] vgl. DIN 199-1, 2002-03, S. 15
[16] vgl. Zenner, 2006, S. 50

Die Bezeichnung der Variante kann weiter nach verschiedenen Gesichtspunkten aufgegliedert werden. Zeitliche Varianz beschreibt den Umstand, wenn ein Produkt in variierenden Zeitabständen produziert wird. Mengenvarianz wiederum zeichnet sich durch Ungleichheit der Produktionsstückzahlen aus. Mit der Artvarianz wird häufig die Variantenvielfalt in Verbindung gebracht. Dabei wird zwischen Produkt- und Produktionsvarianten unterschieden. Bei den Produktvarianten wird weiter zwischen technischer und struktureller Produktvariante differenziert.[17]

- **Variantenvielfalt**

Die Variantenvielfalt bringt die Anzahl der Produktvarianten, Baugruppenvarianten oder Teilevarianten zum Ausdruck. Variantenvielfalt entsteht also durch das Auftreten verschiedener Varianten. Der Begriff der Variantenvielfalt kann auf Produktions-varianten, das heißt Prozess- und Ressource-Varianten, ausgeweitet werden. Dabei muss zwischen produktvarianten-induzierten und produktvarianten-neutralen Varianten unterschieden werden. Produktvarianten-induzierte Prozessvarianten werden durch Produktvarianten verursacht, während produktvarianten-neutrale Prozessvarianten unabhängig von vorhandenen Produkt-Varianten entstehen.[18]

Bezüglich der Variantenvielfalt muss noch zwischen innerer und äußerer Varianz unterschieden werden. In Bild 15.8 werden die innere Varianz und die äußere Varianz gegenübergestellt. Äußere Varianz umfasst die für den Kunden nutzbare Vielfalt an Produktvarianten. Sie ist maßgebend an der Erfüllung von Kundenwünschen beteiligt. Die innere Varianz ergibt sich aus der, in der Auftragsabwicklung, auftretenden Vielfalt an Teilen, Produkten und Prozessen, sie führt zu einer Erhöhung der Komplexität und wirkt sich aufgrund erhöhter Herstellkosten negativ auf das Unternehmen aus.[19]

---

[17] vgl. Zenner, 2006, S. 50
[18] vgl. Zenner, 2006, S. 51
[19] vgl. Zenner, 2006, S. 51 f.

Innere Varianz	Äußere Varianz
• Im Rahmen der Auftragsabwicklung im Betrieb auftretende Vielfalt an Teilen, Baugruppen, Produkten und Prozessen • Verursacht Komplexität in den Abläufen von Entwicklung und Fertigung • Gemeinkostentreiber • Erhöhung des Herstellungsaufwandes • Tendenz **„Schädliche" Varianz**	• Für den Kunden nutzbare Vielfalt von Produktvarianten • Trägt zur Erfüllung von Kundenwünschen bei • Erhöhung des Kundennutzen • Tendenz **„Nützliche" Varianz**

Bild 15.8 Innere und äußere Varianz[20]

■ **Komplexität**

Komplexität kann als eine Systemeigenschaft gesehen werden, deren Grad von der Anzahl der Systemelemente, von der Vielzahl der Beziehungen zwischen diesen Elementen und der Anzahl an möglichen Systemzuständen abhängt.[21] Durch Zusammenstellung der Hauptkriterien Vielfalt/Vielzahl und Dynamik/Veränderlichkeit in einer Matrix lassen sich vier grundlegende Systemtypen beschreiben:

■ einfache Systeme charakterisieren sich durch eine geringe Anzahl an Elementen, Beziehungen und Verhaltensmöglichkeiten,
■ komplizierte Systeme beinhalten viele Elemente und Beziehungen, ihr Verhalten ist allerdings berechenbar,
■ relativ komplexe Systeme zeichnen sich durch wenige Elemente und Beziehungen aus, haben aber eine hohe Vielfalt an Verhaltensmöglichkeiten, sie sind nicht vollständig beherrschbar,
■ äußerst komplexe Systeme bestehen aus einer Vielzahl an Elementen, die in vielfältigen Beziehungen zu einander stehen, zudem existiert eine Vielfalt an Verhaltensmöglichkeiten mit veränderlichen Wirkungsverläufen zwischen den Elementen.[22]

---

[20] vgl. Zenner, 2006, S. 51
[21] vgl. Ulrich/Probst, 1988, S. 58
[22] vgl. Schuh, 2005, S. 5

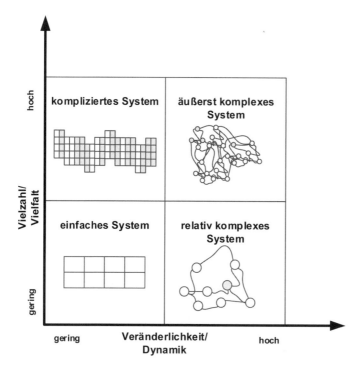

Bild 15.9 Zustände komplexer Systeme[23]

15.2.2 Variantenmanagement

Variantenmanagement nimmt Einfluss auf die Entwicklung, Gestaltung und Strukturierung von Produkten und Dienstleistungen im Unternehmen. Mit Hilfe geeigneter Werkzeuge soll einerseits die aufgrund von Teileanzahl, Komponenten und Varianten entstehende Komplexität sowie auch die auf das Produkt einwirkende Komplexität durch Marktdiversifikation oder Produktionsabläufe bewältigt werden.[24] Wie in der nachfolgenden Abbildung dargestellt, handelt es sich beim Variantenmanagement um einen Teilbereich des Komplexitätsmanagements. Beim Variantenmanagement richtet sich der Fokus auf das Produkt und das Produktprogramm, die Ermittlung einer kostenoptimalen Variantenanzahl ist eines der Ziele des Variantenmanagements. Zunehmend an Bedeutung gewinnt die Prozessorientierung beim Komplexitätsmanagement. Organisatorische Gestaltungsansätze nehmen Einfluss auf die Komplexität. Schlussendlich umfasst das ganzheitliche Komplexitätsmanagement das gesamte Unternehmen sowie dessen Supply Chain.[25]

---

[23] vgl. Schuh, 2005, S. 6
[24] vgl. Schuh, 2005, S. 37
[25] vgl. Gießmann, 2010, S. 53 f.

Unternehmen und Supply Chain

Prozess und Organisation

Produkt und Produktprogramm

Variantenmanagement

- Strenge Produktorientierung
- Komplexitätsarme und einfache Produktgestaltung
- Produktreihen- und markenübergreifende Nutzung von Synergien

- Ermittlung der (kosten-) optimalen Variantenanzahl
- Komplexitätsgerechte Produktprogrammgestaltung
- Zeithorizont der Maßnahmen: kurz- bis mittelfristig

Komplexitätsmanagement

- Zunehmende Prozessorientierung
- Verbindung von Kundenorientierung und Effizienz (Mass Customization)
- Komplexitätsbeeinflussung auch durch organisatorische Gestaltungsansätze

- Ermittlung des optimalen Komplexitätsgrades
- Zeithorizont der Maßnahmen: mittelfristig

Ganzheitliches Komplexitätsmanagement

- Bereichsübergreifende und systemorientierte Sichtweise
- Berücksichtigung von Wechselwirkungen
- Entwicklung eines Leitfadens zur Implementierung/Durchführung des Komplexitätsmanagements

- Entwicklung von Zyklen zur langfristigen Beherrschung des Komplexitätsproblems
- Ableitung von Strategieempfehlungen
- Zeithorizont der Maßnahmen: langfristig

Bild 15.10 Variantenmanagement - Komplexitätsmanagement[26]

Das Variantenmanagement beinhaltet also Steuerungsvorgänge zur Optimierung der Variantenvielfalt sowie zur Beherrschung der Folgen variantenreicher Produktgruppen. Dabei sind allgemein zwei Ansätze zu erwähnen. Einerseits die Vermeidung unnötiger Varianten und andererseits die Beherrschung der notwendigen Varianten. Bild 15.11 zeigt die Ziele des Variantenmanagements in den Phasen des Produktlebenszyklus.[27]

---

[26] vgl. Gießmann, 2010, S. 53

[27] vgl. Zenner, 2006, S. 53

15.2 Grundlagen des Variantenmanagements

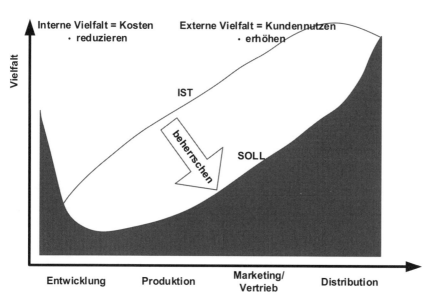

Bild 15.11 Ziele des Variantenmanagements[28]

- **Variantenkomplexität**

Im Variantenmanagement wird grundsätzlich zwischen zwei Arten der Variantenkomplexität unterschieden.

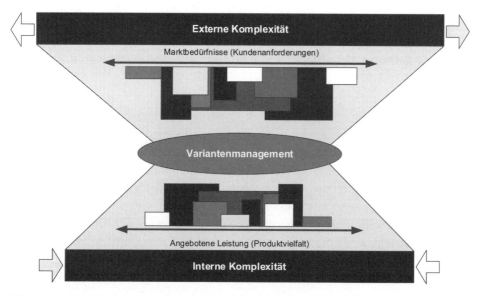

Bild 15.12 Externe und interne Komplexitätssicht auf die Produktvielfalt[29]

---

[28] vgl. Zenner, 2006, S. 52
[29] vgl. Friedrich, 2011, S. 26

Die Marktsicht (externe Komplexität) beschreibt die kundenrelevanten Merkmale des Produktes und liefert dadurch einen Überblick, wie viele Varianten für das Produkt zu berücksichtigen sind. Dabei muss hinterfragt werden, was vom Kunden tatsächlich gewünscht wird. Auf diese Weise wird sichergestellt, dass so wenige Varianten wie möglich, aber gleichzeitig so viele wie nötig geplant werden. Ein nützliches Werkzeug hierfür bietet sich mit dem sogenannten Merkmalbaum, der sämtliche Merkmale aufnimmt und die so entstehende Variantenvielfalt visualisiert.[30]

Nach dem gleichen Ansatz ist in der Unternehmenssicht (interne Komplexität) darauf zu achten, dass das festgelegte Produktspektrum so schlank als möglich durch die Produktion läuft, also wiederum so wenige Teile wie möglich, aber so viele Teile wie nötig. Für die Analyse des Produktspektrums eignet sich die Verwendung der Variantenbaumstruktur. Der Variantenbaum gibt Aufschluss über den Zeitpunkt der Variantenbildung in der Montagereihenfolge, über besonders variantentreibende Bauteile und dient zudem als Basis für Variantenoptimierungen. Beispielsweise soll der Entstehungspunkt einer Variante, die Verzweigung des Variantenbaums, zu einem möglichst späten Zeitpunkt in der Montagereihenfolge erfolgen, um die Komplexität der Montage gering zu halten.[31]

- **Wirkungen der Variantenkomplexität**

Durch die Einführung einer zusätzlichen Variante werden meist Volumeneffekte (Economies of Scale) erwartet, welche den sich ergebenden Vielfaltswirkungen (Diseconomies of Scope) gegenüberstehen. Häufig erreichen die tatsächlichen Mengenausweitungen nicht die gewünschten Zielvorstellungen, die komplexitätsbedingten Kosten müssen dann über Produktpreiserhöhungen an den Markt weitergegeben werden, wodurch sich im Allgemeinen die Wettbewerbsfähigkeit des Unternehmens verschlechtert. Eine Auflistung von möglichen Komplexitätsfolgen wird in Bild 15.13 dargestellt.[32]

Durch Erhöhung der Variantenvielfalt flacht die Häufigkeitsverteilung von einigen, wenigen Standardprodukten auf eine Produktprogrammweite mit steigender Anzahl an Exotenprodukten ab. Durch fehlende Kostentransparenz, die unter anderem durch Effizienzverluste im Leistungserstellungsprozess entsteht, werden diese sogenannten Exoten mit geringer Stückzahl oft zu Preisen angeboten, die die tatsächlichen Kosten unterschreiten. Unbewusst werden diese Produkte durch Standardprodukte quersubventioniert, wodurch hier ein Wettbewerbsnachteil gegenüber Konkurrenten mit geringerem Produktspektrum entsteht.[33]

---

[30] vgl. Friedrich, 2011, S. 27
[31] vgl. Friedrich, 2011, S. 27
[32] vgl. Schuh, 2005, S. 19
[33] vgl. Schuh, 2005, S. 20f

Bild 15.13 Komplexitätsfolgen[34]

15.2.3 Komplexitätskosten

Der Kostenanstieg infolge einer Erhöhung der Variantenanzahl lässt sich in zwei Kategorien aufspalten. Die direkten, produktproportionalen Komplexitätskosten, welche sich weiter in einmalig auftretende und laufende Kosten unterscheiden lassen, und die Opportunitätskosten der Komplexität. Unabhängig vom Absatzvolumen einer zusätzlichen Variante treten unterschiedliche Kosten entlang der Wertschöpfung auf, beispielsweise in der Entwicklung oder Produktion. Diese direkten Komplexitätskosten führen zu einer proportionalen Erhöhung der Gemeinkosten. Unter Opportunitätskosten fallen Kosten, die aufgrund nicht optimaler Ausnutzung von Unternehmensressourcen entstehen, da diese zur Bewältigung von Komplexitätsthemen benötigt werden. Des Weiteren zählen zu diesen indirekten Komplexitätskosten Kosten, die durch Kannibalismus-Effekte entstehen. Dieser Effekt

---

[34] vgl. Schuh, 2005, S. 21

tritt ein, wenn bei gleichbleibendem Umsatz die Einführung einer neuen Variante das Kernsortiment in seinem Absatz schmälert. Opportunitätskosten wachsen anders als die direkten Kosten nicht linear, sondern meist exponentiell mit der Produktvielfalt an. In Bild 15.14 sind weitere Beispiele für direkte und indirekte Komplexitätskosten angeführt.[35]

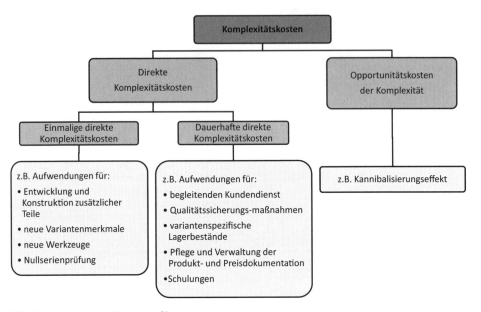

Bild 15.14 Komplexitätskosten[36]

15.2.4 Komplexitätstreiber

Für die Beherrschung von Komplexität ist es erforderlich, die wesentlichen Komplexitätstreiber im Handlungsfeld zu identifizieren:

- Unternehmensgröße,
- Diversifikation in den Geschäftsbereichen,
- Anzahl interner (Organisationseinheiten) und externer Schnittstellen (Zulieferbetriebe),
- Schnittstellendichte (Koordinationsbedarf),
- Sortimentsbreite und Produktkomplexität (Produktstruktur, Teileanzahl),
- Dynamik (Kurzlebigkeit der Produkte),
- Unsicherheit, Flexibilitätsbedarf, Intransparenz

---

[35] vgl. Schuh, 2005, S. 44 ff
[36] vgl. Schuh, 2005, S. 45

Der Komplexitätsbegriff kann nur anhand mehrerer Komplexitätsfaktoren messbar gemacht werden, wobei diese unter einander zusammenhängen. Somit können die Faktoren Vielzahl, Vielfalt, Vieldeutigkeit und Veränderlichkeit unterschieden werden, diese wiederum können in den Komplexitätstreibern „Masse" und „Dynamik" zusammengefasst werden.[37]

Der Komplexitätstreiber „Masse" (Vielzahl, Vielfalt) beschreibt dabei die statische Komponente der Komplexität. Durch die Entwicklung vom Anbietermarkt hin zum Käufermarkt geht die quantitative Marktsituation über in eine qualitative Marktsituation, welche durch Variantenwachstum gekennzeichnet ist. Die produkt- und prozessseitige Vielfalt erhöht sich drastisch. Durch eine hohe Anzahl an funktionsorientierten Schnittstellen steigt die Prozesskomplexität an, wodurch Abläufe intransparent werden und Kosten exponentiell ansteigen.[38]

„Dynamik" (Veränderlichkeit, Vieldeutigkeit) stellt den dynamischen Anteil der Komplexität dar. Eine weitere Folge der zunehmenden Marktorientierung ist die Dynamisierung. Sie zeigt sich in kontinuierlichen Wachstums- bzw. Schrumpfungsmustern, welche sich in der Veränderlichkeit und Vieldeutigkeit des Produktprogrammes äußern.[39]

15.2.5 Methoden des Variantenmanagements

Im Folgenden wird eine Auswahl an Methoden des Variantenmanagements vorgestellt, die zur Unterstützung in der Komplexitätsbeherrschung dient.

- **Variantenstücklisten**

  Variantenerzeugnisse sind oft zu einem erheblichen Anteil identisch, verfügen aber über unterschiedliche Ausführungsmöglichkeiten in Teilbereichen. Um nicht für jede Variante eine vollständige Stückliste führen zu müssen und dadurch die Datenredundanz zu minimieren, wurden eigene Variantenstücklisten entwickelt. Bei der sogenannten Gleichteilestückliste erfolgt die Unterteilung in eine Gleichteilegruppe und in eine variantenspezifische Variantengruppe. Die Gleichteilestückliste ist besonders geeignet, wenn die Gleichteile über längere Zeit unverändert bleiben, da eine Änderung alle Stücklisten betrifft. Für einen flexibleren Einsatz können Plus/Minus-Stücklisten verwendet werden. Dabei wird eine Variante als Basis-Produkt definiert. Die Differenzierung der Varianten erfolgt in Form von Plus/Minus-Teilen. Auf diese Art können auch hochkomplexe Variantenstrukturen abgebildet werden.[40]

---

[37] vgl. Schuh, 2005, S. 8
[38] vgl. Schuh, 2005, S. 9
[39] vgl. Schuh, 2005, S. 11
[40] vgl. Schuh, 2005, S. 143 f

- **Variantenbaumstruktur**

    Für die übersichtliche und vollständige Dokumentation einer Variante eignet sich die grafische Abbildung in der Variantenbaumstruktur nach Schuh. Dabei wird die Erzeugnisgliederung in Kombination mit der Produktvarianz innerhalb der Montagereihenfolge abgebildet. Ausgehend von einem Grundteil oder Trägerteil werden alle weiteren Anbauteile in der korrekten Montagereihenfolge durch Linien verbunden. Nach jedem Teilvorgang ist die aktuell erreichte Baugruppenvielfalt darstellbar. In vertikaler Richtung wird die Montagereihenfolge abgebildet, in horizontaler Richtung erfolgt die Darstellung der Variantenvielfalt. In nachfolgender Abbildung wird anhand eines Beispiels aus dem Automobilbereich die Struktur des Variantenbaumes erläutert. Ausgehend von einer gemeinsamen Plattform erfolgt die erste Variantenverzweigung durch Baugruppe 2.1 und 2.2, welche die Varianten-ausprägungen „Linkslenker" und „Rechtslenker" darstellen. Im nächsten Montage-schritt wird ein Katalysator (Bauteil 3) verbaut. Die Variante „Linkslenker" wird dadurch weiter aufgespalten. Somit ergeben sich drei unterschiedliche Varianten, da es die Variante „Rechtslenker" nur ohne Katalysator gibt. Abhängig von der Art des eingesetzten Getriebes (Schaltgetriebe oder Automatikgetriebe) entstehen weitere Varianten. Nach Verbau von Baugruppe 4.1 und 4.2 existieren somit sechs Varianten.[41]

---

[41] vgl. Schuh, 2005, S. 146f

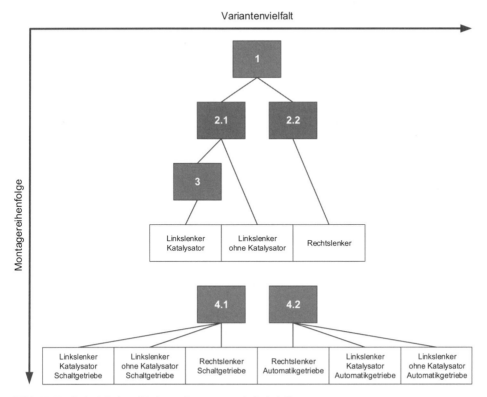

Bild 15.15 Beispiel eines Variantenbaumes nach Schuh[42]

- **Verschiebung des Variantenbestimmungszeitpunkts**

Die Komplexitätsbeherrschung in der Fertigung kann durch eine Verschiebung des Variantenentstehungspunkts verbessert werden. Ziel ist die möglichst schlanke Gestaltung der Variantenbaumstruktur. Vorgelagerte Produktionsprozesse werden dadurch vereinheitlicht, somit erfolgt die Herstellung in diesen Wertschöpfungsstufen in größeren Mengen und auftragsneutral.[43]

Abhängig vom Zeitpunkt der Variantenentstehung muss mehr oder weniger Aufwand betrieben werden, um eine Variante durch den Prozess zu steuern oder Rohteile und Werkzeuge bereitzustellen.[44]

---

[42] vgl. Schuh, 2005, S. 147
[43] vgl. Bayer, 2010, S. 78
[44] vgl. Bayer, 2010, S. 73 f

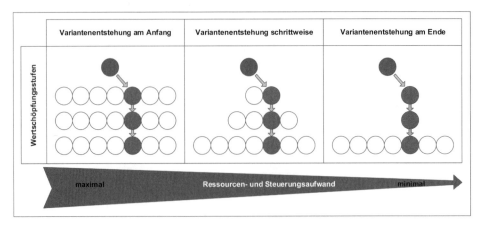

Bild 15.16 Kostenwirksamkeit von Varianten in den Wertschöpfungsstufen[45]

- **Design einer Montagelinie mit möglichst spätem Variantenentstehungspunkt**

Die Komplexität in der Montage kann durch eine möglichst späte Variantenaufspaltung reduziert werden. Der Zeitpunkt der Variantenentstehung zeichnet sich am Montageband als eine Aufspaltung in spezialisierte Stationen ab. Die Varianten erhalten ab diesem Zeitpunkt eine eigene Identität. Zur Erstellung eines solchen Montagelayouts werden in einem ersten Schritt die Varianten unter Bedacht auf die optimale Nutzung der erforderlichen Montageschritte für die einzelnen Varianten in einem Montagelayout eingeplant. Im nächsten Schritt werden zusätzliche Montageprozesse aufgrund von Einschränkungen in der Montagereihenfolge eingefügt. Ein Beispiel hierfür ist in Bild 15.17 dargestellt. So kann es erforderlich sein, dass beispielsweise für die Montage von Variante B im Vergleich zu Variante A Prozessschritt 1 vor Prozessschritt 2 erfolgen muss, wodurch die Differenzierung der Varianten bereits vor Prozessschritt 2 erfolgt. Abschließend müssen die Produktionsanforderungen geprüft werden. Um die Produktionsrate zu erfüllen, muss die Produktionskapazität in den einzelnen Stationen angepasst werden.[46]

---

[45] vgl. Bayer, 2010, S. 74
[46] vgl. AlGeddawa/ElMaraghy, 2011, S. 163 ff

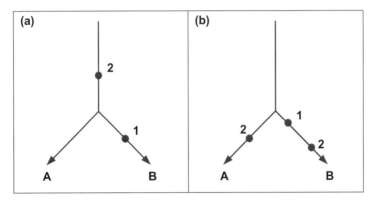

Bild 15.17 Einschränkungen durch Montagereihenfolge[47]

- **Produktstrukturierungsstrategien**

Die Produktstruktur beschreibt die strukturierte Zusammensetzung des Produktes aus seinen Komponenten. Baugruppen und Einzelteile bilden dabei Strukturstufen, indem sie Komponenten auf tieferen Ebenen zusammenfassen.[48]

Differenzialbauweise/Integralbauweise

Basis für die Differenzialbauweise von Teilen bildet die Zerlegung von Funktionsträgern. Dadurch kann der Umfang an Gleichteilen erhöht werden. Für die individuelle Funktionserfüllung werden die entsprechenden Bauteile mit ihren Teilfunktionen zusammengesetzt. Hingegen wird bei der Integralbauweise eine Reduzierung der Teilevielfalt durch die Zusammenfassung mehrerer Funktionen in einem Bauteil erreicht. Dies hat zur Folge, dass Fertigungsschritte eingespart werden. Die Anwendung von Differenzial- und Integralbauweise bedarf einer fallweisen Prüfung der Anwendbarkeit.[49]

Baureihen

Als Baureihe wird ein technisches Gebilde verstanden, dass dieselbe Funktion

- mit der gleichen Lösung,
- in mehreren Größenstufen und
- bei möglichst gleicher Fertigung

erfüllt. Ausgehend von einer Baugröße, die als Grundentwurf bezeichnet wird, werden anhand von Ähnlichkeitsgesetzen Folgeentwürfe für unterschiedliche Baugrößen abgeleitet. Dabei wird auf eine hohe Werkstoffausnutzung unter Verwendung möglichst gleicher Werkstoffe und der gleichen Technologie geachtet.[50]

---

[47] vgl. AlGeddawa/ElMaraghy, 2011, S. 170
[48] vgl. Schönleben, 2007, S. 21 f
[49] vgl. Schuh, 2013, S. 125 f
[50] vgl. Pahl/Beitz, 2013, S. 820 f

Module

Anbauteile, die verschiedene Funktionen erfüllen, dabei aber über einheitliche Schnittstellen eine vielfältige Kombinierbarkeit ermöglichen, werden als Module bezeichnet. Dieses Prinzip eignet sich für die Bildung einer hohen Variantenzahl bei begrenzten Innenwirkungen.[51]

Baukasten

Baukastensysteme enthalten wenige Grundkörper, in denen variantenreiche Anbauteile montiert werden können. Im Vergleich zu Modulen unterscheidet sich der Baukasten durch die Tatsache, dass die Schnittstelle zwischen Anbauteilen und dem Grundkörper und nicht zwischen den einzelnen Anbauteilen existiert.[52]

Modularisierung

Eine Methode, um die Herstellkosten zu minimieren, dabei zugleich die Zufriedenstellung der individuellen Kundenbedürfnisse zu erreichen, ist die Entwicklung modularer Produkte. Dies ist deshalb möglich, da Economies of Scale leichter aus den Bestandteilen von Produkten als durch die Produkte selbst generiert werden können. Bei der Modularisierung wird ein Produkt in der Art geeignet gegliedert, dass die Abhängigkeiten zwischen den Elementen verringert und die Schnittstellenvarianten reduziert werden. Vorteile der Modularisierung sind die Trennung von kundenspezifischen Teilen und Standardmodulen, das Erreichen einer hohen Endproduktvielfalt mit beschränkter Anzahl an Modulvarianten und dadurch begrenzter Innenwirkung.[53]

- **Hochflexible Produktionsendstufen**

Der Ansatz der hochflexiblen Produktionsendstufen sieht die Aufspaltung in eine varianten-neutrale und eine varianten-spezifische Produktion vor. Das Ziel ist es, die Variantenbildung zu einem möglichst späten Zeitpunkt in der Wertschöpfungskette durch die Nutzung variantenbildender Fertigungsprozesse in der Montage zu verlagern. Die übliche Aufteilung der Produktion in Fertigung und Montage wird hierbei durch eine Gliederung in Produktionsvorstufe und Produktionsendstufe ersetzt. Während in der Produktionsvorstufe die Fertigung der varianten-neutralen Baugruppen durchgeführt wird, werden in der Produktionsendstufe die varianten-spezifischen Fertigungs- und Montagetätigkeiten durchgeführt.[54]

---

[51] vgl. Schuh, 2013, S. 128
[52] vgl. Schuh, 2013, S. 128
[53] vgl. Schuh, 2005, S. 129 f
[54] vgl. Zenner, 2006, S. 60 f

16 Literaturverzeichnis

Abele, T.: Verfahren für das Technologie-Roadmapping zur Unterstützung des strategischen Technologiemanagements, Diss., Universität Stuttgart, 2006

AlGeddawa, T.; ElMaraghy, H.:Design of single assembly line for the delayed differentiation of product variants, in: Flexible Services and Manufacturing Journal, Vol. 22, S 163–182, Springer Science & Business Media B. V., 2010

Baier, P.: Praxishandbuch Controlling, Planung & Reporting, bewährte Controlling Instrumente, Balanced Scorecard, Value management, Sensitivitätsanalysen, Fallbeispiel (Bd. 1). Wien: Wirtschaftsverlag Ueberreuter, 2000

Bartel, D.: Erwartungs- und leistungsbezogene Strategien des Qualitätsmanagements in Dienstleistungsunternehmen, Grin Verlag, Norderstedt, 2010

Barth, T.; & Barth, D.: Controlling (Bd. 2 vollständig überarbeitet und aktualisiert). München: Oldenbourg Verlag, 2008

Bayer, T.: Integriertes Variantenmanagement, Variantenkostenbewertung mit faktorenanalytischen Komplexitätsschreibern, Rainer Hampp Verlag München u. Mering, 2010

Bergmann, R.; Garrecht, M.: Organisation und Projektmanagement, Physica Verlag, Heidelberg, 2008

Binner, H. F.: Prozessorientierte TQM-Umsetzung. 2. Aufl., Hanser Verlag, München u. a., 2002

Bleicher, K.: Organisation – Strategien – Strukturen – Kulturen, 2. vollständig neu bearb. und erw. Auflage, Gabler Verlag, Wiesbaden, 1991

Bokranz, R.; Landau, K.: Handbuch Industrial Engineering. Produktivitätsmanagement mit MTM; 2., überarbeitete und erweiterte Auflage, Schäffer-Poeschel Verlag Stuttgart, 2012

Brauweiler, H.-C.: Unternehmensführung heute. München: Oldenbourg Verlag, 2008

Brüggemann, H.: Bremer, Peik: Grundlagen Qualitätsmanagement, Von den Werkzeugen über Methoden zum TQM, Springer Verlag, Wiesbaden, 2012

Brühl, R.: Controlling – Grundlagen des Erfolgscontrolling. München: Oldenbourg Verlag, 2007

Bruhn, M.: Wirtschaftlichkeit des Qualitätsmanagements, Springer Verlag, Berlin, 1998

Bruhn, M.; Georgi, Dominik: Kosten-Nutzen-Analyse des Qualitätsmanagements, Hanser Verlag, München, 1999

Brunner, F.-J.: Taschenbuch Japanische Erfolgsrezepte: Qualitätsstrategien – Methoden – Geisteshaltung, Praxisreihe Qualitätswissen, Carl Hanser Verlag, München/Wien, 2008

Brunner, F.-J.; Wagner, K.: Taschenbuch Qualitätsmanagement, Leitfaden für Studium und Praxis, 5., überarbeitete Auflage, Carl Hanser Verlag GmbH & Co. KG, München/Wien, 2011

Brunner, F.-J.; Wagner, K.: Taschenbuch Qualitätsmanagement/der praxisorientierte Leitfaden für Ingenieure und Techniker, 3. vollständig neu bearbeitete Aufl., München/Wien: Hanser, 2008

Brunner, F.-J.: Japanische Erfolgskonzepte: KAIZEN, KVP, Lean Production Management, Total Productive Maintenance Shopfloor Management, Toyota Production Management, GD^3 – Lean Development; 2. Auflage, Carl Hanser Verlag GmbH & CO KG, München/Wien, 2011

Bücher, K.: Arbeitsteilung und soziale Klassenbildung, Frankfurt/Main, 1946

Bühner, R.: Betriebswirtschaftliche Organisationslehre. 10., überarbeitete Auflage, Oldenbourg Wissenschaftsverlag GmbH, München/Wien, 2004

Bullinger, H. J.: Einführung in das Technologiemanagement – *Modelle, Methoden & Praxisbeispiele;* Teubner Verlag, Stuttgart 1994

Deuse J.; Hempen, S.; Maschek, T.: Standards und Kommunikationsroutinen als Basis für Prozessinnovation vor und nach SOP, in: Spath, D. [Hrsg.]: *Wissensarbeit – Zwischen strengen Prozessen und kreativem Spielraum*, Schriftreihe der HAB, GITO Verlag, Berlin 2011, S. 39–49.

Deuse, J., Rother, M.; Hempen, S.: Managing continuous innovation in a manufacturing environment, in *CD-Proceedings of the 10th International Continuous Innovation Network (CINet) Conference „Enhancing the Innovation Environment"*, Brisbane, Australia.

Dietrich, E.; Schulz, A.; Weber, S.: Kennzahlensystem für die Qualitätsbeurteilung in der industriellen Produktion. München, Wien: Carl Hanser Verlag, 2007

Dorninger, C.; Janschek, Otto; Olearczick, Erlefried; Röhrenbacher, Hans: PPS – Produktionsplanung und -steuerung/Konzepte, Methoden und Kritik, Wien: Ueberreuter, 1990

Dyckhoff, H.: Produktionstheorie – Grundzüge industrieller Produktionswirtschaft, 5. überarbeitete Aufl., Springer Verlag, Berlin/Heidelberg, 2006

EFQM 2003a: Das EFQM-Modell für Excellence. Brüssel: Eigenverlag, 2003

EFQM 2003b: Excellence einführen. Brüssel: Eigenverlag, 2003

EFQM 2003c: European Foundation for Quality Management: EFQM Levels of Excellence. European Quality Award. Information Brochure for 2004, Brüssel: Eigenverlag, 2004

Eisele, M.: Fertigung muss sich schneller wandeln, Manufuture: „Adaptive Produktion" ist Schwerpunkt deutscher Fabrikausrüster, 2006

Engelhardt, C.: Betriebskennlinien/Produktivität steigern in der Fertigung, Carl Hanser Verlag, München/Wien, 2000

Erichsen, J.: Controlling-Instrumente von A–Z – Die Wichtigsten Instrumente zur Unternehmenssteuerung (Bd. 8). Haufe-Lexware Verlag: Freiburg, 2011

Eversheim, W. (Hrsg.): Qualitätsmanagement für Dienstleister. Grundlagen, Selbstanalyse, Umsetzungshilfen, 2. Auflage, Springer Verlag, Berlin u. a., 2000

Eversheim, W.; Schuh, G. (Hrsg.): Produktion und Management, Betriebshütte, Teil 2, 7. völlig neu bearbeitete Aufl., Springer, Berlin u. a., 2000

Fandel, G.; Fisktek, A.; Stütz, S.: Produktionsmanagement (Bd. 2 – Überarbeitet und Erweitert). Berlin, Heidelberg: Springer-Verlag, 2011

Fraunhofer-Verbund: Produktion, München, 2007

Fraunhofer IPA/IFF Universität Stuttgart: Forschung für die Fabriken der Zukunft, Vortrag zur Stabübergabe Westkämper – Bauernhansl, Stuttgart, 2012

Friedrich, M.: Variantenmanagement: Der Complexity Manager schafft Transparenz, in: Chefsache Komplexitätsmanagement, Schuh & Co. Komplexitätsmanagement AG, 2011

Gausemaier, J.; Plass, C.; Wenzelmann, C.: Zukunftsorientierte Unternehmensgestaltung, Hanser Verlag, München, 2009

Gahleitner, Sieglinde: Die österreichischen Rechtsformen im Überblick, Grundzüge des Gesellschaftsrechts für Arbeitnehmervertreter I, Wien, 2001

Gießmann, M.: Komplexitätsmanagement in der Logistik, Kausalanalytische Untersuchung zum Einfluss der Beschaffungskomplexität auf den Logistikerfolg, Josef Eul verlag, Brandsberg, 2010

Gladen, W.: Performance Measurement – Controlling mit Kennzahlen (Bde. 5 – Überarbeitete Auflage). Wiesbaden: Gabler Verlag, 2011

Göldner Dr., J.: Organisation und Rechnungswesen, Duncker & Humblot, Berlin, 1964

Grote, K.-H.; Feldhusen, J. (Hrsg.), Dubbel: Taschenbuch für den Maschinenbau, 22. Auflage, Springer Verlag, Berlin, 2007

Gudehus, T.: Grundlagen der Kommissioniertechnik. Essen, 1973

Gudehus T.: Logistik, Grundlagen, Strategien, Anwendungen, 3. Aufl., Springer 2005

Hackstein, R.: Produktionsplanung und -steuerung (PPS), ein Handbuch für die Betriebspraxis, 2., überarb. Aufl., VDI-Verlag, Düsseldorf, 1989

Hoch, G.: Erfolgs- und Kostencontrolling – Einführung anhand ausgewählter Schaubilder, Fälle und Beispiele. München, Wien: Oldenbourg Verlag, 2003

Holweg, M.: The genealogy of lean production, Journal of Operations Management, Elsevier, Vol. 25, 2007

Horváth, P.: Controlling (Bd. 10 – vollständig überarbeitet). München: Vahlen Verlag, 2008

Hummel, T.; Malorny, C.: Total Quality Management – Tipps für die Einführung, Carl Hanser Verlag München, 2002

Jankulik, E.; Kuhlang, P.; Piff, R.: Projektmanagement und Prozessmessung, Die Balanced Score Card im projektorientierten Unternehmen, Erlangen: Publicis, 2005

Jodlbauer, S.: Produktionsoptimierung: Wertschaffende sowie kundenorientierte Planung und Steuerung, Springer Verlag, Wien, 2007

Jung, B.: Prozessmanagement in der Praxis, Vorgehensweisen, Methoden, Erfahrungen, TÜV-Verlag, Köln, 2002

Jung, H.: Controlling (Bd. 2 – überarbeitet und aktualisiert). München: Oldenbourg Verlag, 2007

Jung, H.: Allgemeine Betriebswirtschaftslehre, 12., aktualisierte Auflage, Oldenbourg Wissenschaftsverlag, München/Wien, 2010

Junge, P.: BWL für Ingenieure, Grundlagen – Fallbeispiele – Übungsaufgaben, 2., aktuelle und erweiterte Auflage, Gabler Verlag, Wiesbaden, 2012

Kamiske, G. F.; Büchner, U.: Der Weg zur Spitze – Business Excellence durch Total Quality Management (Bd. 2 – vollständig überarbeitete und erweiterte Auflage). München, Wien: Carl Hanser Verlag, 2000

Kamiske, G. F.; Brauer, J.-P.: ABC des Qualitätsmanagements. 3., vollständig überarbeitete Auflage, Carl Hanser Verlag GmbH & CO KG, München u. a., 2008

Kamiske, G. F.; Brauer, J.-P.: Qualitätsmanagement von A bis Z, Wichtige Begriffe des Qualitätsmanagements und ihre Bedeutung, 7., aktualisierte und erweiterte Auflage, Carl Hanser Verlag GmbH & Co. KG, 2011

Kamiske, G. F.; Butz, H-J.: Effizienz und Qualität, Systematisch zum Erfolg, Symposion Publishing GmbH, Düsseldorf, 2010

Kamiske, G.: Qualitätsmanagement, Methoden Praxisbeispiel Hintergründe, Digitale Fachbibliothek, Symposion Publishing GmbH, *http://www.qm-trends.de*, April 2005

Kiener, S.; Maier-Scheubeck, Nicolas; Obermaier, Robert; et. al.: Produktions-Management – Grundlagen der Produktionsplanung und -steuerung, 9., vollständig überarbeitete und erweiterte Auflage, Oldenbourg Wissenschaftsverlag, München, 2009

Kirsten, H.: Von ISO 9000 zum Excellence-Modell, in: Kamiske, Gerd F. (Hrsg.) u. a: Der Weg zur Spitze. Business Excellence durch Total Quality Management. Der Leitfaden, 2. Aufl., Carl Hanser Verlag, München/Wien, 2000

Kistner, K.-P.; Steven, M.: Betriebswirtschaftslehre im Grundstudium 1 – Produktion, Absatz, Finanzierung, Heidelberg, 2009

Kistner, K.-P.; Steven, M.: Produktionsplanung, 3., vollst. überarb. Aufl., Physica-Verlag, Heidelberg, 2001

Kletti, J., & Schumacher, J.: Die perfekte Produktion -- Manufacturing Excellence durch Short Interval Technik (SIT). Berlin: Springer Verlag, 2011

Koch, S.: Einführung in das Management von Geschäftsprozessen, Six Sigma, Kaizen und TQM, Springer Verlag, Berlin/Heidelberg, 2011

Kodex Arbeitsrecht: 36., Auflage, Linde-Verlag, Wien, 2012

Kottke, E.: Die optimale Beschaffungsmenge, Duncker & Humblot, Berlin, 1966

Kuhlang, P.: Grundlagen des Produktivitätsmanagements und der Zeitwirtschaft, Bereich Betriebstechnik und Systemplanung, Fraunhofer Austria Research GmbH Eigenverlag, Wien, 2011

Kuhlang, P. (2012a): Industrial Engineering – Erfolgsfaktoren und Kompetenzen des Produktivitätsmanagements, Vortrag am 19. Kongress der Wirtschaftsingenieure, Wien, 2012

Kuhlang, P. (2012b): Industrial Engineering – Systematische Gestaltung produktiver, industrieller Wertströme. Habilitationsschrift, TU Wien, 2012

Kuhlang, P. (Hrsg.): Modellierung menschlicher Arbeit im Industrial Engineering. Grundlagen, Praxiserfahrungen und Perspektiven, Ergonomia Verlag Stuttgart, 2015

Külpmann, B.: Kennzahlen im Betrieb – Wichtige Werte im Wettbewerb. Berlin: Cornelsen Verlag Scriptor GmbH & Co. KG, 2006

Lechner, K.; Egger, A.; Schauer, R.: Einführung in die Allgemeine Betriebswirtschaftslehre, Linde Verlag, 24., überarbeitete Auflage, Wien, 2008

Lödding, H.: Verfahren der Fertigungssteuerung/Grundlagen, Beschreibung, Konfiguration, 2., erweiterte Auflage, Springer, Berlin/Heidelberg, 2008

Luger, A.; Geisbüsch, H.; Neumann, J.: Allgemeine Betriebswirtschaftslehre: Funktionsbereiche des betrieblichen Ablaufs, Carl Hanser Verlag, Wien, 1999

Masing, W.: Handbuch Qualitätsmanagement, 5. Auflage, Carl Hanser Verlag GmbH & CO KG, München u. a., 2007

Matyas, K.: Taschenbuch Produktionsmanagement, Planung und Erhaltung optimaler Produktionsbedingungen, München/Wien: Hanser, 2001

Matyas, K.: Taschenbuch Instandhaltungslogistik, Qualität und Produktivität steigern, 4. überarbeitete Aufl., München/Wien: Hanser, 2010

Meyer, C.: Betriebswirtschaftliche Kennzahlen und Kennzahlen-Systeme (Bd. 5 – überarbeitete und erweiterte Auflage). Sternenfels: Verlag Wissenschaft & Praxis, 2008

Nagel, K.: Die sechs Erfolgsfaktoren des Unternehmens, Strategie, Organisation, Mitarbeiter, Führungssystem, Informationssystem, Kundennähe, 4., überarbeitete Auflage, Landsberg/Lech, 1991

Noè, M.: Projektbegleitendes Qualitätsmanagement, Der Weg zu besserem Projekterfolg, Publicis Publishing, Erlangen, 2009

Norrmann, D.; Sihn, W.: Verwertung von kollektiver Intelligenz – Ein Ansatz zum Erschließen ungenutzter Ideenpotenziale, Industrie Management, GITO Verlag, 2014

Nyhuis, P.; Wiendahl, H.-P.: Logistische Kennlinien/Grundlagen, Werkzeuge und Anwendungen, 2., erweiterte und neubearbeitete Auflage, Springer, Berlin/Heidelberg, 2003

Pahl, G.; Beitz, W.: Pahl/Beitz Konstruktionslehre, 8. Auflage, Springer-verlag, Berlin-Heidelberg, 2013

Pfeifer, T.; Schmitt, R.: Handbuch Qualitätsmanagement, 6. Auflage, Carl Hanser Verlag GmbH & CO KG, München u. a., 2014

Pfeifer, T.; Schmitt, R.: Qualitätsmanagement, Strategien, Methoden, Techniken, 4., vollständig überarbeitete Auflage, Carl Hanser Verlag GmbH & CO KG, München u. a., 2010

Pfeifer, T.: Qualitätsmanagement. Strategien, Methoden, Techniken; 4., vollständig überarbeitete Auflage, Carl Hanser Verlag GmbH & CO. KG, München u. a., 2010

Pfohl, H.-C.: Logistiksysteme – betriebswirtschaftliche Grundlagen; 7. Auflage, BerlinSpringer, 2004.

Piontek, J.: Controlling (Bd. 3 – erweiterte Auflage). München: Oldenbourg Verlag, 2004

Pischon, A.: Integrierte Managementsysteme für Qualität, Umweltschutz und Arbeitssicherheit, (Hrsg.): Prof. Dr. Liesegang, D. G., Springer, Berlin, Heidelberg u. a., 1999

Posluschny, P.: Die wichtigsten Kennzahlen. Heidelberg: Redline Wirtschaft Verlag, 2007

Preißler, A.: Praxiswissen Controlling – Grundlagen, Werkzeuge, Anwendungen (Bd. 5 – erweiterte Auflage). München: Hanser Verlag, 2008

Preißler, P. R.: Betriebswirtschaftliche Kennzahlen – Formeln, Aussagekraft, Sollwerte und Ermittlungsintervalle. München: Oldenbourg Wissenschaftsverlag, 2008

Probst, H.-J.: Kennzahlen leicht gemacht – Richtig anwenden und interpretieren. Heidelberg: Redline Wirtschaft Verlag, 2006

Richter, R.; Deuse, J.: Industrial Engineering im modernen Produktionsbetrieb – Voraussetzung für einen erfolgreichen Verbesserungsprozess, [Hrsg.] Institut für angewandte Arbeitswissenschaft e. V. (ifaa), *Betriebs-Praxis & Arbeitsforschung*, Vol. 207, S. 6-13, 2011

Rother, M.; Shook, J.: Sehen lernen, mit Wertstromdesign die Wertschöpfung erhöhen und Verschwendung beseitigen, Version 1.2, Aachen, Lean Management Institut, 2006

Rother, M.: *Die Kata des Weltmarktführers – Toyotas Erfolgsmethoden*, Campus Verlag GmbH, Frankfurt/Main/New York, 2009

Rust, R.T.; Zahorik, A. J.; Keiningham, T. L.: Return on Quality, Measuring the Financial Impact of Your Company's Quest for Quality, Probus Professional Pub, Chicago, 1994

Scheiber, K.: ISO 9000:2000, Die große Revision in der Praxis, Österreichische Vereinigung für Qualitätssicherung (ÖVQ), 3. Auflage, Wien 2001

Schlick, C.; Bruder, R.; Luczak, H.: Arbeitswissenschaft, Springer Verlag Berlin Heidelberg, 2010

Schloske, A.: Skriptum zur Vorlesung „Methoden der Qualitätssicherung", Universität Stuttgart, Institut für industrielle Fertigung und Fabrikbetrieb IFF, Fraunhofer Institut für Produktionstechnik und Automatisierung IPA, 2010

Schönleben, P.: Integrales Logistikmanagement, Operations und Supply Chain Management in umfassenden Wertschöpfungsnetzwerken, 5. Auflage, Springer-Verlag, Berlin–Heidelberg, 2007

Schuh, G.: Produktkomplexität managen, Strategien – Methoden – Tools, 2. Auflage, Carl Hanser Verlag, München–Wien, 2005

Schuh, G.: Produktionsplanung und -steuerung, 3., völlig neu bearb. Aufl., Aachen: Springer, 2006

Schuh, G.; Kampker, A.: Strategie und Management produzierender Unternehmen: Handbuch Produktion und Management 1, Springer Verlag, 2., Auflage, Berlin/Heidelberg, 2011

Schulte-Zurhausen, M.: Organisation, Vahlen Verlag, 5., überarbeitete und aktualisierte Auflage, München, 2010

Schultz, V.: Basiswissen Controlling – Instrumente für die Praxis. München: Taschenbuch-Verlag, 2009

Sihn, W.: Einführung und Vertiefung in das Produktions- und Qualitätsmanagement – Skriptum zur Unterstützung der Vorlesungen Produktions- und Qualitätsmanagement 1 und 2 (Bd. 1), Bereich für Betriebstechnik und Systemplanung Eigenverlag, Wien, 2011

Sihn, W.: Logistik – Skriptum zur Unterstützung der LVA Logistik (VO), 4. überarbeitete Auflage, Bereich für Betriebstechnik und Systemplanung Eigenverlag, Wien, 2011

Spath, D.; Linder, C.; Seidenstricker, S.: Technologiemanagement – Grundlagen, Konzepte, Methoden; Fraunhofer Verlag, Stuttgart, 2011

Steven, M.: Handbuch Produktion, Theorie – Management – Logistik – Controlling, Kohlhammer Verlag, Stuttgart, 2007

Stummer, Ch.; Günther M.; Köck A. M.: Grundzüge des Innovations- und Technologiemanagements; Facultas Verlag, Wien, 2010

Sunk, A.; Kuhlang, P.; Sihn, W.: Improving Productivity by Deriving and Defining Target Conditions in the Value Stream of Packing, Transactions of FAMENA, vol. 39, no. 3, Zagreb, 2015

Suzaki, K.: Modernes Management im Produktionsbetrieb/Strategien, Techniken, Fallbeispiele, München/Wien: Hanser, 1989

Ulrich, H.; Probst, G.: Anleitung zum ganzheitlichen Denken und Handeln, Paul Haupt Verlag, Bern-Stuttgart, 1988

Wagner, K.; Käfer, R.: PQM-Prozessorientiertes Qualitäts-Management, Leitfaden zur Umsetzung der neuen ISO 9001, 4. komplett überarbeitete und erweiterte Auflage, Carl Hanser Verlag München Wien, 2008

Wagner, K.; Patzak, G.: Performance Excellence – Der Praxisleitfaden zum effektiven Prozessmanagement, Carl Hanser Verlag München, 2007

Wahren, S.: Energieeffizienz durch Energiemanagement, in: Neugebauer R. (Hrsg.), Handbuch, Ressourcenorientierte Produktion, Carl Hanser Verlag, München, Wien, 2014, S. 27 ff

Wappis, J.; Jung, B.: Taschenbuch Null-Fehler-Management, Umsetzung von Six Sigma, 1. Auflage, Carl Hanser Verlag, München, 2008

Werdich, M. (Hrsg.): FMEA – Einführung und Moderation, 1. Auflage, Vieweg + Teubner Verlag, 2001

Westkämper, E.: Fabrikbetriebslehre 1, Universität Stuttgart, 2007

Wiendahl, H.-P.: Belastungsorientierte Fertigungssteuerung/Grundlagen, Verfahrensaufbau, Realisierung, Hanser, München/Wien, 1987

Wiendahl, H.-P.: Betriebsorganisation für Ingenieure, 7., aktualisierte Auflage, Hanser Fachbuchverlag, München/Wien, 2010

Wiendahl, H.-P.: Fertigungsregelung/logistische Beherrschung von Fertigungsabläufen, Carl Hanser Verlag, München/Wien, 1997

Womack, J. P.; Jones, D. T.: Lean thinking: banish waste and create wealth in your organization, 2. Aufl., New York u. a.: Free Press, 2003

Zdrowomyslaw, N.; Kasch, R.: Betriebsvergleiche und Benchmarking für die Managementpraxis, Unternehmensanalyse, Unternehmenstransparenz und Motivation durch Kenn- und Vergleichsgrößen. München, Wien: Oldenbourg Verlag, 2002

Zenner C.: Durchgängiges Variantenmanagement in der Technischen Produktionsplanung, Universität des Saarlandes, Saarbrücken, 2006

17 Abbildungsverzeichnis

Bild 1.1:	Die vier Stufen der industriellen Revolution	4
Bild 1.2:	Entwicklung der Produktion	5
Bild 1.3:	Entwicklungen und Meilensteine im Qualitätswesen	7
Bild 1.4:	Einliniensystem	9
Bild 1.5:	Mehrliniensystem	10
Bild 1.6:	Stabliniensystem	11
Bild 1.7:	Klassische funktionale Organisation	12
Bild 1.8:	Negative Eigenschaften funktionaler Organisationsgliederungen	13
Bild 1.9:	(„Multi"-)divisionale Organisationsform	14
Bild 1.10:	Matrixorganisation	15
Bild 1.11:	Prozessorientierte Organisation	17
Bild 1.12:	Zuständigkeit des Prozessverantwortlichen	17
Bild 1.13:	Werte, Vision, Mission	18
Bild 1.14:	Prinzipielle Struktur eines Zielsystems	21
Bild 1.15:	Magisches Dreieck	21
Bild 1.16:	Zielbeziehungen	22
Bild 1.17:	Produktion als Prozess zur Transformation von Faktoren in Produkte	23
Bild 2.1:	Mengenteilung	30
Bild 2.2:	Artteilung	31
Bild 2.3:	„Konventionelle" Fließfertigung	31
Bild 2.4:	Job enlargement	32
Bild 2.5:	Job rotation	32
Bild 2.6:	Autonome Gruppe	33
Bild 2.7:	Vergleich der wichtigsten Fertigungstypen	34

Bild 2.8:	Einteilung der Fertigungsprinzipien	37
Bild 2.9:	Schema einer Werkstattfertigung	38
Bild 2.10:	Schema der Werkbankfertigung	39
Bild 2.11:	Schema der Reihenfertigung	40
Bild 2.12:	Schema der Fließfertigung	41
Bild 2.13:	Schema der Fließfertigung mit feststehenden Arbeitsplätzen	42
Bild 2.14:	Schema der Wanderfertigung	43
Bild 2.15:	Schema der Baustellenfertigung	44
Bild 2.16:	Schema eines flexiblen Fertigungssystems	46
Bild 2.17:	Schema einer Fertigungsinsel	47
Bild 3.1:	Gliederung der Arbeitsvorbereitung	49
Bild 3.2:	Einordnung der Arbeitsvorbereitung in das betriebliche Umfeld	50
Bild 3.3:	Aufgaben der Arbeitsplanung	51
Bild 3.4:	Strukturdarstellung in Listen	53
Bild 3.5:	Zusammenstellungszeichnung eines Stirnradgetriebes	54
Bild 3.6:	Mengenübersichtsstückliste	55
Bild 3.7:	Strukturstückliste	57
Bild 3.8:	Baukastenstückliste – Stirnradgetriebe, Gehäuseunterteil, Ölplatte	58
Bild 3.9:	Einzelteilzeichnung der Schrägstirnradwelle	60
Bild 3.10:	Arbeitsplan für die Herstellung einer Schrägstirnradwelle	61
Bild 3.11:	Anwendungsfelder des Arbeitsplans	62
Bild 3.12:	Beispiel – Vorrangmatrix	68
Bild 3.13:	Vorranggraph	68
Bild 3.14:	Beispiel – Zeit je Einheit von 12 Arbeitselementen	70
Bild 3.15:	Beispiel – Bestimmung der Rangwerte	71
Bild 3.16:	Zusammenfassung der Stationen	72
Bild 4.1:	Ziele der PPS	73
Bild 4.2:	Verschiebung von PPS-Zielen	75
Bild 4.3:	Zielkonflikte im Bereich der PPS	76
Bild 4.4:	PPS-Modell	78
Bild 4.5:	Integration und Abgrenzung ERP/PPS/MES	79
Bild 4.6:	Produktionsprogramm – Begriffe und Zusammenhänge	80

Bild 4.7:	Dimensionen des Produktionsprogramms	80
Bild 4.8:	Diversifikationsmöglichkeiten	82
Bild 4.9:	Absatzplan	83
Bild 4.10:	Primärbedarfsplanung	85
Bild 4.11:	Kosten in Abhängigkeit von der Betriebsmittelnutzung	88
Bild 4.12:	Gliederung der Durchlaufzeit	89
Bild 4.13:	Abhängigkeit der Durchlaufzeit von der Losgröße	91
Bild 4.14:	Auswirkungen von Überlappung und Splitting auf die Durchlaufzeit	92
Bild 4.15:	Abhängigkeit der Durchlaufzeit von der Auslastung	92
Bild 4.16:	Fehlerkreis der Produktionssteuerung	94
Bild 4.17:	Belastungsprofil vor der Kapazitätsabstimmung	95
Bild 4.18:	Kapazitätsanpassung und Belastungsabgleich	95
Bild 4.19:	Kapazitätsterminierung durch Belastungsabgleich	96
Bild 4.20:	Belastungsprofil vor und nach der Kapazitätsabstimmung	97
Bild 4.21:	Aachener PPS-Modell	104
Bild 4.22:	Modell zur Fertigungssteuerung nach Lödding	105
Bild 4.23:	Push- bzw. Schiebeprinzip	111
Bild 4.24:	Pull- bzw. Ziehprinzip	112
Bild 4.25:	Vergleich JIT – JIS	114
Bild 4.26:	Darstellung einer KANBAN	115
Bild 4.27:	Regelkreis der KANBAN-Karte K5	115
Bild 4.28:	Material- und Informationsfluss bei zentraler bzw. bei KANBAN-Steuerung	116
Bild 4.29:	KANBAN-Einsatz bei verschiedenen Auftragsstrukturen	117
Bild 4.30:	Prinzip der Fortschrittszahlendarstellung	118
Bild 4.31:	Beispiel für die Fortschrittszahlendarstellung aus der Automobilindustrie	118
Bild 4.32:	Durchlaufkurven und Auftragsbestand	120
Bild 4.33:	Trichtermodell einer Werkstatt	121
Bild 4.34:	Prinzip der Conwip-Steuerung	122
Bild 4.35:	Funktionsweise der Conwip-Steuerung (Beispiel)	123
Bild 4.36:	Prinzip der Engpass-Steuerung	126
Bild 4.37:	Funktionsweise der Engpass-Steuerung (Beispiel)	127

Bild 5.1: Logistische Zielgrößen für die Referenzprozesse der Produktion . 130
Bild 5.2: Logistische Zielgrößen beim Referenzprozess Produzieren und Prüfen 131
Bild 5.3: Logistische Kennlinien für die Referenzprozesse der Produktion in einem beispielhaften Prozesskettenplan 132
Bild 5.4: Kapazität und maximal mögliche Leistung 135
Bild 5.5: Durchlaufplan eines Produktionsauftrages 136
Bild 5.6: Arbeitsvorgangsbezogenes Durchlaufelement 137
Bild 5.7: Durchlaufzeitverteilung an einem Arbeitssystem 138
Bild 5.8: Darstellung der Terminabweichung 139
Bild 5.9: Trichtermodell und Durchlaufdiagramm einer Arbeitsstation 140
Bild 5.10: Bestand, Reichweite und Leistung im Durchlaufdiagramm 141
Bild 5.11: Durchlaufdiagramm und Bestandsverlauf eines idealen Fertigungsprozesses 144
Bild 5.12: Der ideale Fertigungsablauf bei Berücksichtigung von Transportvorgängen 146
Bild 5.13: Kapazität und maximal mögliche Leistung in der Leistungskennlinie 147
Bild 5.14: Konstruktion idealer Leistungskennlinien 148
Bild 5.15: Gegenüberstellung von idealen und simulierten Leistungskennlinien 150
Bild 5.16: Bestandteile der approximierten Leistungskennlinie 152
Bild 5.17: Zeitgrößen approximierter Kennlinien bei auftragszeitunabhängigen Reihenfolgeregeln 152
Bild 5.18: Kennlinien der Durchlaufzeit bei unterschiedlichen Reihenfolgeregeln 155
Bild 5.19: Parameter approximierter Leistungskennlinien 156
Bild 5.20: Einsatzmöglichkeiten von Produktionskennlinien bei der Gestaltung und Lenkung von Produktionsprozessen 157
Bild 5.21: Schritte zur Absenkung von Durchlaufzeit und Bestand in der Produktion 158
Bild 5.22: Entwicklung konsistenter und quantifizierbarer Ziele 158
Bild 5.23: Logistische Positionierung mit Produktionskennlinien 160
Bild 5.24: Maßnahmen zur Bestandssenkung 161
Bild 6.1: Lean-Prinzipien 164

Bild 6.2:	Wertschöpfungsanteil von Aktivitäten	167
Bild 6.3:	Reduktion der Verschwendung statt reiner Optimierung der Wertschöpfung	168
Bild 6.4:	Die Bestandteile eines Produktionssystems	171
Bild 6.5:	Das Toyota Produktionssystem	172
Bild 6.6:	Fraunhofer Produktionssystem	173
Bild 6.7:	GPS der Deutschen MTM-Vereinigung	174
Bild 6.8:	Auswahl von Lean Methoden	175
Bild 6.9:	Vorgehensweise bei der Methodik Wertstromdesign	176
Bild 6.10:	Produktfamilien-Matrix	178
Bild 6.11:	Symbole im Wertstrom	180
Bild 6.12:	Beispiel eines Ist-Zustands (Handzeichnung; ROTHER & SHOOK)	181
Bild 6.13:	Ist-Zustands mittels VSM-Tool VASCO erhoben	182
Bild 6.14:	Sieben Leitlinien für die Konzeption von Soll-Wertströmen	183
Bild 6.15:	Taktabstimmungsdiagramm oder Operator Balance Chart (OBC)	185
Bild 6.16:	Kontinuierlicher Fluss statt Losfertigung	186
Bild 6.17:	Arten des Materialflusses zwischen den Prozessen	187
Bild 6.18:	Supermarkt-Pull-System	188
Bild 6.19:	Auswahl des Schrittmacher-Prozesses	189
Bild 6.20:	Definition von Umsetzungsschleifen	192
Bild 6.21:	Verkürzung der Stillstandzeit durch SMED	193
Bild 6.22:	Stufen der SMED-Methode	195
Bild 6.23:	Interne und externe Rüsttätigkeiten	195
Bild 6.24:	Stufenkonzept und Umsetzung von SMED	197
Bild 6.25:	Beispiel für Poka-Yoke	198
Bild 7.1:	Wertschöpfungskette in einem Produktionsbetrieb	200
Bild 7.2:	Logistik als bereichsübergreifende Strategie	201
Bild 7.3:	Funktionsbereiche der Logistik	203
Bild 7.4:	Lagertypen für Stückgut	208
Bild 7.5:	Automatisches Behälterregallager	208
Bild 7.6:	Palettenregallager – Mehrplatzsystem	209
Bild 7.7:	Grundprinzipien von Kommissioniersystemen	211
Bild 7.8:	Kenngrößen der Distributionslogistik	218

Bild 7.9:	Aufbaustruktur der Distributionskette	219
Bild 7.10:	Horizontale Aufbaustruktur – Qualitative Kostenaspekte	220
Bild 7.11:	Vertikale Aufbaustruktur der Distributionslogistik	222
Bild 7.12:	ABC-Analyse: Wert-Mengen Relation	224
Bild 7.13:	Graphische Darstellung der ABC-Analyse,	225
Bild 7.14:	Aufgaben der Beschaffung	227
Bild 7.15:	„Klassischer" Prozess der operativen Beschaffung	228
Bild 7.16:	„Moderner" Prozess der operativen Beschaffung	229
Bild 8.1:	Qualitätsmerkmale im Spannungsfeld von Produktmerkmalen und Kundenanforderungen	232
Bild 8.2:	Aspekte der Qualität	233
Bild 8.3:	Inhalte des Qualitätsmanagements	234
Bild 8.4:	Aufbau der DIN EN SIO 9000er-Normenreihe	236
Bild 8.5:	KANO-Modell	238
Bild 8.6:	PDCA- oder Deming-Zyklus	239
Bild 8.7:	Japanische und westliche Ansätze zur Verbesserung von Prozessen	240
Bild 8.8:	Kaizen-Symbole	241
Bild 8.9:	Der KAIZEN-Schirm	242
Bild 8.10:	Verbesserung durch Innovation und Stabilisierung von Innovation durch kontinuierliche Verbesserung	242
Bild 8.11:	Standards im klassischen Sinne und als Zielzustand	243
Bild 8.12:	Die drei Sektoren des CCM-Ansatzes	247
Bild 8.13:	Kostenkategorien des Qualitätsmanagements	249
Bild 8.14:	Kostenarten	250
Bild 8.15:	Tätigkeitsorientiertes Modell – Wirkungsorientiertes Modell	251
Bild 8.16:	Tätigkeitsorientiertes Modell	252
Bild 8.17:	Wirkungsorientiertes Modell	253
Bild 8.18:	Verlustkostenfunktion von TAGUCHI	254
Bild 8.19:	Nutzenarten des QM	255
Bild 8.20:	Prozessleistungsarten	256
Bild 8.21:	Qualitätsbezogene Kosten und Verluste	258
Bild 9.1:	Die sieben Qualitätswerkzeuge Q7	260
Bild 9.2:	Die sieben neuen Managementwerkzeuge M7	262

Bild 9.3:	Das 5S-Programm	266
Bild 9.4:	Einbettung von QM-Methoden entlang des Produktentstehungsprozesses	267
Bild 9.5:	Systematische Vorgehensweise bei FMEA	271
Bild 9.6:	Struktur eines FMEA-Formblatts	272
Bild 9.7:	House of Quality	274
Bild 9.8:	Der konzeptionelle Rahmen von Six Sigma	275
Bild 9.9:	Die Six Sigma-Roadmap	277
Bild 9.10:	Die Erfolgsfaktoren für Six Sigma	278
Bild 10.1:	Zusammenhang von Konzepten, Modellen und Systemen	282
Bild 10.2:	Entwicklungsstufen zu TQM	284
Bild 10.3:	Grundpfeiler des TQM	286
Bild 10.4:	Entwicklungsstufen einer qualitätsorientierten Unternehmenskultur	287
Bild 10.5:	Modell eines prozessorientierten Qualitätsmanagementsystems	290
Bild 10.6:	EFQM-Modell für Excellence	292
Bild 10.7:	Modellaufbau EFQM	293
Bild 10.8:	RADAR-Logik und der PDCA-Zyklus	297
Bild 10.9:	Der unternehmerische Regelkreis	300
Bild 10.10:	Verbindung der ISO und des EFQM-Modells durch Prozessmanagement	303
Bild 10.11:	Entwicklungsschritte einer Organisation zu TQM	304
Bild 10.12:	Levels of Excellence	307
Bild 10.13:	Systemverständnis bezüglich QMS	313
Bild 10.14:	Hierarchie der Qualitätsmanagement-Dokumente	314
Bild 10.15:	Prozessdarstellung für die Abwicklung einer Bestellung	317
Bild 10.16:	Aufbau und Einführung eines Qualitätsmanagementsystems	319
Bild 10.17:	Zertifizierungsablauf	327
Bild 10.18:	Überwachungsverfahren	327
Bild 10.19:	Aufgabe des Management-Reviews	330
Bild 11.1:	Entwicklung Integrierter Managementsysteme (IMS)	333
Bild 11.2:	Das Qualitätsmanagement als Integrationsplattform	335
Bild 11.3:	Elemente eines erfolgreichen Arbeitsschutzmanagements	337
Bild 11.4:	Leistungsfähigkeit eines UMS	339

Bild 11.5: Vorteile eines UMS 340
Bild 11.6: Standort- und Betriebsbilanz 342
Bild 11.7: PDCA-Zyklus der ISO 50001 344
Bild 12.1: Entwicklung der Instandhaltungstechniken 346
Bild 12.2: Bedeutung der Instandhaltung in der vierten Generation 348
Bild 12.3: Maßnahmen der Instandhaltung 350
Bild 12.4: Verlauf des Abnutzungsvorrates einer Betrachtungseinheit 351
Bild 12.5: Teilmaßnahmen der Inspektion und verschiedene Arten der Durchführung 352
Bild 12.6: Anlagenüberwachung und Fehlerdiagnose im Fertigungsbereich . 353
Bild 12.7: Teilmaßnahmen der Wartung 354
Bild 12.8: Teilmaßnahmen der Instandsetzung und verschiedene Arten der Durchführung 355
Bild 12.9: Fehleranalyse nach DIN 31051 357
Bild 12.10: Kostenverläufe in Abhängigkeit von der Instandhaltungsintensität 358
Bild 12.11: Klassische Badewannenkurve 359
Bild 12.12: Instandhaltungsstrategien 361
Bild 12.13: Die fünf Säulen von TPM 363
Bild 12.14: Sieben-Schritte-Methode zur Einführung von TPM 363
Bild 13.1: Zentrale Stellung des Zeitstudiums 366
Bild 13.2: Gliederung der Auftragszeit 369
Bild 13.3: Detaillierte Beschreibung der Zeitarten der Auftragszeit 371
Bild 13.4: Gliederung der Belegungszeit 372
Bild 13.5: Methoden der Zeitermittlung 373
Bild 13.6: Genauigkeitsanforderungen an Zeitdaten 373
Bild 13.7: Arten der Selbstaufschreibung 374
Bild 13.8: Gliederung der Multimomentverfahren 376
Bild 13.9: Verfahren der Zeitmessung 378
Bild 13.10: Voraussetzungen für Normalleistung 380
Bild 13.11: Grundvorgänge bei MEK und UAS 384
Bild 14.1: Kennzahlenarten 390
Bild 14.2: Darstellung von Kennzahlen 392
Bild 14.3: Dashboard in Tachometerdarstellung 393

Bild 14.4:	Kennzahlensysteme	397
Bild 14.5:	DU-PONT-Pyramide	400
Bild 14.6:	Return-on-Quality-Kennzahlensystem	401
Bild 14.7:	RoQ-Baum	403
Bild 14.8:	Perspektiven der Balanced Scorecard	406
Bild 14.9:	Ursachen-Wirkungskette	411
Bild 15.1:	Technologie- und Innovationsmanagement	415
Bild 15.2:	Elemente des Technologiemanagements	416
Bild 15.3:	Methoden der Technologiefrüherkennung	417
Bild 15.4:	Szenariotechnik	417
Bild 15.5:	Technologie-Roadmap	419
Bild 15.6:	Spannungsfeld der Technologiebewertung	420
Bild 15.7:	Arten von Varianz	422
Bild 15.8:	Innere und äußere Varianz	424
Bild 15.9:	Zustände komplexer Systeme	425
Bild 15.10:	Variantenmanagement – Komplexitätsmanagement	426
Bild 15.11:	Ziele des Variantenmanagements	427
Bild 15.12:	Externe und interne Komplexitätssicht auf die Produktvielfalt	427
Bild 15.13:	Komplexitätsfolgen	429
Bild 15.14:	Komplexitätskosten	430
Bild 15.15:	Beispiel eines Variantenbaumes nach Schuh	433
Bild 15.16:	Kostenwirksamkeit von Varianten in den Wertschöpfungsstufen	434
Bild 15.17:	Einschränkungen durch Montagereihenfolge	435

18 Tabellenverzeichnis

Tabelle 6.1: Traditionelle und „schlanke" Produktion im Vergleich 169
Tabelle 7.1: Vor- und Nachteile des Straßengüterverkehrs 213
Tabelle 7.2: Vor- und Nachteile des Schienenverkehrs 214
Tabelle 7.3: Vor- und Nachteile des Schiffsverkehrs 215
Tabelle 7.4: Schiffstypen in der Schifffahrt 215
Tabelle 7.5: Vor- und Nachteile des Luftverkehrs 216
Tabelle 7.6: Vor- und Nachteile des Rohrleitungsverkehrs 216
Tabelle 7.7: XYZ-Analyse 225
Tabelle 8.1: Vergleich von QC, KVP und QVT 246
Tabelle 9.1: 6W-Checkliste 264
Tabelle 10.1: Qualitätskonzepte und -modelle 282
Tabelle 10.2: Vergleichender Überblick ISO-EFQM 305
Tabelle 11.1: Regelungen durch das ASchG 336
Tabelle 14.1: Unterschied Kennzahlensysteme 404
Tabelle 14.2: Beispielhafter Ausschnitt einer Balanced Scorecard 410

19 Formelverzeichnis

Formel 1.1:	Wirtschaftlichkeit	23
Formel 1.2:	Ergiebigkeit	24
Formel 1.3:	Produktivität	24
Formel 1.4:	Rentabilität 1	24
Formel 1.5:	Rentabilität 2	24
Formel 1.6:	Umsatzrentabilität	24
Formel 1.7:	Kapitaldrehung	24
Formel 1.8:	Produktionsfunktion	25
Formel 3.1:	Bandlaufzeit pro Schicht	67
Formel 3.2:	Bandlaufzeit pro Schicht	67
Formel 3.3:	Maximal zulässige Taktzeit	67
Formel 3.4:	Minimale Anzahl der Arbeitsstationen	67
Formel 3.5:	Optimale bzw. Soll-Taktzeit	67
Formel 3.6:	Maximal zulässige Taktzeit – Beispiel	69
Formel 3.7:	Bandwirkungsgrad	72
Formel 3.8:	Bandwirkunggrad – Beispiel	72
Formel 4.1:	Nutzungsgrad	87
Formel 4.2:	Durchlaufquotient	90
Formel 4.3:	Flussfaktor	90
Formel 5.1:	Auftragszeit ZAU	133
Formel 5.2:	Mittelwert der Auftragszeit ZAU_m	133
Formel 5.3:	Standardabweichung der Auftragszeit ZAU_s	134
Formel 5.4:	Variationskoeffizient der Auftragszeit ZAU_v	134
Formel 5.5:	Durchführungszeit ZDF	134

Formel 5.6: Maximal mögliche Leistung L_{max} 136
Formel 5.7: Durchlaufzeit ZDL 137
Formel 5.8: Mittlere Leistung im Durchlaufdiagramm 142
Formel 5.9: Mittlerer Bestand im Durchlaufdiagramm 142
Formel 5.10: Trichterformel 142
Formel 5.11: Ableitung der Trichterformel nach LÖDDING 143
Formel 5.12: Idealer Mindestbestand 145
Formel 5.13: Idealer Mindestbestand über Verteilungsparameter 145
Formel 5.14: Idealer Mindestbestand unter Berücksichtigung der Transportzeit 146
Formel 5.15: Idealer Mindestbestand unter Berücksichtigung der Transportzeit über die Verteilungsparameter 146
Formel 5.16: Mindestreichweite 149
Formel 5.17: Mindestdurchlaufzeit 149
Formel 5.18: Mindestübergangszeit 149
Formel 5.19: Gleichungssystem zur Berechnung des mittleren Bestandes und der mittleren Leistung approximierter Leistungskennlinien ... 151
Formel 5.20: Anteile des mittleren Bestandes 152
Formel 5.21: Mathematische Zusammenhänge der Zeitgrößen bei auftragszeitunabhängiger Abarbeitungsreihenfolge 154
Formel 6.1: Kundentakt 184
Formel 6.2: Kundentakt – Beispiel 184
Formel 13.1: Anwesenheitsgrad 367
Formel 13.2: Zeitgrad 367
Formel 13.3: Hauptnutzungsgrad 367
Formel 13.4: Verteilzeitzuschlag 370
Formel 13.5: Erholungszeitzuschlag 370
Formel 13.6: Leistungsgrad L 379
Formel 13.7: Leistungsfaktor 379
Formel 13.8: Soll-Zeit aus Leistungsgrad ermitteln 379
Formel 14.1: Fehlerproduktionsquote 394
Formel 14.2: Arbeitsproduktivität 394
Formel 14.3: Kapazitätsauslastungsgrad 394
Formel 14.4: Anteil der Rüstzeit 394

Formel 14.5: Ausschussquote 394
Formel 14.6: Rate an Fehlproduktionen 395
Formel 14.7: Fehleranteil in der Produktion 395
Formel 14.8: Fehlerdichte in der Produktion 396
Formel 14.9: Ausfallrate im Maschinenpark 396
Formel 14.10: Reklamationsrate 396
Formel 14.11: Return on Investment 400

20 Abkürzungsverzeichnis

AMS	Arbeitsschutz- und Sicherheitsmanagementsystem
AV	Arbeitsvorbereitung
T, T_a, ZAU	Auftragszeit
Bd.	Band
bspw.	beispielsweise
BOA	Belastungsorientierte Auftragsfreigabe
bzw.	beziehungsweise
ca.	circa
CSI	Customer-Service-Index
d.h.	das heißt
DIN	Deutsches Institut für Normung
DLZ	Durchlaufzeit
t_e	Einzelzeit je Mengeneinheit
etc.	et cetera
EN	Europäische Norm
EFQM	European Foundation for Quality Management
FMEA	Fehler-Möglichkeits- und Einflussanalyse (engl.: Failure Mode and Effects Analysis)
F&E	Forschung und Entwicklung
inkl.	Inklusive
IMS	Integrierte Managementsysteme
ISO	Internationale Organisation für Normung (engl.: International Organization for Standardization)
JIS	Just-in-sequence
JIT	Just-in-time

KVP	Kontinuierlicher Verbesserungsprozess
lt.	laut
MSI	Mitarbeiter-Service-Index
MEK	MTM in der Einzel und Kleinserienfertigung
o. g.	oben genannt
OPT	Optimized Production Technology
PDCA	Plan-Do-Check-Act
PM	Produktionsmanagement
PPS	Produktionsplanung und -steuerung
QM, QS	Qualitätsmanagement, Qualitätssicherung
QMS	Qualitätsmanagementsysteme
QT	Qualitätstreiber
QFD	Quality Function Deployment
RoI	Return-on-Investment
RoQ	Return-on-Quality
RMS	Risikomanagementsystem
SMED	Single Minute Exchange of Die
TPM	Total Productive Management
TQM	Total Quality Management
TPS	Toyota Produktionssystem
UMS	Umweltmanagementsystem
UAS	Universelles Analysier-System
u. a.	unter anderem; und andere
vgl.	vergleiche
z. B.	zum Beispiel

Index

Symbole

5S-Programm 265
6W-Hinterfragetechnik 264

A

Aachener PPS-Modell 103
ABC-Analyse 223
Ablauforganisation 8
Abnutzungsgrenze 351
Abnutzungsvorrat 351
Absatzplanung 82
Advanced Manufacturing 4
Advanced-Product-Quality-Planning-Ansatz 267
Affinitätstafel 263
Aktivitätspräsenz 255
AMS 335
Anlagenüberwachung 353
APQP 267
ArbeitnehmerInnenschutzgesetz 335
Arbeitsablaufplanung 52
Arbeitskostenplanung 66
Arbeitsmittelplanung 63
Arbeitsplan 59
Arbeitsplanung 49
Arbeitsschutz 335
Arbeitsstättenplanung 64
Arbeitsstrukturierung 31
Arbeitssysteme 25
Arbeitsteilung 27
Arbeitsverteilanweisung 100
Arbeitsvorbereitung 49
Arbeitszeitplanung 63
Audit 324
Aufbauorganisation 8
Auftragsabwicklung 77
Auftragserzeugung 108
Auftragsfreigabe 98, 106, 119
Auftragsüberwachung 100
Auftragszeit 133, 368
AUGUSTINUS 28
Ausfall 351
Ausfallrate 358
Auslastung 92
Auslieferungslagerstufe 221
Autonome Gruppe 33

B

Badewannenkurve 359
Balanced Scorecard 404
Bandwirkungsgrad 72
Basisanforderungen 238
Baukasten 436
Baukastenstückliste 58
Baumdiagramm 263
Baureihe 435
Baustellenfertigung 43
Bearbeitungszentren 45
Bedarfsarten 84
Bedarfsermittlung 87
Bedarfsplanung 65
Befragen 376
Begeisterungsanforderungen 238
Behälterhochregallager 208, 209
Belastungsabgleich 96
belastungsorientierte Auftragsfreigabe 119
Belegungszeit 372
Beschaffung 227
Beschaffungslogistik 202, 226
Bestand 140
Bestandsplanung 84
Betriebliches Vorschlagswesen 244
Betriebsziele 74
Bewegungsdaten 102
Blindleistung 257
Bottom-Up-Regelkreis 320
Brainstorming 261
Business Excellence 287

C

CCM 246
Chargenfertigung 36
Cloud Computing 4
Conwip 122
Corporate Capability Management 246

D

Datensammelblatt 260
Datenverwaltung 102
Deming-Prize 311
Deming-Zyklus 240
DIN 199 422
DIN 31051 350
DIN EN 16001:2009-08 343
DIN ISO 9000:2015 232
Distributionslogistik 203, 217
Distributionsstruktur 220
Diversifikationsmöglichkeiten 82
Dokumentation 314, 323
DU-PONT-Kennzahlenmodell 399
Durchführungszeit 134
Durchlaufdiagramm 140
Durchlaufplan 136
Durchlaufterminierung 93
Durchlaufzeit 89, 137, 149, 154

E

EFQM-Modell 291
Einliniensystem 9
Einzelfertigung 33
EMAS-Verordnung 342
Energiemanagementsystem 343
Engpass-Steuerung 125
Entscheidungsbaum 263
Entsorgungslogistik 203
Ergebnisse 295
Ergiebigkeit 24
Europäischer Qualitätspreis 308
European Foundation for Quality 291
European Quality Award 308, 311
Excellence 288

F

Fehler 351
Fehleranalyse 356
Fehlerkosten 250
Fehlermöglichkeits- und -einflussanalyse 269
Fehlerverhütung 249
Fehlleistung 257
FEIGENBAUM 283
Fertigungsinseln 46
Fertigungsorganisation 27
Fertigungsprinzipien 37
Fertigungssteuerung nach Lödding 105
Fertigungstyp 33
Finanzperspektive 406
flexiblen Fertigungszelle 45
flexibles Fertigungssystem 45
Fließfertigung 31, 41
Flussprinzip 40
FMEA-Methode 269
FORD 5, 29
Fördersysteme 212
Fortschrittzahlen 117
Fraunhofer Produktionssystem 172
Führungskreis 320

G

Gesellschaftsbezogene Ergebnisse 296
GMK-Analyse 226

H

Histogramm 260
House of Quality 274

I

IMS 333
Industrial Engineering 26
Industrie 4.0 3
Innovationsmanagement 415
Inspektion 350, 352
Instandhaltung 345
Instandhaltungsstrategien 360
Instandsetzung 350, 355
Integrierte Managementsysteme 333
Internes Audit 325
Investitionsplanung 66
Ishikawa-Diagramm 261
ISO 14000 340
ISO 50001 343
Ist-Analyse 322
Ist-Zeiten 367

J

job enlargement 31
job enrichment 32
job rotation 32
Just-In-Sequence 113
Just-In-time 112

K

Kaizen 6
KAIZEN 241
KAMISKE 400
KANBAN-System 114
Kano-Modell 237
Kapazitätsanpassung 96
Kapazitätsplanung 87
Kapazitätssteuerung 107
Kapazitätsterminierung 94
Kennzahlen 387
Kennzahlenarten 390
Kennzahlensystem 396
Kernprozesse 314
Kommissionieren 210
Kommissioniersysteme 210
Komplexität 424

Komplexitätskosten 429
Konstruktions-FMEA 270
kontinuierliche
  Verbesserung 239
Korrelationsdiagramm 261
Kosten des Qualitäts-
  managements 248
Kostenminimierung 357
Kostenverlauf 87
Kunden 221
Kundenauftrags-
  überwachung 101
Kundenbezogene
  Ergebnisse 295
Kundenperspektive 407
Kundentakt 67
Kundenzufriedenheit 407
KVP 244
KVP-Workshop 245

L

Lagerhaltung 205
Lagerkenngrößen 206
Lagerlogistik 204
Lagersysteme 205
Lean Management 163
Lean-Prinzipien 164
Lean Production 174
Leistungsanforderungen
  238
Leistungsarten 256
Leistungsgrad 379
Leistungsgrenze 135
Leistungskennlinien 147,
  151
Leitungssystem 8
Lernperspektive 409
Levels of Excellence 306
Liegezeit 90
Logistik 199
Logistische Positionierung
  160
Losgröße 91
Luftverkehr 216

M

M7 259, 262
Malcolm Baldrige National
  Quality Award 311
Managementprozesse
  314
Management Review 328
Marktziele 74
Massenfertigung 33
Materialwirtschaft 204,
  222
Matrixorganisation 15
Maximalprinzip 23
Mehrliniensystem 10
Mengenausgleich 218
Mengenplanung 84
Mengenstückliste 54
Methodenzeitmessung
  383
Mindestbestand 144
Mindestreichweite 148
Minimalprinzip 23
Mission 19
Mitarbeiterbezogene
  Ergebnisse 296
Mitarbeiterinnen und
  Mitarbeiter 294
Mitarbeiterschulung 321
Modularisierung 436
Module 436
MTM-Vereinigung 173
MTM-Verfahren 382
Multimomentaufnahme
  375

N

Netzplan 263
Normalleistung 380
Normung 235
Null-Fehler-Management
  275
Nutzleistung 256

O

oberste Leitung 319
Occupational Health and
  Safety Assessment
  Series 337
OHSAS 337
Ökobilanz 341
Organisation 91
Organisation, prozess-
  orientierte 16
Organisationsformen 11

P

Pareto-Analyse 261
Partnerschaften und
  Ressourcen 295
PDCA-Zyklus 240, 344
Performance Measure-
  ment 403
Planzeit 386
Planzeiten 368
Poka-Yoke 198
Portfolio 263
PPS 73
PPS-Modell 78
Primärbedarfsplanung 85
Prioritätsregelverfahren
  76
Produkt-/Dienstleistungs-
  audit 325
Produktdifferenzierung 81
Produktdiversifikation 81
Produktelimination 82
Produktentstehungs-
  prozess 25
Produktionscontrolling
  161
Produktionsfunktion 24
Produktionskennlinien
  132, 143, 149, 157
Produktionslogistik 203
Produktionsmanagement
  394

Produktionsplanung und -steuerung 73
Produktionsprogrammplanung 79
Produktionssystem 170
Produktionsüberwachung 101
Produktivität 24
Produktstruktur 435
Prozess 289
Prozessanalyse 322
Prozessaudit 325
Prozessbausteinsysteme 382
Prozessdarstellung 317
Prozesse, Produkte und Dienstleistungen 295
Prozess-FMEA 271
Prozessleistungsarten 256
Prozessmanagement 303
Prozessmodell 235
prozessorientierter Ansatz 288
Prozessperspektive 408
Prozesstyp 33
Prozessverantwortlicher 16
Prüfkosten 249
Pull-Prinzip 111
Pull-Steuerung 165
Push-Prinzip 111

Q

Q7 259
QFD 273
QM-Handbuch 315
QM-Methoden 267
QM-Prozessbeschreibung 316
QMS 281
Qualität 232
Qualitätsaudit 324
qualitätsbezogene Kosten 251

Qualitätskennzahlen 395
Qualitätskonzepte 283
Qualitätslenkung 235
Qualitätsmanagement 233
Qualitätsmanagementnormung 236
Qualitätsmanagementsystem 233, 281
– Dokumentation 314
– Einführung 318
Qualitätsplanung 234
Qualitätspolitik 235, 320
Qualitätspreise 309
Qualitätsregelkarte 261
Qualitätssicherung 234
Qualitätsverbesserung 235
Qualitätsverbesserungsteams 245
Qualitätswesen 7
Qualitätsziele 320
Quality Circle 244
Quality Function Deployment 273
Quality Gates 268

R

RADAR-Logik 297
Rangwertebestimmung 71
Raumausgleich 218
REFA 372
Referenzprozesse 129
Regelgrößen 109
Regionalorganisation 13
Reichweite 153
Reihenfertigung 40
Reihenfolgebildung 107
Relationendiagramm 262
Rentabilität 24
Ressourcenüberwachung 100
Return-on-Quality 400
Risikomanagementsystem 343

RMS 343
Rohrleitungsverkehr 216
RoQ 400
Rüsten 194

S

Safety Certificate Contractors 338
SCC 338
Schätzen 380
Schienenverkehr 214
Schifffahrtsgüterverkehr 214
Schlüsselergebnisse 296
Schlüsselprozesse 300
Schulung der Mitarbeiter 321
Schwachstelle 356
Schwachstellenanalyse 323
SEGUR 382
Sekundärbedarfsermittlung 86
Selbstaufschreibung 373
Selbstbewertung 308
Self-Assessment 308
Serienfertigung 33
Seven Tools 259
Sicherheitsmanagementsystem 335
Simulationsverfahren 76
Simultaneous Engineering 269
Single Minute Exchange of Die 193
Six Sigma 275
SMED 193
SMITH, ADAM 28
Soll-Zeiten 367
Sortenfertigung 36
Sortimentsausgleich 219
Stabliniensystem 10
Stakeholder 247
Stammdaten 102

Standardabweichung 134
Stellgrößen 109
Straßenverkehr 213
Strategien 19, 294
Strukturstückliste 56
Stückliste 52
Stücklistenauflösung 58
Stufenmodell 306
Stützleistung 257
Stützprozesse 314
Systemaudit 324
System-FMEA 270
Szenariotechnik 417

T

TAGUCHI 254
Taktabstimmung 66
Taktzeit 67
Taylor 382
TAYLOR 5
Technologiebewertung 419
Technologiefrüherkennung 416
Technologiemanagement 413
Technologieplanung 420
Technologie-Roadmap 418
Technologiestrategie 421
Terminabweichung 138
Terminplanung 87
Top-Down-Vorgehensweise 320
Total Productive Maintenance 362
Total Quality Management 283
Toyota Produktionssystem 171
TPM 362
TPS 171

TQM 283
Transport 212
Transportlogistik 203
Transportzeit 90
Trichterformel 142
Trichtermodell 121, 132, 139

U

Übergangszeit 89, 149
UMS 339
Umschlagpunkte 217
Umweltmanagementsystem 339
Unternehmensführung 18
Unternehmenskultur 287
Unternehmerischer Regelkreis 298
Ursachen-Wirkungskette 410
Ursache/Wirkungs-Diagramm 261

V

Variante 423
Variantenkomplexität 428
Variantenmanagement 422, 425
Variantenvielfalt 423
Variationskoeffizienten 134
Verbesserung 350, 356
Verfügbarkeitsprüfung 99
Vergleichen 380
Verlustkostenfunktion 254
Verrichtungsprinzip 37
Verschwendung 166
Vision 19
Vorgabezeiten 367
Vorranggraph 68
Vorrangmatrix 68

Vorschlagswesen, betriebliches 244

W

Wanderfertigung 43
Wartung 350, 354
Werkbankfertigung 37, 39
Werkslagerstufe 221
Werkstattfertigung 37
Wertschöpfung 23
Wertschöpfungskette 200
Wertstrom 165
Wertvorstellungen 19
WF-Verfahren 385
Wissensperspektive 409
Work-Faktor-Verfahren 385

X

XYZ-Analyse 225

Z

Zeitaufnahme 377
Zeitausgleich 218
Zeitermittlung 372
Zeitgrößen 153
Zeitmessung 377
Zeitstudium 365
Zentrallagerstufe 221
Zentrenfertigung 45
Zertifizierung 326
Ziele, strategische 20
Zielgrößen, logistische 110
Zielkonflikte 75
Zielsystem 21
Zielverschiebung 74
Zuteilung 69
Zuverlässigkeitsmaximierung 357

HANSER

Aus Fehlern lernen!

Wappis, Jung, Matyas (Hrsg.)
Null-Fehler-Management
Umsetzung von Six Sigma
5., überarbeitete und erweiterte Auflage
424 Seiten
€ 39,99. ISBN 978-3-446-44630-4

Auch einzeln als E-Book erhältlich
€ 31,99. E-Book-ISBN 978-3-446-44858-2

Das Buch gibt einen praktischen Leitfaden zur Umsetzung von Six Sigma. Anhand einer »Six Sigma-Roadmap«, welche auf den Projektphasen DEFINE, MEASURE, ANALYZE, IMPROVE und CONTROL basiert, wird die Vorgehensweise zur Umsetzung von Verbesserungsprojekten dargestellt. Ebenso wird auf Design for Six Sigma (DFSS) und dessen Einbindung in den Produktentwicklungsprozess eingegangen. Die Abwicklung von DFSS-Projekten wird anhand des PIDOV-Vorgehensmodells (PLAN, IDENTIFY, DESIGN, OPTIMIZE, VALIDATE) dargestellt.

Methoden und Werkzeuge werden in verständlicher Form beschrieben, außerdem wird die Anwendung mit Softwarepaketen wie Excel und Minitab nachvollziehbar dargestellt. Tipps und Praxisbeispiele erleichtern dem Leser das Verständnis und die Umsetzung in die betriebliche Praxis. Durchgerechnete Beispiele und viele Vorlagen stehen als Download zur Verfügung.

Mehr Informationen finden Sie unter **www.hanser-fachbuch.de**

HANSER

Instandhaltung sinnvoll steuern

Matyas
Instandhaltungslogistik
Qualität und Produktivität steigern
6., überarbeitete Auflage
320 Seiten
€ 34,99. ISBN 978-3-446-44614-4

Auch einzeln als E-Book erhältlich
€ 27,99. E-Book-ISBN 978-3-446-44616-8

Die hohe Komplexität, die zunehmende Automatisierung und der Zwang zur Kosteneinsparung stellen hohe Anforderungen an die Instandhaltung. Dieses Buch beschreibt Methoden zur Steigerung der Produktivität und Qualität aus Sicht der Logistik und der Instandhaltung.

In der 6., überarbeiteten Auflage wurden vor allem die Inhalte zu Instandhaltungsstrategien maßgeblich erweitert.

Alle wichtigen QM-Methoden in einem Werk!

Kamiske (Hrsg.)
Handbuch QM-Methoden
Die richtige Methode auswählen und erfolgreich umsetzen
3., aktualisierte und erweiterte Auflage
984 Seiten. Mit CD
€ 179,99. ISBN 978-3-446-44388-4

Auch einzeln als E-Book erhältlich
€ 149,99. E-Book-ISBN 978-3-446-44441-6

Das Handbuch QM-Methoden stellt die relevanten Methoden und Werkzeuge des Qualitätsmanagements wie Total Quality Management (TQM), Lean Management, Six Sigma, Kontinuierlicher Verbesserungsprozess (KVP), 5S, 8D, M7 oder Q7 kompakt und praxisbezogen vor. Sie können für jedes Problem die richtige Lösung finden und erhalten einen konkreten Leitfaden zur Hand, wie Sie Ihre Probleme lösen und die jeweilige Methode effektiv umsetzen.

Der Herausgeber Prof. Dr.-Ing. Gerd F. Kamiske, ehemals Leiter der Qualitätssicherung im VW-Werk Wolfsburg und Gründer der Qualitätswissenschaft an der TU Berlin, verbindet Praxis und Wissenschaft in idealer Weise und ist Garant für einen praxisnahen Wissenstransfer. Unter seiner Mitwirkung vermitteln Ihnen ausgewiesene Experten das Wissenswerte rund um die Methoden und Werkzeuge des Qualitätsmanagements. Damit erhalten Sie ein Kompendium, das in überzeugender Weise den Werkzeugkasten des Qualitätsmanagements vermittelt und Sie kompetent und ganz konkret Ihre Unternehmensabläufe verbessern und Ihre Probleme lösen hilft.

Mehr Informationen finden Sie unter **www.hanser-fachbuch.de**

HANSER

Das Standardwerk – top-aktuell

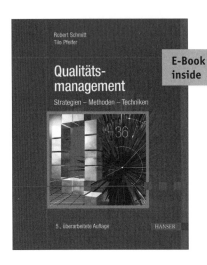

Schmitt, Pfeifer
Qualitätsmanagement
Strategien – Methoden – Techniken
5., überarbeitete Auflage
656 Seiten
€ 49,99. ISBN 978-3-446-43432-5

Auch einzeln als E-Book erhältlich
€ 39,99. E-Book-ISBN 978-3-446-44082-1

Dieses Standardwerk richtet sich an alle, die sich fundiertes Wissen zu Ideen, Konzepten, Systemen und Methoden des Qualitätsmanagements aneignen wollen.

Der Aufbau des Buches orientiert sich am Aachener Qualitätsmanagement Modell mit der Kunden-, Führungs- und Betriebsperspektive, die einen Ordnungs- und Gestaltungsrahmen für ein unternehmerisch orientiertes Qualitätsmanagement aufspannen. Entlang der einzelnen Phasen der Produktentstehung verdeutlicht das Buch die Werkzeuge und Verfahren, die in den jeweiligen Phasen des Produktlebenszyklus vorteilhaft einsetzbar sind. Das Buch ist ein Nachschlagewerk, das ein umfassendes Konzept eines ganzheitlichen Qualitätsmanagements entwickelt und dem erfahrenen Industriepraktiker wertvolle Anregungen gibt. Durch die gewählte Struktur ist es sehr gut für die Lehre an Hochschulen geeignet.

Mehr Informationen finden Sie unter **www.hanser-fachbuch.de**

HANSER

Berücksichtigt die Änderungen der Norm ISO 9001: 2015

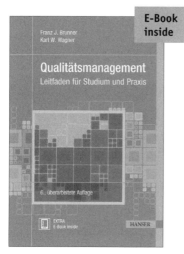

Brunner, Wagner (Hrsg.)
Qualitätsmanagement
Leitfaden für Studium und Praxis
6., überarbeitete Auflage
410 Seiten
€ 34,99. ISBN 978-3-446-44712-7

Auch einzeln als E-Book erhältlich
€ 27,99. E-Book-ISBN 978-3-446-44840-7

Das Qualitätsmanagement von Unternehmen wird umfassend und verständlich erläutert und durch zahlreiche Abbildungen illustriert. Die Darstellungsweise zeichnet sich durch einen hohen Praxisbezug mit dem notwendigen theoretischen Fundament aus und bewirkt damit eine leichte Umsetzbarkeit. Durch die Geschlossenheit der Darstellung und Einbeziehung von Randgebieten bietet sich das Werk dem Leser auch als Nachschlagewerk an. Das Buch wendet sich unter anderem an Ingenieure und Techniker in allen Bereichen der Industrie (Planung, Entwicklung, Fertigung, Vertrieb), kaufmännische Führungskräfte, Produkt- und Projektverantwortliche, Berater sowie an Studierende praktisch aller Ingenieurs- und Wirtschaftsfachrichtungen.

Mehr Informationen finden Sie unter **www.hanser-fachbuch.de**